山東大學——華東師範大學東亞寫本文獻研究中心階段性成果

譚獻師友尺牘

上

吴欽根 整理

尺海 第一輯・主編 丁小明

鳳凰出版社

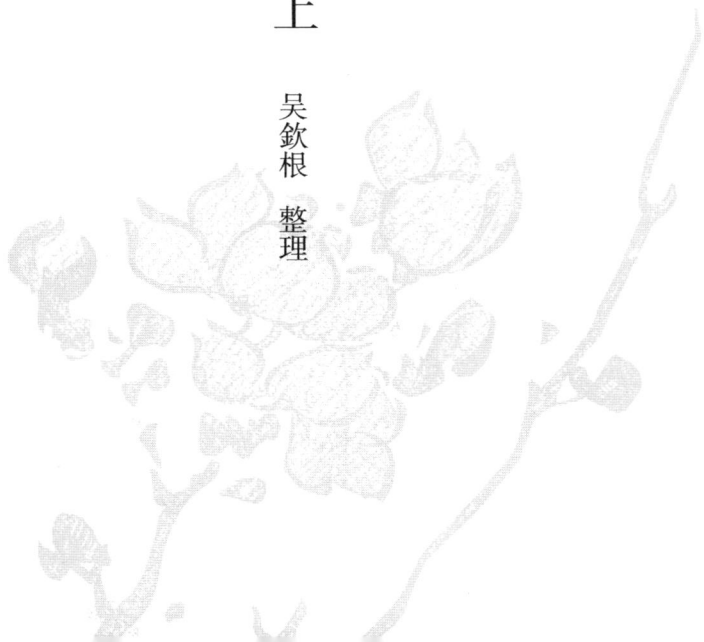

圖書在版編目（CIP）數據

譚獻師友尺牘 / 吴欽根整理. -- 南京 : 鳳凰出版社, 2025. 7. --（尺海 / 丁小明主編）. -- ISBN 978-7-5506-4568-4

Ⅰ. K825.6

中國國家版本館CIP數據核字第20259D31W3號

書　　名	譚獻師友尺牘
著　　者	吴欽根　整理
責任編輯	許　勇
裝幀設計	陳貴子
責任監製	程明嬌
出版發行	鳳凰出版社(原江蘇古籍出版社) 發行部電話025-83223462
出版社地址	江蘇省南京市中央路165號,郵編:210009
照　　排	南京凱建文化發展有限公司
印　　刷	江蘇鳳凰通達印刷有限公司 江蘇省南京市六合區冶山鎮,郵編:211523
開　　本	890毫米×1240毫米　1/32
印　　張	19.75
字　　數	370千字
版　　次	2025年7月第1版
印　　次	2025年7月第1次印刷
標準書號	ISBN 978-7-5506-4568-4
定　　價	148.00圓(全二册)

(本書凡印裝錯誤可向承印廠調换,電話:025-57572508)

《尺海》第一輯序

要説起《尺海》的創設緣起，就不得不提到鳳凰出版社《中國近現代稀見史料叢刊》的導夫先路之功。作爲鳳凰出版社重點出版的大型史料叢書——《中國近現代稀見史料叢刊》（下稱《稀見史料》），二〇一四年至二〇二三年十年間，共出版各類史料一百二十八種一百七十八册，其内容以一八四〇年至一九四九年間稀見而又確有史料價值的日記、書信、奏牘、筆記、詩文集等文獻的整理爲主。應當説，經過十年生聚，《稀見史料》收録文獻不僅體量巨大，更形成了自己獨特的學術風格。例如，在這一叢書的幾種常見的史料體裁中，主編張劍教授、徐雁平教授、彭國忠教授顯然更鍾情於日記類史料，所以，在《稀見史料》中整理出版了七十餘種日記的基礎上，又推出了《日記研究叢書》。毫無疑問，日記的整理與研究是《稀見史料》的重中之重。

衆所周知，在浩如烟海的近代各類私人史料中，日記之外最大宗者當爲尺牘。《稀見史料》能在系統挖掘各類史料的同時，勠力於日記類史料的整理已實屬不易。同時，正是《稀見史料》在日記與尺牘這兩類史料所投以不對等的關注，纔促使我們考慮在《稀見史料》之外再推出一種以尺牘文獻爲主體的史料叢刊。如果説，《尺海》從《稀見史料》中獨立而出的内因，是主持者對日記與尺牘關注程度不同，那麽，學界對尺牘手稿文獻的重視則是我們啓動《尺海》的外因。

當下學界對尺牘有着『文辭、書法、史料』三重的關注視域，而『史料』無疑是這三者之重點。譬如陳恭禄《中國近代史資料概述》、馮爾康《清史史料學》、曹天忠《中國近現代史史料學》、嚴昌洪《中國近代史史料學》等書中，無不闢有專節來討論尺牘中的史料内容及價值。近十年來，出版界也積極回應學界的這一關注，在致力於影印出版各類公私收藏尺牘寫本文獻的同時，先後推出系列的尺牘文獻整理叢刊，如鳳凰出版社的《國家圖書館藏未刊稿叢書·書札編》、浙江古籍出版社的《近現代書信叢刊》、上海人民出版社的《中國近現代書信叢刊》等。凡此種種，無不説明尺牘寫本文獻的整理已成爲當下出版界的熱點話題，并漸次發展成一股應者甚衆的潮流。所以，我們在此推出《尺海》就不僅僅是種種内外因緣交匯的産物，更是一種廣義上學術預流的體現。

當然，在推出《尺海》之前，有必要對創設宗旨、收録對象、整理者隊伍作一申説。

首先，《尺海》將秉承『回到原信』的宗旨，專力於尺牘寫本的整理，力求爲學界提供更多包含歷史真相的第一手材料。進言之，《尺海》所收録尺牘的首要標準必須是『原信』。『原信』的概念就是胡適所説『尺牘墨迹』，其意義有兩重。一重是胡適所以爲，我們也深表贊同的『尺牘墨迹是最可靠的史料』這一理念，而這一理念的基石就是我們所見到的必須是『尺牘墨迹』的『原信』，而不是那些尺牘的刊本。『尺牘墨迹』作爲一種即時性的製作，其真實性與這一文獻本身是互爲表裏的。而那些意在公開的尺牘刊本就大有不同，作爲延時性的製作物，其刊行的過程中，極有可能對原文有所删改。如黄濬《花隨人聖盦摭憶》記載，有人購得曾國藩與其弟曾國荃尺牘墨迹三通，以行世刊本書校之，有一通未輯入，餘二通皆經删改，且爲曾國藩本人所删，其中一信删了一百零九字，且將『余亦必趕到金陵會剿，看熱鬧也』中的『看熱鬧』三字删去；另一信删去二十三字。這説明曾國藩知道這些家書將來必定傳世，一些對兄弟説的話不能讓外人知道，事先就作了删改。事實上，這些不能爲外人知之的『悄悄話』中或許正隱藏着某些重要的信息，這些信息甚至關乎我們對曾國藩的認知，不過經此删改，我們所看到的其實是經過修飾的曾國藩形象，并非那個真實全面的曾國藩。這是一種情況，屬於對尺牘内容進行有意爲之的删改。另有一種情況，則屬於無意爲之的錯訛，如聞宥與劉季平討論音韵的通信被胡樸安發表於《國學周刊》上，但聞宥讀後發現校勘不精，致信胡樸安云：『《周刊》所登宥與季平先生通信，訛字極多。而最不可通者，爲第二十行「以韵理言之」一句，之後尚有「阿音引喉張口。自宜以平上音爲多」二句。訛奪之後，文理實不可解，故望即飭印人刊正。』從這兩例可知，無論是有意的删改，還是無意的錯訛，這些刊行的尺牘就不能算是十分可靠的史料了。換言之，尺牘的私密性與尺牘的公開是一種天然的對抗關係，公開的印本或抄本從尺牘撰寫的角度也非即時性的行爲，因爲背離了尺牘的私密、即時這兩種特性，其最終的真實性能否得以實現是令人懷疑的。所以，《尺海》首要强調整理『尺牘墨迹』的原由正在於此。另一重是强調整理的是『尺牘墨迹』，特别是整理的『尺牘墨迹』最好是有公開影印出版。這是因爲尺牘整理出來後，可爲學界所用，但如使用者對整理文本存有疑問的話，也可與『墨迹』影印本再行比對。我們以爲，這樣的比對對於《尺海》也算是一種變相的監督機制。

其次，在確立以尺牘墨迹爲整理對象後，有必要對這一對象再作一梳理。此處的對象可分爲兩類人物來理解。一類是具有重要歷史影響的人物，如翁同龢、梁啓超、沈曾植、張元濟、鄭振鐸這些編有年譜長編或年譜的譜主，這些譜主存世尺牘已得到較多的關注與整理，但仍有一定的輯佚整理空間。與此同時，我們以爲，只有重要人物尺牘而缺乏相應往來的友朋尺牘的話，研究者所掌握的材料只是『半壁江山』而已，無論是相關的叙事還是解讀，其還原的歷史難免會顯得不够全面，甚至不够清晰。因此，《尺海》將會儘可能地挖掘和整理與第一類對象相對應的友朋尺牘，而這些友朋尺牘的撰寫者就是我們所説的或許并不重要，甚至已被歷史所遺忘的第二類人物。但作爲運用尺牘材料進行文史研究的學者，自然會關注往來尺牘的問題，或者説重要人物友朋尺牘的問題——擁有更多的友朋尺牘，并將之與譜主尺牘進行聯繫與對讀，就有可能擁有更全面的歷史細節，最終築起的還原歷史事實的大厦纔會更加堅固。基於這樣的認知，《尺海》在重視重要人物尺牘整理的同時，也會充分關注重要人物友朋尺牘的整理。

再次，需要説明的是，基於『原信』的概念，《尺海》要做成系列與規模的叢刊，就必須要有相當體量的『尺牘墨迹』以提供給整理者使用。按《稀見史料》每輯十種左右來計算，出完《尺海》十輯，至少需要百種尺牘。通過檢索，我们發現近年來所出版的尺牘寫本影印類書籍中，約有三十種頗具史料價值的尺牘尚未得到整理。同時，晚清、民國所出版的影印尺牘書亦有数十種左右有待整理。當然，更重要的是，在全國圖書館及文博系統收藏着超過百種的、具有重要史料價值的『尺牘墨迹』。所以，以每輯十種的體量來計算，目前有待整理的尺牘有着近五萬通的數量，這一數量足以支持《尺海》連續數年的出版需求。

所謂『巧婦難爲無米之炊』，現在有了足够的食材可做成『有米之炊』，那麽擁有一支能整理尺牘寫本的專家團隊則是維繫《尺海》發展的關鍵。事實上，尺牘寫本整理的不易之處，特别是筆迹出於衆人之手的友朋尺牘的整理難度，但凡整理過的學人都有所體會。至於這一問題的解決就不得不感謝上海圖書館創辦的《歷史文獻》集刊。《歷史文獻》自創刊以來，在整理上海圖書館所藏近代名人尺牘方面功績最著，二十年間先後整理公布了近五千通尺牘，极大地推進了學界關注與重視尺牘文獻價值的同時，更培植了一批識讀與整理尺牘的專家。如《尺海》第一輯的整理者柳和城、鄒西禮、魏小虎、丁小明、尹偉傑等人，都曾是《歷史文獻》的作者。當然，這一專家陣容隨着《尺海》持續推進還會不斷擴大。可以説，過去凝聚在《歷史文獻》周圍的這批尺牘整理專家正爲《尺海》得以啓動提供了充足的人才資源。

行文到此，筆者只是不揣淺陋，將《尺海》創設緣起、立刊宗旨、收録範圍、作者隊伍作一簡介，以期增進大家對這部叢刊的瞭解。筆者忝厠編務之列，固然頗勞心力，亦略知其中甘苦。尺牘寫本整理之難度是公認的，特别是《尺海》第一輯主要以友朋尺牘爲專題的整理，整理者會面臨諸多不同寫信之人的筆迹與寫法的識讀，這是尤其難上加難的挑戰。所以，在《尺海》第一輯面世之際，請允許我向參加整理的柳和城、孫海鵬、鄒西禮、魏小虎、吴欽根等諸位師友表示最誠摯的感謝！能在日新月异的當下，依然堅守在書齋中董理這些泛黄的尺牘寫本者，大都會有一份尊重先賢、敬畏文化的品操。在此，不能不提到已年過八旬的柳和城先生，他在承擔《張元濟友朋尺牘》的艱巨整理任務時，已出現視力不清的問題，爲了不影響進度，他最終還是堅持到交稿纔去問診。這一輯整理者中還有我的學生尹君偉傑與孫君嘉奇，儘管他們剛上手時還有些步履蹣跚，沉潛半載，已然可以獨立完成各自的整理任務，看着他們在尺牘整理領域邁步向前的身影，一種後繼有人的欣慰感油然而生。最後，要特别感謝鳳凰出版社對《尺海》的鼎力支持，從開始動議到每種選題的落實，每個環節無不傾注着樊昕兄與諸位編輯的統籌推進之力。當然，隨着學界越來越重視尺牘中的史料價值，相信會有更多的同道進入尺牘寫本的整理與研究隊伍，也期待更多的學者關注與加入《尺海》的事業之中。

目次

整理説明

譚獻（一八三二—一九〇一），初名廷獻，字滌生，後更名獻，字仲修，或曰仲儀（或單署儀），號復堂，又號半厂，浙江仁和（今杭州）人。同治六年（一八六七）舉人，署秀水教諭，歷任歙縣、全椒、懷寧、合肥、宿松等地知縣。曾爲浙江書局總校、詁經精舍監院、經心書院講席。一生博極群書，尤致力於常州莊氏、會稽章氏之學。《清史稿・文苑傳三》有其傳，評曰：『少負志節，通知時事，國家政制典禮，能講求其義。治經必求西漢諸儒微言大義，不屑屑於章句。』平生以詩、古文辭著稱，『文導源漢魏，詩優柔善入，惻然動人』，尤工於詞，錢仲聯《近百年詞壇點將録》推尊之爲『托塔天王晁蓋』。其著述之已刊者有《化書堂初集》三卷附《蘼蕪詞》一卷、《復堂類集》文四卷、詩十一卷及詞三卷，《復堂日記》八卷《補録》二卷《續録》一卷、《篋中詞》六卷續四卷等，其他未刊而存於世者尚多。

在晚清，譚獻是一位交游頗廣的人物，這一點直觀體現在稿本《復堂日記》的日常記載中。可以毫不誇張地説，除每日陰晴雨雪的天氣記録外，書札的往返收發應該是日記中出現頻率最高的字眼。譚獻也曾多次就篋中所存師友來往信札及酬贈詩詞進行過整比，如光緒十二年（一八八六）二月初二日日記云：『偶出篋中師友酬贈詩詞，先後黏成八册，卅年之縑素，散佚不知凡幾，寫録姓氏，存者已如晨星，曷勝慨嘆。就簡中所有凡百卅餘人，亦有三五未識面者。』又五月廿三日日記云：『陰沉如夜，不能觀書，因檢篋中十餘年往還書札，審别去留，不下千餘通，然而訪舊半爲鬼矣。』（第五十册《恒春小記》）最終清理所得的結果是：『黏治書札略竟，總十三册。前後卅年，共廿四册，詩篇亦十册。』不可謂不富，而這僅僅是前半生所得。以現存大宗而言，今南京圖書館藏有《譚復堂友朋書札》五十二册，所藏因塵封在館，其中所收手札數量，不得而知。而二〇一五年由人民文學出版社影印出版的錢基博舊藏《復堂師友手札菁華》，則有『毛邊紙簿大本五册，每册二百面；小本三册，每册一百面，大小共八册』。其中收入譚獻師友九十餘人的四百八十九通書信，所涉有著名學者，如楊守敬、黄以周、李慈銘、俞樾、戴望、孫詒讓、章炳麟等；有晚清名臣，如楊昌濬、易佩紳、汪鳴鑾、張蔭桓、薛福成等；有藏書名家，如陸心源、周星詒、蕭穆等；有詩詞名流，如樊增祥、陳三立、易順鼎、馮煦等。而其中尤以譚獻平生知交爲多，如莊棫、馬賡良、陳豪、袁昶、張鳴珂、沈景修、王尚辰、孫德祖、王詒壽等。其内容不僅涉及論學衡文，詩詞唱酬，書籍、金石的往還與收藏，書局與私家刻書的往復商討，還涉及宦海沉浮、時事評議，甚至是内心隱幽情感的發泄與家庭兒女瑣事的傾吐。關於這批文獻的價值，早在出版之初，即有王學泰《復堂手札中的清末『朋友圈』》（《新京報》二〇一五年八月）、辛德勇教授談《復堂師友手札菁華》側記、李俊《錢基博、錢鍾書父子與復堂因緣》（《讀書》二〇一五年第七期）、沙先一《〈復堂師友手札菁華〉的詞學文獻價值》（《東吴學術》二〇一七年第二期）等多篇文章予以揭示。當然，由於此書爲原樣影印，各家書迹風格不一，行草、行楷、正楷兼具，釋讀的煩難，在很大程度上影響了這一大宗手札文獻的流傳與使用。

本書即是對《復堂師友手札菁華》所收信札予以系統性釋讀、標校的結果。在整理過程中，本人以人民文學出版社影印版爲底本，同時參校以上海圖書館所藏鈔本。上圖所藏鈔本凡收録李宗庚（七通）、汪綬之（二通）、朱世守（二通）、乃斌（一通）、陳豪（十七通）、陶模（一通）、施補華（二通）、袁昶（十一通）、李慈銘（一通）、陶方琦（一通）、陶濬宣（七通）、馬賡良（一通）、王詒壽（七通）、孫德祖（一通）、黄以周（二通）、凌霞（三通）、俞樾（一通）、宗源瀚（一通）、莊忠棫（十通）、孫詒讓（十三通）、羊復禮（一通）、馮煦（七通）、朱銘盤（三通）、金安清(十三通)、張鳴珂(十通)、沈景修(二十三通)、蔡鼎(四通)、錢振華(三通)、吕耀斗(一通)、劉炳照(十一通)、金武祥(四通)、楊鋭(一通)、梁鼎芬(十二通)等三十三家手札一百八十四通,在數量與内容上并未溢出影印版範圍。同時,還充分吸收、利用了前人對部分手札的考釋成果。特别是秦蓁《讀〈復堂師友手札菁華〉書後》(《文匯學人》二〇一五年六月)、艾俊川《復堂師友手札中的兩位『無名氏』》(《文匯學人》二〇一五年六月)二文,二人對《菁華》所收部分信札,如項廷綬書游華山一詩、日人青木宣純名刺并詩,沈祖憲、楊度及陳澹然各札,以及署名『登』的兩通及署名『年小弟熙』的一通,進行了較爲細密地考辨,所得出的結論亦令人信服,本書均予以采納。對不屬於復堂師友範疇的手札予以清除,對部分主名不詳者予以補充、歸并,對確實難以落實的仍以闕疑處理,最終所得復堂友朋八十餘人的各類手札四百八十餘通。由於所收書札内容牽涉較廣,且書寫風格各异,在整理過程中難免有釋讀、標點等不盡當之處,敬希讀者隨時賜正。

整理凡例

一、本書所録譚獻師友尺牘，全部源於《復堂師友手札菁華》（人民文學出版社，二〇一五年）所收影印件，整體排列次序亦一依此書，僅在各主名下增補括注尺牘數量。

二、原書所收部分尺牘，如項廷綬一通、沈祖憲一通、（日）青木宣純一通、楊度一通、佚名一通（致慰公）等，已被學者證實非復堂師友所作，今并捨棄。

三、原書所收尺牘，有確屬復堂師友所作，但致書對象并非譚獻者，如陸心源（第一通）、陶模一通等，因函札内容於復堂多有關聯，今亦一并附入。

四、原書所收尺牘，實有出自一人，但因主名誤判而分列兩處者，如『許時雨』『薛時雨』，今并作一處；至於部分無主名尺牘，可考者則據以補足，不可考者則暫付闕如。

五、尺牘釋文均以繁體字録出，酌情保持原本所使用的部分异體字字形，其他則統一爲規範字形；其中偶有漫漶殘缺或暫時未能辨識者，一律以□代替。

楊昌濬（一通）

仲修仁弟大人足下：

日久不見，相思倍切。前聞榮行有日，頃晤淡如觀察、仲求司馬，譚及，知以川資未集，尚難成行。第憑限未便久逾，兄特爲設法，持贈二百金，聊作吾弟膏秣之助。即祈察收是幸。手此，順頌近佳，并賀升喜。愚兄期楊昌濬頓首。十一夜。

再啓者：

近來仕途擁擠，各省皆然，人情險詐，至此爲甚。以吾弟志意邁偉，文學淹通，鬱而必發，不患不出人頭地。兄竊願持『智圓行方，膽大心小』八字奉贈，始做事者，總不能出此範圍也，請留意焉。再頌行禧，恕不趨送，兄又頓首。

年來好友皆驤首以出，未免有岑寂之感耳。

薛時雨（二通）

一

仲修賢弟足下：

去臘接到省後手書，備悉一是。老懶日甚，舉筆之難，難于舉鼎，以至久未裁答。頃又接新正六日來函，如親晤對。世局如此之變，人事如此之艱，衣食事畜如此之窘，遍天下如一轍矣。吾輩窮措大，處亦窮，出亦窮；志在處，不必更言出，志在出，不必更言處。況既已出矣，惟有循分守素，堅忍待時。汲汲焉仰貴人之鼻息，營謀鑽幹，誠所不屑；囂囂然以浮沉爲耻，以饑餓爲憂，甫經出場，即欲偃旗息鼓，裂袍毁笏，息影窮廬委巷之中，誓生平不再作登場伎倆，恐亦非士君子致用之本心也。人生飲啄，尚有一定，況食禄乎？差委之難，莫難于今日；

差委之濫，亦莫濫于今日。貧而不均，誠爲大患。然以鄙人臆見度之，韞玉而輝自露，懷珠而媚自呈。吾弟聲譽，幾于海内知名矣。名者，造物之所忌。此番入貲作風塵吏，衆方且笑之詈之，欺侮而狎玩之，敬而惜之者無幾人也。殆即韜光養晦時乎！毋自餒焉。皖省官場局面甚窄，雖有江山之勝，而市廛湫隘，偶一流覽，絶無生趣，需次者聽鼓之外，無可消遣。而其風俗儉約，食品俱不甚昂貴，此則較蘇浙稍勝者。莫若將眷口全行移住，以免顧此失彼，且不至時作挂冠之計，此亦堅忍之一助也。

瑞安公作覆之難，與鄙性略同。客冬兩信俱未答，鄙人深知其懶，故亦略不介懷。藍洲上書數千言，纏綿懇摯，由雨處封發，所以爲吾弟道地者甚切。雨并求撰《重建醉翁亭碑》，并求書丹，俱不報，銜參時煩代促之，并需全銜，以三月内頒到爲妙。藍洲常有信來，伊得釐局文案，薪水六十千文，以其半自贍，以其半寄杭，頗能翕然知足。其長信來，政績卓然，可敬也。麗芬往楚北需次，路過金陵，爲雨帥診病，雨帥留住督署。一月以來，病勢減去十之七八，雨帥大悦，堅留再住數十日，日思有以酬之。人生遇合，豈有定哉！弟事已與麗芬熟計，擬請麗芬預埋一根，俟國服滿後，鄙人見面再行設法。日内趕即寓書麗芬，尚來得及。

時雨精神興致，似未大減。自聞國恤之後，積陰匝月，新年氣象愁慘，燈節風雪連綿，山居本岑寂，加以此等境況，遂覺憂從中來，不可斷絕。頗思返里一望，而王妾已近坐草之期，上年遭大驚險，今年即不能不預爲之計。閉門枯坐，殊無意味。故鄉來信，内人身體尚好，楹兒去秋回里，又復大病，幾至不起，耽擱歲試未應，近始復原。今年仍令來院肄業，月初當可到院矣。棲侄都中劣狀，一一盡悉，恰在鄙人意料之中，然初不料其謬妄至此。門祚衰薄，令人浩嘆。現請家嫂圈禁室中，勿令出門游蕩。德侄孫倖掇一芹，而其劣乃更倍于乃叔，衰年所見如此，心境尚堪問耶？景卿時有信來，其差使甚勞苦，亦不如意。白門近事無可述者。去冬歸自吳門，齋居遣興即柬吳門諸友，共詩四首，其末首云：『白門吟社久荒蕪，闊袖方巾客太迂。知己有時推女伎，論交無奈到屠沽。鷦巢安穩容身窄，鶴背高寒托興孤。我有遥情寄天末，每因聞笛念吴歈。』亦可想其大概矣。贊侯以文章飾吏治，亂後吾邑之循吏也。敬甫舊交，非同恒泛，均望代候。春水方生，江舟遥盼，幸勿爽約。此頌升祺。兄時雨頓首。正月二十日。

二

仲修、子虞、藍洲三位仁弟足下：

久未致書，老懶之過，計邀原諒。近惟文祺均吉爲頌。接閱《浙江登科記》，藍弟又復鎩羽，爲之悶損。金陵榜出，物議譁然，江寧通府僅中二名，上元脱科，爲亘古未有之事。書院諸生幾于全軍覆没，士氣不揚，莫此爲甚，抑亦長書院者之耻也。清凉片席，辭之再四，通國曉曉，不可遏抑，當道迫于公議，亦遂拼命挽留，其勢萬難走脱，然亦無謂甚矣。賤軀頑健如昨，酒興亦尚不衰，惟鬚髮皓然，老景已迫。好在心中空洞無物，不至有怨老傷貧之况，此則可爲愛我者告耳。楹兒初次觀場，造詣尚淺，不足以言得失。樋侄幸取優貢，鄙意不令朝考，家嫂必欲令去，只好隨爽秋同行，此外更無伴可結。寄來朱卷五十本，官場中約略開單，其餘由三位賢弟斟酌致送同人中，朱卷如不敷分給，尚可作信向景卿找補也。餘不多贅。兄時雨頓首。十月十六日。

葉名澧（五通）

一

城西兩年少，秋夕思何深。對影自窮侶，因風愁遠林。聞鷄豪士氣，見雁五湖心。且貰旗亭酒，狂來扣劍鐔。

讀仲修、蒿庵尊兄秋宵倡和詩奉題一律請政。名澧初草。

二

聞道海塘决，東南未易支。鹵波聯郡邑，幕序正旌旗。訾算功焉補，流亡象可危。雲帆粳稻重，何以備京師。

丁巳八月作，仲修仁兄正定。名澧初草。

三

市樓何亭亭，俯視萬景矮。相謀縱一醉，那惜十千買。座客歌同聲，庸保走且駭。追續九日歡，舊事足模楷。賴兹素心人，聊非柴桑解。旅踪凄露霜，鄉思阻橙蟹。殘燈漸無輝，清焱半空灑。蒼蒼月東出，舉杯望溟澥。

展重陽日市樓集飲，許海秋即席得『蒼蒼月東出』句，同人分韵足成之。余得『買』字。子珍、仲修尊兄正定。名澧稿。

四

一醉忽旬日，寥寥舊酒樓。多情甘疢疾，鍵户任牢愁。北土風何厲，南飛雁未休。萬端聊撥棄，嵇阮豈吾儔。

奉答仲修尊兄，即祈正定。名澧初草。

五

失意未云病，及時聊覓歡。春花方晼晩，執友慨凋殘謂汪仲翁。世事幻成夢，吾儕盟不寒。山林隨地有，閉户即袁安。

次韵奉答仲修仁兄見贈之作，即祈正定。名澧初草。

張蔭桓（二通）

一

再：前函久已脱稿，續以秋懷攖拂，積憂成疾，醫言心血日耗，非静養不爲功。每日限一點鐘伏案，初亦謹循其説。無如所轄三國使事忒繁，三使署、四領事，文函往復，無日無之，亦遂不能不隨到隨辦。近閲邸報，鄭州决口，横流及於江淮，杞人之憂，又增一事。近詩不多作，間有憤悶，亦假以紓胸臆。曩和爽秋一篇，録呈大教。

承賜刊《白香詞箋》，久要不忘，感紉無盡。校字精嚴，披讀一過，祇周清真箋内『汴都』誤『沛都』，朱竹垞箋下『按』字誤『援』字，此外絶無舛錯。彌仰嘉惠，詞人之德，猥蒙歸美，賤子尤愧謝也。特韋庵官祇少尉，一攝梅邱，未及拜真，旋管巴河釐局，其性狷介而疑慮頗過當。

曾因憤鬱之事，自投於江，冀與左徒爲伍。幸持衰者緊，得慶更生。嗣是幕游荆州，施壽伯、倪豹岑、樊雲門相與友善，酬唱極歡。既赴巴河，亦足自給。李筱帥以王筊甫之歿，蓮府需才，豹岑薦之作替。筱帥若以尺書相召，便可羅致，乃遽爲六百里牌單公文檄之，豹岑匆匆赴都，亦未將推轂之意相達。其時巴河司事之無狀者，韋庵方撤其黠魁，及奉督檄飭調，竊慮蒙讒受辱，因而仰藥自裁。其志可哀，其愚可憫。豹岑追悼，爲贍其家，孤嫠弱息，并托施壽伯爲養。逾年而壽伯亦殞，益無所依。鄙人適任皖南，乃爲其猶子俾一清書，歲可數百金，足養其眷口，亦即僑家蕪湖。其子今年將冠矣，未知能讀父書否？蔭桓爲德不卒之一端，今荷推愛及之，則感激直非楮墨能盡。韋庵之殁，略似劉彦芬，安得大文表彰之也。李君一叙，清麗可喜，特於韋庵官閥未真，乞賜改刊，俾後之考古者，毋聚訟也。又板藏何處？刊資幾何？寄還尊處如何交付？均求示悉。

蔭桓六月歐洲返美，明年春夏之交南赴秘魯，水程廿一日，其地有瘴氣，冬暖夏寒，行役殊方，彌乏意趣。榮補含山部文到否？何時履任？并求賜聞。以後惠書用郵封加函，交上海招商局内總文報處王心如轉寄，不誤。此函托阿嘯翁轉交，計必得達。手泐，不盡所云。敬承道履曼福。愚弟蔭桓再叩。丁亥長至前三日美使館。

二

仲修先生閣下：

蔭桓負乘叢咎，忽焉遠役，浮槎一星，拭玉三國。昏旦殊晷，曙鷄宛如；山川綿邈，候雁蓋寡。繁卉晡媚，祇益離緒；金奏地懸，雅乏闇解。盤敦罄折，有垂縉之客；樓閣高叠，縋飛梯以升。初筵冰酪，四序一致；祅祠鍾磬，七日輒喧。田居樸茂，猗歟創國之彦；水木明瑟，惠專傷病之卒。冬春而後，茶話紛還；晝夜兼卜，車轄爲茶。户外積雪，重裘不温；入室燥蒸，單衣猶汗。援琴跳歌，尚著疾徐之節；憑几飲餤，無解授受之禮。彼都勛閥，咸樂車公；絶域侏儒，亦知有備。張旜之幟，義惟輯睦；納履引避，轉形闊疏。役形酬酢，幸釋賓常；孤撑拮据，竟類鹽坂。重以僑氓，垂卅萬傭，食遍八城。執業皆賤，困於褌虱；思痛無志，慨甚荃魚。風楫始泊，烟焰方息。撫焦頭爛額之衆，當文身白趾之俗。征車信宿，幾罹費禕之刺；王屋覃邃，無礙陸生之談。文檄紛投，辨折交瘁；儐我繒幣，了兹膠葛。重修邦交，聊慰羈旅；節旄初霜，患蠲慮表。載書別署，理與執均；花旂事定，乘風西笑。空波萬里，壯海逢天；水程七日，即達所屆。攬倫敦、巴黎之墟，税日斯、巴彌之駕。游傳所經，窮極侈靡；耳目能及，時或記載。英以蠶食爲雄，法有彼黍之迹。千變萬態，固非尺牘能盡也。逾夏徂秋，瞬三萬里。塵鞅薄解，惝恍無俚。

七月七日得四月朔日書，兼貺大集。不圖殊域，光墜瓌寶；譬之行暍，倏憩嘉蔭。沉博絶麗，偉於娜嬛之都；纏綿悱惻，如覿皖公之座。復紉布諾，克鎸謝箋。等大鈞之鑄物，推雅惠於亡友。高誼古歡，世難其兩。思昔樅陽，已傷寡龢；無情江水，横被牽綴。鍛翮重創，望莫愁而理棹；敝笱奚發，勞葭蕩之鳴桴。腐鼠鵷鶵，嚻然曰嚇；螳螂黄雀，曾不一悟。既落井而投石，猥浮湘而射景。憬然前塵，甚難索解。竊謂酸鹹殊耆，無逾吕蒙之城；凉薄可哀，共慨謝公之宅。先生當群疑衆謗之會，堅久要不忘之志，極諸海外，毅然石交。空山之鍾，异地能應；德水爲鏡，屢照不疲。懿惟根核道義，夫豈勛績翰墨已乎！蔭桓叨簉皇華，漸迫年矢。實鮮寸效，猥蒙三遷。再聞禮樂，式增掌故。方懼選玷王人，乃復箴告執皂。劣被殊擢，輒深悚惕。定遠往矣，甘陳寂矣。將軍三組之華典，屬一氈之守，揆之時地，未可强同。即尋源泛斗，求藥挈家，亦衹虚語神仙，近循河朔。方今版圖大拓，舟車遐通。一介載馳，皆匃功所未闢；萬流仰鏡，展王會之新圖。邊患固亘古所無，單使亦昔人所罕。越國勤遠，張弛且難；受任既專，奔走匪報。思竭駑鈍，考其本末，不憚蕪雜，期備芻采。此中措置，睒晹一新。要其旨歸，胎息算術。極之水陸帆輪，耕稼織紝，本周髀宣夜之説，創陰天紂絶之奇。徵以故籍，略近墨子。至於五兵巧酷，火器猛迅，此則蚩尤之所却步，祝融之所駭視也。習霸鬥力，盛衰以時。若夫彝憲之昭垂，政教之齊壹，倫叙之有秩，什一之薄征，固非他族所能夢見。若但震慴豪奢，不復默衡得失幾何，不虚談色變、削趾就屨哉！然使等之自鄶否？或相忍爲魯，抑又非也。勝國以前，海道仍窒，禦侮於陸，隱恃長城。故晋宋偏安，懸命天塹；南北分鼎，旋濘河洛。今則巨浸重險，計日可達；陽侯讓武，支祈戢怪。機械所兆，易緯闕如；備御之策，前史不著。璞箋象注，荒遠何指；島夷索虜，輿趾并异。嫚書足帛，和親任帝。求之於古，儀豪失墻。矧復海門無阻，匪重閉之能勇；郊壘遥峙，每望若而興嘆。前代羈縻，或傷豢獸；孟氏制梃，徒存厥恉。誠既往之難逮，猶將來之可追。承聞海軍建纛，控制南北，顧眄生風，喑嗚激電。嘉吴漢爲敵國，敕楊僕於蘭池。戎容甫於浴鐵，樓櫓足以射蛟。智囊宏遠，將徵奇肱之衣；鳴鼙屏營，或見藻兼之叟。然望氣者知聲明文物之區，振干羽兩階之緒。未嘗不收視返聽，臨流却步也。特是强與富期，義不兩析。曩者絲枲之美，茗荈之微，獨擅中土，旁及五洲。互市取盈，瀕海藏富。近則日本、印度、佛蘭西，并有所産，起而方駕。龍團之種已分，鶯粟之漿靡竭。桑孔復生，亦難操贏者也。奉使以來，音問闊絶，間從邸抄，薄覯崖略。探丸禁暴，芟孽將萌。散卒惰民，隨地密結。宿莽未浄，銀刀失馭。左畛奥區，驛騷可虞。語曰：六經之治，貴於未亂；兵家之勝，貴於未戰。惟先生可共語耳！蔭桓憂患餘生，凡百無補，塊然异國，坐虚漢臘。狎乎非類，且乏談客，略可怡悦，唯有蠹紙。山海跋涉，三篋安備；齒髮摇落，雙瞳已昏。望蒲柳於將秋，撫桑蓬而增慨。結璘穆穆，依稀庾樓；墜羽跕跕，跼蹐壺室。發言無所與陳，聞義無所與闡。屈管之境，殆復過之。遠辱明教，聊攄積悰。受代尚餘兩年，後會期諸江上。識舟亭壖，勞遲久矣。間有雜著，行當就政。其他瑣屑，别紙具啓。敬頌道履，不宣。愚弟張蔭桓謹狀。光緒丁亥七月二十日美都使館。

易佩紳（四通）

一

初四日雪後大雨，初五日又大雪，書懷

雪又雨，雨又雪，朝朝湖上阻游轍。天連地，地連天，層層積雪埋山川。宜歲惟聞冬雪好，春雪太多愁水潦。黄河决口未合龍，江淮疏濬工難了。凌汛初經桃汛來，陽和德澤翻爲笑。春光縱使遽明媚，游人亦恐難舒懷。已分空山作猿鶴，猶爲高堂悲燕雀。欲栽堂上忘憂花，須采山中忘世藥。

擬今日入城訪仲修仁兄，先則雨雪過大，繼則擬移居俞樓後入城矣。以此代柬。初五日午刻，佩紳又呈稿。

二

三宿桑下佛眉蹙，何况俞樓經七宿。今朝襆被還三潭，爲愛元宵月下屋。回頭一林一石間，都結他時魂夢緣。俞樓主人在曲園，將亦别之心茫然。

正月十四日還寓三潭，别俞樓，舟中占此，旋入城訪仲修，值其出，坐候其歸。案上有箋，即脱稿於此。佩紳并識。

三

喜將晤仲修，因而有感，即以呈教

自别京華三十年，東西南北各茫然。幸離惡道登初地，君曾寄書鄭贊侯，論及鄙人，謂此老作官尚未墮惡道。嗟乎！而今而後，始知免耳。喜借游踪共一天。菜市橋頭雲滿徑，連日問君居不得，今始知居菜市橋也。武林門外雪堆船。千春眼泪曾乾否，明日相詢此最先。咸豐戊午，君與莊蒿庵自都南旋，余餞別於廣慧寺，酒酣大哭。後余寄君書有云：『廣慧寺三副眼泪可以千春。』

光緒戊子正月四日，易佩紳燈下呵凍。

四

莽莽斯天地，寥寥數友朋。升沉同未定，離合已無憑。朔日隨鞭影，寒風拭劍棱。登高遥唤子，中路定相應。

寄語延陵子，行藏近若何。吴門新戰陣，燕市舊悲歌。辛苦憐將母，艱難望止戈。名山有奇璞，真氣漫消磨。

仲修南歸，奉此誌別，兼致懷吴子珍。戊午八月廿四日，叔子易佩紳初稿。

楊峴(一通)

仲修先生侍者：

於子高許聞盛名，竊嚮往之，又讀大著，益傾倒無已。鄙人拙且懶，不甚詣人。然勢利交暫亦往來，冀免誚讓。若文字交，私謂神交最妙。先生不斥其孤冷邪？子高來書，封在弟函內，誤翦碎，皇恐之至，謹呈上。相見有日，諸維加意保愛。弟峴頓首。初六日。

王尚辰（三十六通）

一

白髭撚斷喚花淫，三十年來悟後心。却笑武陵賢太守，仙源無分路難尋。

紛紛紫陌逐紅塵，夢醒東風又一春。昨夜似聞桃梗語，驚濤何處可藏身。

近喜門闌去不祥，恢嘲我欲叩東皇。奇花釀出千江酒，便是人間續命湯。

小飲桃花下戲作，録請復堂先生一粲。遺園一民草。

二

路轉城闉草色迷，柳絲掩映畫橋西。半篙春水尋鷗侶，夾道飛花襯馬蹄。塑像獨增流俗怪，拂塵重認故交題。壁間有馮魯川、唐鶴九二公遺墨。清譚坐久偏忘倦，隱隱遥山日漸低。

前詩言有未盡，復成一章，録請仲公邇臺粲正，兼示同游諸君。尚辰呈草。

三

春風吹緑上坡陀，簪蓋欣然載酒過。秀麥連雲兼浪擁，黄花鋪地笑金多。千秋諫草懷嘉祐，一曲流觴溯永和。預卜年豐知政美，醉敲銅斗爲君歌。

三月十日，仲修邇臺招同曙帆司馬、和齋大令修禊香花墩，賦此呈正，兼博曙、和翁一粲。尚辰初草。

四

儘消受、一庭清景。翠玉摇空，緑陰分暝。逭暑孤吟，此中真意問誰領。使君韵勝，偏忘却、柴門迥。小徑舊曾諳，喜澹月、獨窺疏影。乘輿。擬胡床坐嘯，仰視碧天雲淨。狂奴酒病，怪飛上、松巔巢飲。且看竹、自繞迴廊，笑閃閃、流螢無定。記取舊苔痕，預約秋聲同聽。

大暑前二日，仲公邇臺月下過訪，余病酒未出，隔日用《長亭怨慢》懺之，兼乞和，留作遺園佳話也。壺中生王尚辰學填。

五

瘴暑連朝汗不流，頹然一榻復何求。禁寒疑濯冰壺魄，消渴甘分玉井秋。飲荷露數甌。老溷世間成瓠落，欲之海上與蜻游。禾苗秀實皆天定，爲語農氓莫浪愁。老農云：『稻出花時遇北風，多不實，恐有螟螣之灾。』

大暑前後五日，北風大作，寒甚。卧病，勉晋前均，録請復堂我師哂正。壺中生尚辰未定草。

六

木樨禪悦幾同心，鼻觀香參功德林。願種此花千萬樹，縱無錐地亦鋪金。一作『喜看世界盡鋪金』。

笑拈金粟悟前身，摩頂居然有石麟。謂子鎦昆仲。他日香分蟾窟裏，白頭可悟送花人。

園桂作花，相送仲修邇臺，賦此請正。尚辰呈草。

七

畫屏日日隱寒檠，秋老階蟲强作聲。久雨乍晴晴未穩，香傳簾隙月偷明。

粟起纍纍散滿林，一枝持贈伴芳斟。揭來妙語君無隱，世上誰知是碎金。

枝葉嗚時政自平，托根靈鷲證前生。歌成招隱慚仙客，偃蹇山河別有情。

中秋後六日夜聞桂香，曉起折贈復堂邇臺，詩以媵之，即請訂正，并索和章。肥上一民王尚辰未定草。

八

甲申九月雨中，方六嶽、盧秋浦、吴驊仙、魯一仙、月齋、湯少亭、江潤生、沈半峰後先過訪遺園，用半峰過湖均率成一章，諸君各有和作。聯張裴之勝侶，溯兩水之家風。彙書一册，留作他年佳話。

夢醒藤床酒力柔，簾紋如水屋如舟。兼旬苦雨來佳士，繞座寒花耐晚秋。舊好稀疏悲葉落，鮑花潭、吴小軒、林遠村、張振軒均化去。老懷澹蕩與天游。蟾光乍見重陰冱，驚起昏鴉噪樹頭。謙齋

布帆低曳櫓聲柔，渺渺烟波湖上舟。十載青山曾識面，一林黄葉又吟秋。藍田別業開新社，白石清詞譜正神曲話舊游。洗盞東籬頻送客，蕭疏菊影醉蒙頭。六嶽

櫓聲欸乃笛聲柔，喜向平湖晚放舟。塔影山光尋短夢，雨絲風片釀殘秋。銜杯莫話孫亶事，浮海空思汗漫游。聞到閩南烽燧亟，扣舷高唱大刀頭。秋浦

檐柝聲殘宿雨柔，昨宵清夢落扁舟。揭來施口雅催曉，重訪遺園菊傲秋。塵海何人彈古調，詩天此老獨狂游。舉杯待月邀同飲，笑拍闌干枕石頭。驊仙

諏吉何須用五柔，片帆穩送過湖舟。黄花冒雨新開徑，紅葉吟風易感秋。萬卷書城憑坐擁，十年泖水溯重游。懸知座上多吟侣，戲擘霜螯撥瓮頭。一仙

輕帆欸欸水聲柔，爲訪王猷且放舟。百里湖山人讀畫，一天風雨客吟秋。詩題襟館超群輩，世丈有題襟館倡和。夢入遺園記卧游。看菊重陽徵晚節，軒眉豪飲自科頭。少亭

傲世狂歌老益柔，宋王益柔有《傲歌》。波瀾壯闊勢吞舟。白衣新送籬邊酒，黄菊閑分座上秋。風雨重陽才幾日，湖山百里憶前游。徘徊小閣停吟屐，木葉紛飛任打頭。月齋

午眠初罷晚風柔，且喜吟朋共一舟。林外好山如讀畫，湖邊微雨更宜秋。名園已入連宵夢，韵事能消十日游。渾忘故鄉身是客，數聲征雁下城頭。半峰

廟堂何策善懷柔，已僨前車戒覆舟。蛟霧毒蒸林箐黑，蟲沙雨泣海天秋。誰從馬尾收餘燼，獨倚鷄籠據上游。畢竟同仇思敵愾，异軍聞説起蒼頭。謙齋。

聞海舲有援臺之信，喜疊前均。

悲來能使客腸柔，身世飄如不繫舟。聞道烽烟通絶徼，更兼風雨逼殘秋。策勛老作

詞壇長，遺興日偕酒國游。高卧遺園容嘯傲，功名久笑爛羊頭。潤生

平湖風穩布帆柔，烟雨茫茫盼客舟。一夕清樽殘燭泪，半床落葉小園秋。盍簪雅有琴書趣，負劍欣隨杖履游。林際忽看星月吐，霜螯在手菊盈頭。兒子德名附後。

遺園酬唱詩，録請仲公邇臺詩伯訂正。王尚辰謹呈。

九

十月十九日同卓存太守、竹潭鹺尹、仲修令君艷集徐園兼録别

天風吹海水，木葉下紛紛。客路帆無恙，歡場袂又分。揮杯留好月，横笛遏行雲。鸞鳳猶漂泊，何論鶯燕群。

仲修歸里，仍用前均送之。

夢稽淝水棹，袖拂浙江雲。忍泪難爲别，知心獨有君。海風吹浩浩，鬢雪落紛紛。屢訂西湖約，芳春再樂群。

淝上一民王尚辰呈草。

一〇

使君爲政今多暇，與客登臨到上方。隱隱寒山征雁杳，蒼蒼野日凍雲荒。年豐市井蘇民氣，劫冷干戈換道場。花雨松陰塵夢醒，壯懷得酒更飛揚。

甲申十一月六日，仲公邇臺邀諸同人登教弩臺作消寒會，壬子秋曾宴於此，今三十年矣。賦請郢正。部民王尚辰呈草。

一一

良辰衙吏散琴堂，偶集朋儕到上方。隱隱寒山征雁杳，蒼蒼野日凍雲荒。年豐市井蘇民氣，劫換干戈剩道場。花雨松陰塵夢醒，教弩松陰爲吾廬八景之一。老懷得酒一飛揚。

甲申冬至後一日，復堂邇臺邀諸同人登教弩臺作消寒會，賦此請正。部民王尚辰初草。

一二

湖霧團雲，嵐氣障山，聊向荒臺一倚。更瘦日枯林，做成寒意。好似新描粉本，笑鬢影、回青何時耳。撫笻獨立。飛鴻送響，仰天愁睇。　曾記。昔年事，問爪印，猶留聚星堂圮。聽笛裏梅花，暗拋鉛淚。夢到瓊樓玉宇，恐凍合、瑶池忘歸矣。忽海上推出，冰輪大地，劫塵如洗。

雪霽晚眺用『無悶』調，録請仲修我師訂正。詞壇老弟子王尚辰呈草。

一三

湖霧團雲，嵐氣障山，聊向荒臺一倚。更瘦日枯林，做成寒意。此是(作平)白描粉本，笑鬢影、何時回青耳。撫笻獨立。飛鴻送響，仰天愁睇。　追憶。昔年事，問爪迹。猶留聚星堂圮。聽笛裏梅花，暗拋鉛淚。莫話瓊樓玉宇，恐凍凝、難鑿(作平)淋池水。忽海上推出，冰輪夢境，亦清如洗。一作大地劫塵如洗。

雪霽晚眺用碧山『無悶』均，録請仲修我師大詞壇訂正。謙齋王尚辰學填。

一四

萬竿蔽日閑消暑，一葉吟風似引商。何幸籜龍新得雨，分來嶰谷嘯鸞凰。

復堂邇臺詩來索竹，依均奉答，請正之。尚辰呈草。

一五

竹樹蔭森午夢清，高軒幾度款柴荆。昔賢政事關風雅，嘉道間，左杏莊、陳白雲、劉海樹諸先生來令吾肥，文教大興。兵後，馮魯川光禄守廬，士氣一振，流風餘韵，至今稱之。近代騷壇識姓名。妙論獨精蘭畹集，君有《篋中詞選》。長鬚更遣玉川生。鳴琴置水非無意，不屑尋常頌治平。

小詩奉呈仲修邇臺大人，即請郢正。肥上一民王尚辰初草。

一六

春光何駘蕩，余懷殊鬱悠。華堂萃嘉賓，旨酒羅芳羞。爲言課士畢，聊將禊事修。奉檄去松滋，程限難淹留。三歲文字交，切磋意綢繆。好風散鳥聲，新水觀魚游。俄著紫蓬屐，忽送施口舟。夾岸飛楊花，飲餞城東樓。祝君慎眠食，知君善爲謀。召杜非异人，榮名獨千秋。江山慕遼闊，聲氣同應求。

奉和仲修老父母留別原均。合肥王尚辰呈草。

一七

湖光山色有無間，巢父高踪去不還。幸際清時歌帝德，懶教熱夢墮塵寰。釣臺草長沙鷗避，丹竈泉枯石蘚斑。浮邱古貌，伯陽故迹。試問滔滔東逝水，愁來洗耳聽潺湲。

仲修使君以《施口秋泛》一律見示，即衍尾句意和均呈教，兼示涑公一粲。淝上一民王尚辰未定草。

一八

雨意雲陰淡日光，向來水面晚生凉。斷橋鷗夢圓荷影，一路一作樹蟬鳴早稻香。濁世君猶争氣節，清淑我欲補文章。擬將馮魯川舊句刻石。笑他蒉菉都成瑞，奚事投書更問湘。

奉和仲公邇臺原均，即請正之。肥上一民王尚辰呈草。

一九

媧石愁難補，蒸輪詐放晴。龍蛇休得意，澤國亦蒼生。

《苦雨嘆》録請仲公邇臺正。尚辰呈草。

二〇

棋局鈎針暇，園居也似賢。除將無益事，不耐困人天。世態從渠變，生涯竊自憐。琴弦都翦絶，劍鋏尚空懸。厭聞泥滑滑，愁望雨漫漫。霉濕衣香减，林深夏氣寒。一尊聊説鬼，兼味强加餐。咫尺衙齋阻，方知行路難。

園居苦雨，柬復堂使君一粲。尚辰初草。

二一

百鍊鋼爲繞指柔，浮沉身世犯靈舟。眼驚紅紫紛成海，氣懾風雲易變秋。自笑吾生當樂死，最難此日與君游。雌雄黑白徒饒舌，路滑從他誤石頭。

再疊前均，奉答復堂邇臺詩伯吟正。尚辰呈草。

二二

雪霽意更適，園荒氣彌迥。孤鴻唳空來，群鴉夢未醒。月出萬緣寂，室小一燈炯。幽篁自吟風，殘菊猶弄影。閑中耽冷趣，此境共誰領。偶思素心侶，琴堂夜已永。知君有寒疾，未敢遽造請。勢交多險巇，勞生等贅癭。繞徑行復却，據石語還哽。昨枉魯遽篇，高論識透頂。浩歌獨忘眠，凍蟾下西嶺。

雪後登松風閣玩月有懷復堂使君，録請哂正。

月當頭夕登松風閣憶復堂大令

雪霽意更適，園荒氣彌迥。孤雁唳長征，群鴉栖未醒。宿霧漲南湖，凍雲結西嶺。月出萬緣寂，室小一燈炯。幽篁自摇風，殘菊猶弄影。閑中耽冷趣，此境共誰領。偶憶素心侶，晏坐虚堂静。寒疾不可風，未敢遽造請。勢交多險巇，勞生等贅癭。繞徑行復却，據石吟還哽。昨枉魯遽篇，語妙味更永。浩歌獨忘眠，清光圓上頂。

一三

老傖閑作看花人，過眼風光日日新。盤敦今年誇北勝，東鄰宴罷又西鄰。

香色都緣醖釀成，惱他蜂蝶任横行。一兮耗盡中人産，空享當時富貴名。

小園亦有數叢花，開向東風艷紫霞。瓊島飛來忘歲月，不曾供進相公家。

乙酉三月十二日，李屯守招同曙帆司馬、仲修使君陪郡守看牡丹。次日，復偕諸友往鄭園賞花，意有所觸，感成三絶。請正之。遺園居士王尚辰初草。

二四

園禽破曉幽夢覺，晴曦透窗兒上學。曳履我亦强登山，頮面未乾髮猶握。笋香浥露錦脱綳，花氣薰衣霧爲幄。閨中碎語殊滑稽，老奴近日真聾痴。鹽醯屢斷瓮乏米，濕薪引火炊庡廖。雛孫挽鬚競索飯，食字誰信能充飢。忽然仰天開笑口，五銖仙童別來久。貂裘易錢可市酒，割肉如林魚貫柳，昨夜臟神已抖擻。人間萬事皆浮雲，路到窮時且倒走。傳家舊物惟一氈，累世仕宦歸無田。落落清名數百載，締交宇内多英賢。俯視董龍鷄狗耳，時有某軍門過訪。渴羌詎肯嘗貪泉。況復平生飽憂患，不材之木天矜全。君不見蚌有珠兮鼠有齒，至竟焚身甘啄死。銀髓吸盡願難償，滄海横流禍方始。莊周妙喻悟養生，李白微言貴知止。芳春行樂勿傷貧，僂指晨星今剩幾，痛飲狂呼二三子。

乙酉三月二十六日，積雨新晴，用東坡法製一豚蹄爲東皇餞行，先吟短歌，請蘭生、華仙、潤生小飲酴醾花下。録呈仲修使君一粲。尚辰醉墨。

二五

問絲絲，繪殘烟影，留春春在何處。隔簾遮莫斜陽捲，吟到落花心苦。香化土。愁見那、纖腰幻作楊枝舞。清尊漫訴。奈燕燕鶯鶯，風風雨雨，故故把人妒。　重來也，不僅夭桃笑誤。儂耶漂泊如絮。封侯夢醒紅顏老，玉笛一聲無語。湖上路。可記得、黄金萬縷難牽住。韶光有數。恁水水山山，朝朝暮暮，草草遣春去。

仲修使君用稼軒《陂塘柳》『斜陽烟柳』詞句繪圖徵題，春光將去，傷心人別有懷抱，倒用原韵質諸知音。遺園一民王尚辰呈草。

問絲絲，織殘烟雨，將春吟送何處。鈎簾放入斜陽影，誰識落紅心苦。香化土。怕見那、纖腰猶學楊枝舞。瑶琴代訴。奈蝶夢惺忪，鶯啼冷暖，無故把人妒。憑欄望，不僅夭桃笑誤。儂耶漂泊如絮。一尊跌宕天門遠，欲奏緑章難語。湖上路。可記得、黄金萬縷牽愁住。韶光有數。趁錦瑟年華，練裙俊侣，遮莫遣春去。

復堂使君用稼軒《摸魚兒》『斜陽烟柳』詞句作圖徵題，春光將去，傷心人別有懷抱，倒步原韵質諸位法家。謙齋王尚辰草。

二六

漏塞天河喜住流，久雨放晴。呼童掃徑盼羊求。竹梧净洗重簾水，枕簟凉生六月秋。

尋樂恒虞兒輩覺，放神且向醉鄉游。與君別有蜉蝣感，不待言愁我欲愁。

乙酉六月三日，招仲修使君暨諸同人小集遺園，因病未至，謝之以詩，倒次原均，即請正之。謙齋弟王尚辰呈草。

二七

雲陰斂朝陽，水氣散淺渚。蒲葉浄摇風，荷香澹疑雨。琴堂偶休沐，招邀出城府。生憎襏襫忙，來尋鷗鷺侶。散髻兩忘形，披襟憩亭午。新知接諸生，遺事緬往古。一疏争國本，片言折强虜。赫赫龍圖公，到今稱良輔。海疆幸息烽，冠蓋盛吾土。年豐清獄訟，民生事農圃。撫時且行樂，劇譚竟忘暑。遠峰殷殘雪，斜日下平楚。踏歌夜始歸，城頭月初吐。

隔日逢故人，鬢髮驚老蒼。酒邊一握手，話别三十霜。今春始到官，水溢民罹殃。鼠雀訟不休，奉檄趨黄堂。聞言忽大噱，世事都反常。蒼狗幻白衣，天公亦譸張。且問米顛石，墨池全荒凉。君今官此地，懷袖生古香。昨宴香花墩，水檻招新凉。遲君未入座，和均含宫商。兒童嗤項領，朋舊多淪亡。我輩身現在，豪氣尤飛揚。江山待文藻，一潤金石光。

乙酉六月二十日，陸蘭生、吴驊仙招陪仲修使君小集香花墩，仲公得五古一章。隔日與周素人刺史、蒯禮卿庶常飲仲公處，素公、驊仙均有和作，勉成二首，録請訂正，并乞素公、驊仙一粲。謙齋王尚辰未定草。

二八

秋老襟懷逸趣多，弩臺訪勝喜相過。輿飛灊嶽千重翠，百洗巢湖萬古波。一作『門迴落日雙峰影，甘冽寒泉一匊波。』荷鍤世難容我輩，鳴琴誰解聽君歌。浮生已悟春婆夢，願乞團蒲向達摩。

憑欄四望鬱青蒼，雉堞高騫雁陣翔。佳日歡聯今舊雨，清言宜著晋唐裝。龍蛇百戰銷塵劫，獅象千年選佛場。醉插茱萸歸去晚，柝聲起處月如霜。

乙酉重九日，仲修邇臺招同人教弩臺登高即席口占，録請哂正。部民王尚辰呈草。

二九

昔爲海上蜻游客，解后偏逢我輩人。連苑小樓歡卜夜，疏簾澹月净鋪茵。老懷易倦如歸鳥，世變難回作放民。趙柳錢花空入夢，吟吝一字笑吾貧。

擬作半厂詞未就，仲修我師半年未通音問，用蒯翰卿均寄懷，寥寥知己，天涯若比鄰也。肥上一民王尚辰代柬。

三〇

碧梧吹墮舊時陰，夢醒空堂蟋蟀吟。一紙拳拳如共語，孤踪落落罕輸心。乍抛紈扇秋還熱，半掩羅衣露暗侵。遥想清風亭畔月，有人寡坐倦眠琴。

丙戌新秋，夜坐遺園，接仲修邇臺手札，賦此奉懷，即請吟正。伯垣王尚辰草。

三一

水軟山温，慣繫纜、青溪小樹。想共幾輩、酒龍詩鬼，高談王伯情仙才鬼，雲車風馬。書劍勞勞鬚鬢改，旌旐衮衮沙蟲化。問肥濱、留得一閑民，何爲者。　伊川祭東野恨，憑從誰話。新亭西州泪，知憑誰灑。且浮沉逍遥人海，任呼牛馬自甘聾啞。底事荒鷄啼更惡不已，江寧二更鷄即鳴。舊時空憐艷月眉如畫。笑渡江梅花、梅花早逢春伴我渡江來，歸帆挂春歸也。

丙戌臘八日，泊舟勞勞亭，感賦《滿江紅》一闋，請仲修我師大詞宗訂正。白首弟子王尚辰呈草。稿屢易，究未愜，恨不能飛來面商。祈削成郢示爲感。人日呵凍。

三二

前歲君歸扶桑島，瓊霙鋪徑呼童掃。荒園煮菽話游踪，我與譚侯都絶倒。殘冬我返秣陵舟，君亦回棹武昌樓。把臂相看忽大笑，此身漂泊如閑鷗。我齒長君僅一紀，鮮民久抱瓶罍耻。羨君色養善承歡，有子分曹名成欣繼起。謂長孺主政。吉金樂石勤徧摩，炎寒飢渴隨行窩。儀徵款識猶未備，大興考據將毋訛。高談雄辯何嶽嶽，尚書未能折其角。心光目力獨千秋，齋署綴遺稱絕學。潘伯寅尚書爲書綴遺齋。風塵奔走全吾真，耳食皮相由他人。酒杯在手無俗物，燭花吐焰回芳春。停辛佇苦慰離索，歲除尚有今宵樂。作歌招隱告譚侯，我輩天留壯邱壑。

丙戌小除夕醉歌贈子聽兼懷仲修我兄，郵寄粲正。謙齋弟王尚辰草。

附子聽作：

男兒身不登蓬島，祇合杜門長却掃。何能跼蹐困泥塗，傀儡當場任顛倒。聞君近浮江上舟，我亦西辭黃鶴樓。歲暮還家各慶慰，一樽相對清於鷗。記從涉世倏三紀，少不如人老更耻。故交幾輩逐鵬摶，後進群才争鶚起。獨搜遺篆詳鈎摩，兩年京洛爲行窩。尚書經學重當代，潘伯寅司空。許我識字靡差訛。自笑輕塵思足嶽，審音况復迷宫角。著書敝帚享千金，多恐譏嘲有蜩學。與君交親見道真，相期豈是尋常人。新詩貽我意珍重，欲報雅奏無陽春。譚侯遠别久蕭索，興酣忽憶前游樂。何時解組賦偕藏，鳥倦歸巢魚潛壑。

次答謙齋小除夕見贈長歌，兼懷仲修大令于宿松。定遠方濬益初草。

三三

三冬無雪陽氣泄，百蟲未蟄土膏竭。元冥睡醒駕將歸，呼起羽龍噴玉屑。烏飛兔走形莫辨，地老天荒凍虞裂。羲和首馭早回春，不獨吾廬愁杌隉。

丁亥元旦大雪記异，録寄仲修邇臺正之。肥上一民王尚辰草。

三四

三載相思隔遠道，夢繞西泠春色早。錢花趙柳繫吟懷，暖風吹緑蘇堤草。南高峰對北高峰，碧障丹崖插蒼昊。尺幅烟嵐儼畫圖，平生笠屐舒襟抱。緑溪水響筧潜通，過塢茶香白新搗。招隱閑登放鶴亭，清時甘向山林槁。君能宦海急歸帆，誰識菰蘆有一老。大別平分江漢流，訪碑獨愛琴臺好。名成鸚鵡悼狂生，黃鶴樓空欲推倒。君最喜汪容甫文，時主講經心書院。萬丈光芒劫不磨，幾人冷澹名長保。猶記高軒過我來，感今論古頻揮杯。香墩夏日信函絶，弩臺秋氣胡悲哉！君有杏花墩、教弩臺諸作。歷數心交半泉壤，惟君臭味同岑苔，良辰撫景偏多哀。

乙未仲春，兀坐遺園松風閣，有憶仲修社兄先生，即用少陵韵以寄懷。録請吟正。合肥弟王尚辰未定草，時年七十有一。

李亞白、陳幹夫、陸蘭生均屬道候。兒子德棻客秋赴杭請安，未遇，附問世兄近好。

三五

飛到梅花玉笛聲，故交聞已去江城。長松白眼憐朋輩，高枕青山狎世情。憂樂久忘天下事，蓬蒿難掩古人名。西湖一凹清如許，好咏滄浪自濯纓。

丁酉夏五晤陳少尉，得知仲修老兄消息，賦此奉懷。合肥弟王尚辰草。

三六

半厂先生有道：

中秋後抵滬，晤章同翁，道及近狀兼世兄患病，深爲懸念。月初枚蓀稟中將執事手書封寄，欣悉世兄已愈，尚須調養。醫家之言無憑，不必挂諸懷抱也。和章及《古銅劍行》，每讀一過，如與執事晤言一室。子安云『海内存知己，天涯若比鄰』，文字之交，甚於骨肉耳。弟此番來滬，爲兒女婚嫁購辦衣物若干，興致頓減，冬初即擬旋里。小婿郭文翹瀛槎刻已過知州班，俟服闋文件到縣，即行赴浙，弟准于同行，造訪乎否？靄卿已由滬歸里，不日即之官西蜀，屬問起居，意頗拳拳。《半厂叢書》等件，如蒙賞賜，封好郵致涵汀兄處。弟雖歸家，亦可達到。新詞一紙録正，前詞『物』字落韵，易數字，尚乞爲我訂之。手此，奉請道安。舊民王尚辰謹啓，展重陽日四鼓前于榷署絜園。

幹夫與冰臣失歡，大爲水火。弟在家極力調停，竟不能合，得罪埑埑故耳。

趙之謙（二通）

一

中義足下：

得手書，甚慰。芝翁述近況亦不佳，終年依人，不如自立。闔中當無可戀者，何安居之久也。乾嘉間學人有啖飦處，道光以後無乞食處矣。有用之學，當先謀生，君以爲當世自命愛才者，竟墮地時不帶一片鄙吝心耶？弟去歲爲部書所誤，不得揀發，明年試後當力圖之。得做花面官，亦可請公等博好賢下士虛名矣。荄甫處已爲求書楹帖，句係弟集繹山刻石字：『爲著作家天不禁，除功利念世無争。』功字借用，弗苦相糾，月盡總當由稼孫碑版大包附上。病甚草草，惟問起居吉樂。謙頓首。

黄氏書望寄都，刻印必不能佳，故竟不刻，作書作畫尚可，然到兄眼恐仍不佳耳，奈何。

二

中義仁兄書侍：

年餘不通音問，畏君之忙，成弟之懶矣。頃王生禹堂赴省書院肄業，將由君以識當代知名之士、理學之儒，伏望引而置之如孫公、高公及張君景祁之列，俾有師友之助。不勝禱幸。王生昔亦受業于王子莊，然不及爲子莊所學，雖是科名中人，而其品邃然，其文字沛然，一洗黄人陋習，實此間離群之鶴也。幸大君子優容而教誨之。弟謙頓首上。

戴望（六通）

一

仲儀二兄左右：

去冬寄上一椷并中白書，及吴子珍詩一册，竟無一字報我，心甚懸懸也。新年想動定吉羊爲頌。金陵自設書局，名士麇集，然多考據之經學，江西宗派之詩，桐城之文筆，下者爲理學家言。望所心契者，武進劉豈生、湘鄉左孟星及中白三人而已。頗有論詩諸公以足下及湘潭王紉秋爲當今巨擘，可以抗行，惜紉秋所作未之見也。今年秋試未必能來，時事日艱，身世之感，觸處而發，與足下相見恐須再隔三五年矣。家鄉有啖飯所，何必遠游。閩中多消息否？此布，即候春安。弟望白，丁卯正月六日。

二

中義足下：

昨接鳳州札，即作復函，仍從尊處寄去何如？滬上竟音信杳然，魂神飛越矣。岳氏之事，何以處之？《漢學商兑》二册奉去，祈歸陳氏，弟一時不能忍性，塗抹數處，既而悔之。此輩之人，無足重輕，謬悠邪説，何足致辯。東原之學，雖出江氏，而未嘗師事，但看段氏《年譜》，約略可見。然所作江氏行狀，固已極口推尊，稱爲自先師康成後二千年第一人。而王述庵爲江氏墓誌，云吾友戴氏東原，蓋今所謂通天地人之儒也，而自述其學，蓋得之于江先生云云。可見東原之推本所得如此，而惟其未嘗師事，故稱之爲婺源老儒。而平定張氏及婁姚椿輩，群詆之爲背師，此何説乎？江氏論禮則多本朱氏，《禮書綱目釋例》本於《儀禮經傳通解》。推算則惑于西人，見錢詹事《潛研堂集·與東原書》。《鄉黨圖考》體例未善，《群經補誼》詭謬更多。又其言《易》宗尚邵氏，又著《近思録集注》一書，核其所得，疵多醇少。以東原較之，青出于藍。惟所爲《杲溪詩經補注》《毛鄭詩考正》，均屬未善。《考工記圖》甚精，《水經注校正》與全、趙出而合轍，精密處則又過之。水地記以山川之脉絡定郡縣之向背，大可作也。惜僅成一卷耳。《聲類表》《方言疏證》皆未盡善，而以先覺覺後覺，段、王之于《説文》《廣雅》，郝氏之於《爾雅》，體大思精，括囊大典，網羅衆家，後之人日受其惠而不自知，豈非飲流忘原乎？《學禮篇》一卷，取禮經大者若干事，各爲一篇，考之以詳，出之以簡，毛公詁詩之法也。使不能文者爲之，則連篇累牘，皆注疏體矣。至其《原善》及《孟子緒言》，天人之故，經之大訓萃焉。是以段大令、孔檢討、洪舍人、江徵君推之于前，焦孝廉宗之于後，汪拔貢亦言：國朝儒者，顧、閻、梅、胡、惠、江，接二千年沉淪之緒，而東原集其大成。爲定大儒七人，通人十九，以詔來學，東原與焉。段大令則稱其學貫天人，孔檢討則感其崇闡漢學而不終其志以殁，洪舍人則謂欲明察于人倫庶物之間，必自戴氏始。江徵君則以能衛東原者爲衛道之儒，焦孝廉則謂其疏性道天命之名，如昏得朗。諸君子皆非漫然無學識者，而交口稱之，且再三稱之，足下何見，乃欲置之第二流，而以慎修爲過之。江、戴相等，猶之可也，乃使之一居上上，一居上中，豈以其名高而有意抑之乎？其意見可謂重矣。

足下論詩不喜少陵，論文不喜退之，此自有所得，不得附和世俗之言，以足下爲非。而其論學，遂詆及孟子。夫孟子之言，常若有可疑者，而其大端則皆本孔氏之微言，未嘗少有差失。故其言性言心，言仁言天道，與孔子若合符節。而荀、揚、韓氏，偏與立异，此儒之未聞乎道者也。宋之儒者，陽尊孟子而陰取荀、揚、韓氏，以助之攻，且雜糅西域胡人之語，以理爲如有物焉，得于天而具于心，舉萬事萬物以内之，恍惚無象而歸于一理，而道始大貿亂矣。而其流弊遂以心之意見爲理，以理殺人，無异于申韓之以法殺人，自非知道之君子，孰能言之深切著明？其憂如此其大者乎？故《原善》《疏證》之作，雖謂之功在萬世可也。足下不信孟氏，遂致不喜東原之書，蓋即其書而反覆求之，周詳思之，平心易氣，矜莊以莅之，而毋以私見參焉，則所謂君子之道本諸身，徵諸庶民，考諸三王而不謬，建諸天地而不悖，質諸鬼神而無疑，百世以俟聖人而不惑者，將恐莫遇之矣。

涇包世臣嘗言東原雖不見用，然由其言而知其用之之無弊也，其亦以是書信之乎？況乎二百年以來，其能身通六藝，兼綜群言以折中於至聖者，曾不數人，若東原者，可謂得其全矣。世無孔子，當亦游、夏者流。足下軼才，絶轡而馳，弟所深畏。敢更少抑賢知之過，以受芻蕘之言，使弟得隨時而取衷焉，則幸甚。大著論議、雜文，裒爲一編，付我手鈔可乎？苟能以汪、龔之文，加以習齋、東原之學，則它日吾黨之斗杓宜專歸足下矣。弟望手啓。六月六日。

三

仲儀足下：

浙中使至，從見山函内得均父及足下手書，慰慰。中白書已交去。鄙人病已愈，唯胸脅間時作水聲，近方服唐端甫、汪仲伊二君去濕藥也。中白處采訪局四年，景況大難，日益牢騷，謀到浙一行。弟力以爲不可，今得兄書，遂當止也。龔集已見過，刻此集者，功不償過，竹公之序，真令人笑來也。渠與弟情近厚，寄到之日，屬分致歗山、端甫諸君，皆同局士，弟悉爲去其序文，不欲令人噫嘻，所以報之。魏序弟于其《古微堂文》中録出，所定爲十二卷，兼有詩詞，開生言即孝拱家藏本也。孝拱于開生極交好，然弟托其作書，索之竟不肯出，可怪極矣。孝拱《六典》已成，且鈔一副本，何不欲其一觀。渠于開老談次頗譽足下，或不至愬然邪？開老于學問大原委，了如指掌，於世務亦洞明利病，人則粹然儒者，所著書高寸許，文之波瀾意度，擬之味經先生，幾有有若似夫子之嘆。東南人物無過毗陵，毗陵人士衆首開老。雖弟之所見如中白、惠甫、孟星三君，皆當今第一流，而皆自以爲不及也。所論格物與顔李氏合，論韓公及八司馬、李忠定諸人賢否，與王而農先生合；王直是大儒，勝于亭林、梨洲多矣。所嫌者程朱之迹未化耳。論文史與章氏合，論詩教與尊意大同。凡此皆未見前哲之書，未睹時人之面，而應若筳楹者也。唯喜閲内典，於三藏之書，窮年累月，是其一失。然其言佛之與儒，離則雙美，合則兩傷。宋儒混佛於儒，而所得又佛之下乘，驢非驢，馬非馬，較之爲儒佛同原之説者，其見遠矣。《繹志》一書，弟亦購得一部，開老尚節取之，中白視兩三葉擲去。言其中出李申耆、毛生甫手筆大半，以李、毛二家文集觀之，知非妄言也。弟信足下以信中白，然於此則服中白之巨眼。撝叔亦豪傑之士，中白固先知之，豈專取證于弟言邪？足下之非之，尚未免文人相輕之故習，何不務爲其大邪？燈下細書，不覺盡三紙，明春歸浙省墓，或可相見也。戊辰八月初十日，弟望謹復。

中白立刻作一回書，并附上伊信，本不封口，因信套太大，故附在弟信内，又及。

四

十五團欒月，如何逼歲闌。孤生摇落易，良友别離難。浮海真無計，臨河發浩嘆。蠻方多瘴癘，栖息慎加餐。

贈别中義兄之作。子高弟戴望。

五

鬱鬱高樓迴，悠悠短晝眠。枯田春水外，猛雨落花前。夢裏華胥國，愁中忉利天。人生無一可，撫劍思茫然。

齊門寓樓坐雨作，録請仲儀、鳳州二君子諟正。白石洞君初草。

六

石龜尚懷海，朔鴻終戀北。哀哉遠游子，飢驅非本意。烽塵一决絶，道路阻且右。中夜望北辰，隻身嘆憔悴。仰顧慈母恩，俯念良友誨。思心結南雲，臨風每揮涕。

男兒志四海，堯舜期君民。胡爲略天下，而乃親鷄豚。箠志悲命窮，隱憂當吾身。隱憂自有在，不在飽與温。弗炫逢世資，抱璞以自尊。爵禄或不及，榮辱非所論。譬諸景星見，見必逢羲軒。一旦臨中天，文采光乾坤。

人生一大夢，百歲須臾間。萬物皆速朽，君子貴其全。出邑經古冢，頽塌荒山前。鼪鼯穴其側，鴟鴞巢其顛。柏林伐已盡，蔓草滋荒烟。往往樵牧者，猷拾金釵鈿。姓氏既湮没，孰辯愚與賢。問天天不語，麥飯徒云然。薊門當路子，逐逐事征鞭。富貴如浮雲，於我何有焉。令名克自振，千秋乃以傳。前車當可鑒，相期共勉旃。

黄塵塞天下，奚啻蜀道難。有生不自惜，鹿逐良可嘆。丈夫登廊廟，隻手回狂瀾。既不與時合，岩穴固所安。長歌度滄海，拂衣歸故山。勿畏波濤險，禮義終不愆。茉水豈不樂，日接慈親顔。

《抽思四章》録布仲修學兄削正。戴望近作。

周星譼（七通）

一

戴子高自江寧至杭四十首雜詩，章法甚好。中有『昔識譚虬東海上』一截句，當是謂公，所臚列諸君子，有譼所知，有不相知，大都皆清雅之彦。據此觀之，則漁洋《歲暮懷人》尚不及其閎卓也。其治公羊學，據寡陋窺之，可謂成矣，公何以少之耶？或是其通體察之歟？然亦年少不自廉者。其所稱徐彦究係何人？亦如臣瓚者歟？此請仲翁先生年安。天雪不克走。小兄譼頓首。俟復。

二

仲翁仁棣大人教正：

昨奉到復言，謹解帶以寫忱，彌鏤心於中庸。譼之失學，非他有誤之，乃雜覽之過，不能專耳。即常解且不能更僕而數，何敢掃一切耶？文言乃文王之言，本梁武有此語，因緣《大學》《中庸》之紬出，記實始萌芽於大通。譼生平服膺紫陽朱子慎獨之獨，竊以爲即抱蜀之蜀，元者善之長也。穆姜在聖生前，因懷克己復禮之例。《論語》中皆有所本，聖人述而不作，大率如此。蜀作獨解，凡麟經之筆，皆以竊作爲准。賜教極獲我心，特不肯顯指他説爲不然耳。譼之就有道而正者，胥格此言，幸勿以好新見异爲中人譽耳。譼意欲就平正通達處，講艱深簡雅之書，求往解之顯而易達者，不可多得。將來托史席而叩之，何如？孫先生《脞録》，大平極正，特脞之一字，譼已不甚曉，究其名意何在？《日記》匆匆未得細閲，容再上書叩謝。然阮無實學，又是隨筆，豈有好語足取耶？一笑。此請教安。小兄譼頓首。《皇覽》因見有《冢墓記》，語甚怪，然於譼事頗有增益處，故叩之耳。

三

仲翁仁棣大人台前：

奉手書，以同學許我，已不勝慚恧之至，讋也何足言學。以經學、史學、詞章之學、目録之學宗匠俱有其人，而吾棣皆足與之抗。所尤擅者，則以經術飾吏治；所少者精細絶倫，水净沙明則有餘，粗沙大石則不足。僕於問政之下，仰止久矣。三月觀蒲，殆仿此耳。新安六月之息，既領略文字之緣，且深佩臨民之善，苦心孤詣，不負所謂平生之言者，心嚮往之久矣。至於不棄，許訂譜交，僕與閣下，更可謂久且深矣。既同梓誼，又共蘭言，必欲恭具聖譜，以昭誠敬，謹聞命矣。特撫躬慚齒之長耳。近日官場换帖，有誠有僞，有淺有深。僕與吾棣則當以骨肉肝膽例之，不同泛泛也。代公之任者，或曰朗翁，夫人進院求内中者，或云即係胡履翁爲之道地者。王芝舫青塢大病而歸，至今未愈。傳説不一，無從查考。紹方伯初八請訓，十八爲少君完姻，期月後再啓行，且云由運河船來。則至早在十月也。王與翁急於去，大樹往泗州去半月餘云。少君芑如以知府在皖需次矣。避局人中峰，正没法處之，大概仍以無庸議了此局。池州案之重，情迹略有端倪。宜興有所恃，皖中或可彌縫耳！吾棣之公館，與芝舫商議，且緩緩再尋。原處斷不可再，已有人租去了。打聽胡茀翁幾時行，再行奉聞，然大約不出九月在途，至遲十月初亦接印。剛剛菁華摘去，真是前生注定事，一飲啄不可勉强也。此請升安，并祈朗察，不宣。如小兄譽頓首。兄近年治瘡大發，坐卧俱苦。

四

仲翁仁棣大人垂察：

相見非遥，不復陳其細趣。譽之斯行，故應徑趨棠邑耳！屬有秘言命，於衡山之使有譏，遂滯飆輪，致稽桑宿，托云阻風耳。霜旦初晴，月之三七，正是嘉日。既王程之攸羈，遂簡書之期迫，計惟叱馭可及，故遣信相聞矣。判年積愫，而欲以一昔抒之，如何乃快，思之悵然。在夏沅薇，總冉冉府中之步；方冬榮桂，共招招既濟之舟。思之又不禁欣然也。違城十里，可令一吏來，便教持刺先拜同寅，到門見面，省得在吾棣署中做襄樣耳。了却應酬，然後與吾棣大人旗鼓相當，各出半年來所見所聞，一肚皮春秋，傾箱倒篋出之，何如何如！思之此又不禁浩然也。環九萬里而南，蝸争方劇；溯五千年而上，鶴語可聞。贏得此翁又醉耳。此請升安，伏維荃照。小兄譽叩。

五

北譙長謹對：

幸分召樹之甘，共有散花之示，相憐同病，故相好亦同心也。春風多厲，尚希珍重。譽自蕪湖回，至今不適，良由衰至，正氣不足，故邪不易驅。力疾從公，雖不廢事，然内已傷矣。老子所謂吾之大患爲吾有身，民久矣置此身於不有，然蟬未蜕則仍是蜣螂餘臭耳。誠所謂道心不浄。若世事則如風馬牛，毫不關心，大而四海以外，小而夫婦居室，炎凉官況，得失鷄蟲，俱無芥蔕於胸中矣。羅刹之侵中原，事且確，終必是錢神傳中附兵志，僕猜一點不錯，君試作壁上觀之。外國人只講實事求是，不似華人好體面、尚虛文，小小戰功，便詡爲驚天大業；小小政事，便咤載道口碑，只是把古人事搬演作門面。試看乾隆年間大小金川、西域之頌揚，真是撑破了九重宗勛。其實華盛頓之禪讓，拿破侖之征誅，新開河之開路大工程，阿非利加之覓境大交易。金錢幾千萬，無一文浪費；人力幾十年，無一日曠工。既無文字表揚，亦無文人聞見。酸醋溝老大倘環流一走，方知一稊米有多少十八省耶！佛侊同業所見，所見別業罔見，彼侈小爲大者是一業，彼舉重若輕者亦是一業。到世間來，作人作事，無論好事惡事，都是業。做此業中人，便知得其中甘苦、得失、成敗，所謂喻也。不做此業，便不縈心，知之便不親切，譬如小兒所嬉之磨合羅面具、糖狻猊，壯夫不爲也。非不爲也，知此假合不足娱人，乃嗜女色、美衣服、好儀仗，呵街作驕態官様。老僧不爲也，非不爲也，知此不特嚼蠟也，且是傷身壞心腎物。好煉氣成仙藥，祈佛極樂，僕亦不爲也，非不爲也，亦是深一層的無謂耳。擔著這具皮囊，挨日子過，幾時去便幾時去耳。這個業造得不小，閻羅王也驚説我錯，我却不曾錯了人倫，不曾結了官箴，一天到夜，只是有事不敢苟，無事亦不攬，如此而已。周涑人見到如此，吾仲修以爲何如？尚有甚閑情去看他百子金丹，尚有甚工夫去作女郎詩耶？運甓宜作勤吏，勿有案不問、有公牘不閱，忙過與孩兒戲耳！有甚麽酷循也。不共化作魚，此便是兄之福命；在空諸一切，此便是兄之工夫；在實諸所有，管他草木春、千帆過耶！鄭贊侯見不到此，故如斯作蟲吟階切，一片秋聲。即吾棣欲遷，亦是不安福命。此心安處是吾鄉。只是我有把握處，食采有方，豈是我做得主的。鄙見如此，不足爲高朋一笑，且置之，吾聊以借此發胸中之揮耳。勿作真！勿作真！陶奴未曾來，今年聞尊處派錢漕，伊正戀戀，斷不向窮處來。敝境上忙，須得蠶娘麥秋，專候桑葚。此兩月中閑磕牙，省中一役，費去百金。劣弁狂生，俱已代達，核實一番，亦當面浼求。今已批下，特先録呈，可以免解矣。此是屈法徇情，別人做不到也。大有因緣在，比老城北人情還大也。猾吏一事，只好照僕前此所云卅六著也。鄙人公牘不得不提訊，爲自己立脚地步，省事最好，況此等惡舉，人人共憤者乎！閑書不多，特檢寄。另單附。洋畫未帶來，此次寄在省者甚多件，真不便當也。敝眷已於天氣新日到署。弟夫人及侄輩、如夫人均致意問好。民之兩兒，一識字，一勃跳學語，以告叔叔知道喜歡。月中下旬當詣周岡看牡丹。此請南譙長嘉福。謹宣。三月初七。

六

喜遇和仲翁韵，即希稚翁、湛翁、敬翁共政之

遠聞閩嶠惜離情，近喜扁舟到皖城。北面新交推望重，南皮舊會數年輕。九經例熟鱣堂校，一劍身危虎徑行。循吏儒林都不愧，渡江祖逖有先聲。

寫懷再步前韵，并呈稚翁、敬翁、湛翁、仲翁先生鑒定

枳殼花開百舌鳴，官閑衹覺歲頻更。乞鄰酒帶家鄉味，呈佛詩多歡喜聲。一塔倚紅矜夕艷，萬山鋪翠學潮平。射蛟遠略談猶壯，羅刹洲邊草又生。

周星譽初稿。

七

神淵寫妙芬，濯錦錯天綉。花氣遠無泊，畀諸虚弗受。艷兹尺寸土，逋作衆香藪。凉意垛成秋，一鷺共烟守。斯人今不無，斯代古所有。鐘鼎與山林，間出都非偶。勝游亦千載，天文動星宿。六月鎮賦詩，清風來遠堠。叨承花世界，而我從之後。多謝蜀山青，觴詠能再否？

六月二十日，諸君雅集香花墩消夏，譽來遲，不及從游，詩以致意，即希正之。譽。此定稿矣。

周星詒（二通）

一

仲儀仁弟大人足下：

廿一日得惠札，連日入山掃先墓，因遲裁答。《越紐》之議，詒孫必冀得一善本勝錢氏者。兄求此書舊槧精鈔卅年，即明正嘉以先本，視聽并無，向衹得一抱經手校吴氏《逸史》本，殊未饜心。外此如陸氏䜭録諸家藏書及記録經見善本摘著《簡明目録》上方者，亦絶無佳本。詒孫奢願恐終難必也。實齋先生遺書，原議《通義》已刻者不更付刻，但刻補遺佚諸篇，其中或有爲刻本節删而有關係者，并淆亂次序，或爲校記，或著之序跋，此皆敬孚言之。屆時再定。其文雖云晚聞居士定本，體例亦未盡一本，待傳抄到後，敬孚與兄先共商定次第而正之。弟與吴摯甫又慮我四人論議，飴孫不能盡從，故兄亦屬敬孚覓胥傳寫一本，滿意事在必成。顧敬孚到滬後書來云『小雅遽殁，遺書半爲乃兄載入楚北，方苦心索借抄』云云。兄已函屬竭力爲之。今日飴孫交到奉致一椷，以此上慰我弟兄與敬孚、飴孫并力訪求，或冀仍得踐前議邪？碩卿甚窘，聞藏書得價便售。弟勉爲之，若需錢，兄當與鍾厚堂觀察籌之也。厚堂以力戰得官，歸囊頗裕。初與里之富人受心雲之愚，以五十金買王氏《東華録》板，續又費二十五百金買咸豐一朝稿本付刻，近議先付石印袖珍本發賣，故木刻本尚未刷印。昨問之，知楚北寄來刻板中闕百餘葉，在越補刻成乃可印。而同治一朝稿本，王祭酒聞索二千金潤筆方肯付之，卷帙云與乾隆朝相等，計刻工需資亦二千余金也，綜費萬余金才得全書，版刻石印之費未計及，故大爲有識所誚。或語以既欲校刻書籍，當商之兄，而劍川趙樾村，藩刺史爲知鶴慶時所取士，前冬游越，厚堂留居齋中半年，與兄交甚契，猥荷稱許，謂在越祇得兄一士，厚堂信之，因時過從。而飴孫又聽虛聲而下訪，然兩家究非當行，且并得坤道。惟厚堂信兄少過飴孫，所恃以潤飾文字、校勘奪誤者，爲蔡鶴廎庶常元培。機秉明鋭，問學專勤，所爲文咏，時多瑰奥之句，年力方强。近雖未成，將來當在陶子縝上，與李蒓客、湯伯述齊驅。先所取正者，心雲也。今年鶴廎中進士，入詞垣，乃駕陶上矣。昨來言不日西渡，往謁鄭堂，吾弟亦必獎賞此生。越中後生群輩非飴孫之傳。吾弟導汲而提唱之，當可作慧能傳五祖之派也。

兄藏《書鈔》，并歸蔣氏節之，曾爲粤鹺，商孔氏借抄一本，聞孔氏臨諸家校語頗詳審。前年以付刻，主之者黎召民也。今年聞已刻成，而未見印本。近方欲書致節之，渠與黎、孔皆時通問，當從訊究竟。姚氏藏本，彦老乃郎公菉曾糾資付刻，未幾父子相繼物故，工既未舉，書亦無從踪迹矣。越中近出一本，是王晚聞傳抄本，中有朱校，僅補正引著《東觀漢紀》，傳説多與殿本不同，是相傳僅失兩册之廿八册本，十萬卷樓果有其書邪？賈人索價二百四十千，貽孫從弟顯民强欲以百千金得之，僅出其半，留在徐氏，余以議價不合，堅不更出，今已增至一百六十千，不知已定局否？《列朝詩集》，兄藏爲畇叔兄所失，今在吴中，弟要看，明年當從取借，兄子亦必取之吴寓行篋中，兄知其無也。盛爵臯兄久與印須，并失之庚辛越難日矣。

寅兄廿四日書來，尚逗留滬上昌記客棧，云年内赴鄂度歲，春間北上，死生以之，奮力自振，然其言多誕，亦未足信。知念附及。兄秋間專事五律一體，作得卅餘首，自視可存者不及七八首，明年當寄，求吾弟鑒定。能於大著《日記》中選著一兩首，使微名得附以不朽，于願便足。墓誌及表傳，亦擬自草一略，求弟與吴摯甫、趙槭村諸君分任之。兄十年來，七情不擾，四大并空，獨于此名尚不甘與草木等，自憐又自笑也。存老昨有書來，并無金石跋之刻，惟書跋又得十六卷，次月内可刻成，與《宋詩紀事補》百卷，均俟三月印行，先得樣本，許以見寄，大約此二刻并作北行書帕之授計耳。弟近何作？《淮南釋文》言已寫定，日望惠讀。《日記》聞已續刻，共得幾卷，印成乞先寄一本，切望切望。日夕惟藉卷帙遣寂，此外直覺凡事無一足娱吾生矣。蒓客初集詩已刻成，見之否？此刻出，恐不免名過其實之嘲，盛名難副，後生可畏。傳聞近年每爲楚湘少年所困，良由自命過高，侈張太甚，自取辱耳。風使仍希嗣音，相隔百里，各已六十，所藉接殷勤、通情款，惟此紙筆耳。千乞時有以慰虛慕，至屬。此請近安。長至夜小兄周星詒頓首。

世兄均及。拉雜書此，遂竟兩紙，中衹可我弟兄相語，不可使外人知者，諱之，至屬。徐函附。

二

仲儀仁弟我師閣下：

前拜復書時，方日事籌算，未即裁答，歉歉。承屬向費孝廉索歸大著，此君爲儀顧座客，已爲傳致荷諾，不意近丁内艱，未能來吴，計必開歲春夏才能報命矣。彦侍方伯養病静處，不理瑣事。《説文翼》《考异》二種，昨曾晤索，因乃郎公綦經理，有無印本現存，須俟反吴訊之。劉泖生校刻各書，板亦俟彼時屬向書局問訊後奉布也。兄家質肆爲經理者侵漁至母錢四萬串，自問會計素拙，無從措手，現商儀顧合辨，藉其聲望才幹，重新整頓，業于廿三日赴苕立約，此後可無虧耗慮矣。家搜悉索所有，屬爲另圖恢復，現又承替德清、新市、泰和，半分亦屬儀顧主持。兄在吴兑楚尾款，即由彼歸越，約下旬當造謁也。别紙云云，亦已代達。明年擬太倉城内創設一肆，届時當由兄轉告。新市距杭僅八九十里，泰和尚有萬五千串架本可替，此典交易甚大，去年獲利分五，今年減爲大小分六起息，亦尚有分餘利，每百加貫十五文，月内衹現錢萬串，即可接替餘款。明春末戍楚，因原主徐仲笣儀顧婿虧累巨萬，諸逋迫索，急于覓代故耳。子長中旬若到，此局可成，遲則不及待矣。益老已大安否？念念。兄寓吴月餘，日爲阿堵牽紲，直至近日方稍得暇，又苦疝作，勿能出門，直無一善狀告慰。儀顧近刻湖郡先輩著述，已成數種，收輯徐、嚴、楊諸著頗備，已得之否？《吕覽》皕宋亦無善本，《通典》有元槧密行本，《册府元龜》蔣香生有鐵橋傳校宋本，皆秘籍也。并聞。此頌順安。小兄周星詒頓首。五月初四日。

陸心源（二通）

一

仲公閣下：

昨者辱復書，乘賜各書，足以振發蒙瞶，謝謝。拙著《題跋》將以糾河間、儀徵之失，挽附紀諛阮之風，晁、陳之褒，不敢承，不敢承。《淮南鴻烈》正統藏本，寓目未經，藏弆更絶。新豐唐氏向儲影宋，矻矻窮年，記成校勘，即世已久，尚未殺青。子侄凋零，恐飽蠹腹。伯均命不副才，墓草已宿，喪此總角之交，益增晨星之感。勤果好文，梓其詩集，棗木東留，南來無日。文未寫定，眥者孔多。近排群議，出私家錢，付之手民，俟有摹印，當即寄將。東瀛舊籍，極所願得。辱蒙函達，永矢勿諼。春申浦上，今之大市，於兹和會，可謂宜古宜今。若星老柱棹苕溪，弟當別送黄頭郎算緡。伏祈代告。大著《淮南》何日成書？先睹爲快，企予望之。弟手臂不作，四更晦望，入夏少間。木犀香候，倘得霍然，再當鼓棹武林，捧手請益。手肅，復詢起居。酷暑，伏惟珍衛，不宣。愚弟陸心源頓首。

二

仲修仁兄大人閣下：

久仰盛名，無緣良覿，每游杭會，渴思一奉光儀，均以返棹匆匆，未償夙願。人事多阻，良用歉然。昨從周季貺須到大集，捧讀之下，馳逐馬、班，凌厲韓、柳。其奧博瑰瑋，淵淵乎先秦兩漢之遺，今日文宗，推君獨步矣。可勝欽服。弟却軌杜門，著書仰屋，網羅古籍，平生夙好在兹。近年以來，所見日少，頃承見示楊君惺吾《宋元刊式》一本，其中如《古今韵會舉要》《韵府群玉》《增修互注禮部韵略》、胡三省注《通鑑》、《方輿勝覽》、寇宗奭本《本草衍義》、《大觀本草》《外臺秘要類編》《醫方大成》《文章正宗》、贛州本《六臣文選》、元刊《中州集》、《王狀元注東坡詩》等種，敝處已有宋元刊本，及唐人佛經，皆非所欲。其餘約三十餘種，均所願得。如蒙介紹來湖，扁舟載至，不勝大願。附呈拙著《題跋》，伏乞教正。專肅奉瀆，祇請台安，惟希朗照，不宣。愚弟陸心源頓首。

贛州張之綱刊本《文選》，昔人不能定爲何時所刻，查張之綱，山陰人，紹興十五年進士，則亦高、孝時刊本也。弟又及。

附致周星詒一通

季貺仁兄大人閣下：

連奉惠書，并譚仲修文稿、楊惺吾《書式》，均悉一是，惟藻飾繽紛，慚不敢當耳。檢閱《書式》樣本，其中如《古今韵會舉要》《韵府群玉》《增修互注禮部韵略》、胡三省注《通鑒》、《方輿勝覽》、寇宗奭本《本草衍義》、《大觀本草》《外台秘要類編》《醫方大成》《文章正宗》、贛州本《六臣文選》、元刊《中州集》、《王狀元注東坡詩》等種，敝處已有宋元刊本，及唐人佛經，皆非所欲。其餘約三十餘種，均所願得、必得，請楊公携帶而來，當有千金交易也。諸暨有胡潁炎孝廉，是否文章名手，兼善青鳥術，不識閣下知其人否？乞探問示知。仲修居杭州何處？亦祈示及，弟擬欲通書，并寄新刊也。施均甫文集現正發刻，詩集板片尚未取歸。專此布復，敬候起居，并請大安，不一。愚弟陸心源頓首。六月初三日。立盼復音。

楊守敬（二通）

一

仲修先生座右：

月前聞經心講席得先生俯就，匆任欣慰。此間失學久矣，不有通儒提引，何以偕之大道。不獨鄙衷私願得以時聆教言也。前年滬上之别，約爲西湖之游，後得手示相招，并荷許君益齋懸榻以待，感何可言。適因歲暮迫，欲歸黄，故未赴約，此願何日得償。

頃得手書，詢及卷子本《左傳》，此不過前年略舉一二，其實敬所得驚人秘笈，更仆難數。有古鈔《文選》三十卷，是李崇賢未注以前本，絶非從六臣本鈔出，先生信之否？即以經部論之，亦遠出山井鼎之上，蓋山井鼎所據不過其足利學舊本，敬則遍得見其國中古籍。雖其内府楓山官庫之藏，亦借出傳録之，其詳見拙撰《訪古志》。故每經有古鈔數通，或有至廿餘通者。即如此《左傳》，亦山井鼎所未聞也。《七經考文》只六經有古鈔本，《左傳》無古鈔本，所據興國宋槧耳。敬亦得之。其中异同之迹，使人心悸，多與陸氏《釋文》所稱一本合，蓋六朝舊笈也。其有《釋文》不載，爲唐石經、宋槧本所奪誤者，不可殫述。今第舉一二大者，如昭公廿七年傳：『夫鄢將師，矯子之命，以滅三族，三族，國之三良也。』今各本不疊『三族』二字，得不謂是唐石經以下脱文乎？又如莊十九年傳：『鬻拳可謂愛君矣。』注：『楚臣能盡所忠愛，所以興。』各本『楚』下無『臣』字，尚可通乎？又如隱九年傳：『衷戎師。』注以『過二伏兵』，各本『過』作『遇』。山井鼎所見興國本亦作『遇』，旁注『别本作過』，蓋校者據此本耳。而阮氏校刊記非之，竊謂此一字千金也。蓋祝聃引戎師超過二伏兵，至後伏兵，後伏兵起，戎還走。二伏兵禦其前，後伏兵擊其中，祝聃反逐其後，故注云前後中三處受敵，衷戎師之情景如繪。若初即已遇見二伏兵，戎師不鬥即還走矣，安得更隨祝聃至後伏兵處乎？此得不謂宋槧以下妄改乎？至如何義門所舉死而賜謚，古刻多然，此類不足稱説矣。承諭當謀精槧，以饗來學，此敬六年來耿耿於心而不釋者，嘗欲合所得諸鈔本及北宋刊本，爲七經古注精刊傳世，又即子史集部，擇其尤者，次第入木，尚可數倍于《古逸叢書》也。唯兹事體大，此間真知篤好，絶不可得，口焦脣乾，卒無應者。邇來湘帥莅此，未知政事之暇，尚留意此事否？若得成此盛舉，亦不負敬海外一行也。又聞許益齋妮古而有力，何不以此慫恿之。

來書稱益齋重刻《唐文粹》，囑敬題端，已如命書就。但聞此書蘇州書局早已刻成，未知益齋所據何本，抑與《英華》及各專集本互勘乎？敬所藏本有宋槧本，缺首五卷。明嘉靖間徐焴刻本，明晉藩本。宋槧刻雖不精，然誤字最少，徐本即從之出。此本已售去。晉藩本頗有誤字，亦有足訂宋本處，未知益齋尚欲參校否？敬以爲方今古籍之無板本而急需重刻者甚多，蘇局本雖不精，似無庸再刻，比類而推，何不移此費刻《宋文鑑》《元文類》乎？又聞蘇局已刻《宋文鑑》。然此亦局外人語，想益齋必有説也。

敬在海外竭力收書，亦知牙籤萬軸，非措大所能消受，擬著一訪書志，而後其書可散。奈志大願奢，必欲每書通校一過，用是稽遲日月，加以人事牽率，久不脱稿，迫不及待。所藏精本頗有爲有力者負去，然至奇至要之書尚多在篋中，再擬屏棄一切，專力此書，或能成之。自謂此書若成，亦經籍中一大關鍵，不第敬一家之私藏也。唯年來精力耗竭，纔逾五十，鬢髮皓然，便如六七十歲人。膝下豚兒皆不能繼志，無足助我搜討者，以蒲柳之姿，爲五官之用，其可得乎？前因藏書十餘萬卷，學齋至不能容，於黄郡城北卜築一地，起樓爲庋閣之所。此地距赤壁數十武，爲一城之勝，顔之曰『鄰蘇園』，即因坡公題臨皋亭、承天寺語爲聯，曰：『重門洞開，林巒坌入；積水空明，藻荇交横。』自謂山水有靈，今昔同情，惟未得當代坡公一證斯語。聞繆筱珊編修不日到此，何不携手同游，使吾園亦千古乎！宣紙《今隸篇》一部，價六竿。祈轉致雪漁爲荷。王益吾司成刻《續經解》，敬未能購得，每部價若干？想書院中必有此書，祈飭鈔胥先以目録示我。又聞湘帥在粤東刻書不少，亦祈示知爲荷。即請著安。不莊。願學楊守敬頓首。十八日。

二

仲修先生座右：

前月奉上一函，諒已收覽。昨日手民陶子麟來，携刻《文館詞林》式樣，葆初甚爲嘉許，已囑將六卷全刻之。大約將來次第可成一叢書，但未能刻巨部耳。陶君手藝爲鄂中之冠，誠實可靠，子用、小珊諸公皆賞識之，不待敬之揄揚。渠因近日生意冷淡，聞省志發刻在即，君求台端于諸當道處吹噓之，即不能以全書盡畀，分任亦可。前月小珊信來，備道尊旨，稱日本唯醫書、佛經有秘笈，其他多盜竊作僞，遠不如中土云云。夫以日本醫書、佛經爲最多，此誠能道其肯綮，至其他概以作僞屏之，則稍過。敬前讀尊著《日記》中述錢竹汀先生言，以《群書治要》爲僞書，然王懷祖亦當代大儒，其《讀書雜志》所取數百條，皆與中土古書相吻合。至嚴鐵橋所輯子部書，多有全篇取之此書者，此豈可憑空杜撰。此書卷子原本尚存其東京楓山官庫，敬嘗借出，每卷影模數行，已刻成一卷，未印行，容當寄上。古雅絶倫，斷非後人所能僞造。又如皇侃《義疏》，以《釋文》照之，多不合，亦有疑之者，不知古人義疏與經注別行，唐人尚爾，豈有皇氏先有合并之本？敬所見日本古鈔皇《疏》，多係元明以下之本，蓋亦效中土南宋注疏本合并之，故有以疏就經注者，此自日本人學淺之故。今全書具在，平心讀之，果僞書乎？至《孝經孔氏傳》，此自是隋唐所稱僞本，流傳於彼，亦非彼能臆造。其他若慧琳之《一切經音義》，楊上善之《太素經》等類，絶世瑰寶，指不勝屈。敬因欲爲《日本訪書志》以告學者，奈獨學無侶，久未能成書，用此耿耿耳。秋後擬晉省垣，藉近光顏，謹聆清誨，幸不鄙棄爲禱。即請著安。不莊。願學楊守敬頓首。

蕭　穆（五通）

一

復堂先生名父座右：

春秋兩次領大著，深爲銜感，然均爲同志悉索，而敝處仍一無所有，尚擬他日寄資印十數部，庶幾養欲給求也。舊接白叔札，及小塗兄至，先生起居，乃得詳悉，頗慰遠念。《唐文粹》近無善本，今經先生精校，不勝欣羡。顧千里曾校此書，大約以胡克家所藏宋槧爲藍本，又嘗與金近園同撰《辨證》，二十年來，求之不得。嘗詢之江寧汪梅村先生，亦云未見刊本。近閱邵位西先生所注《四庫書目》，乃知此書欲刊行而未成，今原本無從踪迹矣。又邵氏所記黄氏士禮居有宋紹興九年刊本，云何義門、小山兄弟皆用此以校明本，朱字爛然云云。此本應在人間，否則亦必有傳録者，隨時留意可也。王益吾《續經解》近僅印四五十部，七月間已裝訂一部，專摺差送京，存軍機處，而龔君所校之《詩經廣詁》，竟未付梓，此本今在太倉州莫善徵所，乘機當爲先生假之。又龔君所撰《詩大誼》及《尚書定本》，手稿尚存，當藉先生以傳不朽，惜前此王益吾不及知之，今無及矣。又益吾所刊《八家駢文》，近來當可完工，穆擬月之内外將有事於江陰，當爲致一部奉覽。兹因少塗兄之便，率布數行，即請著安。容俟續報，不一治教。

小弟蕭穆拜上。

近日故友吴摯甫刊有《尚書》今文注，及益吾舊所刊《魏書校勘記》，各以一本奉上。又貴鄉先達杭大宗《道古堂集》，外間極少，不知貴鄉有同志者能爲重刊否？九月初六日。

二

仲修先生左右：

春初在舍曾奉寄一函，托代買湖北局書兩種，至今未蒙回示。探知閣下于二月初由鄂回杭，道過申江，亦不令人知覺，然穆春初同時寄鄂浙友人三信，均見回復。彼時知閣下尚未動身，想經營回里，無暇再問外事故耳！此已過之事，已毋庸議。惟穆有日本人所著、畢沅所校《吕覽補正》，久在尊處。前年穆到杭時，本已領取，而戴同卿彼時借抄，云抄畢交子衡代爲寄還，不料戴某浮而不實，既不即抄，又不交子衡寄還，旋聞又送交尊處，逗留至今。又時聞屢爲他人所借，竟忘此書爲弟之物。三月間有人到皖，見宿松有高仿青書案有兩本，其人知爲弟物，代爲索取，仿青定要寄歸尊處。穆旋有事到皖，親自索取，多費神色，乃得取回，緣江海寥遠，往返由信局，恐有失脱故耳。今特告知，并望尊處所存三本，即行封交白叔兄代爲寄下。緣現在有人以精本數種借穆照校，且商以他書易此故耳。特此奉懇，并請近安。但望還書，不必回信可也。翹切翹切。愚小弟蕭穆頓首。五月十八日。

三

復堂先生座右：

春初驧從莅申，時鄙人正在卧疾，不克恭迓行旌，至今抱歉。賤恙直至夏初乃愈，後來皮膚之症亦時雜作，一切竟不能以自如。邇來正思肅布數行，以慰尊念。昨日至醉六堂，忽接大札，敬悉講誘之餘，怡情文史，深愜遠懷。《藝概》一書，久未報命，不勝慚恧。緣其世兄久在申江，即偶一回家經理家務，而興化城中向無刻字鋪，印工均在數十里外，非俟其在家久居，大家積資合印一兩百部，不能上算，是此書一時萬無暇印之日。穆七月間回家，將以舊藏本檢奉左右，將來閲者傳鈔，或集洋五六十元重刊，何如？湘刻《淮南》，久無消息，即莊、老之書，亦未寓目。穆近因家中造房十數間，所費不貲。八九月間將往揚州見郭君，假貸若干，小住數日，方知各書原委。彼時再行奉聞可也。爽秋所刊《湛然居士集》此書原本頗有誤字，未得別本參校，可以意會之。《黑龍江外記》《吉林外記》，均穆經手。現已一律完工，伊僅各送一部，又因先生時與伊書札往還，故未奉贈，便中可作字索之。仲容《札迻》亦已完工，尚有刊誤未了，俟其寄三兩部，當以一奉贈。又穆往年勸黟縣老友李輝亭刊《徐騎省集》，近三四年乃借得江浙間相知家舊本參校，於前月完工，即附復函奉上一部，其原委皆見末本校勘記李英元一序。凡有所見，仍望隨時簽寄，將來更有采用也。容續布。小弟蕭穆拜上。

四

仲修先生經席：

六月廿五日，曾上一函并三校《徐騎省集》八本，由信局轉達，定登座右。七月間穆爲校刊劉海峰《歷朝詩選》，到金陵書局小住兩月多，直至本月初乃得返申。憶初到金陵，晤高子衡，知彼時貴體不適，深爲懸念。八月廿三、四日，晤爽秋兄，出中秋左右大札相示，見字畫工整，神采奕然，乃知貴體已經全愈，不勝欣悦。邇維照常，擁子厚之臯比，坐季長之絳帳，定卜門墻桃李，仰沾時雨之化。鄂省人材，蒸蒸日盛，皆大君子之功也。何羨如之。前承雅屬，代印劉中允《藝概》，訖無頭緒。今先將舊藏本檢出奉上，而劉公所得意者，尤在《持志塾言》一書，於講院尤爲有益，今亦附呈。此兩書重刊，不過費英洋五十元左右，若交書局當道代刊，尤爲得法。惟先生酌量行之可也。特此奉啓，敬請著安。天氣邇來寒燠不均，一切尚祈珍攝爲要。教小弟蕭穆頓首上。十月十三日。

五

仲修先生經席：

久未通問，未審近日起居何似，伏惟逢福值壽、著述日新爲慰爲頌。弟自去冬不幸有狗馬之疾，直至今年三月間粗愈，似乎不至怛化矣。惟去年承假《淮南子》與益吾祭酒，祭酒欣然欲爲校刊。曾記先生有云，尚有陳石甫丈等跋未録。即乞便中録出，或寄益吾于長沙，或寄上海敝館，弟便中代寄均可。又先生代人精刊《唐文粹》，聞久完工，不知刻主定價若干，尚祈先生代購一部，開價示知。倘先生夏間便過上海，或有便妥見寄及價寄何處，均祈酌示可也。弟現到上，先過李爰得觀察，小住十餘日，見爰老談及，知素欽先生品學，以家刻古今書籍數種奉贈，以表欽仰之意。知先生必引爲知己，即當有信致謝，倘有復弟書信，即附入致爰老信中，尤爲大好。蓋弟與爰老時相往還也。特此奉懇，敬請大安。伏祈垂鑒，不一。小弟蕭穆拜上。

四月初九日書。覆信即直寄大通利和錢莊爲要。

許　增（三十三通）

一

《唐文粹》訛文實多，其所以訛之之故，大率同音之訛、筆畫之訛。若其文氣局格，大有勝於專集者，蓋姚吳興纂書之時，其原書尚存，故得其實。閱今八九百年，展轉傳刻，訛以滋訛，宜其專集轉不及《文粹》也。惜乎明季刻《文粹》時，無專心校讎者一一訂正之，俾成完書。弟此時但能以專集校《文粹》，正其同音、字畫之訛，惜無此精力再將《文粹》校正專集之文氣局格，豈不兩勝邪？質之老哥，當爲許可。《文粹》五册送呈教定。宋刻楷書大字原序已屬槃隱影摹，將來倘能重刻，擬即照此上版，以存宋刻之真，先生以爲是否？蒙恙已愈，明日擬約王馥生之世兄拍照，先生如高興，何不枉顧，俟約定再布。此上復堂先生函丈。增頓首。

二

《文粹》遂注四册奉政，商量處甚多，當面聆指教也。糧儲今日進城，不無酬對，此後四點鐘以後必在家，可以照舊閑話。心雲已東渡，托其在越中藏書家訪借顧千里校本，不知得如願否？此上復翁。增頓首。

鈔本附繳。槃隱鈔《文徵》，過於求速，每日鈔四十葉，字雖不多，其精力何能如此，況酷暑邪？

三

《文粹》新舊八本奉上，有摺角處尚須奉商。朱、高兩處詞各一分，便祈轉交。今日接滬友書，云覓得改七薌《玉壺詞》刻本，已馳書索寄，當與《松壺集》同訂，最合拍也。鈔本已向寫人處索取，交來即奉。顧千里校《文粹》大約未經刊行，最奇者《湖海文傳序》中竟不知有《文粹》一書，以《宋文鑒》直接《文選》，豈非异事。復翁賜覽。增頓首。

四

《文粹》廿九卷從年刻《陸宣公集》校正，中間有不可不改者，亦有可改不可改者，既已校正，將不必改者，亦一律書眉，不敢意爲去取也。鄙意擬將有集者，一一校改，其無可索借者聽之。送呈教定，如以爲是，幸示一言；如以爲可以不必，即從此輟業矣。《洪經略奏對筆記》一本呈閱，大有可觀。此上復翁左右。增頓首。

五

《唐文粹》四十一卷至四十七卷，又八十卷至八十六卷，計兩本，敬乞訂政。中間改字悉照《全唐文》，用朱筆注明，間有用墨筆者，先從本集校勘，復以《全唐文》對勘。本集與《全唐文》同者，墨字上加一朱點，不同者以朱筆畫之。此事以公一言爲定本，弟則絶無去取，其間千萬不可存絲豪客氣。須憐念數月來勤苦之力，并殷殷求教之心，俾世間有此善本，亦大功德也。增叩首。

六

《唐文粹》一書是小子近年最著力之事，以兄一言爲定準，尚望置之案頭，興至時按校正處定去取，幸弗求速也。送上三本，再求訂政，不敢多送者，恐轉致率略耳。鄴架如有近人文集可以摘鈔者，乞假數種，説經之書，無須檢借，意在行文健潔耳。天雨悶人，彼此不得走譚，如何如何！《文粹》校竣必得求大序，以不没小子苦心，暇時幸豫爲圖之。此上復翁左右。增謹上。

七

《文粹》校本，極佩明通，已悉悉遵改。叠字，弟因爲王莽所改，故不以爲然，尊論謂經典通用，亦即改正。特宴籍之籍字，尊論謂爲客籍，似近穿鑿，况蘇文兩序，均作集字。因此一字，須挖改三四處，非固執己見也。今日又校出數字，拈出奉商，乞批示。七十四卷十葉九行，隰誤顯，十一行小誤水，十九行落誤樂，廿六行江誤河。

八

《文粹》十六册收到，發示有補遺，而交來之書無補遺，此何故邪？汪晋賢昨已拜悉，同時有馬寒中其人，不知是秀水籍，抑杭州籍，便祈示悉。竹垞集中又稱宗人寒中，似由朱而嗣馬姓，亦未可定亦號珩齋，此人有著作否？此上復翁。增頓首。

九

十四字必有出處，容留意再復，如刻印，似可不必，凡事太説煞即無大意味，弟嘗欲刻『曼衍窮年』四字，似較此稍渾也。『樂潛』即是今年新得，索菊鄰刻石者，不知趙先生何許人有此印，豈問小松邪？菊鄰刻印大有出入，此印却是其傑出者。《全唐文》已向丁處乞假，如肯借，必可成功，人患不立志耳。借到《全唐文》，即已校者，仍想復校一過，以成善本，將來兄爲鄙人作傳時，於校書一事，必得極言之，庶以慰我。生平無他好處。復翁左右。增頓首。

一〇

《文粹》二十册送上，乞再翻閲一過，此番修補後不再動手，吾兄萬不可再作兩歧語、進退語，使人無可循守，至禱至禱。中間雖多通用字，似以修改爲是。明後日即須開手，頃與子用商定矣。如來不及，或先付三四本來，隨看隨修，如何？此上復翁。增頓首。

詞集奉繳。

一一

示悉。渌卿、白叔所需，必檢奉，以必須自己檢點，故時時忘却耳。明日必辦。渌卿屢訪之説，不甚確。弟在家從無不見之客，縱或家人懶於伺應，斷無一次不説之事。近時在家之日甚多。廖公書來，欲訪委員中工書翰者，令其監印，并無多延之説。果爾，當代力圖，然其意在省錢耳。《文徵》即刻送交，明日枉顧，告知槃公如何鈔法。今日讀《湖海文傳》魯九皋《致朱氏昆仲書》，不禁黯然，所論與鄙人所處之境極相類，何言之親切也。此復復翁。增頓首。

孫樵集後跋，便乞假讀。

一二

《洪經略筆記》，侃侃正論，經國大猷，眼光遠涉在二三百年之後，抑何偉歟。因思造膝數言，斷不能如此詳贍，此必親承顧問，退而手疏其事，故能原原本本，燭照無遺。果能守而弗失，尚何外侮内訌之足患哉？古今人之不相及，立國才二百餘年，已全反其説，豈當軸者目未寓及邪？掩卷三嘆，何只長沙之痛哭也。

一三

歸來檢閲《文粹》各册，皆經大雅校正，并無未校之本。尊處所需未經迻寫者，乞再示之。前函無從覓處。鄧書并贈詩，意恉淵雅，同輩中正不多得，當再録副奉上。《文粹》一事，弟意擬將尊校録出後，一并再送尊處復校，盡我兩人數月之力，必欲成一精本。惟鄙人但能打粗坯子，琢磨精緻，非君不屬，想亦樂成也。朱大令乞書能早交來，尤盼。此叩復翁座右。增頓首。

一四

校本《文選》十四册奉呈瀏覽，如欲迻寫，非精心果力者，不能卒業也。揚州新刊影宋《柳柳州外集》甚精，已見之否？無事出門，幸過我閑話，無日無刻不在家也。此上復翁左右。增頓首。

一五

新刻《詞續》二，中間有疑誤，别紙求教，望批示。蒙老聯與書，均早由亮兄寄去，何以未到，不可解。昨晤青韬丈，其仰佩詞學之深，幾至倒地百拜，有如小十歲年紀，方欲執贄門下之語，不知老兄何以得此老如此之佩服。云《篋中詞》比皋文《詞選》高出十倍，《詞選》每闋後必欲砌入南宋國是。此却鄙人素不謂然者。新凉爽適，而肝疾又發，渾身是病做成，如何是好？復翁座右。增叩首。文選樓恐不得到江西，將終於此邪。

一六

《詞律補遺》，得兩先生訂政，便成世間精本。養夜卒讀，感佩之至。稣甫論平仄不論分句之論，擬全删乙，不欲貽誤後人也。邵青門必有文集，是何名目，有處可借否？幸指示。此上復翁左右。增頓首。

一七

年來頗欲於友好文集中摘鈔三二篇，匯而成帙，置之案頭，以爲程式，非敢居選文之名也。所鈔之文，皆擇其稍有奇氣、逸氣，若平衍庸下者，不録。高伯平先生文集中，惟策問具見深心苦詣，其餘文皆直致。又《味經堂集》，亦故友所著必欲鈔存者，其文平衍無他論説，決擇不能定，拜懇略一翻閲，擇其可鈔者，每本折角三數篇，足矣。瑣瑣不罪。昨日出門尚不勞頓否？賤恙已稍可，午後又須進牙門矣。此上復翁左右。增頓首。

一八

《榆園叢刻》二十四種目録鈔呈，暇時尚須乞大序也。此集校正刷印後，即可歇手，專心於《意林》矣。自謂畢生志願盡於此矣，亦不虚此生矣。以不讀書、不識字之南皿，居然刻盈尺之尺行於後世，雖三公不易也。復翁如握。增頓首。

一九

昨歸，與公重、藹如劇譚，留藹如便飯，散已二更。燈下讀《日記》盡二卷，論定古籍，語語鞭辟入裏，足以津逮後來，特庚寅以後爲同志評騭詩文居多，虛譽塞紙，不免先生好好。雖意在誘掖，恐從此竟成故實，似乎人人皆在可傳之列。此等處正宜忠告，公謂如何？弟昨歲得葛秋生《橫橋吟館册子》，此江鄉有數筆墨，幸綴之幅尾，俾後來知所考焉。復翁。增頓首，壬辰正月。

八月九日一條，大可節删，此兩卷中多和粹之音，雜此數語，又露本相矣。

瑟如《文粹》補送。頃得石埭十二月廿七日書，平安足慰。正月半開考，童子何知，居然試士，可笑也。

復翁再賜覽，弟生平有至好一人，交誼在師友之間，彼此豫訂作挽詞，戲擬一聯一幛，書請笑政，以爲却如其分否？如鄙人先此君而去，不知其所挽亦能譽之不過分否？此所謂七寸三分帽子也。

誨我則師。一幛。

廉吏可爲僂指，似君曾有幾；人師難得傳心，知我更無儔。一聯。

二〇

復堂先生函丈：

尺書寸寄，惠告旋來。相隔二千餘里，相對如一室也。從者甫得安居，何以又思遠引，際此滄海橫流之日，何處又稱樂土。隨遇而安，出無上之諦。弟身在塵中，心游物外，固已久矣。此兄所知之、信之者，既不逃禪，又非學道，覺得天下萬物萬事不過如此，有如從者之思慮萬千，與小子之膜然不動，其得失一也。且時有此勝於彼者，互相質證，可以知其所以矣。趁齒牙犀利時，多吃幾種好飲食，腰脚健壯時，多游幾處好山水，得暇時做幾篇有益文字，無聊時謅幾首詩詞，傳與不傳不必論，吾適吾意而已。外此何事與我相聞邪？弟今年來并邸鈔、《申報》均不寓目，即此可想矣。體中似比往年小勝，此不肯用心之益處。近日以鄭糧儲兼權臬事，不免辛煞老夫，幸而臬席已舉賢自代。然遇事商量，耳根不得清净。懶和上偏遇著善男信女，以爲一佛出世，其實除却燒火掃地之外，有何法術邪！兒輩升沉，更不足在意，但求不來説窮道苦，便已感激不盡矣。藍洲日上想已抵鄂。子虞久不旋杭，賢者固不可測。雪漁移家新安江上，老須陀獨守老營，亦甚寂寂。今日晨起無事，寫出幾紙空話，聯當面談，以博先生一笑。《疑年録》寫樣有不得不奉商者，鄂中寫手爲格子所誤，將字寫在居中，布白處太寬，與叢刻不同，好在所寫無多。千祈屬令重寫，將字放大，與寄上樣子一式。《衎波詞》。

二二

復堂先生函丈：

昨奉環教，敬承動靖，慰慰。弟一室空山，倡而無和。讀書訖無進步，出門苦無可詣。子虞留滯至今，不知何時旋吉。藍洲奉母應官，龍公又不見東渡。小子寂居家衖，不病亦將悶死。體中雖時有不適，旋病旋好，不足在意。綬兒委辦捐事，斷不得討好蕪湖，幸未波及，便大好事。弟不望其得缺，但求少累耳。次兒在滬，承領軍裝，已於前月銷差；現聞委赴饒州勾當，不知久暫。時事想已得聞，杞人之憂，亦可不必。弟兩耳塞綿，日與園丁布種花苗，排列盆盎，自謂得天獨厚，直不問門以外事。近屬畫人繪小象一幀，自二十七歲之我，至今日之我，四象臨入軸中，名曰《我與我周旋圖》。此小象中之創格也。以小文記之，脱稿後再求改削。别後之心思行徑，如此而已矣，外此别無事事，兄聞之當亦啞然失笑矣。《疑年録》知已寫樣，或已照此價錢，能以一二刻樣寄示否？手勒，敬誦著福，不具。小弟增頓首。乙未四月書。伯弢去時曾寓一書，想已到矣。

一二

復堂師傅侍右：

昨日罄談，甚幸。《意林序》稿奉繳。弟六卷先從海寧蔣氏别下齋《斠補隅録》中刊行，似不從《説郛》鈔補，抑『説郛』二字即指蔣氏傳本邪？幸示復。至元同先生當日勤勤於此，乃輯《意林逸子》與本書并無損益，故未敢列名校補，職是故也。擬將來上版時稍圓其説。容再面商。謹此，上頌清福。弟增頓首。己亥八月。

一二三

復堂先生函丈：

別後筆札甚疏，其所以然之故，索解不得，大抵彼此老懶耳。日從竹報知動定嘉勝，慰慰。家鄉時事，無可言者。渤海代綰藩條，高朗遠勝前人，苦於官事未甚諳練，左右又無捉刀者，不免扶墻摸壁。不但事上唯唯，即臨下亦只唯唯。入浙以前，所唱皆亂彈，未親庶政，宜其胸無成竹。幸而無事，必可相安。弟久持慎言之戒，以兄與此公交厚，故略言之，弗爲外人道也。綬兒三月二十受篆以後，尚無信來，其料量出省諸事，似乎尚有條理，缺雖瘠累，在我家却是一小結束，從此昌大吾門，或就此截然而止，皆視其如何下手。弟亦不欲遥制，况且不能。總之，滅門縣令，可滅人之門，亦足滅己之門，此語曾一再勖之。吾兄如有信去，幸切實訓導之。吾子即若子，弗吝也。二兒在天津當監兑差，五月内當可引見。此番印結，驟然加增，比三年前何只加倍，綜計捐免、保舉暨盤費，非二千金不辦，不免辛煞老翁矣。汪恕齋已晋署辦事，前事不提，亦不便自我啓齒，姑俟秋初再議。春疇移研枉顧，獲益不淺，而性情嗜好，悉悉相同，此又初願所不及者。《文粹》四十卷，日内擬即修補，其餘以次儹辦，獨兄欲場前出書，弟意却不在此也。徐子英飭知一件，乞附寄。弟今年多病，老景日甚，近以感冒，遂爾綿延十數日不得出門，心中所欲做之事，了一件是一件也。《後六家詞》至今不敢動手，亦由此耳。手勒，敬請道安。增頓首。四月十三日。

秋間回杭時，望代覓緑毛龜一二枚，聞千文一枚可辨，果否？

二四

復堂師傅函丈：

昨從滬上歸讀賜書，敬承動定百福，大慰。麥秋晴爽，體中定更康勝。客中寢饋，正宜加慎，計從者秋初當可旋吉，盼念何似。藍老爲南田羅致，如胡孫入布袋矣。白叔亟欲出山，同人再三尼之，而意更決，其如豁盧何？弟滬游二十日，興盡而返。頽然一老，重入花叢，如馬二先生游西湖，人不看我，我亦不欲看人，故更覺索然無味也。右手指所患，至今不得收口，累贅之至。精神興致尚如舊，差以告慰。黼堂中丞墓表拜讀轉交，屬先叩謝。《意林》正在改勘，聞鄂中有書影宋字者，寫刻工價若干，能先寫字様寄來，尤妙。此事總得從者面商，方能妥貼，不欲草草從事也。頃知葉韵笙病劇，記念萬分，近日稍有轉機否？江皖兩處時有信來，差事平穩，無大生色耳。不爲兒輩作馬牛，以不欲馬牛兒輩，升沉通塞，聽任各人造化，與我無與也。筱丈書來，日下有揚州之行。秋仲當晋省，與君作湖上游，先此奉訂。手勒，敬問著福。二世兄均此，拳拳。期增頓首。丁酉四月二日。

二五

頃藍洲交來磵民書并鈔册，仍奉繳。始知季貺事，大奇大奇。事隔多年，乃復有此厄，何天之酷待斯人耶？季老不先籌慮，復貿然入闈，真不可解。行文祖籍尚易察改，獨河南無人招呼，亦是不可了之局，或竟以不了了之。姑作三山寓口，亦是一法。惺惺相惜，不能不繫念耳。子鎦昨日歸來，尚不辛苦否？四小兒病漸轉機，或不至大礙，然亦危矣。此上復堂師傅棐几。增頓首。

日内有信至鄂，望促陶子麟將《新唐書》馬總本傳即行刻寄，至要。筱仙二十後來，云住榆園。

二六

幼老交來刻資百番送上，爲新年吉兆，祈察收示復。此頌復堂仁兄我師春福。期增頓首。十七日。

來价李處應否酌給他茶，祈示。

二七

復堂先生函丈：

初四五局寄一書，計已達到。昨獨兄出示惠告，藉悉縷縷。賤恙日漸全可，特精神未能充復，夜間肝陽上越，引動内風，每每不能安寢。大約二十後當可出門。日進四物湯，飲食如舊矣。足以奉慰。鄂弟遠不如我，往顧兩次，酬對十分吃力，必得加意培補方好，而又惜財省事，恐不得速效也。如何？綬兒書來，王貴所交信件已收到。驗收堤工，會同懷桐，驗明取保，固已稟銷。旋奉方伯傳見，面交密札，飭赴石埭查捉會匪。次日廿九起身，初八回省銷差。所捉之犯已訊明，分別正法、監禁矣。藉此奔走，不無閱歷，亦有益無損。况上司知有此人，以視終年旅食者，又少勝之。

紹興本《文粹》，陸已購得，必俟小子大健之後，方肯假讀，似亦相愛之意。然蟻旋磨上，望眼欲穿矣。有此一病，校事只宜從緩。借病偷閑，實不欲與親家争閑氣也。楊星吾尚須乞書封面兩分，所謂宋本，能暫借否？篴丈昨日來，尚未得見。元明文書價已寄去。兄一分尚存弟處。《圖書集成》已取回。今年所得最富，聊以自慰耳。明年考市，我兩人又交劫財，須豫爲圖之。伯弢聞初三日挈眷赴鄂，陳伯母因鄂士病，頗見老景，半亦心境使然，往後或可排遣。子社、春浦監院如舊，差强人意。外此無足縶公念者，不暇贅。病起奉懷一律，乞改好擲寄。蒙老書來，又病矣，且云將不起矣。然因二兒將赴江西，書聯寄勖。筆致比前又覺婉媚，其好言病亦是一病。玉珊書附寄，就近復之。拉雜書布，敬叩譔福。弟增頓首。八月二十日。

南皮書聯留意，如真不可求，只索聽之。

一八

前年元日，弟自署别字曰『樂潜居士』，屬趙仲穆刻石紀之。兄見之以爲似前人有此題名，弟初不甚信，後讀趙艮甫函所著詩詞名《樂潜堂集》，遂决意舍去，思有以易之。訖無如我意者。今年大病瀕危而獲全，或尚有數年與兄聚處也，因擬改『樂壽居士』，亦欲刻石紀之。兄代我再三斟酌可用否？如遇金石好手，刻一小印贈我，兄之愛我孔厚矣。病夫乞壽與乞兒求富，同一妄想也，姑亦從俗妄想而已。一笑。

己亥年元日試筆詩録呈教削：

童奴喧笑報新晴，枕上先聞鵲噪聲。自喜餘年及今日，天留此老頌昇平。雛孫争寫宜春帖，有客言尋車笠盟。與陸似山話舊，憶同塾時，閲今六十三年。觸我臨歧離索感，嶺梅江柳總關情。

二九

前晚舊恙復作，昨日頗委頓，今日午後勉强起坐，時時眩暈。兩日來粒米未下咽，種種老態，可笑也。昨晚獲電報，閱後發還吴興，臉上亦殊難看也。論理該自請議處才是。此上復堂先生，增頓首。

三〇

廿一至廿三此數日，竟不可耐，氣喘不能宣達，百事俱廢。今日侵晨挈兩孫女至書局避暑，永日方能透氣，老朽之不足恃。兄尚能提筆，勝弟十倍矣。《文粹》十五本送上，凡摺角加三〇者皆須改刻。尊校亦過在内，望早蒙翻閲，如須改者，不必説，如可不改者，請尖出。其餘專候尊校再添入。弟處尚有五本未校，容再送。復堂先生。弟許增頓首。

三一

五六日未通筆札，言人人殊，或云兄患足疾，或云腹瀉。小雲奉訪，云不得見。十分懸念。弟既畏熱，加以四兒之外母殁於江干舟次，爲之料理，累贅萬分，是以未能奉訪。究竟如何，千望揮一二語致我。《文粹》校本又送三册，共十八册，摺角加三〇者，皆須代我決定。如清恙宜暫緩，不可勞也。此請復翁日安。弟許增頓首。初二日。

三二

昨夜校補遺至《國秀集序》，疑團終不能釋。今早亟檢《全唐文》，芮挺章名下僅止此序，別無他文，意謂此集是其同宗之人所撰，故謂之芮侯也。頃從丁氏借到《國秀集》，始恍然大悟，特此奉覽。即發還，可以收入日記，以見讀書之難。復翁。榆園，七月十四日。

三二

昨有舊同事賴雲芝庶常來晤，云渴欲奉擾清光，再三屬爲先容，如來謁，千萬見之。又無意中得一奇事，弟咸豐十年客祁門，城陷，家眷匆促奔避，衣物書畫毀失最多，久已不復記憶。今日賴庶常來，携致王幼霞書并將所失《訪僧圖》卷子寄還，先後三十二年，復歸故主，豈非奇事？幼霞素不相識，即刻詞集者。我輩互相標榜，未始無益，特送呈一覽，必同爲拍案叫絶也。復翁。頃一字已讀悉。弟增頓首。

李宗庚（七通）

一

仲修老弟親家同年大人閣下：

六月間接讀正月發來一信，敬悉一切。頃閲《會試録》，閣下又見遺，甚爲慨息。回杭作何打算，已有定見否？念念。庚又當瘠區，愛莫能助，明春著僕人回杭，當爲河海細流之助。藴梅、松溪、小梅、敦甫諸同人高捷者七八人，京外之分，尚未得信，便中祈示及。藍洲分發何省，已否前往？鄙人在萬里蠻夷之地，動念知交，不無搔首耳。去冬所寄銀，計今年四五月間可到杭，尚未接回信，未知已收到否？念甚。路遠寄信之難，甚爲悵悵。舍親殳詒堂兄迷於烟霞，竟至捐軀。庚一片苦心，同其出來，反欲派人送回，初不料及此也。

庚在此年餘，省吃儉用，幸不空虧，所存者數百金，薄宦況味，不及冷官。粵西局面，概可知已。惟不妄取絲毫，此心可以無愧地方百姓。欲爲挽留，庚亦不願久居此荒遠瘴烟之地。第一生風骨，初不料到此盡露。不但苗蠻畏服，而文武同寅，以及各營兵勇，亦不敢妄動。三司尚爲許可。去年釐金案内擬保同知，庚再四稟求免保，已奉外獎儘先酌委一次，到省後不致久於賦閑，或可望勝於此也。粵西惟州縣尚有十餘缺，同通則不如冷官矣。庚因此力求免保，得一酌委，捐升同知，不過數百耳，不如酌委之爲愈。况試用已滿，可望補缺，如此打算，想閣下亦以爲然也。庚去年十一月廿八日奉藩憲調回，接替者始不願來，繼迫薇垣之怒，始能前來，至今未到，大約十月初可以交卸。此缺之視爲畏途，通省皆知，薇、柏二臺，庚亦未識面，頗蒙禮恤，人生之幸也。西隆善後諸事均已辦完，各工亦告成，具稟條議，均蒙各臺司優獎，地方百姓及苗猓各民頗爲感服，現聞交卸於八月廿五日，二百餘人送匾，懸於大堂，題以『清正廉明』四字，對之有愧。庚之做法，與粵西諸君不同，事半功倍，誠哉是言。薇、柏二司，風厲异常，公事甚爲明白，被議者不少，粵西局面已非昔比，亦吾輩之幸也。滇藩已放潘琴軒方伯，雲南當有起色也。現在雲南、貴州、甘陝已報肅清，從此承平無事，吾輩亦可逐隊。然此間之帶兵者，以庚視之，不值一笑，宜胡文忠所深恨也。

振兒讀書能否長進？少含兄來信謂其口音不清，未知舌辯不清，抑杭音與禾音之不同耳。庚意讀書以熟爲貴，能得領略字義尤妙，貪多不足恃，尤祈隨時切責爲禱。至爲人要有道理，有規矩，不可輕浮，尤祈屬内人等不可與之嘻笑，使小孩子有嚴肅之氣，則將來可望讀書有成，以其心地明白也。庚在此吃盡辛苦，日日爲善，無非爲此兒起見，當亦同志者所許也。弟夫人、如夫人有熊兆否？文郎聰穎异常，令嫒想亦康健，明春家人回杭，擬備聘問，未識賢伉儷能俯許否？庚一生惟此一事，餘無他心事也。薇女之柩，伯聲家已接去否？了此一事，萬慮皆空，打起精神做官，吾行吾素，合則留，不合則去，進退亦裕如耳。

慰師近况如何？四弟朝考能取用否？景卿翩翩時髦，上游器重。呈甫兄禮闈後想仍赴塘工。子虞、雪漁曾否回杭？勸其不可輕意出山，當爲玉堂中出色人物也。汪韓舫弟已在書局，尚望隨時招呼，轉致近狀。輪船寄信甚難，交卸後出百色下船，三十餘天中無事，當一一寫信，交家人帶杭分交，在此合書差、家人、幕友爲一手，刻無暇晷，非敢忘也，實心力有不及也。接景卿信，仲英年年海運，如何了局。粤西新章同通署州縣亦難，何况江蘇人才之地乎！庚春間寄少含信中有買書單一張，乞索閲之，其一時難買者，乞爲留意，價值明春奉趙。其走到即可買者，臨時再買亦可，非迂腐也。今而知入仕途者，更不可不看書也，胸無把握，魯莽辦事，皆由於不看書也。質之閣下，當亦爲然。欣木來信，擬就教職，未知若何？關西夫子有入覲之意，現在無暇，難作楷書，交卸後當再具稟，謁見時祈將近狀代爲稟陳可也。年内家用如有不繼，已另函致陶春翁挪移，尚望招呼爲禱。專此，敬請大安，并頌弟夫人、如夫人、郎嫂均吉。諸知己均祈代爲致意。年姻愚弟李宗庚頓首。同治十三年九月十一日泐於粤西西隆州署。

餘詳慰師信。景卿兄信，閲後乞寄交景卿爲懇。

二

仲修老弟臺親家同年大人如晤：

十一月三十日在府城接奉九月廿一日所發賜書，讀悉一是，即稔榮分皖省，何快如之。以閣下之才之學，到省後定邀上游器重，况琴翁廉訪以年誼而屬舊交，當必有以揄揚而委任之。皖省吏治經英制軍整飭，至公無私，未知近年來若何耳。閣下擬年内稟到，想必到滬由輪船前去。過金陵時，謁見慰師否？未識近來精神意興若何？念甚念甚。弟夫人、如夫人、郎嫂均安善？如夫人分娩定必舉雄，德門添丁，遥賀遥賀。敝眷在府，諸承賢伉儷招呼，兒子尤蒙垂愛，感何既極。少含兄來函，振兒疲頑已極，讀書全不用心，現屆八九齡，正在吃緊讀書之時，甚爲懸念。春間寄去薄賮，猶蒙齒及，愧甚。閣下榮行後，弟夫人以下暫留在杭，得差缺後來接，一水可達，較之於庚，似爲容易。内人來信，擬今春爲兒子過定，未知閣下與弟夫人若何，想在杭必有商定。庚遠在萬里之外，應如何料理，不能遥揣，請在杭酌奪可也。

庚自到西隆，迎刃而解，想運氣使然，自問才力不能到此。惟非分之錢，不敢妄視，耐苦耐勞，是所素性。苗猺玀猓各種蠻民，居然聽受約束，遠近向義，舍干戈而執耒耜，完糧應役。土客各民，亦視爲一家而相安無事，不出門，不用兵，而各著名土匪，應手就戮，各劣紳亦復斂迹，同城兵勇，亦各聽調度，此天幸也，非人力也。去秋地方無事，武備既馳，即興文教，惜地方凋敝，無可籌捐。庚又處窮鄉，因查有以前充公各種逆産甚多，均被劣紳吞吃，爲之禀請上臺，盡數追繳。修建文廟、城垣，設立書院、義塾，每逢朔望，在明倫堂講聖諭，逢五日一壇期。又令童生以土語宣講，愚民從此知義，近遠悦服，訟詞亦少。更爲修起各群祀廟宇。尚存各産，擇公正生員經管，立定章程。除每年提朔望膏火、教官閲卷脩脯、義塾脩金外，其餘所收租息分存各店，以長年二分生息，三年之中，可得六百余金，作爲賓興每人四十金。如登賢書者，准提二百金會試。如遇考優拔年程，每人提五十金。考貢得者，准提二百金爲朝考費。另撥田産作爲童生州試卷費，廩生出貢，另定考貢費。一年以來，各工告成，章程立定，通詳立案，此皆司牧者應爲之事，無足見長。謬蒙各大憲見賞，交譽循良。知庚困苦，撫憲於十月中巡閱南寧，采訪得實，即函致方伯，就近委署百色理苗同知，以安撫各土司。豈知兩司憲在省計庚將次交卸，深慮長途回省無貲，先准以養廉抵解正款，繼於十月十二日在省懸牌，委署蒼梧一席，無庸回省，即赴新任。憲恩之體恤，無微不至。庚於十月廿一日交卸州篆，十一月十五日偕後任赴府清算交代，幸無空欠，後任業已接收。二十九日在府城奉到委札，十二月初九日出百色，二十四日抵南寧，以年内爲日無多，不及赴任，正月又不用事，道憲囑在寧度歲，明年正月下駛，二月初一到任。惟蒼梧爲梧州府同城首縣，上接桂林，下接羊城，爲兩粵咽喉。左右江孔道，衝繁難三者具備，各臺局均駐於此。膺斯土者，終日花天酒地，送往迎來，鄙人處此，甚不相宜。以西隆極簡僻之區，忽調蒼梧極繁華之地，且上游高厚恩施，何以圖報。前任諸公酬應太繁，多有逋累，庚以簡陋出之，能否敷衍，尚不可知。所幸莊子芬同鄉在梧已久，情形最熟，一切可商。

三四月間擬接眷來梧，自督兒子讀書，斷不能公而忘私，置妻孥於不問也。弟夫人在杭，閣下臨行時未必寬裕，庚當寄銀信時囑内人招呼。閣下來天津，桐孫仍否晤及，未知作何料理？遥不可知。今年接到去冬信，仍以四六娱日，想志在玉堂金馬耳。方之已補秦州，眷屬未知已去否？方之臨行時文縣民遮道，庚去西隆時，苗猍、土客各民以夷樂猺歌吹送至二百里外，再四止之，始各散回。而士林各生直送至百色下船，令人難於握别。可見人心具有天良，盡一分心，民即以此感也。藍洲分省鄂北，秋間來書，中秋到省，盡力出門，能早得差缺，以迎養板輿，此爲至樂。庚在粤西，本班惟有一人，聞省信，即可望補缺。粤西現在整飭吏治，州縣一班不甚吃虧，署補須視個人運氣耳。同鄉謝琴翁觀察今年八月廿三日在鹽道任内中痰開缺，身後無以爲殮，篋笥無一完善之衣，兩司憲解囊料理。清廉之名，甲於通省。扶櫬旋里，尚須張羅，令人可敬、可憐、可惜也。

庚年未五十，而視茫髮斑、齒摇痰多，渾身衹存皮骨，烟瘴之癘，不能侵我，而西隆水土之惡，則已沁入心脾。胃氣寒極，到梧州後，必須醫藥調治方可。惟人雖辛苦，而精神尚可支持。二更後三杯土酒，上床即睡，四更醒而天明即起，富貴功名，置之不論，一切均由天定，便不覺天地之窄也。在西隆年半，所長進者一定字。現在遇事更有定識、定力，此别後三年所進境也。遇事極留心不如意者，往往露圭角，但覺涵養未深，此别後三年無進境也。閣下將何以教我乎？西隆交卸出來，僅携《毛詩》一部，言之人亦不信，然通盤算來，却比各前任便宜，上下交得，將交卸而復委，庚已知足。惟名副其實，大是難事。西隆數十年水深火熱之餘，一變積習，所謂事半功倍，而蒼梧則内地情形不同，且省會甚近，一切須禀命而行，安能盡如人意。閣下更何以教我乎？日來再四躊躇，惟有不矜才、不使氣爲所得，爲取與之間，一準於義，如此做去，亦未必面面圓到。閣下更何以教我乎？伯棠已否得缺？此間辛酉甲科已補數人，本年即用，尚無到省；而軍功、捐班兩項，州縣紛紛，禀到最多者同通佐雜。惟近來苞苴盡絶，風氣一變，而貪贓枉法之案，亦復不少，屢次嚴參，仍復如是。其因循疲軟者，更不必論，且罕有合公事，更爲可笑。皖省光景如何？閣下仍歸舉班正途，以先有幾人，署補尚易否？便中統希示及，余容再布。舟中無事，書此以當面談。即請勛安，諸惟愛照，不盡。年姻如兄李宗庚頓首啓。甲戌十二月廿四日泐於南邕舟次即昆侖關也。

三

仲修老弟同年親家大人閣下：

月前接奉唐月樵兄寄到手示，敬悉一切。兒子已蒙不棄，許配令媛，彼此了却一樁心事，惟望振兒成人足以慰賢伉儷之望耳。閣下到省後，方伯引重襄辦筆墨，薪水雖微，而聲望則徹上徹下，亦閣下學問材力有以致之。聞今年襄校鄉闈，赴金陵得謁慰師，亦一快事。未知慰師近況如何？房中得士若干？知名士若干？四五兩世兄下場能中雋否？邊遠之人，一切不知，惟望到一信始知一二耳。孫方伯調鄂藩，藍老多一熟人，閣下少一熟人，然居官在乎人爲，不在人之熟不熟耳。皖省劫後光景，閣下來信言之詳矣。然食禄有方，惟有耐著性子，有差當差，有缺得缺，候補而差缺不斷，雖苦，較勝於賦閑。以閣下之才之學，遇一知己，必有超擢，静以候之。目前得過且過，何如？

庚自到西隆，磨煉二十閱月，便覺到處皆可，此苦非諸君所能受，然上游之見許，亦即此西隆二十月之設施耳。目前光景雖不見佳，自三司以及道府同寅，無不知賤名者。自到蒼梧，本府甚相合，公事頗爲順手，地方百姓亦交相敬。然此間事繁，酬應者十之五，辦事者十之五，而人人相諒，豈先聲有以奪之耶？事無大小，仍一手經理，友人、僕人都是浮面。庚則結結實實做去，今年究竟事煩，精神心光總覺招呼不到，不如西隆之井井有條。敝眷本擬少含兄送來，前接來信，以舅嫂大病，未能偕行。囑保之送來，未知少含兄之意若何？接同鄉信，眷口於九月十五日家鄉嘉興起程，保之、鱸秋護送。日來久不接信，亦不見到，甚爲懸繫耳。到署振兒不能自課，從保之讀，暇則自爲講解，總要其能知做人，則學問從而隨之，功名可不必論矣。庚别無他想，諸事已了，惟望補一中簡缺，到任五六年盡心民事，爲振兒積些德，俾其長大成人，省吃儉用，略有歸貲。候兒子十六七歲，由長江旋里過皖時，爲振兒完娶，彼此了却向平之願。六十歲得一孫，爲兒輩謀，爲略有日用之貲，不特庚之心可了，即閣下亦可無顧慮矣。

粤西局面本是瘠苦，難望生色，年來大憲飭整吏治，正本清源，吾輩尚可苟容，過此以往，則不可知。况各班擁擠，捷足先登，此中情形有不可言者，豈吾輩所能爲耶！所幸補缺不遠，聊以自慰。計光緒六七年間庚當携眷過皖，謁君於署，與之眺皖公山色，話别後離情，看兒輩花燭團圓，庚與閣下正不知其樂若何也。壙上餘地，少含兄旋里已買得，冬間種樹，可以蔽蔭，亦了一樁大心事。薇女之柩，伯聲冬間迎葬，又了一事。庚胸中洞然，惟一心在官而已。此間一缺，若稍偏僻，一二年亦可，無如地當四衝，帳房一日不知過多少差事，每月約用千金，核之所入，難免賠累。雖此缺例有調劑，况庚在西隆，記三大功，新章應酌委優缺一次，第不知憲恩何如。庚一生縉紳，未來之事，不敢必耳。竹篔得簾差，聊以解嘲。方之未接信，未知若何。桐孫留天津，是其錯著，若隨潘方伯赴滇，不但差事一二年間可以序補，滇省離西隆城千里，耳詢往來之人，情形尚熟。及至寫信到天津，一成不可變，當世貴人，意中人甚多，恐未必遽及寒西畯。曹季襄兄彈冠興濃，今春挾貲而來，擬指東省，住庚處半年。知東省萬不能容，現擬指西省，明年會試後定局。庚不阻不勸，恐未必能吃得此中苦也。庚到省時，省中州縣候補僅十三人，正途甚少，恰值劉中丞初到，新定章程，專重正途，一月而得釐差。然昭平爲内地中缺，輪委到班，猶被他人攫去，而改委西隆。現在則即用大挑，貢班有數十人之多，湖南、四川人往往先得。昔年輪委半年到班，現在則二年尚難，其中尚有插委、超委各名目，苟非上臺所屬意者，即下下缺亦難。粤西一二年内擁擠之情形如此。至道府佐雜，則更不可言，竟有二三年閑住者，即用，尚須捐花樣。想皖省亦復如是耳。宜乎李爵相、丁中丞合詞條奏内要重耶穌教而廢孔孟也。蒼梧到任時，本有一種陋而又陋之規，庚不敢矯情，亦不敢染指，禀請各憲作爲修建城隍廟衙署之用，現在各工告竣，焕然一新，敝眷出來較爲舒齊也。蒼梧一縣，本科獲隽者六人，此整頓書院之一驗。今日縣試正場童生八百人，文字甚不見佳也。專此奉布，敬請勛安。便祈惠我好音。年姻如兄李宗庚頓首。乙亥小春初五日。

藍洲弟信，閲後乞寄交爲感。

四

仲修老弟同年親家大人如晤：

十月十六日曹季襄兄回浙，托帶一緘交上海唐泰豐徑寄皖省，想年内可以達覽。内人輩杭州先弟夫人啓程，至十月十五日始進署，航海不免辛苦，減食而瘦，到梧以後，諸托芘安適，足以告慰遠注。惟與弟夫人相處既久，諸承招呼，親如一家，别後遠道牽人，時深惦念，想彼此有同情也。十二月廿七日接誦十一月間發來手示，讀悉弟夫人、如夫人、郎嫒行抵白下，適閣下差次，偕行赴皖，諸多平順，甚慰私衷，并以慰内人輩之懸繫也。哲郎今年從周同鄉讀，循序漸進，自有進益。振兒到署後即請保之舍親開館書房，即在上房之左，與内外隔開。先將各書説熟，始上生書。去冬假館讀至『憲問耻』章。惟此間寅僚同鄉甚多，十一、十二兩個月，庚下鄉催科，不無接來接去，荒廢甚多。現定於正月十六日開館。今年十歲，年紀不小，須上緊用功讀書，方能有益。粤西本是瘠區，庚又不走財運，别無宦囊，惟以成就此子爲娱老之計耳。閣下才學勝庚十倍，本爲同社之傑出，到省後上游器重，爲需次人員之冠。吾輩毫無依托，能得上游物色，有差即當。凡屬員在上游意中不可多得，久之必有調劑也。

瀛春到皖後，月薪所入，能否敷衍？另兼一差，能得兩份月薪否？浙江既諮記功署缺，想在今年，但初次得缺，須得中缺最妙，一以清逋負，一則交卸後尚可剩候補之貲耳。優缺難得，簡苦之缺，徒然累人，無益也。庚到省後即得釐差，稍有積蓄，到西隆二十個月，治績官聲，雖徹上徹下，而向所積蓄，墊補不暇，交卸後虧空三百余金。一到此間，每月賬房支付須一二千金，實緣差重事繁，一人精神，不能貫注，亦實在省無可省也。錢糧全徵有餘，已算好極，去年接眷還賬，以及添補各項一切在內，統計所入所出，至十二月三十日止，約空二千有餘。此缺本一年爲期，前任諸公無不空五千、一萬而去。庚事事節儉，尚有二竿之累。今年若辦學差，不知如何了局。正思求替，適十二月十三日奉到廷寄，劉撫臺升雲貴總督，嚴藩臺升西撫，嚴憲在藩臺任内本欲調庚入署，而劉憲以蒼梧爲通省要缺，欲庚竟其設施，再行更調，至是即於十三日懸牌，委即用王鏡珊兄隆道來替，調庚入撫署當内差，計二月初可以交卸。萬幸萬幸。庚在此一年，錢糧全徵，無盜案，間有一二命案，半真半假，亦易了結。趁此交卸，如願以償，而省中來信或云已得密保，或云將調首邑。此是有損無益，情願閑住，將設法求免。官場習氣，往往上游獎識一人，多方訛言，庚唯有信天而已。到省後當差亦可，否則閑住數月，以休息四年之辛苦，能得補一缺，赴任五六年，得有歸貲，即行旋里。官場局面，一年數變，即上游知己，更調無定，且一人而愛憎無定，此中三昧，早已參透。庚不動不變，守住營盤，凡事力所能爲則爲之，否則聽之，人亦不能求全責備。仍以昔日處館之法居官，至富貴功名、成敗利鈍，皆所不計。質之高明，未知何以教之。

慰師在金陵，近況若何？閣下去年至金陵，當可常見。自得小世兄後，老懷應慰。今年五弟若能中舉，更爲慰矣。接親友來信，言不甚詳，便中尚祈示及。藍洲在鄂，眷屬去後，當可不帶鑰匙上衙門矣。差事僅敷日用，瑞安方伯到任後能否委一缺，可以展此君之設施，亦可慰高堂之期望。一年不接信，便中乞示一二。松溪在豫章，計補缺在即，近況若何？想常通信。金坡、伯棠分房得士甚衆，二公近況，未知如何？伯棠補缺，何以遲遲如此。大約勞績班占先，以至壓住，粤西亦然。海内軍務相與終始，而官場亦從此不歸班，任督撫之爲之位置，此庚所以有任天任數之説。粤西軍功占十分之五，捐班占其二，惟存三分以處此等窮措大。粤西如是，想他省亦如是也。曹季襄兄來此半年，頗有彈冠之志，擬來粤西，大約署缺尚易，而能進不能退之勢，甚爲可慮。同鄉中之留落而不能回家鄉者甚多，庚力鑒其弊。西隆一任，交代已清，蒼梧未知如何了結。總想極早作歸計，以十年爲期耳。專此奉布，敬請大安。并頌弟夫人、如夫人、郎嫒均吉。年姻如兄李宗庚頓首。二年正月初八日。

此後來信多述家事，以慰内人輩怗念爲禱。

此後賜函如由海道寄粤，仍交梧州莊子芬兄轉寄，否則或寄桂林省城。寄子芬兄爲妥。緣嚴憲調回甚急，一交卸即須起程，亦不俟算交代矣。以五百里札府委員代理，促之回省。

五

仲修仁仲同年親家大人如晤：

十一月初一日接讀小春初十日手書，敬悉一是。欣審榮委歙篆，已於八月十八日履新。瀛春業已到署，欣慰之至，内人輩聞之，尤爲歡舞。承示自傳單，此劉廉訪以之息訟，能行最妙；能十行二三，差人訟棍，已爲短氣。即此一端，足徵勤政愛民。欽感無似。與本府是否同城？所喜者與浙相近，一切便當，不如庚之寄身萬里也。寄信亦難，現在莊子芬兄辭館旋里，寄信更難。春間一信，已知四月間收到；六月初五日一信，未知現在已否收到。或寄至皖省時閣下已榮任矣。天南地北，一信動輒數月，頗爲眷念。初任得中簡，能不賠累，已爲幸事。

劫後各缺均不能如承平時也。惟地在文公之鄉，士氣文風，當勝他處，承示觀風題可以覘此邦文物。貞節堂、恤嫠會現在已否舉行？此庚有志而未及逮也。閣下能與紳士商舉，積德無窮也。

弟夫人、如夫人想康健如恒，郎嫒亦均安吉。文郎現讀何書？學師家鄉尚易請否？一切起居，去浙較近，當不致不服也。慰師既不做壽，當作姑蘇之行，春間由景卿兄寄去壽分，聊以助瓮頭春耳。張森在尊處簽稿，是其熟手，閣下可以放心。德和窘狀，當有以潤色之。陸子鴻兄作古，甚爲可惜。此君不像少壽。金坡黄陂、伯棠漢川，尚可敷衍。藍洲到房縣，已有信來。此君能耐苦，必能有益一方也。杭州信少通，陶翁來信，不及同社諸君。昨接汪鱸秋信，子清九月中回杭，一日嘔血而逝，其行事本不可憐，而眷屬誠可憐也。已函致，有便當助之，惜韓舫不明大義耳。

内人到此，總管一切，終日勞碌，身體雖健，而夜間時有身熱，想亦過勞於持事；然不如是，百事俱懈，苦無醫藥，惟有勸其稍安。弟婦亦幫助爲理，近體尚安。振兒已長大，外面事頗能了了，讀書不肯專心，《孟子》將完，明春擬讀《禮記》。保之赴粤東完姻，夏秋間到館。中間適敝徒吴知裁來此權館，不免稍荒廢，惟保之夫人不願來，明年須往粤東，現已函致少含兄明年出來。庚自到宣化將及一年，地方之事，嚴以剔繁，寬以定案，紳民畏服，地方安謐，道府憲同城，本是同鄉，更爲融洽。省中三憲亦頗優眷於鄙人，六月本有調署臨桂之信，因此間一年未滿，擬臘杪春初更調。近接省信，撫憲九月初旬來寧巡閱，旁采虛聲，甚爲優异。此差水陸夫馬以及供應一切，約用三千串左右，俱一手經理，甚爲勞瘁，幸接差送差，俱出二百里外，撫憲格外體恤，一無遺誤。以宣化爲邊地最要，以庚辦理最善，擬不更動。惟春三須辦學院考，所費較巡閱尤甚，然較之臨桂之賠累而勞苦爲稍勝。署補計早到班，而皆不補，未知上游將擇缺以奏補耶？不得而知。庚做一日盡一日心，惟此間水土不佳，未免大意。秋間患痢，至今尚未斷根，飲食起居，尚稱安健。究竟此缺事繁，自晨至晚，總在公事中，而尚不能清釐。眼花齒落，記性不好，惟精神尚好。現承各憲格外垂青，公事頗稱順手，俟補得一缺，五十六歲後當作歸計。爲振兒完姻、考試。目前二三年自顧亦不能退曹。繼香已於九月朔到省，粵西三憲整飭吏治，實事求是，中尤重正途，各缺俱不輕易。省中候補已有七十餘人之多，繼香居殿，此著已錯。如庚之目前光景，五六年工夫，從勤苦中得來，自問無他，惟不改舊時絲毫而不知居官時之樂也。藴梅何以尚未赴任？松溪近得缺否？子虞在杭否？均一年不通信，未審其近狀若何。現在寄信不便，尊處官封兩月可到，此後唯有驛遞耳。十月縣試、歲科并行，共考十場。接辦府試，兼考武縣試，日來更形碌碌。幸一切平順，足以告慰。專此恭賀大喜，并頌弟夫人、如夫人、郎嫚均吉。内人弟婦均此賀喜、請安。年姻如兄李宗庚頓首。振兒隨叩。光緒三年十一月初一日。

六

仲修親家同年大人閣下：

去秋奉肅賀函，由驛遞徽，計邀青及。不通信又半年，馳繫之私，想彼此有同情也。比維善政宜民，弟夫人以次，想均安吉。如夫人又續熊夢否？哲郎讀書定有進益，諸爲念切。敝眷一切平善，振兒讀書未能用心，庚一切無暇顧問，如何如何！歙邑得賢使君整理之，地方定有起色，行見上游器重，足爲同譜光也。

紹方伯升鄂撫，未知已否起行？僻處邊疆，一切無由得悉，家鄉親友來書甚稀，聞年歲不順，絲亦不得價。年來水旱偏灾，於西北爲甚。粤西雖瘠，而米穀尚豐，爲粤東搬去，入冬以來，米價亦高。庚本年二月初九日交卸宣化篆務，檄催馳陸回省，春雨泥途，登山緣嶺。三月初四日到省，奉委署理臨桂首篆，十六日接印。敝眷由水路旋省，於四月初八日進署。粤西唯一首縣，諸事無人分任，公事之繁，日不暇給。賬房友八人，書啓二席，刑名一席，幫審案八位。終日碌碌，自五更至三更，竟無暇晷。眼花已須眼鏡，齒落不能吃生硬，幸精神尚可支持，天生勞碌命，亦不能安樂也。上游知己，諸事優容，二月以來，逐隊其間，尚無遺誤。此缺丁漕本大，年來諸色從豐酬應，各衙門差事一年須賠萬金。宣化交代算清，計存數僅敷此間半年墊款，雖此缺交卸，例有優缺調劑，以現博賒，似乎不值。粵西年來州縣紛紛前來，現在省城候補者已有七十餘人，全盛之時，未有如此之多。人浮於事，欲得差缺，難若登天。曹季襄試令粵西，去年九月朔到省，至今尚無事可謀。庚辛六七年來負此虛名，尚有破格檄委此缺。生平以勤慎立身，而上游即以此二字取信，院司俱是樸實一路，首府尤爲謙和，以此相合。敝署爲承啓衙門，自同通至，從未有事，均由縣代陳，加以外屬轉陳之事，非上衙門，即見客寫信，三者以此相終始而已。到此以來，五更起來，先吃飯，方不致枵腹從公。能得一年脱身，此爲最妙，惟明年正科恐瓜代在場後耳。新方伯范公聞四月交卸，直臬到此約在秋間，此間撫藩兩缺，較勝於廣東。近來各屬都安，糧餉亦足，而大憲之澄清吏治，甲於東南，所謂片長必録，有美必收，一矯同治十年以前積習。惟近來通雲貴各缺，稍有洋務，最爲可恨。幸省城無此，可免唇舌。内人諸事親操，亦增老境，弟婦亦然。振兒體尚健，飯食不多，能得早歸故里，此闔家所夢寐以期也。匆匆不盡欲言。手此，即請勛安，并頌弟夫人、如夫人暨郎嫒均吉。內人、弟婦均此請安。年姻愚兄李宗庚頓首。兒子隨叩。戊寅五月廿三日泐於廣西省臨桂署中。

七

仲修仁兄親家同年大人如晤：

去秋由慰師處轉寄一緘，想邀青照。十二月間接奉惠書，敬悉政祉雙綏。弟夫人以次均各安善，深爲快慰。椒陵兵燹後凋敝已極，得閣下撫循，元氣漸復，公暇尚能讀書，足徵游刃有餘也。內人、弟婦均平安。振兒從少含兄讀《禮記》，尚未讀完。質鈍性頑，只好循序漸進，身體尚健。

庚權篆臨桂，二月十三日始得交卸，統計在任二十四個月，大差絡繹，虧空兩萬餘金。四年秋間起痢疾，精神大損，加以眠食無時，終日碌碌。去年來羸弱不堪，鬢髮半斑，齒落眼花，老態逼人。現委署貴縣，三月十八日自省起程，廿四日到梧州，定於十八日接印。貴縣在潯州府屬，去省一千二百里，去梧州六百里。即昔年洪逆起事之地，伏莽未清，地極難治。正月間洗剿一次，日來漸安。此缺爲通省優缺，每年所入萬餘，除各衙門酬應節壽及坐支所餘者，不過五竿之數。粵西局面如是，然以之彌補臨桂，正不知何時能了交代，思之愁甚。粵西自張振帥到任，諸事整頓，吏治一新，視庚甚優惜。總制兩廣慶中丞於廿一日在途次迎謁，計日内可到省，振帥順流而下到羊城，計在四月中旬。粵西自李逆揚才出關，至擒獲懲辦，一年之間，費餉百萬，庫項漸空，而各屬土匪滋事，無月無之。官斯土者，真覺難辦。近來同寅擁擠，竟有三四年不得一差者，局面愈趨愈下。庚如能將臨桂交代清楚，即作歸計，若冀非分之榮，必致羈身於此而不能歸也。臨桂兩年，精神迥非昔比，交卸後静養一月，痢疾漸愈，飯食亦好，然心中總覺空虚。雖日服補劑，亦屬無益。今年五十四，而心血日虧，奈何！

澍飴得己卯優貢，接慰師信，尚覺歡喜。廷試取用，年不及三十者用教官，此後尚能鄉試。藍洲久不接信，未知近事如何？庚在省二年，幸層臺優容，而同寅之酬酢，紳民之强悍，處之非易。終日在奔馳中，於地方事毫無裨益。現在出省較爲清閑，然貴縣亟須整頓，善後事宜，開辦非易，正不知從何下手也。陸子鴻兄，庚擬稍助，此項寄至何處，交何人爲妥？便中尚祈示及。舟中匆匆奉布數行，以悉平安，即請勛安，并頌弟夫人、如夫人、令郎、令嬡均吉。内人、弟婦均此請安。年姻如兄宗庚頓首。振兒隨叩。六年三月廿四日泐於梧州舟次。

汪綬之（二通）

一

仲修仁婭兄大人閣下：

前月在省奉寄一緘，諒已收到，比維勛祉增隆、儷祺迪吉爲頌。弟四月間奉差撫郡，事竣，滿擬北窗消暑，可以閑度長日。糧憲李觀察去冬曾招弟任轉餉之役，維時適舍弟勤甫身體未愈，因即以未能放心遠出爲辭，乃憲注特殷，竟未釋念。兹悉舍弟病痊，復以弟可遠出，札委領解輕賫餉赴通州倉督衙門投兑，若一再托詞，深恐又違憲意，只得勉力從公。前月廿三裝艄後，即遇南豐縣蛟水大發，章江水勢陡增丈餘，城内藩司前積水三尺，繼之狂雨彌旬，城内如筷子巷、陳家花園、六眼井等處，無不坐水。現遷寓屋臬後墻，地勢較高，倖免其魚，然相去亦幾希矣。弟以餉項重務，正值前行站路半被淹浸，夫肩車推，并難施力。援章稟請改由水路，抵清江後再入正站，護院竟未批准，只得在江省守候半月餘，見水已漸退，奮袂力行。於本月十一日起身，第一站到建昌，曾經四渡，所難者向非經渡之處，原不通河，現成巨浸。二里、三四里水面不等，招雇只有瓜皮艇子，每載只容兩鞘，而艇子亦僅二隻，管帶七十余鞘，兩船經渡往返須十七八次，其難可知。此外如第二站到德安，第三站到九江，近城皆四望汪洋。所幸德安令菊人同年辦事結實，九江郡德化，則該處本是水碼頭，船隻尚便。昨經孔隴駟達黄梅，陸路亦不能走，坐船五十里，風狂浪急，擔盡心事。幸到站尚早，即在城門邊起岸。前經各站，水陸并行，節節裝卸。值此炎天，長途勞頓，竊思人即銅筋鐵骨，亦云瘁矣。而弟自起程以後，精神尚覺耐勞，且似稍勝。此所謂對隴西君而亦足自豪也。今午到宿松時僅兩點鐘，路亦好走，明日可達太湖。聞太湖距省不遠，因於土墻竹榻間排冗片刻，揮汗作書，以代面談。

弟解餉之役並不告知舍弟，恐其徒增焦念，以伊身體初痊，不宜再爲阿兄擔憂。弟擬俟到京後再告知勤弟也。尚望吾兄於杭省各友通書時弗提，免杏女亦深遠念。杏女已懷孕，臨盆在九月間，維時弟亦可南旋矣。帶家人四名，其二本係舊用有年。吾兄前須十分杯，弟已檢出省寓，囑倬雲弟俟便寄奉。不知陳少逸處有便可帶寄否？餘不盡言。此致，即請勛安。五妹夫人以次均此問安。襟愚弟汪綬之頓首。閏月十八日差次宿松驛舍泐。

再啓者，我輩處境有如鐘錶，未可停擺。弟賦閑四年，罅隙殊多。借此一行，雖無多餘，而頭痛醫頭、脚痛醫脚，留二百餘金，以備寓中支撑兩月。弟到京不敷所用，再拉賬而出也。此是私情，至是役必欲委弟一行，以上年解員欠惬耳。

二

仲修仁婭兄大人閣下：

臘杪歲初先後接滬浙分發兩函，謹悉台駕榮赴皖城，十丈棠蔭，庇我梓鄉，不日敷治琴堂、循聲卓越，爲頌爲快。杏女姻事，仰承閣下視如己出，事事縈念。正月内趕辦未及，因展吉四月廿八日，弟處儘可遵依，已於月前函復陸子鴻兄，請其轉達沈府矣。惟路長往復，冰人處一切禮文周備爲難，弟更於婚嫁事宜，在杭之日，本未諳熟，深恐層層禮節，概從疏略，只能俟畢姻後備禮幾色、謝函一通，以達忱悃，不知可行否？倘臨期有應備柬帖如何簡便，請閣下酌示弟處，并另函致意冰人，庶不責弟太涉疏忽。至妝奩一切軟件，俱已粗備，只木器、錫器等件，擬仍俟新人旋杭之日，囑琴弟於杭城預爲置備，隨新人登岸時送去，既省常玉過山之跋涉，而浙中木器工料又勝江右多矣。此間舉行喜事，向來同寅中亦不甚鋪張，况現值有事，動多違礙，大約更從簡略耳。一應事宜，尚祈善詞達到爲感。

正在握管，頃由信局奉到正月廿八日在皖所發手書，欣慰無量。展誦一周，又爲眉皺。吾輩出山，迫於境地，而一枝栖止，同慨艱難。弟嘗云吾人謀事如鐘錶，未可有一刻停擺，乃生不逢時，路塞至此。焦躁心情，偏於閑中歲月消磨浄盡，直令人難受，無怪來箋皆抑鬱語也。然爲今計之，皖中署缺，無委不酌，雖按輪究涉吃虧，而爲圖酌地步，各幹各事，能有機會，尚較爽利。以江右情形論之，凡向係調缺，歸酌簡缺，歸輪持衡，未始不平。然初到省人員，除即用班輪署快速，其餘要俟十五六年才得輪到。而酌委一項，缺既有定，爲數不多。凡得有酌委獎勞字樣者，不下五六十人，甚至一人有兩三次酌委字樣，或批准酌委字樣，五六年、六七年後尚酌委不到，則以歸酌之缺有限，謀亦較難。或酌或輪，無一而少，所謂不如舍經行權，各由人力量圖之，或隨運氣碰之。皖中差事固難，而江右釐差，如要坐卡，非注銷拔委不得。但注銷尚要按時日先後輪委，現釐局册内注銷拔委而未經委到者，長年總有二十餘人，故注銷後望委到，約計時日，亦要年半，甚至有注銷酌委圖釐差者，其所占便宜可以插委而已。釐務分局向有一半歸州縣督辦，今盡委太守矣。一二優卡向歸州縣者，今亦歸太守。且不獨道銜之知府，推而上之，運司銜補缺後，道員用之，知府亦居然坐卡也。無非人多事少，日逼一日，其餘各局委員，州縣班附入不多，難若登天。直省局面小异大同，一言蔽之，無分優劣。吾兄幸毋鬱鬱於懷，所最急者，總要先圖一差事站足，而實眷兩地開銷，既非久計，且寓中照料亦必需人，兼免岑寂之況。若欲徹底籌畫，步步皆窘，真令英雄用武無地。第一思慮不得，保身爲上；第二則剛直，不得深防觸忌；第三酬應不得層層是累。之數者，弟深受其病，悔已無及。大約要帶幾分顢頇、卑謹、慳吝之習氣，才是順天心、合憲眷之能員。

弟去冬代務，甫得清結，其間被後任延推，屢次稟催，交代局均有案據。乃大憲不記後任之過，而獨記弟任大過，公道至此，夫復何言。闈卷被議，共二十本，弟本房熊生卷第二問策内朱卷有十四字不符，確係謄録誤寫，乃廉訪以爲有疑。試問二十本中，其情節重者尚有首篇講内不符七八句之多，倒可無疑。得邀憲恩，成全此卷。在三場策内轉難寬恕，且原本墨卷亦並無背謬礙中之字，倘該生平素或係不文，或係有家，尚爲疑之有因。而熊生赤貧士，本地人見見聞聞，固所共知。且又係丁卯科優貢，即前學使何及本科監臨劉會考之門生也。乃李廉訪吹索之苛，意欲陷弟於不是。試問内廉照例僅有藍筆，層層關防，豈容我帶朱筆進闈。豈有朱卷既改，而墨卷不爲改正，若云朱墨不符，何以毫無知覺，但照新章。墨卷不到同考官面前，何由知其不符，乃絶不推原，一味蠻話。究其由來，以其署内教讀黄姓者，六七月内經辭館而出，其人亦孝廉，將爲北上張羅就湖北同鄉之官於江右者，商凑川資，同人以爲時尚早，薦在弟處。詢知亦乙卯同年，因暫留一月。瀕行，資贈三十金而去。詎廉訪以弟爲謀請，目無上憲，究竟黄姓是否去會試，亦要問個明白。萬或辭館出來，仍在江右就别姓長局，自不能無疑。否則曾經面諭弟等，黄姓此後汝不得請，抑或大張曉諭，禁止人請，如有違者，以不法論，俾人可以遵依，否則主賓合則離，不合則散。賓辭主可，主辭賓亦可，斷無就過憲館之人而絶其去路，所謂搏執之，又極之其所往，理耶？情耶？法耶？憲度淵深，無從測其命意之所在，以友人之故，遷怒屬員，又以屬員之故，施累考生。案延不結，試問争師原爲培植子弟起見，但恐於成全士子四字尚少體念。且如是爲，所以重師，其致愛致敬之道，竊有未解。總之分安屬員，只得忍耐，省内大憲，亦不乏知者，而力辨無人，静以俟之而已。弟在此間，不敢提及一字，恐又以弟爲誹謗上憲。吾兄處不能不縷述原委，然亦弗以示外人，千里咫尺，捉影捕風之語，最易憑空而起也。閲即付丙，是禱。現在十九卷先經覆部，俟十九卷定案後，部内既無挑剔，則熊生一卷擬隨即乞恩續諮覆部。弟爲顧全考生起見，不敢負氣，否則考生雖一無弊竇，而處處阻難，越要延擱。宦境至此，直可痛苦。弟兩月以來，爲此心境大劣。然慎守三緘，只是書空，咄咄處仲，唾壺擊傷，右指潰爛月餘，今甫合口，勉可捉管。自問到江以來，今已七載，兢兢業業，一無隕越，乃遭此波折，受盡閑氣，而欲圖差事，目下不能便提豐城一役。去夏已罄囊槖，新累踵之而起，正不堪設想萬一。

松溪已於正月内挂牌廣豐，此缺民情尚安，而光景上中，亦算難得。笏庵現仍同去，書啓兼徵席脩得百四十金，此外到該處看帳房出息再酌提云云。江右局面，日非一日，外間書啓、教讀、閱卷并成一席，而脩只八十金，比比皆然。且九牛二虎，力圖不易，將來笏翁後路，恐尚須外省爲之留意。此間風氣可笑，論便宜不論好歹也。弟寓現在墩子塘陳家花園，去冬原恐辦喜事，故急於遷移，而租價實昂，支持不過，尚擬再移。吾兄來信，囑由唐仁豐詢交亦可。余不盡言，諸維珍衛爲重。草此布覆，敬請勛安。襟愚弟綬之頓首。内子、杏女、芷侄、成侄均囑筆請安、道賀。二月初九日。

子華兄處已函致訂定，順甥處亦有信去矣。來書云云，分屬甥舅，豈忍漠視。然弟及琴弟兩人亦誠支久爲難。順甥人情世務，尚未通曉，而所學亦不能虚心專志。此日爲伊就師，亦盡我輩之人事耳。思之胸次結一大塊。

發竹報時，五妹夫人前祈問安一切，深荷關垂。二妹得此手足情誼，亦銜感九原也。

朱世守（二通）

一

仲修仁兄大人同年：

昨閲致藍洲書，略知近狀，不禁狂笑，以聲應氣求之，誼未有如此吻合者也。弟於前月廿八由杭起程，禾中逗留四日，姑胥逗留五日，甫得成行，到滬復逗留四日，僅與培之一面。於十六夜登輪。是晚即得北耗，二十午後抵漢，廿一渡江，與藍洲、金坡同寓。即午遣人赴各署挂號稟到，廿二上各衙門，見者僅首府及臬憲兩尊。廿三早與伯棠約定同往兩院，乃甫入督轅而部文適至，萬不能投稟參謁。鼠竄歸來，連日遍覓知好，甫將紅履歷次第托人傳送，計今日止，尚存漢府一分未交，幸不關緊要，姑俟新年再計。惟以初到人員，自督至府，僅見二人，其餘履歷，均非面投。兩三月後即使補見，在上台并不知爲何許人，從何厠入，其情形已可概想。刻下此間定議已奉示，摘纓素服，不衙參，不動鼓吹，不朝賀，若有公事，則隨時禀見，無則俱免。至奉詔二十七日期内，向有定例，可無庸置詞。弟所慮者，在百日以内，設仍不衙參，則弟輩所謂來此做官者，不但官無可做，并上司不可得見，豈非千古奇談。弟昨與藍洲議論，如果詔到後有百日不衙參之説，則弟俟正月半後必當反里一行，以清未了之事。兄有同心，何不亦於彼時相約偕歸。趁早恣意湖山，未始非計。

若來信所説皖省缺瘠差少，此間差雖較多，而得之不易，且得亦難以糊口。若缺之肥瘠，弟等可以緩計而較之。來書所云，則尚以皖爲優也。總之，世路險巇，已非一日，天心仁愛，早示咎徵。我輩必欲倒施逆行，搜括羅掘，投身苦海，夫復何尤。弟已自知悔過，計惟勇於改過，半途遁歸，挈眷居鄉，課蒙自活，以作苟全之策。所難債負累累，有無面目復見江東父老之狀，然細思此身，終必負人，負於後與負於前，一也。與其塗面乞憐於不相識之上司，不若塗面乞憐於鄉里之親友。弟年力就衰，自問又無可試之行事。若閣下經綸滿腹，必當留濟時艱，异日銘勛於旂常竹帛間，亦可爲吾党增光，萬勿以貲郎末秩消磨鋭氣。又旅人度歲，只好以朋友爲眷屬，并祈屏除鄉思，爲國衛身。是爲至禱，專此布臆。即頌年祉，不一。年小弟朱世守頓首。

十二月廿七晚。

弟明正初十前必移寓，與伯棠同居，以藍、金二公有局可歸，弟則只能作帶擋夥計矣。又及。

二

仲修仁兄同年足下：

昨從伯棠書中附來手報，諸荷關垂，感謝感謝！所可疑者，來書不滿尺幅，而一片和平之音，溢於楮墨，豈脚靴手版，聽轅門之鼓，銷得生平意氣耶？抑左籥右翟，奏房中之曲，收盡無名業火耶？敢請。楚中闈差津貼，向有百金，以新生贄禮湊之，可免挖腰包。若能得一二豐贄，並可望補苴旅用，弟今歲用賬略少，故有廿餘金可多。須視財爻何如。最怕者珊網之中跳出黑鯉頭一尾，則彼將以老師爲摇錢樹，説情攬訟，累且無底。此則過來人所言。弟今科所收七人，內有一人尚未來見，或即入後之累，或可少添一累，均不可料。能否免此，尚不可知也。調劑之説，不能謂竟無此名。然聞上科入闈諸君，至今司册曾否紀叙，未見明文。即得叙勞，亦非聲援，不見實際。蓋所謂各班輪委，章程久廢，今雖稍覺改觀，而兩司終如聾人之耳也。弟聞後先得讞局無薪水一差，續得黃陂提案一差，此差將來連火食并計，大約可得百金，今冬弟足敷衍矣。大約即係調劑。惟來彼已一月有餘，不見一人提到，竟成文昌宫廟祝。或改捐提舉文昌宫職銜，弟亦不解所謂。所可冀者，昨得省信，知讞局正辦連挂兩牌，或可挨補薪水，則每月有卅千文到手，可以任我揮霍。然近時花樣日新，亦須奉到明文，方可作準。幸弟半生做空心大老官，亦聽其浮沉而已。竹墅叔久無信來，解犯之差知已改委。劉鶴生即上海王月山連襟順差解浙矣。弟眷計非明春不能來楚，苦無送挐之人，恐尚非牽率老翁往返不辦。伯棠近尚無事，藍洲聞自眷屬來後，出門頗無坐性，遲菊專待明春捷音。餘俟後布，覆頌閤寓大吉。年小弟守頓首。

乃斌（一通）

仲修老哥先生大人閣下：

去冬省垣把晤，遽唱驪歌，飢渴之私，形諸夢寐。衹以江淮落拓，棖觸羈愁，致稽鯉訊。昨日拜奉教言，備聆一是。欣稔潭祺鴻鬯，升祉麟彬，抃慰奚似。弟自去冬别後，隨同宫保下駛，直至王營，承其函薦，赴壽候差，送節起程，遂即返棹維揚。舍舟登陸，到壽已在臘底。深荷畹憲推愛，當派文案挂名，素餐五月，慚感交并。節後又蒙委辦霍邱河口集釐局，遵即起程到卡，已於閏月初一接手。此間局面本小，開支過絀，釐務弟本生疏，薦人紛紛，多難安置，稍一脱略，動輒得咎。此河係淮流分支，到此已是盡頭，并無客貨往來。釐金專仗本地出米，現在荒旱异常，民不聊生，防荒閉糶，商販裹足。前月報銷，甚不好看，盤川雜用，虧空百緡。如久不雨，日累一日，未知伊於胡底。此間至不好過，僅落薪水。值此時候，真屬不堪設想。從前不過窮而安，如今到反空而勞矣。今年考試只得作爲罷論。到此不久，全仗轉灣交情，值此時艱，驟然乞假，誠恐將來舊巢難復。秋冬又須嫁妹，家中乏人照料，奩具毫無預備。寸衷時切懸懸，然亦鞭長莫及，無從兼顧矣。

春間瑞庭、玉如兩兄來壽，備詢吾哥近狀，知爲薇垣引重，領袖勵勤，欣慰之至。然省垣當路易招，尤忌同寅輻輳，酬應勞神。認真則招怨，備位則辜恩，日久遂成騎虎。安徽州縣試用，本無補期花樣一層，談何容易。權綰銅符，南尚易治，北方强悍難圖。皖中壯觀之處，實不多得。然時哉不可失，望老哥善自爲之。世兄是否仍從周先生課讀？天資若何穎異？念念。

贊老出宰，有儒者氣象，皖中同事經濟文章從讀書得來者，斷推此老。東柯就營務文案，得能敷衍便好，曾有信來，尚未暇作覆，晤時乞道念。臯園依舊。子華即能重任，亦了無意味。春疇不知何往？子因官興勃發，究有成否？子頌曾有信來，擬欲場後出山，并蒙垂詢一切。答以運氣好，不論何官何地均可；若運不好，雖算准、看准，終須走樣。未識高明以爲何如？爽秋竟捷南宫，然分曹蟻磨，儘够一生忙碌，恐升鴻少亦須六旬以後。蘊梅墮落紅塵，百里非其所長，不知若何設措。趙敬翁自去冬别後，杳無消息，未知其差况何若？平時作何消遣？弟之前路，更屬渺茫，讀書恐無此福，但求差事不斷，勉敷糊口。倦鳥投林，得枝已幸。一二年後能得破鉢整好，有處沿托。窮通非敢預計，此願不知何日能償也。藍洲在鄂何若？子長錚錚有聲，大有陸清獻、湯文正抱負，自離粤後亦不知其近狀何若。浙中家信，兩月僅得一通，且不及杭垣一二事。近來同在外國無异，風便時惠好音，曷勝盼切、祈禱之至。專此肅復，祇請台安。江天在望，不盡欲言。小弟乃斌叩上。六月初二日霍邱縣河口集釐局肅。

嫂夫人坤安，賢郎嫒均吉。

此間今已得雨，人心粗定，堪以告慰。此信仍由壽州馬遞，離城五十里，種種不便。集上别無分防寄信，非專差不可。又及。

陳　豪（二十八通）

一

仲修仁兄先生如手：

到滬到皖，先後奉到手諭，敬悉兩月中未曾寄書。以老兄行期在即，無甚要語，稍遲修答耳。承示皖中情形，論差則鄂省較多，然州縣一班，多至二百五十人，有事無事，各當其半，不必下差即中差，月給三四十千，凡卷口多者，已度日如年矣。至缺之情形，照來書所稱，則尚以皖省爲略優。弟統前後而論，徹上徹下，以鄙見准之，候補亦萬無可做之理，能以潔身回里，便是大幸。前曾詳寫六紙寄交舍弟，未知老兄亦寓目否？想子因亦能言之。

其中所不及料者，就此目前一差。弟到省看得差光景，無能必之於二三月之内，則弟臨行攜來百六十元，至十一月半已告罄，若到明春三四月見事，未必爲遲，而所累又加一百元矣。且得短差，則兩年期滿，至少亦坐空半年，又加百數十元矣。弟既不能向人祈請，則差事絶續之交，甚至不可希冀催漕提案。弟到省後，上台光景便是。又有然此決不願當者，以此間即用大挑有得城門差，而難之又難者，每月廿千，無論家中人口懸虚，即此地開銷已缺一半。弟到省後，謁遍上台，彼此落寂，至有求三句之問而并無者有無一句者，真是奇事。此心鬱鬱，徒自恨耳。及見制台，尚以從前文字之知，殷殷垂念，即告知此地候補人太多，然既來此，亦不必再有他計，將來把家眷接來云云。制台，三月一見，臨期仍未必見，弟到後五往四見，尚邀關切。前月廿六日，牙釐總局文案陳君調往洋關，制台即告知司道，以弟作替人，月給六十千，此差在湖北已爲通省不可多得之差，駕而上之者，只洋關差使得給百千，四人而已，如弟之差，亦不及十人也。然非平昔師友游揚之力及當時一日之知，豈有不持片紙，不自祈請而從空飛下者。慰師、石師垂屋深切，有函相薦，然石師之言，在得差後也。所差不惡者，此間短差多，而尤以釐金爲大宗。鄙性於緡算實非所長，今乃令治文書，尚可勉强，惟其中頭緒稍紛，平時皆例行批發，間有轉折，便須内稿，蓋局中書手，其文理除照繕外，不能增損一字也。尚有專辦一人，陳姓，名慶煌，紹興人，以幕改官。遲菊與之不合，然非深險一流，尚易共事也。局憲爲恭道台、名釗，耆侯之嗣子。沈道台錫慶，南通州人，以詞曹得京察，分發知府，保升道員。均平和易事。此間大小事，制台主張一一稟承，獨鼇局由撫臺委派。弟奉札之日，正制台兼署之時耳。署缺全是上台主意，所謂酌委、輪委，名目而已。弟于輪委，在十八九人之下，若果能輪，四五年便到，但輪子終歲不動也。補缺則於升調遺之十二缺，須捐儘先花樣，否則永遠無期，以一年兩缺計之，六年亦可到班。制台却問本班能補缺否？弟對以無期。昨知赫舍哩師已爲弟保一前先字樣，但前字無益有損，必被部駁，明正擬致書院，上請删去前字。惟臨時有捐儘先者，仍須壓班，不得補任。惟弟以無可希冀之員，得此名目，較之萬無可希冀，自勝一籌，亦莫非師友之拂拭也。

省寓用賬，每月又非三十餘千不可，此月直用至四十餘千，斷斷不能支持。正初便擬搬住局中，則二十千應可敷衍。蓋弟出來時有二百元一項。明年不能不設法歸楚，舍弟尚勉力支住，無言乞助，而内子房用工錢、息錢，已迭次來告，可笑之至。幸而有差，明年二月間可措寄若干，若無此差，不知如何過去。及看其開來用賬，連自己亦只好做啞子，删無可删，真令人愁損也。弟於人實不能過儉，即如在此，必與人一一較量，銖累不遺，實限於生性留心學習，不能成就。伯棠、左泉諸君，精心綜核，可敬可佩，至弟之衣食起居，自問直無在敢妄用分文，而家中又未嘗不受之以節，其如寒士規模，已漸漸展拓，此中由來，已非一日。又自問不願以造孽取錢，十年之後，求爲故我，且有甚難者。然人間之事，暗中均若有定，循分做去，不能過慮。做一日人，做一日事，吃一日飯，如斯而已。故忽而憂感，忽而解脱，一日之間，區區之心，幾屢變而無可自持也。弟之可慮者，身體精神，未有戕賊，而近年光景與蕩佚者同此損壞，身體孱弱。入夜不復酣睡，五更後不睡。有老年情狀。前年在杭已患此，旋復好去，自到楚後，又復患如前日。近日稍稍寧適，蒲柳之質，恐難持遠，此中惟自知之。雖家慈及内子有不敢告者，家慈精神尚健，惟鼻淵卒不得減。爲知己陳之，亦且重將來之憂也。尤可恨者，遇事全無記性，頃刻便忘，從前未有閲歷，此時益知材質之拙笨，直是下愚。有愛好之心，未必有見好之事耳。

宦途之難，十八行省同之，皖省固屬指誤，然他省亦未必便好，且缺與不缺，我輩正早，此時尚不能説到此。既已指定，譬如女人，出嫁過門之後，只好一心在此。改省加花樣，徒托空言，即如弟，若得捐一儘花字樣，補缺可必，無論無此錢，即有可告貸，累上加累，更屬不了了局，負人負己，决不爲也。吾兄得差後，眷口漸漸布置，設法携來。伯棠云，此時此地，一點不得放鬆手，將來尚有結局，旨哉言乎！弟與兄均當爲誦一過也。若伯棠係即用一班，科分尚列於先，現已署過一次，以衆人論之，二千串錢可有。猶可爲也。弟到此雖僅數月，然使以即用而來，其中有酌補一層，遲遲數年，弟未必不可妄想也。來書有如何不識羞耻云云，弟閲之大笑不已。記弟初見制台及諭委，均邀關切，而大人栽培四字，至不能出口，言及從前考列在前事，弟直無一詞，殊有人親我遠之勢。同官環屬耳目，均以未免太覺寂寞爲言，引過而已。今日於世故一切，弟不敢以爲不願，真以爲願之而不能。至或以名士相待，無論古之所謂名士，亦即在大儒名臣之中，即今之所謂名士，弟一無所知，如何相副。若説刻小稿、畫小象，模樣對之，方慚汗如漿，羞惡尚在，吾不爲也。

琴師再總藩條，弟於函丈前向來無話不説，今得回諭，尚從而寬宥之。《遜學齋文集》前書乞一部，説明由兄留在寓中，遇皖省解陝甘後路糧臺之餉，托交王若農觀察轉交，吾兄謁見時可向仲容索來，遇便即寄，不期以時日也。金坡得發審差，無薪水，然争之者如麻而起。在一月之後，可謂速矣。然全是臬臺之意，坐而得之，都是書生習氣。弟與金坡同年相好，從前踪迹不密，近覺其性情之灑落和厚，有始念所不及料者。然將來遇事尚須著實從嚴耳。弟爲長孺之戇直，當面規之。干雲于前日來，亦下榻弟寓，燈下聚談，宵分既深，尚不肯休。此即吾兄在皖無此樂也。弟近益不喜交結，于此得陶君壽嵩一人，麓樵，江西廩貢。循良傳中當位置之。性落落寡合，于弟頗相許耳。汪芍翁曾有信寄，松溪明年二月可奉委矣。姻事改期，想已函告之，不知將來何人送去。鳳洲年況，不堪設想，今日有數夕不歸者，亦不知所往，激而愈甚，如何如何。伯棠才回省，寓舍亦不遠，弟本擬托其廈庇，今既意在住局，則干雲相代矣。均父有寄家銀七十兩，由弟轉送上海陶之方處，弟前有函詳告老兄，寄函不妨稍緩，待至明正也。京師大事，幾非臣民所料，而非常之計，又適于吾身見之。自經喪亂，豈有他望，願長爲承平百姓而已。弟本無宦情，青山之約，益不能忘。子長處有信否？景卿處得其信，須年底可回省也。此致，如弟豪頓首上。十二月廿八日。

二

仲修仁兄先生侍右：

通信密矣，常若見少，兩地違隔，藉慰離索。伯棠處奉到教言，一一讀悉。誠民范兄初六日回里，詢之伯棠，以五十圓助居者積倉，亦稍寬我兄内顧之念耳。旅居岑寂，自思而自繩之，古人内視之明，無以是過。即弟所欲效其款款者，亦無從更贊一詞。仲求非諧俗之人，職屬閑曹，吃飯之外，豈有他計。弟實阻之。但勸其幕府依人，終爲王粲□□□□□□□也。朱侍御□□□□□□□就切己處求之，當以□□□□□□，彼此所處，尚未勞未苦。然弟自知遠遜陶、李兩君矣。有綱無目，同病相憐，弟益以善忘，則更無以集事矣。且州縣之職，須經過一任，乃有把握，空中置論，譬如醫者之未按脉，口談方書，并自己亦不敢信也。松溪奉廣豐之檄，載和一節，爲其達到。來書稱少梅亦交有草札，准定附列有數，再寄芍丈處附去。復言告知改吉，已由仲修專函奉商，亦未接其回書。靄如家中已漸漸安排矣。

家慈精神略好，而鼻淵終未減止，難以放懷。今年已兩次寄諭，念弟在外，時以爲心欲令內子、兒女輩出來，此是老人垂念之恩，舍弟又切勸之，然板輿必不能來，而白雲晝望，宵夢遥依，僅此房中歲月，亦無以爲歡。且中無宦情，常若忽忽不樂。以弟初到，不令賦閑，已屬至□□，復作此不情之話，同官聞之，必遭唾罵。眷口出來，非百元不可，即使奉諭行之，亦須漸漸積成此數，方免空累。俟過六七月從容定見。阿寅資質非下，愚無督責賢師，家人又以愛憐之故，近雖日事鞭撻，除弟一人外，不復知畏，如何。

吾兄回杭一行，鄙意不甚爲然，總以在皖候差，見分曉後，於小純、楊雨村諸人中商量，乞其護送，好在節節水道，全無阻滯耳。若一回去，中間打成兩段，小小資格，不覺其久，且非見事，亦未便過急，以弟計之，似不至久間。四五月出來，尚不甚熱也。細細斟酌斟酌，切勿造次。且令杭州親戚送來，少許多費用也。

子鴻、子華寬圓處誠不能免，容便中述尊意。前日子鴻書來，尚言臨行曾請重訂條約，有守而不失，仰副盛意云云。阿瞞尚不聞分香賣履之事，真是咄咄。弟欲爲禰先生，中間略有見解，姑藏吾舌。兄上書石師，不妨微及也。戴園事不及于徐，由太無文譽，又資望無聞，遂至遺去。近來資望兩字頗有可作事處，特名士之稱，外雖恭維，實則心地尚浄，不能幹事之考語。弟本無所知，然亦甚惡之。至以畫事、楷法相推，益不願聞。近已爲繪件暗中開罪于上下之人，但終不能勉其所不欲，不如從早一切付之不顧而已。少村太守，君子人也。上台相待，頗覺優厚，然渠意以豢養爲耻。又其性情剛直，常受傾軋，華葉似盛，實則蕉萃也。官場人心，百仞之淵，不足喻其險；三夏之雲，不足喻其奇。今日弟昆，明日戈矛，一日事勢，一日面目，州縣人多如蟻轉，無所用其排擠矣。然弟有一計以勝之，曰回去。蓋決定回去，不可回去，亦可回去也。苟可耐，亦不欲成此笑柄。近于不受磨折，况現在尚無所磨折乎？干雲日飲亡何，淡然默然，其用意頗大略相同。程大人未來，弟苦脾弱，急盼其一診。薌泉中丞建立專祠，必奉明旨再造，浙人至今食德，從此晚節益光，則大星之隕，正所以成全之。東山再起，恐前後不相輝映矣。慰師將有弄璋之吉，景卿信來已言之，蘇門老弟子同盼斜川也。遲菊文章日進，异日詞曹之領袖，然老氣横秋，局中間一駕臨而已。敬頌台安。如弟豪頓首。初四日。

因竹紙，信箋告乏也。印圖章，嫌素也。非名士。對語已收到，能再作會館語否？并無人托，弟恐將來無好對爲備儲而已。

三

仲修仁兄先生如手：

先後承寄書，一一收到。計時兄行迹未定，遂至無從修復。自嘉平奉到皖中寓緘，已於獻歲八日寄答，附干雲、金坡兩函。備詳一是，長江之遠，五日爲期，必已迎邀鑒察矣。比維旅居多勝爲慰。弟日内擬移住局中，以期節省，將來惠件，書武昌省城内通省牙釐總局文案陳某。兩人皆胡公後人，又同桑梓，非寫賤名，或誤投也。近況已詳前信，所謂做一日人，謀一日飯，平素迂拙之想，卜之于命，到此光景，無從懸斷。身體極弱，其病不關自作。麗芬來後，或商服藥餌，冀其完固，惟觀象察事，實切杞憂，或者天啓聖明，則誠臣民之所竊幸耳。止潛已得其一書，切齒於佞臣三兩人。昨見邸報，王已革職，永不叙用，彈章自是借筆，不敢近指，所望親賢夾輔弼，成平治矣。來書并詩兩章，抑鬱滿紙，轉是恒情。就候補論，上衙門一節，其站進出班與夫見不見之慘狀，直是不堪告述，我輩皆齊人也。無可如何，斟酌至再，不站香班，不站進出班，香班爲首縣來邀，伊亦揣知鄙意，故未嘗來言。至進出班亦竟有一闕而出之時，不容獨後。弟非憚煩，覺其無謂極矣。昨日與上台言及，亦云并非不欲深談，實人數衆多，竟不能認識，無從支吾也。就時局論，官日益少，將來不知如何了結也。此非停捐痛汰不可，世無張太嶽一輩，誰其任怨？弟初到此，襟胸略同兄。始覺前日之言急求故我，此見不甚相遠也。陶、李兩兄，遠宦萬里，其艱苦百倍我輩。子長所處，更非人所能堪，然卒一意堅耐，卓著循良，每一念及，令人神王。老兄現歷之境，其難易與之比較，尚自有間。已覺鬱鬱之居，不能終日，此真我兩人少問學處。故每與同輩言子長之方，未嘗不吾首至地也。

至不得爲正途一説，固不必再計，現在作吏之困亨，不全繫是。弟一無知識，然於短中求自見，則時藝一道，尚妄比於識途之馬，三次備取，卒未見收，自疑自釋，覺亦不甚措意耳。弟近立一見，苟以爲可，但有粗糲便足相安，妻子世俗之解，一切不顧，歸家亦未有過不去。苟以爲未可，就使十千在握，其時一心進而營求，一家交相責望，緑野平泉，公然築就，有其力而無其心，仍是骸骨歸鄉也。弟前後所貸已兩千，但大半不即迫促，弟果一旦決策，寧負良友，不負地方也。兄既出來，總以耐守爲是，杭州無甚事，似不須借委歸去。請假出省須諮部，尤不可也。福昌一項既已暫懸，只可姑作緩圖。蘭艇近狀不甚爲難。弟來時亦未有相累，僅僅兄處百數，計其力量，尚可支援，姑亦聽之。特阜康一項，是否夏先生代措。不能不在意。子長前往蒼梧，聞之干雲，此于粵西尚非瘠區，俟其布置周妥，必能潤以廉泉。昨日伯棠來寓，談及兄況，亦深以前不凑巧，致以空函奉復，歉仄至今。日來即圖相助，或徑寄杭地，於居者亦可藉以多支幾時，且寬旅懷也。兄到適在歲尾，此却易于蹉跎，然合計不及三旬，遽作無聊語，亦可不必。琴師不當無以相待，惟持之太急，又易蹈躁人之誚。聞皖中廿四金之差，尚非不可有。來書謂卅數番禽，略可摒擋，似得一事，便成溷局，與其在家溷，不如在外溷，此中得失，較然可睹。總之處此地步，譬之營巢之鳥，以借枝爲安，綢繆過密，徒勞拮据。弟非得一差，便作寬心語，亦非七八十歲人作偷語，循分爲人，時時向後謀足而已。

兄性近頗不耐寂寞，即在都中，亦明明以歡樂園爲煩惱國，然卒不能使此身此心不顧而之他，此是牢怨之極，心志轉不沉固。皖中省地，聞有郊坰之象，如衙參謁客，循職奉行之外，尤願從堅處、斂處著力，不患不能安也。得差後必將瀛眷接來，兩地開支，既屬不給，客中歲月，亦藉慰岑寂。弟處境略殊，故稍作從容。家慈來諭，令將内子輩携出，此是老人垂念游子之心，然弟苟身體無恙，亦尚能自爲照顧，不甚縈念兒女；又舍弟續姻，新婦初來，多所陪伴，易于接洽。寅兒等一來，堂上膝前，究減熱鬧。長江之行，非百金不辦，此中曲折甚多。弟雖意動，其事不議之數月中也。

皖中需次員數究有若干，楚北赤葦幾三百矣。琴師手諭稱懶於作書，就懶論之，弟不必不賢于師。進見時乞爲道近況，并陳已得一枝。師于弟甚拳拳，杭州紫陽一席已辭，既而延庭芷師矣。不另作禀上達，或仲容來，托其一陳也。松溪適有一復函寄去，聞其二月間即當奉札，芍丈得其復函，乃十月所發，始於除夕前兩日到，何其濡滯。内弟改吉，其信中尚未知，想尊函此時未達，或稱其近日不甚稱心。豐城劍氣，消磨不少。過數日擬即作復，然不知其近寓何所矣。相違既遠，無可晤語，惟望堅定心志，以養遠到，暮氣躁氣，不可有也。弟拙短甚多，還祈有以教之。子長已作一書，由臬台加遞。去秋曾寄細信，如兄處通函，幸即提及。謝琴石觀察已作古人，此是曉蓮憲言之也。手復，敬頌台安。如弟豪頓首。十三日夜。

有近詩祈録示。前書所説問三句者，此公乃精心結撰，須有以相待也。

四

仲修仁兄先生如手：

接手教，知前兩緘已邀察入，正在盼望，展讀之下，欣慰奚如。子長來信，言虧累二千，蒼梧一席，人言在粵中已爲優等，何至乃爾，使他人出之，豈不譏爲吏人習氣語邪？承示種種，似遜學行，而事將變易，君子不多得，得君子而無術以濟之，此語極可憤嘆。不獨斯事爲然。以弟見在聞見，亦令人且恨且憐。我輩自斷此生，萬不能有得展所見之一日。然豈在旁易明而當局昧耶？抑位較隆而材分減耶？言之可嘆。

弟寓中日用，漸形不敷，甚以爲怕。本月除方勉甫太夫人訃啓外，兩金無可再少。已送七千之則。金坡於不相識之同寅，有單亦不送，然於情甚合，於禮轉覺不合，如何如何！伯棠有窘態，消息若近若遠，金坡置一人麻姑之兒孫夫人，武氣、青樓、無賴氣，三美畢具。從西江來，十餘日遣去，弟以爲賀。所恨無錢之時，喪去二百千，且從此不搬回讞局，月支無可從節，第較之長伴維摩，其害猶減也。干雲出月可來。挈眷而至。張女史書無人提起，亦無處覓，平心論之，并不能副其實，徒以閨閣重之。弟近日得閑臨數十字，似運腕較前沉著，暇時當作一紙塵覽，宜可玩也。《鄭道昭碑》乞檢録其文見寄，曾在莊仲求處見金石志載此文，兄處必有此，故以奉求，請轉飭家人一録之。長安榜發，不知誰是謫仙，浙江同考至無一人，可謂全軍皆墨。

小兒讀書事，焦急萬分，燈下勉强自課之，非可久長，其性太頑，弟一人外，全無畏懼。先生寬極矣，任其所之，每爲講解，略爲領悟。前日爲講《左氏傳》，至齊侯與之虎牢，渠言前此王與之，武公之略自虎牢以東，是虎牢早爲鄭有，何齊復與鄭申侯？弟勉答以鄭之虎牢，桓公復取而與之，以爲申侯私邑，是盟主專擅之事，否則從前所與，自虎牢以東，虎牢或不在内。究應如何講詁，亦恐是想當然之語。兄下次書中望示及，即以教弟之不知也。子弟無寬待之理，鞭撻之不少，貿然一離耳目，便不可收拾。子長多婆婆經，弟頗越分勸之，兄關休戚，亦可一言。如兄過于弁急，誠非所宜也。渭春撫軍騎箕，子長局面，未能遽定。弟致一書，較此信爲詳。兄閲之即留，俟有確的地址再寄，何如？合肥制府本月啓節，迎摺北上，仍回鄂州，然秋風未起，大念蒓鱸。馬加利案，據赴滇之夷酋稱説，以爲辦理平允，仍須結自總理衙門，蓋夷人假此挑剔，别有需索，意在彼而不在此也。手此，敬請台安。嫂夫人請安，内子屬筆，郎嫒均吉。如弟豪頓首。三月廿三日。

頃伯棠由鹽道委緝私一差，月支四十千，日内當可下札也，又及。廿四日。

五

仲修仁兄先生如手：

前昨正發一函，由善後局付驛，今日得謂弟書，附有致兄函，故復加寄。來書言位三待貺迫切，故特奉上鄂省。昨得盛雨，今日陰寒，或他處有雨也。敬請儷福，餘詳前函，不一一。如弟豪頓首。閏月初二日。

偶翻曾文正小詩，係壽九帥七絶十數詩，内有『生縛名王歸夜半，秦淮月畔有非烟』兩句，『非烟』兩字作何解，是瑞氣抑人名也？便中示教。

六

仲修仁兄先生如手：

得立夏日手書，語語深切，危於空虛，無以自立，而才難一句，千古無以易之。春闈榜發，知交六七人，承明著作，不乏其選，平心論之，有一州一縣而不能舉其職者。爽秋才見任愈重，貽誤亦更大，然猶能有所白，廓落無當而已。至今思之，事貴師古，一意好古，未有不大壞者。昨得鶴弟書，望日所寄交。知家慈四月八日湖上歸來，鼻淵驟止，千里子心，喜不能寐。若續得一書，竟不再發，益可放心。自餘兩地人口均安平可慰，特日用支絀，漸有窘態，得過且過，不容計較，持之以儉，更有何法。靄如伉儷甚諧，堂上極爲體愛，此可放心。聞九十月間須生子。靄如馴謹，家中無督責之嚴，兼以質地平拙，能稍還考生本分，已爲滿量，欲別有責授，恐非所能。老人不能撙節於前，外强中乾，何以支持，代爲眉皺。干雲於廿九日挈眷來鄂，龐順隨之來，人而無恒，於此爲極。即住伯棠公館，其令侄萊雲文郎邀至寓間，課阿寅讀，早晚弟自督之，求先生理書，不令走開而已。

伯棠此行邑内豐收，可以開銷，中峰新劾十一人，降補二、休二、改簡二、另補五。允洽之至，有寬無枉。此缺專歸即用、候補兩班，甲科人材寥寂，伯棠應不見遺。弟自問尚不爲上台所棄，一以資淺，一格於例，無能冀也。兄之班次，將來亦總須另籌花樣，欲作吏州縣，尚可盡心，特不當以需次爲糊口耳。金坡胸無渣滓，於事實少諳練，辱以交好，已盡言規之。乃兄韵笙來尋館，適伯棠有事，藩台薦之，重以熟人，遂屬其延請，尚算湊巧之事。承詢某太守，此公弟曾往還兩次，心地平正，垂垂老矣。在此當差，非曾台引重之材也。不知兄何所知而云及。鄂皖傳述甚捷，幸一切密之。

錢君於月杪送來手示，前日便道以一刺答之，不欲遽見。吴君亦因陶栗園寄信一見。監印舊爲陸姓，乃星農觀察胞侄，於瑞安有年家之好，中峰又切實齒及，固無以易之。此間事一統兩院，薇柏不甚當家。瑞安到後須過午節，分班接見，弟以舊緣不便過疏，往遂不却，歡洽如平素，一捐世俗之見。惟兩見無片語及私，此則硜硜所自矢也。來示以松溪爲例，弟固自知等差，兄言并非周内，載和一節，今已屬伯棠。錢糧契税兩様卦名，歲終或可得百千。松溪聞已交卸，或言上台擬以志局相屬，豈天水將綰銅符耶？渠到省必當有信，便當於覆信中提及，即屬其自爲交寄。若卿丈於載和事究竟有無潤飾，聞隴西與芍丈痕迹甚深，絶無取尤之道，殊不可解。慰師聞近得臂痛，有類風痺之症，甚爲馳念。前書令舉所知，枯腸搜索如泉明者，竟不多得，半以納交太少耳。且即如泉明百里之才，過此即溢，吹毛之求，又嫌不能甚敏捷。朝廷每簡重任，或至縣節鉞以待，亦以見帝心有乏材之意也。合肥制台已於朔日抵武昌，專候批摺以爲進退。初三日進見，似有陳情之意。石泉師近愈寛大，或將息肩禹杭案，派審八人，翁中丞公子與焉，事皆仲餘一人持之也。天氣入夏，文郎安好否？附去横幅一紙，兄觀之能較沉著否？鄭碑考勘極確，惟久乎必作久于，亦太曲也。治公羊而廢左氏，未免漢人習氣。左失繁博，若盡如公羊之簡，既難考事，又其中論斷恐未盡是也。手此，敬請台安。老嫂夫人閫安，内子屬筆。如弟陳豪頓首。端午節。

七

仲修仁兄先生：

接四月十六日手復，敬悉一一。慰師精神康勝，聞之欣躍。龔學使歸道山後，來者不知於老五何如？吾兄在金陵數日之留，老五筆墨見過否？想必斐然成章，其小楷殊圓秀，前年已見之也。兄作冰上人，是否慰師之小世兄，便望示及。石泉師之大世兄斷弦，雪漁爲麗翁第二女公子作伐商量，昨始書來定見，大約今冬來鄂贅姻。弟久擬上師門一書，以均父赴嵩武軍之招，由肅州動身，相距十站路，盛氣凌人，釀出事端，不特自誤，使弟無以對石師及若農方伯，真令人愧憤無地，故一時不便作稟也。從此人非平平正正做去者，無論何事，亦斷不敢與聞矣。此事本兄等所不然者，弟以才氣友誼誤之也。弟約略作此數言，兄且勿言。

伊犁可以珠還，夷酋話極馴順，所索收守之費，亦不過於離奇，惟意專在通商，大約亦易了也。吴定公患氣墜四十日，始勉强銷假，殷殷屬爲致意，讀書人本色，不十分講究時宜，亦頗時露牢騷也。伯棠在官，諸事精穩。金坡則此次譽望稍減，堤事本棘手，認人不確，署中人無能得力者，而兩耳甚軟，吃虧不少。干雲僅求治堂一差，月支二十四千，不及開支三分之一，頗爲惦念。方之聞已擢甘州太守，此才大用，亦地方之福也。弟竊以同事才望無有過之者，兄爲何如？在金陵見琴師否？亦提及弟否？不通書者又一年有餘，究竟政績何如？傳聞不一，幸示大略。韵梅在閩，現在何事？想慰師處必通禀帖也。仲求聞已握銅符，六年不通音問，甚爲念之。子長有信來否？

弟近况甚迫，節前禮園寄還人錢數十千，中途截留，敷衍過去。日來冗雜尤甚，此差既頃刻不能離，而秋闈期近，以敗北之將，不爲人棄，來商韜略，至迫困於情勢，萬不能却。偷閑點竄，而各署閱卷，又必與即用諸公同進退，上游幾忘弟爲無出身之人，至言今科且借用足下收幾個門生云云。弟自陳並無科目，始相與一笑，豈非大苦事也。仲彝奉外諱，前月過此，親戚皆匿不以告，弟亦只得勸其遠行。有辛楣致兄一言附上，函中無非乞援，以兄之力，豈能他及。然論之情誼，不蒙見諒，或有他責也。靄如已由省回浙，其夫人、乃郎均留待芍丈。聞芍丈日用甚浩，所虧已至八竿，此席當可洗刷，好在輪署補缺，均不甚遠，從此一帆到岸矣。松溪聞須今冬明春可得一席也。兄前書言光景不甚引近，目前何如？然旅見之下，向來即十分關切之人，總不肯輕易透露也。手此，敬請台安。嫂夫人問安，文郎均吉。如弟豪頓首。五月初八日。

外辛楣、干雲各一信。

八

仲修仁兄先生如手：

中秋後兩得手教，敬悉一一。就維循問日隆，公私順豫爲頌。承示弟兄一案，不遽差傳，卒得和解，敬已識之於心，引爲箴訓。弟於交涉親族鄰里之案，即是非判定應責杖者，亦不遽責，必微示其詞氣於所右者，使其代爲祈懇，然後減免，蓋以爲他日相見之地。特亦不爲煦煦之仁，令地方狎玩輕於嘗試也。嘗題二堂聯語有『察獄貴平情，寬一步且留餘地；在官毋枉法，欺百姓上有青天』之句。官史據情直斷，不爲他日地步，激而成讎，終於釀事，况所斷之不明允乎！吾兄居官勤和，已足成理，然仍願用心，虚而益虚，用力實而又實，异日彼此相見，無負平生也。

敝寓一如在杭光景，敝篋中舊衣并單夾一個，圓小毛袍迄未具，與吾兄情狀一視，然兄之衣猶多於弟也。需次之員，在官未久，不足沾染習氣。寅兒時復痰嗽，讀書不得力，限於修數，亦無從訪聘賢師。此差經管銀饟，又晝夜不能離開，并無能從旁參贊。弟自從前咯血後，至今不能深宵久坐。闈場忽奉幫同點名之差，其實無所事事，但一點鐘便起，如此數日，頓以咳嗽感發舊恙，幸兩日即止。然心力不能耐思，并時文亦不欲看，而尚有撫部東床屬改文字，又閱卷之事，無役不從，真苦事也。宵中不克住寐，亦殊感蒲柳之質也。今年以花樣一加，七百金明知無益，不能不拋。及杭州另思布置，以冀及時承歡，所累巨數，幾不可爲人説，而所累又復貸之兩廉吏又皆高年非有餘裕者，則益惶悚在心，必不負人而後可也。歲月將暮，省中坐待仿佛索急逋者，同官不下四五人，即見一二席面，亦斷不能及緘口之金人。大府相待，尚不在棄置之列，亦惟有委心俟之，所此中不安者，無數人間應盡之情誼，急切不得一償，未免彷徨，英雄第一歡心事，撒手千金報德時，真快語也。兄尚能以二百金分致都中各友，弟并嵋梅一人，欲略盡其心，而至今幾無所措。嵋梅心性與弟實不盡相合，而見其憔悴之况，感懷甚於他人，此亦不可解也。兄所寄何數？望便示知之。

雲門年内本不能成行，倪荆州忽慨然爲之力任安家居者，有資行者便易登程，於九月初間携武昌守陳公五十金而去，尊意已爲代達，留有一函奉上。此地無從貸匯，故告之以書中。本屬弟代移五數，因無從籌措，衹能仍請我兄于椒酒上師時，別奉清宦旅况，以安其心。兄無論如何，或多或少，不可不如約也。并言都中寄交，當以由王同伯兄面致爲最妥，應候裁定。子縝至今尚未來，然必過武昌，子縝與雲門交誼非常，渠早已另約，不必以己之所不及責之於彼也。鄂中星使爲張蔚亭同年繼煇，非鳳石同年也。廣西信由漢口局寄遞，能否妥速，亦不得悉。糧台失餉，是陝甘後路糧台，非鄂省自設糧台也。已斃兩人案，仍無著。若鄂台有疏失，則弟便不得了矣。此豈可偶有所疏防也。

姚廉訪所刻叢書，聞僅有《引經考》《答問疏證》，其餘《古音譜》等著，均未付雕，現聞絡續接刊，遲早必爲我兄致之。此等小學書無關官吏事，且稍從緩，彦公亦恒見，不欲以此小事乞之。且弟近頗怕與上游談文墨事。《鄂宰四種》絶無行本，遲菊欲得之而未能也。禮園在沙洋，荆門州地方権釐。月入較豐，以房宇家人一切不須另給。干雲因處省垣年餘矣。文闈得一外收掌差，近又奉南漳提案，悵悵而去。求治堂例差，月入廿四千，其合之所出，不抵四之一，亦頗耐支持矣。而後來無消息，如何如何！

霽公入浙，不識將來能爲致書河陽否？此地差事，尚以撫部所檄爲多，餘則更覺寥寥也。仲求於七月間在署任病故，痢疾不止。令人墮泪。寢門之外，聞其署事數月，宦囊小有餘資。夫人多病身弱，兩郎尚稚，亦大可憐矣。此係其同鄉至好言之，非訛傳也。吴定公患氣墮，病數月，不能行坐，今始大愈。局中會辦向來不甚主持，此亦各局皆然，非止善後局也。糧台改爲軍需局，今以軍務久平，奏改爲善後總局矣。金坡交卸沔陽，已來省數月，新夫人將有誕育，此其時也。

弟爲子鴻兩郎言之，伊先致二十元，亦聊助其筆墨之資。子長久無信至，不知何故。均父事得之方回信，乃得明允，然終究是任性尚氣所致，遇事律己種種，疏而不密。此時進退維谷之方，所勸未必能行，均父之爲人，可貴而不可賤，可高而不可下，現在雖無實際，眼界已寬。即使果捷南宫，不工干禄之書，亦不過得一令而出，豈能爲此局促轅下駒也。之方原信呈慰師，閲後即請封交，吾兄覽之便了了也。便時仍請以原信交還。弟時得舍弟書，知家慈康健，覺與上數年相同，稍吃老菱螃蟹，亦不舉發。十分愉快。此間雖終日汲汲，而心力稍定，亦不至爲所縈擾，只能得過且過，年内諒難有機緣。惟補缺尚在升調遺八人之後，其期亦在七八年之久，此時精神材力，尚可效用，恒以無謂之冗雜坐耗。居諸内觀外，顧不能無感惜之私耳。伯棠脚跟站穩，居官精細安詳，亦有爲我輩所不及者，城小而固，比之偪陽矣。燈下就來書一一奉復，敬請台安，并頌潭祺。文郎得賢師，讀書改觀，最可喜也。如弟豪頓首上。十月十八日。此信十一紙。

九

仲修仁兄先生如手：

前日得手諭，敬知學使按部，諸多賢勞爲念。惟來教極是，而與弟奉書之誼，不甚相合。古之吏治宰官與士人原相助而理，近日變成一種風氣，鄉黨自好則爲寒蟬，而紈絝驕蹇，勢得自爲土官，其依草附木，因緣爲奸，比比皆是。朝廷命吏仿佛齇當之出官，甚可嘆也。誠能裁斷衆流，良懦有可伸之氣，此甚盛意，弟豈有妄以世俗相規而願兄之隨人俯仰如桔槔者乎！成心不設，是者是而非者非，若輩乃無所操其短長。衙門以内，先打掃而廓清之，此弟芻蕘之意也。前此因定生觀察談及，觀察所聞由來，其人却不甚足據。而又有我兄寅友鄭君贊侯，皆係關切之言，故以奉聞。後接金陵講座來諭，知兄在洄官聲亦好，頗慰懸懸。

筱師處久未通稟，時時思一作之未果。新吾天分極好，於諸昆爲白眉，若得嚴師益友，更當一日千里。從前隨侍在鄂，弟深鄙旁人之導腴貢媚，且爲筱師言之，臨別時僅與新吾匆匆一談，然亦頗效直諒。來示以爲新吾無纖芥，誠哉其必無纖芥，弟前書非爲是也。

弟圻水交代，月内擬悉索稱貸而了之，以外欠只有千雙百兩。不至全無著落，措墊大半，宜可清楚。今年無日不履冰蹈尾，至今始稍放下此心，此行亦不至累，而所以分資三黨者，即是宦囊，胸中甚泰然。知關遠念，用以附聞。不知兄於懷寧能了結否？想不免挪此補彼，明年交代新章甚迫，州縣愈不易做也。弟前月又爲督部檄辦文案，出巡營伍，即檄兼收發文件，故日日須到衙門。干雲委一釐局而去，在興國州城内，驛遞可到也。弟即搬住伊寓，在小金龍巷，取其近便而已。甚思歸省，又念慰師，欲乞假一行，不知年外能脱身否？年内料理文案，且歲暮歸計尤難。載和去年曾寄廿金，今年二月續寄十二元，及此番得兄信後，專函問之，則十二元竟未收到。挂名亦無可分，弟湊寄始有廿金，其十二元則弟所寄，由局寄去，并有收條，真不可解。無已，業致書伯棠、松溪兩處，請其潤以少許，明歲秋冬之間由弟寄潤，不知兄能略有所給否？慰師頓形衰老，可念之至。〔朝思歸省，便道一謁，至今牽掣，爲可悶損。〕

弟叙補本早到班，而奉調者一駁再駁，且將三駁，至今出繁缺四，疑必有調補，或明年得一，當並非躁進，思早收拾耳。兄聞即可叙補，當在何處？至爲慰念。法酋騎虎，無復廉耻，而我軍餉力，亦復不支，樞紐無人，公忠太少，宏濟之才，焚香而祝。遠則張江陵、熊襄愍一流，近則益陽、文忠輩，宜外患不足平也。手復，敬頌台安。嫂夫人前請安，郎嫒均吉。如弟陳豪頓首。兒輩侍叩。十一月初二日。

一〇

仲修仁兄先生如握：

在房縣一年，幾與外人間隔，地廣訟繁，昕夕治事，仍苦不給，以致通信最勤如兄處，亦概不修函。承詢治事有一二愜心處否？弟則但覺疚心處甚多，斯未能信，聖門自道語，誠親切不肯欺人也。惟是勤勤懇懇，苟可體惜之地，無不曲爲體惜，以盡一日之心。案雖勤結，而未能結、不及結者，正自不少。有明知其稍寬而心實有不能忍者，子産火烈，不能不愧。離縣之日，士民相送，祖餞之筵十五里，未絶於道，其不遠數百里而送至舟中者，尚二百餘人。弟到此不爲之泫然，相對依戀，惶悚交集，一時似乎諒其不及者或有之，而怒之、責之固不見有矣。又面言及傳聞之詞，皆出一口，以爲不要錢之官，從前間有，而如此愛惜百姓，實爲難得，此真相見以心，而山民與官親近，從可想見。平心論之，非我輩作吏好，實作吏太不好者多也。兄非弟上司，竟自家稱許，不知顏厚矣。總之今日作官，但須寔心寔力，勤懇做去，加以明察，無不討好。弟意以順人情爲大綱，而律書則有時不復拘之；胥吏固當約束，然亦須爲之設身處地，習腐儒之言論，欲以夷叔相待，則鋌而走險事，仍不能辨也。家人最無天良，較若輩爲尤甚，弟在任一年，似民間尚覺愛戴，而胥役亦不至怨毒。獨左右八九人銜刺入骨，以爲僅留有限之錢，而無定之錢概被删革，且似乎當衆不與體面，遇事不許開口，諸如此類，遂至交卸之際，公然明言。而弟所以痛懲之者，亦復不遺餘力。弟亦嘗爲此曹計之，少則數十千，多亦百數十千，我等初次訓蒙，尚無此豐脩也。

弟此次係引疾求卸，借差歸省，在杭適滿一月。家慈肝患時止時發，胃氣大減，早晚食粥，中飯不及半碗，且稍一大意，多吃少許，便立作痛脹。精神顏色損瘦，迥非昔比。人子之心，喜少懼多，而弟此日心地，自覺隨處皆安，惟此則不能一念寬釋，但得弟境地稍爲停當，能歸侍多年，此生無他冀幸矣。

房地雖瘠，處處樽節，尚不至累。然弟無他長，自以在在躬親，幕中只延刑席、教讀、家僕九人。自接印至交卸，不曾輕易爲一身及家人兒女添制一衣服，他人不能如弟之節儉，如依弟爲之，則即不能無累矣。循俗可餘三千串，亦須開銷節省，皆弟等見識。弟前任郭君做五年，實虧兩千，其妄取者又不在此數也。弟將不應取者删之，并不明言禁革，留爲後人地步，免得更從節外生枝。交卸之日，餘銀八百金，缺固未嘗累人也。水陸川資用至五百餘千，在省旅費尚可支援半載，而杭地舊逋，及有必不能已于點綴者，豈能盡以此等言語見諒，只得移新掩舊，曲曲布置。凡事求一念之安而已。弟回省之先，上邊初意將俾以事，以弟須回杭而止，及至杭，又奉檄調赴宜昌掣驗川鹽，月支五十千。且言不必急急回省，此差暫飭人代，憲意慮弟無旅費，故爲此體念也。弟于昨日動身，擬到鄂後將內子兒女輩寄住武昌，自往宜郡，去省尚千數百里。俟杭地覓租另屋，即行送回。杭寓窄小，現在侄兒輩日以增多，幾于不能容止，夏天尤苦無地方耳。

子鴻家去過三次，光景雖迫，其夫人治家有法，且兩郎皆循謹可愛，足慰九泉。弟意將來總須集一成數助之，兄此次力如不能，俟稍得寬裕，或數十金，量力爲之。弟現在雖不明言多少，其成數臨時斟酌，目前月資擬以兩千爲則，至弟無差事，且再説也。子長光景不識如何，倘尚優裕，弟意望其從豐致一奠分子。子鴻平日文字之知好，無大力量者，不得不集力成之也。尊意何如？意以爲可，并希致子長時加數語達之。在杭見王笏山兄，匆匆一晤，略聞兄之近況，以入爲出，代約計之，傳聞皆過也。文郎讀書何如？嫂夫人再占熊夢，慰賀之至。伯棠有賦小星之意，而勢甚阻格。阿寅讀書荒廢益甚，去年竟無暇顧及，至今《禮經》甫開卷，無人爲之講解，思之著急。

杭州光景較五年前更比不上，盜案迭出，凋敝之情，日以透露，一遇歉歲，便不可支。弟在房之事，無足爲兄告者，惟遇重大之案，徑自辦結，不復拘泥成例。民間見信之後，更無閑言，而大府相諒有素，亦遂不加苛責，此則山縣能之，他縣不敢出也。徑自辦結，省多少拖累，省多少無用之紙筆。去年辦會匪案，將首犯立斬，斬而後禀。斃兩人，餘則分别懲釋。有一拐棍殺兄而自作尸親，中途又復逸去，業已通報。弟聞有踪迹，立將文書追回，一面簽差赴陝西，到案後杖斃之。該犯希冀招解，可以翻供，苟延性命，或期輕減，出此則無可施其伎倆也。手此，敬請台安，順賀大喜。嫂夫人請安道喜，賢郎嫒均吉。回信由伯棠寄亦可。如弟豪頓首。六月初六日塘栖舟中。

一一

仲修仁兄先生如手：

盼書久不至，適得一緘，時有樊山查勘之役，往返十餘日，未即修答。樊山内通梁子湖，周圍八百里，土人欲于口門建築堤閘，都中諸巨公賀、彭、王致書中峰及薇柏兩台，請之院，檄令弟往勘，到後會同武昌劉君亦今之佳吏也，弟始一晤。察看。從前批駁各節，却不的確，第就武昌一隅論築之，則有益無害，就楚北全省論，斷乎無此辦法，而其中受水之地，復困苦可念。故在下竟不便昌言主駁，回省將情形詳呈，以待上之裁奪。頃知中峰已如弟意辦理矣。知此中詳晰者，首府方菊翁有遠見，與鄙意相符也。

西塞山爲蘇黄舊游之地，披剔苔蘚，至無隻字。楚邦僻陋，乃於今未改也。弟詩力清而薄，抗走之下，亦不喜學作。今年兩奉查勘之檄，蕭寺寂居，得詩十數首，頗欲質之老兄，如能奮筆録出，即于此次寄上也。

羅少翁已奉内諱，日内即扶櫬回里，心直口快，我輩一流，甚爲人所抑，本鬱鬱不自得。瑞安前曾徹底代爲陳達，近亦竭力思整頓，氣魄自厚，能升一階，乃可展也。今已離開，亦無所借仗矣。伯棠署漢川，歲收甚好，已題補天門，不失中缺，特地大難治耳。金坡代理通山，得長局，亦不定心，地極乾净，察理觀人，都欠精煉，以此勖之。干雲調簾得謄録，不免無聊之念，其讞局一席，已支三十串。若大門户，殊費支持，想渠輩究不似我等之赤貧，然亦不甚優裕也。松溪知已回省，曾得其舟次一書，稱夙逋一清，此真大快事。載和卦名一節云早有廿金由芍卿丈轉寄，吾兄如先上書金陵，可提及，且芍丈所允，究有所寄否？弟至今無所聞耳。三舅嫂坐喜在九月，聞前月頗患病，省中無好醫，即延姚益齋診治，發信時知漸就向愈，幸琴丈在杭，一切可以主持。靄如于文學一道，近數年窺之，知其無所成就，不過作墨卷一首，遇運氣順可騙一科名而已。其性情尚不失循謹子弟，自出乃昆之右。惟渠家日用繁增，而老人從前之貲，一毁于兵燹，再糜于浪費，此時真有獨力難持之勢。居心又忠厚而無所展布，殆不能爲之遠計也。來書云：父母妻子，相守以終老，極是福分，其如弦誦無資何？今歲子鴻當可得手，又須湊其命運也。

鄂北妖言傳播，似不至如皖中之盛，各縣亦尚有拿獲，即弟在武昌時，確見拿到兩名，皆道人模樣，直認不諱，并有符籙八本，已正法矣。現在必無事變，大懼禍端之萌芽耳。襄樊飭員密查，非特蕭朝主無其人，即所供地名，亦都無著，且從前麻城地方已差拏一蕭朝主，就地正法。近來思亂之人，往往依托前名，亦不可知耳。兄敗舟舵尾之喻，真爲確切，且此刻有事，默爲屈指，誰爲可屬，殊憂空乏也。湘鄉師兩疏乞退，恩旨稠叠，不令閑居，實則心病交侵，不能支持。又清勤自勵，而于慎之一字，實已溢分。嘗與弟言，凡事只想得六七分便算有把握，不能待得十分，此最的當。何以瞻顧一切，并一尋常事亦多停蓄不果行也。從前面談，不無本地人之嫌；今既遠離，又未便以紙墨涉于痕迹，有緘默而已。署任州縣，不得過十一，此間自行其素，未嘗以此爲移調也。故同官并不聞有此説。

浙局所刊諸子，從未見過，《宋史》并現在局之人，聞亦未到手。瑞安既不領其事，更無論矣。弟亦不復再代爲索此。禹航案無可完卷，多累見證，直將以一家哭易一路哭矣。三千里外毫無確見，輕易上書訟之，致地獄添無數冤人，甚矣成見之不可有也。

内子於六月十八日舉一子，兩耳各有一小孔，遲菊太夫人云遲菊生時亦如此也。大小平安，乳媽至今未雇定，煩惱之至，亦蛇足也。兄于暇時爲取一名寄來，即是老伯之賜，舍間子侄皆第字行輩，一兒漢第亦兄命也。

船山書屢許而未贈，兄欲得舊本《唐韵》，皖中能覓得否？弟臆爲老學究言，故未業此，承命當借閲之。此書湖南送來，交在首府處，每委一人交一部，繳價廿四兩。尚有《望溪文集》一部，故此地易假。兄能以史論過評寄來，以符意見之合否更好，否則松溪既回省，屬購亦甚易也。

合肥制府赴蜀，道出武昌，適弟赴樊口，詢弟以不見之故，因對人言陳某風骨高峻，屬員中不多見，惜少一别，弟固不敢當此譽，亦足志感也。近狀甚絀，今年已將十月薪水預用，而出來時所携之項已漸漸來催，益羨松老之福。弟今年出省兩差，亦微可添補，以憒于候補同寅之爲實缺官所笑説，故并通例所致程儀，却而不受。此則硜硜之見，在此並不敢提説，提則候補中又須添罵訕也。寅兒讀書無長進，弟亦益形碌碌，無能督責，明歲如何將就得過去，真令人眉皺。文郎甚有英氣，弟頗于朋好中以爲此子有造，但性情切不可令其縱肆，即尋常詬罵僕婢，亦須禁之。衣食纔令飽暖而已，不可華美。想兄意必以爲然。子長處久無信，甚爲馳繫，幸便示知，通信即告以近況。此頌雙安。如弟豪頓首。八月初六日夜。

一二

仲修仁兄先生如手：

前此聞銓部新釐章則，深盼兄能補一席，今得來教，知年内外可有冀望，爲之喜慰不已。惟正途雖提在先，仍須到班，但不知皖中升調一輪，是否適到捐納試用，尚望便示，以慰懸懸。弟則毫無出入，須三年後再説也。制府索靴，接鎮爲湘南中丞，或不至大有更張，亦不知究竟何如。子虞已約其同赴合肥，頃先挈其姬人回杭，四月中再自浙赴約也。桑師處好久不通稟問，且亦不欲以急切過拂老年人之意，好在既不登場，尚無大出入，然此念終耿耿也。金陵大府有人來者，均有違言。我輩浙人也，出水火而登衽席，不能無感激之意。其本原之地，却比他人清楚，然意氣多而虛受少，最欠者持節半天下，不于人才上著眼。爲國家得人之計，無論年高健忘，性執偏聽，就使事事愜人意如諸葛公，今已七十三歲，尚能支持久乎？頌揚動引莘渭，實則韓、范，且謙讓未遑矣。世間寂無志氣一流，及心口念佛如村嫗者，亦太可笑也。學問不于平正切實求遠大，所成亦倖。至於口若懸河，下筆成章，尤覺無實際者多耳。

弟年纔過四十，髮鬢之白日以增，性復易忘，精神亦減，起居之地，亦自爲慎攝，超异尋常。譬如目前，假以屏藩之席，再上之，便無敢自言矣。自揣愚陋，亦宜有以盡心者，此言何异折葦航海，必無之事，過十年即有殊遇，亦且不如人矣。故近來毫無他念，惟時時思打包耳。志局甫議定本月廿七日開辦，提調收掌督催，始于日來奉檄大府，又諭令一切招呼，則未開辦之前，一一皆在料量，大約送諸君子登臺後便可從局外觀之，亦不能盡擺脱也。故冗雜不堪。開局如做人家，弟于米鹽瑣屑最不擅長，一一皆須理檢，真苦事也。

譚子《化書》，出月即與他書同寄。信局不便寄書，稍多擬托解餉輪輪也。辛稼軒所著書疑是僞托，宋臣萬無如此傳記者，特其事爲情理所或有，而臣子如之何其立言也。頃奉去《茗柯文》一册，請收覽。尚有奉求，另紙附陳。

太原藩翰内台，豈南皮之言耶？然此舉自是正大。兄爲舊主人，弟則不妨持此論也。雲門爲大府所約，月内外應可來省，但不知其能否就此。昨中丞面與弟商擬請紫縝來此，亦不知其能否駐局，若虛領此席，非此間延請意也。手此，敬請台安。嫂夫人前，内子附筆請安。文郎讀書聰吉。如弟豪頓首。三月十九日。另一紙。

一三

仲修仁兄先生如手：

接手復并《顔氏學記》，敬已領悉。儀父在寓小住六七日，頗慰岑寂。兩峰各致程赚，商賢約其來與志事，老鳳聞章程須按功課致修，不覺廢然，且明歲在杭尚兼兩席。鄙意即勸其不如從儉字著力，我輩寒士，總不宜自改常度，况今並未致通顯，而歲支動以千計，此豈可告人也。老鳳之勝人者，志氣高曠，不落齷齪一流，然嗜好多端，在家在官，若不力加攻克，即他日受病之大原也。謹願者太無所見，而高明者又坐此舊好無多，不覺其言之關切。來諭令勿切直，亦未嘗不自斟酌也。

文郎侄台與何家締姻？便望示之。弟卒歲甚迫，貸之天門，承其允寄，而至今未到，稍待再不至，又須另商。向來有無皆通之於若農觀察，若公方將移官江南，不但目前不欲再言，且前貸必在正月前設法清楚。每見他友累之者，太覺過情。弟即不能不引以自責矣。玉珊久未通信，聞其交卸後小有買山之資，母夫人年近八旬，後此署補，均無其期，就此言歸，良爲得計。仲瞿駢文再呈一部，補刻云云，固是快事。弟近于此等處，不欲稍有留神，其四書文有子見南子一篇及彌子之妻與子路之妻，直是侮聖，此等文豈可令少年觀之，非弟作頭巾語也。在手頭令其補刻則可，至欲輾轉傳寫，殊苦其煩遠也。定公近相見稍稀，天分過人，雜以牢騷，時有玩世之意，故談論不能到深切處，又交友過寬，覺其在在隨便也。意者其閱事較深乎？

志事已由中丞發行采訪章程，奉去一册，有可商處，不妨見示。藉教以增所知，非有他也。此中弟絶未費一詞，前此所寄乃弟所擬，其分門即舊志如此。而上方眉批乃出諸上臺，初意蓋不欲舉，此非於弟有實相不合。頃中丞自擬之，弟亦省此一事矣。王子壽先生故後，鄂中當推武昌張君裕釗字廉卿，頃擬請其總纂，而廉公在金陵有講席，亦不知能來就此否。舊志初擬刻之，及略觀則無序、無凡例，大非章氏原本。而章氏凡例，中丞于其文孫處索來，曾一讀之，大佳大佳。竟以遷書爲藍本，而參以各史及鄭樵氏諸書所長，照此成書，便覺有味。内各縣酌立族望表，亦補各省志所無也。惟叢談始終不敢，甚以爲然，此殆過求賅括耶？曾慫恿付刻，中丞允之，而未發下也。故舊志竟不能刻，且三藩及教匪兵事全未編叙，即此亦太疏略矣。天下事耳聞總須目睹也。《江西省志序》弟曾見過，大意祖章氏，參以廣東、廣西各省志例，暇當録一分奉寄也。

來教言戰作守計，守作走計，在官言官，可止則止云云，具仰深見。第我數人，不知何日爲可止之時。鄙意但身無重負，要走即走，必處處周到，便難得有走了時。今則不便無病呻吟，且中流容與也。上臺禮貌相待，自問在需次中實未受過一日之委折，亦格外自盡其謹慎而已。吏人往往事上不以禮，而好悦以非道，然求悦者未必悦，而始終亦不加怒，亦怪氣度之過於寬容也。

弟初八九後忽有感冒，咳嗽殊甚，又復帶紅，今日亦未全平，然好多矣。十餘年舊病，終未除根，殊可怪异，記性全無，如六七十老人，可恨可恨。本地有紳士郎君，素昧平生，忽以自畫鯉魚爲贄，而欲索題《朱陳嫁娶圖》。郎君姓朱，其續娶姓陳，新嫁娘據言解吟工繪。弟之不能文字，雖瀝情相却，不復見信，亦可奇矣。兄能爲弟寫幾句詩，省得搜索枯腸，拜感多多。弟如貧人，有人借錢，不得已至典質小應，而他人又援此爲請，豈堪此苦耶？另鈔附來紙緣始，如能允可，明正寄下爲禱。弟於填詞更無消息，兄勿作詞，使弟又受一大累也。一笑。

左侯過此，適奉命查辦鄂事，言者爲鄧侍御，意在專注，長源所言，大率落空，惟有竹木税一節，稍費洗刷。天下榷關，同是此樣，即首善、崇文，先未免此，然欲引繩尺而細求之，終是不合。平心論之，鄂事固猶彼善也，然安得如益陽、文忠遍任各行省封圻爲乾坤一大整頓乎？老鳳來言茶陵之大概，不失賢者，若得臂助，故當較勝。宏農師無端爲前人一請真令，不得其解，豈此中是非，猶未盡諗耶？雪窗乍霽，書此奉布。敬頌年安。如弟豪頓首。嘉平十九日。

金坡病至今未甚愈，而室人未更事，諸無主持，乃郎一鄉人全不了了者，竟以不相安而去。弟責之，而歸計竟不可挽。舊好無多，弟始終又不能與人家事，殊爲金坡作悶耳。五先生有此一差，暫可支持，然身累甚重，亦未知何日誕登彼岸也。湖北省志現在重修，應用各書，兄能酌開一單否？以前見有人開一單，甚簡陋也。

一四

仲修仁兄先生如手：

貴門下楊兄彬如來，弟答拜始見人，甚悃悃也。奉教言并見貺書集及近人詩，一一拜領。《顏氏學記》名雖宗法程朱，實則隱爲諍友，子高之述，殆有以也。桑師與他人竟以老懶頻年不通書問，若弟等間有一二紙答書，本極苦事，况先生此時心緒，豈能耐此煩瑣。故前此兄所附書，亦未見寄，寄則桑師必加一紙也。弟交代甫于本月十八日解清，所余不及《毛詩》一部，藉以津貼日用。日用月須百千以外，如何可言。然鄂累已楚，而景卿一項，弟則實未妄用一文也。尚擬寄還杭地，不索之項，需之异日矣。我兄近狀，已悉大概，計當能展至秋冬，甚爲盼念。至胸中欲盡之忱，幾番往來，而終以力違，因而處處違心，何以自解。然積少成多，去歲朱提已羅漢一堂矣。

同寅中以虧累不得了者，接踵而起，此指真情者。念之亦不覺心悸也。子虞去冬在此納一蜀姬，前日渠令其出見，年僅十六，看去尚端整安詳。舍弟信來，稱元同亦納一姬，真非意料矣。麗公已奉板輿，而光景極爲局促，好讀計然書而不得其意，從旁無以勸之。伯棠竟爲老吏。上臺時露不足之意，偶爲解之而以己意相規諫，猶喜其吏事精穩，固自無他也。

弟差旋，奉志書局之差，既而層臺力惡開局之虛糜，定見光嚴，催外府州縣，徐議省局，故弟留此一差，如奉書之吏。薪水三十金，津貼十金，此間省差，登峰造極矣。弟亦曾與上峰言及，如兄在此，乃足承任此肩也。曾有就正之處，今路遠不能寄，且事已中改，隨後再寄。此中弟十分爲難，知識淺陋，本不待言。幸兩峰异常垂諒，故中有他意，不歸重于弟耳。來諭言校書多暇云云，修志章程采訪格式，以封厚不能寄，且現已停住，故未寄也。兄才過弟何止十倍，然弟兩次權代，實無片刻之暇，至家書亦不及多寫，可想見其竭蹶矣。精力自去年來大爲減損，記性更善忘矣。此固弟之拙鈍，而亦不盡由此也。讀書人耽于文字，遇聽訟，與此婦孺老蠹一輩絮絮相對，恒不可耐。弟心粗氣急，獨與百姓則平心降氣，從不敢以討厭相加者，即至十分不可耐，亦終不甚發。其所以代爲體貼者，則無微不至，所告知己者以此。兄此時有讀書之暇，仍祈隨時隨事有以體驗之，若不能暇，且廢校讎也。爲政亦可讀書，但不可因讀書而廢政。阿寅讀書總不滋味，二三兩兒將來或較有可望處。文郎世侄讀書如何？子長近通信否？其郎君復何如？蘭艇眷口仍在益公處，眉叔已故，可閔可念。聞秋間返越，薄田所入，勉可糊口。劍侯曾得其一書，久不作復，何以自道。子虞出月須回杭一行。弟住在三道街，出月初十外須移厚補街，有信可兩書其地，然全泰盛信局總熟識無誤也。手此，敬請台安。大嫂夫人前請安。家慈身體康適，足慰遠念。謌士辛苦持家，弟近狀仍不克十分寬之，如何如何。如弟豪頓首。五月廿五日燈下。

雲門于三月十三日奉外諱，已回宜矣。弟賻六金，再三欲多致而未能也。

一五

《茗柯文》爲惲子居親筆批本，繆小山太史携示惲菘耘觀察，菘公付局刊行。聞當日大雲山人嘗言，皋文歿後乃始肆力于古文。此亦菘公之言，子居則菘公族中大父行也。甚遠。頃菘公欲叙付刻之緣起以爲後跋，豪以此等事非此中有甘苦者出一言，則是外行説明，非請能文家不可用，特代爲奉求，并附呈新刻一册，請兄閲後代擬數行寄弟爲懇。能早寄最感。大雲山人批語多好自矜，大兄以爲然乎？否乎？并望賜教，以廣管窺。弟豪頓首。

菘公吏才人品，一時推服，弟相知最深，蓋季方不難爲弟，而元方浙糧儲公，已故。則難爲兄也。

一六

仲修仁兄先生如手：

前奉九月教答，知束裝在即，方擬自皖中來書，已定進止，即郵寄奉訊起居。人事叢雜，忽忽歲除。中間得謬士及靄如信，似吾兄已歸杭州，抑並未成行，均未詳叙。前數日靄如屬購鄂刻書，則知遂初之賦必已成篇，慰喜之至。知足知止，老氏有訓。州縣一官，雖聖賢有不能盡，萬無可信，即萬不可久做。我輩終身作秀才，朱墨訓蒙，何嘗遂不過去，况薄有饘粥耶！吾兄早負文譽，出有循名，及時引退，何樂如之。豪涉歷今歲，如引舟就岸，遇風愈遠，每至危苦，夜不成寐。與愚氓淘氣，時不可耐，比於子孫之不率教，徐而牽衣喔就，又不忍過求也。部章日密，細若牛毛，即一旦脱身，而此外欠累累，奚以自全？履冰蹈尾，何日解此心旌。回首昔游，師友晨星，邁孫病已全愈，館席當蟬聯也。白雲天遠，詎堪久違，每念及此，常若心痗。兄此日已作平地神仙，便可一意陶適，即就著作言，鄙意有事有興，詩文隨筆，爲之不必多耗心血，或於古人所闕時局有用處，留意纂述，事半功倍。趁此腰脚，近如天臺、雁宕山水窟中，約二三知好，買棹而游，白叔倘有意乎？豪於左右兄事師事，貢此區區，白頭偕隱。自維此諾，何日得踐。

舍弟性行過人，念其劬苦，恒不自安。前日書來，九月迄臘月初三日，戚友通問往來之禮，通年用錢至二百緡。寒素之家，何以支持。此須豪歸後方能截斷衆流，我兄似可先爲一意孤行也。阿寅資質，尚非下愚，而其不肯嚮學，令人恨恨。時藝七百字，試帖八十言，律賦一首，白摺一扣，望其能此，課讀應試，以糊其口。卑無高論，俗見如此。其他問學，任其所好，不爲縄約。兄視之猶子，幸切實教之。阿寅來稟，亦頗感佩清訓也。薛師時祭之需，豪義不當居人後，兄謀之，遍告同人，似尚易集事。再和究竟已往投陶按察否？此間歲時有所寄，不得其確信，且前此有約，如遠行必當寄助一二。六世弟聖木處，欲作一函詢之，迄未果也。示及爲禱。靄如承留課諸阮，即可問業左右，文理條達，心地嚮進而吴質善愁，宜自曠其懷抱。芍丈移琴南昌，近況何如？豪助其膏油，惟力是視，轉瞬戊科，頗期盼之。

鄂刻陳氏《説文引經考》有售本，《崇百藥齋集子》是其曾孫所刊，《變雅堂》詢之亦無此種，當係托官書處附售，故昔有今無。陸祁生氏詩文全集，豪有一部，當寄備鄴架之儲。惟信局以本子過多，不能便帶，當封寄漢口鎮，托有便友，然不能定期矣。大雪如掌，塵事稍簡，書此奉布，即清課也。手頌台安。如弟陳豪頓首。除夕。

一七

仲修吾兄先生如手：

朔日奉檄以來，人事録録，曾於致謂、藹兩弟函屬其陳告一切，用慰遠懷。邇來起居康勝何如？湖上春游，應多清境，腰脚正健，願一空塵俗之襟抱，尋林泉之樂事也。禱切禱切。前日謁辭南皮，遂有深切之陳，虛公見納，絶無見忤之色，笑而言曰：『昔韓相議伐金，一日與寧宗揮涕，而道旁見樊遲、樊噲、樊惱，問遲誰令汝來，答以孔氏，次及噲，則云來自蕭何，及問煩惱，則云汝自尋來。』弟言孔氏便是第一自尋煩惱人，萬事理亂，與吾生何干涉，而爲是僕僕，欲任事亦不能無煩惱，只問所尋之煩惱爲何如耳。兄正及時行樂之日，舟中坐雨，便陳及此，願廣懷抱而享大年，勿自尋煩惱。甲午、乙未之約，弟刻刻勿諼也。雪漁時晤否？聞其舊疾已久不舉發，可喜可慰。老來最不可無老友，三五少年，見吾輩貌恭而心遠也。急流勇退人，亦宜有瀟灑自得之趣。

漢東之國界連豫州，承緝盜案，至存卅餘起之多。北風强悍，命案亦層見叠出，且一年之近劾，一州兩巡檢，民亦不免狎視。自維孱弱，正恐不能耳。此春冰虎尾兢兢，尤笑隨時，又不得不葆嗇心精，他日瓜代，乃始高吾枕矣。竟陵亦極難治，伯棠老於吏事，固當勝於儕輩，臨别亦互有贈言也。手此，敬頌兄嫂雙福。如弟陳豪頓首。三月杪，漢陽舟次。

或言正郎亦明白無大過差，只小孩子皮氣，多了渭陽氣盡是。

再者：尊體近復何如？總以静攝不多思慮爲主。我輩既再經兵劫，即論目前所處，已覺溢分，天下事又豈能盡如吾意。有宋王文正以爲世界本是缺陷，安得圓滿如意，自求稱足，雖内典之言，亦自有至理。且即遠計，未必便寒餓也。弟現在外，邊境地斷不能遽止，然亦豈能久。别無可慮，所惴惴者，臨時交出，設有大累，求爲故吾而不得耳。新章如此，不容官有絲毫之虧，而民吏之欠負，即任擇日月，一歲中總無截清之時，只在多與少耳。然少亦數千耳。舍弟心力聞甚減，甚有衰境，亦用心如轆轤，常不得安閑。阿兄深自疚念，兄其隨時有以寬譬而教之。阿寅光景，終非出來不可，誠知其夫婦在杭，未必足以娱慰老人，而分予季伉儷之勞。然出來又此衷更不安也。再頌台安。弟又頓首。

一八

仲修仁兄先生侍右：

曠月不奉教，正深馳繫。七月廿七日又寄一書，想日來已達覽前。昨得七月廿一日諭函，敬悉一一。起居康勝，潭福安和，殊慰念也。舍弟時有書至，老人氣體，入夏以來亦甚安適，今已大凉，更放心矣。子虞分校鄉闈，慰情聊勝。吴荔孫世兄似聞援例係通判，未指省分，來教所謂鹽官，未必確也。恂恂安雅，不失佳子弟，讀書亦苦，無好精力以□意。而欲其披荆棘闈草萊以自樹名業，殊不易易。子虞既未乘船遠出，我兄將來從容商之，脚靴手版，亦非即生計。阿寅已函告諤弟，禀請慈命定計，令其來鄂，内子即於明春挈小女回杭。弟肩繁重，外間之事，至年終合計，或可稍寬，而個中大有可慮者。在署以外，一經離身，必和盤托出。弟爲替人者再而三，然他人之心，斷非吾心，已歷觀而静得之。近日在上者欲我抱琴於漢之陽，於此間大可慮者，轉得較有把握，而默計後累，至少亦必江東子弟之數。行脚之僧，時思打包，豈堪沿門再乞食耶！已兩次却之矣。斷不爲也。此時心中情事，思歸極迫，故於阿寅輩尤不能不有責望，因循兩字，足了此生。兄尚待之於三十歲耶？來教謂弟天倫間賦畀甚厚，每自念上承慈親而又得予季之賢，亦殊引以爲自慰耳。

吾兄出有循名，早負文譽，前人所謂林泉須辦十年間者，又豈僅此深願，澄襟暢適，隨時有以自娱。非此，即易致病。無罣礙即是無上咒。許益老未必全無罣礙，然其持論通澈處，却可味也。蒙老蕭索，亦近于無病而呻。人所患者無窮，我輩當從一知半解中稍留混沌，八分周孔二分莊，自是聰明人吐屬。我兄何事鬱鬱，弟嘗有到底之想，實在至無可奈何處，即以苜蓿一盤題乞，亦不必枯槁牖下。我兄旁累甚簡，又非弟等比，年來惟尊處通問最密，又此心迫切。六橋烟柳，三竺梵鐘，頗思追隨，共此閑游，深以尊體爲念。我兄問學講席必有來聘者，似目前亦不必出自我也。顧奮智慧劍，斬此煩惱，白樂天朝露夕陽兩喻，我輩當時時誦之。心知而默念不一，其人乃竟不能出此兩喻也。雪漁大有領悟，然鄙意却又不願其遽出此。弟所責望于阿寅者，非有他意，意欲脱馬牛之車軛耳。在此者舍侄昌第，安詳而質鈍；二兒漢第，此我兄所命名者，陸婿也。心氣粗浮，性尚開豁；三兒敬第，干老婿也。心較静，不多言，又慮其將來城府也。或成就過於乃昆也。命書聯語，寫兩副呈上，殊無古澤。又書呈屏四紙，亦落筆太疾也。俟稍有可觀，再隨便奉教。

吉金之襲獵碣文字者，弟亦疑爲僞作，然劉君言此自土中出，又僅以千百可得之，誰復勞此心力；又其器出土中，爲人敲破一塊，厚可五六分，中空。乃知其銅質係兩層夾成，中空而不實，亦不知當時如何製造也。

昨得干雲自穀城來信，言閲《申報》紙，方之方伯已到申，將由漢入襄云云。果爾，則舟過城外爲必由之地，可得一晤。此間殊無所聞，豈已揚帆徑上，或不知漢川城治即瀕河干僅數里耶？此間大帥即日校兵襄鄖，干老供張，較此且倍，十五年僅得片席，即一年之久，能兩袖清風，不爲泥滓，尚恐未能，兄思之又何如耶？手頌台安。如弟陳豪頓首。八月廿四日。

伯棠抱孫矣。非無窾者，而又混沌，病在不能果也。管選詩於梳髮時偶一翻閱，持論真所謂一字一珠，與尊見又如出一人。弟於此微有一綫之明，固無暇及此，然別有以自解，亦不能竟此，亦不欲竟此。

一九

仲修吾兄先生如手：

前此正深馳念，獲奉手教，大慰。謂弟書來，欣聞喜溢門庭。又舉丈夫子，深賀深賀。屢書奉勸開展襟抱，誠以學問當看勝我者，境遇當看不如我者，此臨桂人之言，固非湖南人之語也。先生得不莞爾乎？我輩三十年前奔走流離，即目前小小結束，豈復始念到此。兄嫂膝前諸阮亦未有子弟之大過，即以兄意責之，但令將來弟兄中讀書有造，亦何必一一皆抱此書本。至於宦況蕭然，誠不能與挾巨資而歸者比儕，然小爲布置，就使此時歲有所絀，臯皮一坐，他日必有不期而自無可却者，蓋環顧已祇有此數人也。此間繆小山太史不來，今歲竟虚此席。鄙意葛洪一再移家，殊亦煩瀆，此可隨時相度，或典或買，但不可居上城耳。

李家振阮却未深悉，然人有言，其心地正復明白，勢既不能全受繩墨，即小有出入，苟能不甚決裂，綺紈中如此子弟，亦儘有一生飽暖爲福者。女公子聰慧而知大體，亦可隨地默爲轉圜，大嫂亦何必念之成痗乎？弟托慈庇，又得予季之賢助，誠自知其受福不淺，故濡滯而不敢遽決，亦實有深念所在。今幸勉强支持，若至明春，弟一子侄六七人之事，吾弟兄以後便可再説，而前此受惠，亦粗皆仰答，至於他日之仍慮不給，則不能再爲阿寅輩計矣。瑣瑣不欲瀆陳，便詢謂弟自詳。

大約到二三月即擬自請交卸，孱體急須憩養，左骽已不能自著靴，略一深思，便心氣作跳。近兩旬閱卷兩件，便覺心冲。兩月來非藥水入夜不能睡，又慮不應久服成癮也。隨地案牘之勞，除襄陽外，殆無與比，斷不相宜。吾兄從前自皖屬書，謂安能横陳而使人扶以歸，弟上奉老親，每念此，尤悚惕不敢寬。鄂事大局如常，織局可即成布，軌鐵則未有端緒，經費歲終即不繼，續請亦殊不易，旁人於當事往往違言。然孑然柴立，亦真覺其苦。前此謁辭，遂有深切之陳，極荷見納，不以逆耳爲嫌。惟位分過崇，將順者多，匡正者少，真大吃虧也。干老代理宜都，地小誠不足迴旋，然政簡民醇，終歲無所事事，爲鄂中第一，而又以輪班不合，臬臺持之，仍須另議。歲月迫而身多病，幸胸懷瀟灑，尚不甚困，此即境遇之不如兄也。

壽蘅師今年七十正壽。薛師母之耗，先後有所寄。壽師函中并兄近狀亦告慰矣。手此，敬請兄嫂雙安，如夫人納福。如弟陳豪頓首。十月二日隨州南鄉柳林店寺中拜書。

季華表兄於揚州既前往理料，而又添養七八口，奔走困乏，亦苦極矣。復有胠篋之累。

二〇

復堂先生吾兄如手：

別後隨侍渡江，老人登輪舶後精神便好，氣體亦適，由滬而杭，小輪拖帶，以期安捷，十四日午刻抵舍。此時胸中放下一大塊，而慈意亦自以進門限内，則諸皆釋然，此足告慰垂念。在上海停泊一日，不訪他友，惟往與關季老一談，頗罄蓬心。季老顔容憔萃，自言胃氣久不健，今日得開襟抱，遂有味大嚼，吾病已霍然。其主人南游之日，急功近名，恒情所有，而意思豁然，頗超凡俗。即其所以禮待季老，亦今人所難，宜乎客久如歸也。季老甚念先生，再三屬道拳拳，以無可告慰，慵不作書。在天保旅邸遇諸遲老，方以之官辭謁南皮，詢以南菁壇席，始知此君乃寧波籍，久爲學使襄校，惟與溥侍郎最相得。此時遲菊之差即爲替人，而南菁院卷仍由包封送閲，則兼之矣。遲菊之言如是。許邁老昨先見過，已告近狀，其於十指書始得其解。此老貞疾自固，興復不淺，蓋得天獨後，不能歆羡。桐卿一病，勉强赴官，婆然老翁矣。雪漁健好如常，亦頗有以自得，此境遇、學力兩有所成。弟前與公言桐城張文端以吾心爲城府，不使憂怒一切進而得據，偶或闌入，即與驅除，庶幾方寸之地常若泰然。先生其亦未守城府之主人翁乎？

恩侄舉一子，庚兒之婦始疑爲病，殆亦有娠，啼笑聲應，女僕奔走。歸已三日，尚未問其爲何所，各司而外，視家象頗异蕭衰，默計出入，詎勝顧慮。家人方以弟歸，即爲長城，而不知弟既歸來，則升斗無恃，與豚犬輩同一坐食。然計之無益。天下事有計而可免者，否則徒累吾心而於事無絲毫之效，於心則百弊叢生，心病而身亦病也。故一意把定，決不令有可擾撼。先生亦必責爲湘南之學究之自有消受，大約幕中之人，不欲再爲，藉省是非口舌。晨昏可戀，得過且過，迨萬有不能，則伯棠所爲薑湯者，尚有餘温，亦不決計絶口，惟視吾家上下之精神何如。再不能，則遂寂寞枯槁，而吾心總不令有外感之苦，不悛不求，終身誦之矣。

阿寅即赴青浦，未識能否自傭其力。阿庚人事冗雜，看其光景，即離此，亦未必能專心讀書。大侄女姻事甫料量，而康兒事又接續而至，亦難得安静也。藹如謹飭之行，葛翁移家，向平了願，益無以自舒其心志，幸萱幃康復，可無他慮。手此代面，敬請潭安，諸祈放懷寬裕，隨時攝養，是所至禱。今年起居日臻康適，且留鄂度歲，以待來年，此間則如指，隨在留意，倘有相當之屋，即以奉告。徐壽師處頻年久未上書，擬隨後貢一緘也。玉珊處不識日久有復否？亦將有函，爲延陵促之。九月十六日，如弟陳豪頓首。

前日至興忠巷，不特欲詣尊齋，并擬便看雪漁，而與許世兄忽然久譚，則精力困匱，不敢再過晤言。蓋弟初六至十日入午皆未安睡，由下午譚語稍多而亦間有凝思，性本詞多，若有警限之者。是日抵舍，榆園聞而過譚，亦極欲抵掌而苦未能，榆園知之，亦即便去，而是夕已無美睡。擬静數日，十六七即奉詣，而高掇芹香，盛至二三十郎君有未及繳帖而已去，餘亦只好令兒侄分答。秀才人情，一扇兩匣紙，恐竟不能删此。實在素未往還者，只好答拜也。弟處并有至戚未能以尋常致者，真苦人也。時文一筆勾，不更作拖泥帶水語，頗有不以爲然者。竊以此尚非可議，若以時務爲策論，斷不能廢經史、廢文理，不過視例散文，掃去一切連犯勾勒之陋法，惟有一輩老先生稍不能自專其長。然以弟妄言，專長八股者，亦復晨星也。前已專价問候笙老，知其病體已好，屬另定期奉約，亦以日來神意疲乏，故未相報。至時局日亟，而竟決計秋幸津門，提司農緡錢，議修圓明園，臣民直無能窺測高深，惟有祈天以永命耳。敬頌台安兩渾。十三日。

天氣已熱，最是困人，兄亦少出門也。

二一

昨主人來言，日相伊藤今日可到，明日即宴于湖上高莊。高莊係領事指名請在此地也。此番伊藤沿途公宴，皆即席賦詩，索贈索和，商及代擬，弟以此種手筆非兄不可，而主人意欲相請，又重難之，以爲意有不安，不可率陳。弟今早擬兩首七律，恐不可用，姑送候酌改，而力薄少詞意，雖已請古韞作七古或律詩，倘兄能於今午前後略有所作，不拘古詩、律詩。爲一代擬，詞與意加多，即臨時與題稍有參差，亦可通融應付。如有所作，請屬李紀見交。故主人欲請者意而以不欲率請者意不安也。伊藤與俾思麥兩人不可謂非人傑，而俾相功更高。若伊藤能詩，則更雅度過之矣。有鐵琴銅劍樓似講宋元藏。藏書目全册，盛劍翁爲友人求售，每部六元，屢屬問之。雪漁與兄亦久忘之。敬上復堂先生吾兄，如弟豪頓首。初十日。

再懇者：劉君海門刑席老夫子例學既好，性行尤粹，爲忠介裔孫，家中尚遺有忠介石硯，端石之老坑，先世於祠中大有捐舉，故合族議以此硯付之。其硯本供奉祠中也。忠介原題四字，亦頗稱其平生。頃自爲一記，將乞工書者寫之，擬付石刻傳播。文謝兩研，得此鼎足而三矣。以其所記恐不雅馴，特寄請删潤，并附其《先世節略》、漢晋碑文六十四件，聞先生好金石，故舉以相贈也。又硯搨本一紙，此亦可不必發還，其《先世節略》亦求潤色也。藹如書來，知世兄明歲將附讀白叔家，當較專静。凡居家中即能用心之子弟，亦不免隨時紛擾也。仲瀛通信否？頗深馳念。均父久不通信，均父聞以能用錢訓示子弟。聞尚依朗帥，而朗公清況，高築謻臺，質者固不可測也。甚不可支。均父相需尚不少，朗公實能容之，然常慮其竭忠盡歡，欲作一書寄之，亦至今未果。弟又頓首。

一二二

仲修仁兄先生如手：

十七日手諭讀悉，尊指頗不爲然，弟等既已出來，須知以人使我，非我使人。如巡城、提漕等事，不願充當，猶當別説，然幾不堪共告。此等事亦持論如此，乃兄畏勞畏煩之心病。但勞與煩是州縣分內事，弟能勞矣，而心神不能耐煩，已深自引咎，隨時自勵。吾兄試思之，初到之員，究以何生自任，恐亦無能擇也。回杭之説，近于自護前見。弟爲兄想來，家眷一水到滬，附輪舟甚便，非兄親行，亦無不可之理。若論設法，苟可設法，即函商亦可；苟無從周轉，雖往無益。竊計收拾付質，亦必能成行也。中間多此轉折，勞民傷財，甚多不合。兄在外，且宜遇事躬親，一二藉手于人，無論如何，而此日先已受累不少。今日時藝，初到一二月，便有費我之事，已屬萬幸。弟雖時時與兄持有別解，然仍感上官之盛意，咎一己之妄，有命意也。

桑師於兄事無從著力，前見時即與弟言之，十分躊躇。今此一番設法，既竭吾力矣。且近來有人説項，隨到隨效，十分切實矣。麗芬未到，已有家人來矣。吾兄此種見解，萬萬不可使函丈聞之。計期當在數日內也，已由兩江委會辦淮鹽矣。至于弟歸去之説，弟自預立一見，亦斷斷不冒昧爲之，比于無病呻吟。至兄境地，與弟不同者，尚在教讀書啓而外，蓋兄負盛名，而不滿意人正不少。出來之先，已有人伺之、料之，若如弟見，訕笑叢集，適如所意。弟則私議者較輕，即做出一篇無義理之文字，其議論亦從減也。惟弟此中無數難處，到萬不能浮沉時，固不能顧及。此時頗不輕出諸口也。千里寓書，無多相勸，願耐煩耐勞而已。

松溪前任爲陳君，係伯棠同年，所爲殊出人意表。松兄以仁厚廉潔承其後，必有循問無疑。渴飲飢食，事之當然。前世修來，弟亦羡之。郎君與聞問事，得毋笏山告之太過，便即切勸之，何如？靄如姻事，杭州正以不得芍公復爲盼，已馳書江西促之。既得芍君佳地，容即函告。然弟近於無甚事處，亦不欲多費筆墨也。論交久而始見，一顧傾襟，宦途尤不易得。至于事上之道，儘有始于文字，終於倚任者。當日急欲挂此招牌，固可不必；今日急欲椎碎此牌，亦可不必。且舍此，自顧所長，亦往往不敢内信。弟之深避，乃實不能文墨，此又于兄同而不同也。賈生不能用漢文，自以東坡言爲然。兄試思之。會館對却不出色，不如前作。然無興致，亦可從容，即不作亦無不可也。以上所言，不無激直，恃以篤愛，不能自已，願勿罪也。如弟豪頓首。二月廿三日。

一三

仲修仁兄先生如手：

前得手書，語言過火，且我兄初次所書四範，有不以古人重天下云云。此書正坐此病。然個中所持，不爲無故。藏之篋衍，不欲輕示外人也。日來無事，而人甚碌碌，遂久未留復。數日之先，壽蘅師過此兩次，進謁，談甚暢，無一干乞語。惟請再約安慶馬頭，應邀吾兄一見，舊雨綢繆，冀慰旅中之岑寂也。傍晚續獲教言，知起居嘉遂，并奉通志收掌各檄爲慰。前上書曾及之琴師文集，望索一册。有解陝甘餉員，可托其交陝甘後路糧台王若農觀察轉交也。

我輩出來，原有痴笨之想，但朝夕之計，亦不能不謀。有此可給，乃許相持。且皖中攝事章程改定，可期年月，便是需次人員出頭地步。此間茫乎無涯，不可方物。重以硜硜，渺于河漢。弟循途守轍，事上立己，不敢妄溢尺寸。苟有機緣，三五年後，許以權攝，飯甑夢溢，或以自慰，如是而已。昨以銓部諸缺新釐章程，却不了了，聞之人言，似弟等各班挨補較爲便宜，優貢七八年儘先可到。就湖北論，必有之事。弟去歲運案，聞有此字樣，准駁不可知。但即邀淮鹽時有捐先字，仍須壓去，故此無足恃，但師友之力盡矣。我兄列入，已在就删，此皆虞老定也。均父來信云得石師函，稱仲修、藍洲先後四出，坐無佳士，心殊不歡云云。知師門于吾數人尤惓惓也。洛雅、棫卿得選授，弟亦覺味美于回辛。未若得教職，同卿一席，即屬之我。兄如照洛雅辦法，先向部中道聽招呼，亦早秉鐸官廨，冷茶一盞，皆若有前定也。

慰師全椒山中被盜，一掠而空，自得此耗，惶感交集，急馳書之方。松溪請其盡敬，亦不便硬派，微爲觸動。松溪非他比，故較直率，於芍丈壽，益無痕迹，借松兄以形之。然芍丈受知不淺，豐城劍氣，不知銷磨遽盡。前有夙願，久而未踐。函丈有此艱迫，兄當寓書促之。子長已得其去臘一書，頗怏怏。至如此做官，雖貧亦甘。弟前適有書寄去，乞臬台加遞，未識能達否？蒼梧爲粵西精華，或較可展拓。兄亦當以函丈事告之。至于子長之爲人，其送與否，不必我輩參言，但告以垂老江湖，復憂生計，自無不量力也。陸莊荒矣，以己之所不能者，而責之同學好友，慚汗如漿，豈止浹背。伯棠頗亦有送修之意，弟擬于老五赴試時湊二十元相寄，尚費安排，可笑之至。此月有會館捐二十千，壽師過此送一席，便多所支絀。緣身雖住局，尚非卅千不可也。似楚地候補之難，甚于皖中。就以人數論，已減却三分之二。輪署有年可計，皆未得一例也。吾兄讎之已甚，此山看到那山高，有由然矣。大嫂出來，自是正辦，杭地乏人照料，何必多此轉折。惟弟總以請人伴送爲是，不願兄之親行，如小純諸君。兄苟有可商，即仲瀛昆季，宜亦無難色。或者于府主之前乞假，果無多難，亦未爲不可也。少發議論，之方所規，期與我兩人共勉之。萬一欲發，非千斟萬酌，斷乎不得輕出。人心不同如面，交接之間，尤須慎細。戴子高于人一見傾襟，旋皆違其所料。弟舊有此病，近頗兢兢，寧爲落落也。既入宦途，有我有人。軟美不可爲，躁急不可爲。參酌而出之，必有一道以自處。

仲泉宦轍不可挽，石師思得替人而難其選。子珍襟懷夷雅，文筆古腴，然以私意度之，兩者均于湘鄉幕中甚不合。至以代洛雅位置相當而不欲既離此地，再有陳獻其，常常稟見之人，于我等無涉，不論可也。見二先生稟諭否？黑水洋之難，相識者只介卿一人，徇乞一行，乃與于此。又塍來，知稷堂二月廿日在甬病故，悲慟之至。稷堂非長材，其性情和厚，朋輩中絶少。交十九年矣，中道一别，死生路异，如何可言。弟自去秋來此，忽而改歲，曾幾何時，又見春歸。既感離緒，又惜駒光，每一深思，如痴如夢。好襟懷殊難得也。紀年圖無所見，容查詢之，如有此物，當寄奉。弟方托肖菊至京去帶，可謂搜遠不搜近矣。伯棠做官平正穩細，儘有長于我輩處，上游相視亦尚好，將來可望酌補，不必恪守循資之説。干雲消息，忽起忽滅，太常作古，遲我數月生，絶無憒濛氣象，所謂出道早而意氣平也。金坡在讞局，若再委一人，可去就，薪水卅千，尚算好矣。其難到此。手復，敬請升安。如弟陳豪頓首。三月廿九日。

二四

得十九日書，慰喜之至。近日亦有兩書奉寄，其一則子因兄所携來也。見子因，必能詳布一切。教意拳拳，當引爲韋佩。總之，弟書館習氣太重，動而不合，又絶無宦情，并自問亦無從索解。邁孫謂我計慮太多，誠相見之深也。

家岳處有信去，既已允諾，最爲快事。福昌既不能支，漢上鄭侯必不能全璧而歸。質文亦應有窒礙也。于老兄援師，未免減色。便中尚乞示慰。之方處，弟已于前日發信中附一筆。泉明非他人比，吾兄不言，自是斟酌處。弟處代項，先以大衍交去亦好。初約本在仲冬杪也。子長近有信否？頗深惦念。皖省一大轉機，人惟求舊，至此一變矣。所示範以古人望天下，此真我輩之不量處，餘則自問亦不至蹈之。至于文字媚上官，弟本不文，差免于戾。但弟謬負畫名，亦殊可厭，竭力引避，已不遑矣。儀父到杭，近狀何如？此席能復暖否？前致仲瀛書，誠不免于激，然老兄能如此作平情語，弟祇須自爲消釋，不煩慮及知己也。近日稍暇，即檢前人平易語，細細領略，使念頭漸漸化鋼爲柔，不知可有效否。

楹聯一節，續交來一單，皆有尺寸地方，亦無從遥擬。已自爲廿餘聯塞責。吾兄未動手，亦作罷論。總之，攘手太遠，終必出醜，不如從早畫供爲是。弟以閣下能文，誠不當撰此爲媚，然苟有所屬，亦不可過于抗却也。

琴師處久欲作一書，未果。中浣必當去，并爲傾吐一切。好在弟非屬員，又夙承厚待，無話不可説也。挈眷之計，弟前書奉勸，停笏一年，更無容緩矣。家慈精神，雖尚可支持，而鼻淵不減，終深焦灼。楚中光景，盡于家書，無煩贅贅。鶚士當能面述。子鴻處亦不另函。仲驤先生在漢川，未見，遇其世兄。子瑛適來一見。仲瀛歸後，如何消遣？屬其多寄信來，以當面談。又以後吾兄賜書，質直爲禱，或作隱語，或引典故，弟非楊德祖，不搜索一番，驟難得解。手此，敬頌台安。嫂夫人請安，侄輩均此問好。仲修仁兄先生如手。如弟豪頓首。初六日。

二五

仲修仁兄先生如手：

正在盼念，得二月初四日教言，敬悉。所謂臘月初病榻一書，則未奉到，已付浮沉矣。弟去臘初四勉强將交代清楚，硬賠羅漢一堂，而一年中同寅、坐雇、朋友、家丁之居所食用，皆在外也。本擬獻歲回杭，多住幾日，而沔陽地方竹石關税屢被人言，奏請改歸漢陽府監督，部議允行。而論旨仍以短少，責成督撫，故兩院會檄，前往幫同稽查。以漢陽府不能常駐也，月給薪水五十金。既非所長，且如營官之幫帶一切爲難。又念慰師病狀，而歸省之説已懸懸一年，決計力辭，幾于口舌，乃允以即行。而正月杪必到鄂赴差，亦無從再説，遂附輪先赴金陵，初八到薛廬，十三日辭别。既面，便不覺涕之勿從也。當時函丈病骨支離，行不能十步，坐不能一飯，已知斷不能久支，故婉爲勸慰。而以一函促老五，以一函告景卿。氣噏食少，并不敢久談。師弟彼此亦知不復再見。師言，家中以後苦飯尚可吃，而此間摒擋，無奈均爲伊川携去。师弟之誼，又不便作他語。此事如竟相負，恐江浙同門均不謂然。弟惟言伊川惟師友誼，向來甚篤，其意非有心如此，亦無可如何，只好徐以待之。師言，老五之婦極賢，而老五、仲修深恨之，詆之失實。即如師母在蘇，一時不回，係景卿夫婦相留，我亦有函屬其多住幾日。而兄以爲有意不接，幾加以不孝之名，此不能不代爲分剖。其他佃户長跪求寬租，此是家鄉惡習，我亦深恨之。然我在家，又時有此事，我何嘗越禮鄉愚，此又不盡老五以勢凌人。若其吃鵶片，則與老四同唤在面前，深嚴訓飭。渠等原不敢自承，我只得令其有則速戒，無則加勉，以戒烟丸兩瓶給之。年紀如此，父兄亦無可如何云云。而我兄挽聯中所謂無隱事師者，亦即在此。飴澍從前性情似較慕淮爲恂恂，近已不見十七八年，竊以兄之所責，亦必有故。惟函丈于家庭極顧大體，願我兄以後見老五，則規戒不妨從嚴，而于尋常他人前，不必提及，似爲兩得。師臨别言，我一生爲人，看之如平地神仙，其實則六親無告也。此汝數人知之。思之尤爲沉痛。

弟本與景卿約廿一二在上海晤談，景卿十八在金陵動身回滬，深自歉之。亦有函丈處之言相告，無端電信來促，到差稍遲，亦只好聽之。而台捐新出，弟適輪補漢川到班。上游以弟到省，即可牌示出詳。在此十二年，若被人報捐儘先壓去，則此後無補缺之期。關切相促，故不便遲滯。來教所謂至滬而轉者，似舍弟信中未詳晰也。在杭僅住二十日，匆促之至，又是年前歲尾，忙極恨極。家慈以舍弟夫婦均有老病，弟婦肝厥，鶚士氣痛。時時要發，令弟自容。能出來，不能出來，弟亦無以力請，只好説秋冬間再禀商。家慈氣體，較六七年爲健適，白髮盈頭，游子之心，亦無以自安。而弟一身一家猶可，近來一身一家之外，遍是纏累，有族、有親、有友。大有不容遽退之故，甚違素抱。目前一差，甚非所願，幸而題補到班，否則直不得耳。漢川月内題出核准，轉來亦非六七個月不可，題與案异也。

慰師家事，無從代爲遥揣，極想赴金陵。此等無謂之差，纏結在身，豈能自在行之。聖木及樓太太慮未必肯回全椒，而師母及老五，又未必肯留在金陵照料。兄屢次函中所及，想不錯也。前數日接老四，則云廿六日即扶櫬歸葬，弟先得私禀，知之亦早。去年復以十六元與之，前寄二十兩收到，其十二元則爲盧中家丁冒用去也。托景卿代送奠分五十元，即措寄歸之。極思多寄，目前則實窘迫之至。另寄挽聯，則更不成語句，惟意在來生立雪、美花常開而已。

新吾來，弟正將動身赴差，故急以一函約其晚間來寓一談。佑三喜事，以喜聯一副、喜燭一對送之。弟問吾兄居官如何，則云不失上中，意在推服，亦是好消息，聞之極慰快。然我兄總當隨事虛心，又詞訟宜耐煩。此五字，弟每見皖中人即問之，故以奉規。他日相見，彼此不負平素爲好。松溪已上稟，引疾歸里。去臘來書，今正接到，則云已上稟。前此來商，弟本勸其以自己精神爲斷，此番書來，則言精神甚不如前也。計到省後亦必無游移，羨之敬之。我兄現居之席，宜可以久用錢，則當用者不可靳一身一家，總以儉省爲是。弟圻水一行，出入僅相抵，然自問所用，尚無妄濫。自交卸至今，頗稽虧矣。伯棠、松溪兩筆無利，餘則有利。至于地方應用之錢，卒當還之地方。而師友、親戚分致者，即弟所餘之宦橐也。壽蘅師前赴湖南時，送卅金，此時竟無以爲敬。亦多年未通稟問。今後實不能再如此。然臨時又何以謝之。西席李先生去年得拔，過七月後無論如何，總不能留。阿寅或即令其回杭附讀。松溪既回杭，將來親事，即就杭州了之。亦只可于有事後再說。筱師目前不出來，往後恐家居過久，精力上究非少壯，且有事不出，無事則非奉朝旨不出也。

來書以慰師不登大耋，誠然誠然。但以東坡之智慧，壽且不如先生也。弟與兄此兩三年，惟當以進爲退。家中不令有官氣，一身一家不妄用，如此而已。弟寓仍在省城金龍巷關署，勉可住，而意不欲來，且過三四月再看。伯棠始則欲以卓异引見，回杭一行，近以海波不靖，又作罷論矣。子長去年臘月接到一詳信，已到桂平住也。手此，敬頌台安。如弟陳豪頓首。二月廿七夜。

世阮讀書如何？性情如何？阿寅目前尚算無習氣，庸而已矣。去年杭州一行，惟喜子鴻之有子，其二世兄則尤可愛，英發而有静氣，餘子真碌碌也。時局如此，我輩尚教子弟做八比八韵，真正不合，然庸平如此，并此亦不能便爲也。

一一六

仲修仁兄先生如手：

接立夏後一日教答，敬悉一一。惠書望書省城小金龍巷候補陳某，勿加此差使字樣也，以此信局并不知也。計年來尊狀固不足以展驥足，然亦無十分相難，何以觸筆皆成李杜文章。其芒萬丈，鬱憤損神，且遇事尤易遷誤，願隨在自爲攝養也。

慰師之賻，以寄滁爲直截。師母在椒陵，而窀穸一切，聖木又以稚弱未往。景卿遠在吳門，即函交亦費轉折。至朋友如景兄之習熟，來函亦必以達官貴人屬之，過矣。弟於所交中間緩急書疏，時或涉及，此真不合。規教極是，遵即改耳。惟内省只有歉忱，却無德色也。知縣之量，苟爲充之，非賢聖不能盡，足徵學問、閱歷。好官當勉而企，不當隱以自居。奉教尤爲深切，其餘前陳瑣瑣，中間俱有本末。偶爾傳聞，自不足輕重，惟所示市中往來，渠既閉歇，如何償人，人即如何償。彼數語，論情則有餘，論理則不足。弟始終不敢附和，蓋彼之所潤，于我已無痕迹；，且係固然。彼之所闕，於彼固有眉目。前者函陳，藉資商榷，非從中公正也。

來教以爲風利帆順，弟固未嘗不利不順，而當境一切委曲，又豈筆墨所能盡。期在不負吾心。又念舊好同寮，毫無立足者尚多，我輩豈材之加人哉！此粗官係自相就，果不可耐，則奉身而去，復何所尤。兄既官項私償，漸有清理之望，斯真好消息矣。吾兄學力所詣，加弟輩何啻千百，然意氣偏執處，總不得其平。從前遂學以文字齟齬，龍泓在當日又不知何故忽有成見，師友言話，今早化爲烟雲，而兄於龍泓尚不能無區區，彼此情誼，豈尚諛詞，有所知見，不能不商，想有以諒之。新督帥賀牘已令到日責投，弟現來省垣，明日即附輪旋差，權務非所能諳，於商情略有窺見，當此困憊，不得不陳大概。

寅官讀書究竟如何？現請何師？但無習氣，從容庭訓。阿寅用力疲淺，池中物也。西席得選拔，又須另計。手復，敬請兄嫂雙安。如弟陳豪頓首。兒輩付叩。四月初四日。

二七

仲修先生吾兄如手：

差旋得手諭，欣悉旅居康勝，瑜阮隨侍，一一爲慰。惟書詞牢激，襟抱既不甚瀟灑，易損天和。先達如杭堇浦、吴穀人諸老皆立省外講席，頗娱老境。祭酒清況，曾聞約略，專待賣文津貼，清極不知寒，較尊處殆有過之。而書中乃自以爲天涯乞食，從首陽游，毋乃過與？豈亦以爲湘南道學耶？鄙意此時正可謀。時哉不可失。我輩朋交已落落晨星，弟於兄交在師友之間，尤所仰望，遂妄貢其衷，以此奉進。

瑜侄授室後已逾周年，汪府曰必商量從權迎娶，過此則昏嫁尚有小待，就祠禄輔佐之，隨時商酌，移緩就急，無不可過去，何事此過計爲也。弟處頃擬以四百元爲率，兄處即略從豐腆，約六百元，必可辦此。弟來此，計至明春，未嘗爲家中營長尺寸，專就心中事了去。如甲戌北征，仲瀛厚贐，今始反璧。且打破後壁，追溯名訓，餓不死，不能坐食，所以遺若輩者已多，不能復爲夕陽之憂。但教子孫增怠惰，此語尤味如諫果也。庚之接管與否，尚易處置，祗恩一人爲較難耳。白香山言心了事了，吾事不能了，即以心了爲事了矣。心神益以減，比春間又且不若，并恐不能於此多留半載也。亦非事不能了，一向前想，直無了期耳。平生夢想匡廬，又羨焦山之勝，歸途能一訪之，大快，又痛惜不能携鶴同游也。初抵家，必增一番感痛時遇，或老人稍得寬慰也。內子計月內必到省，寅兒侍行。進謁左右，當陳一切，不他及。敬頌頤安，瑜阮安好。如弟豪頓首。十月二十日寅刻。

函未封緘而辛楣訃至。訃從子若處寄來，葬分亦即交子若也。廿年彼此寄聲，未及通信。前正得其五月望日柳州榷舍手書，去大逝不及二十日。由驛遞而來。時時思作復，乃又作陳人。吾輩朋交又弱一個，元亮云：『感此柏下人，安得不歡悅。』自維身體孱弱至此，如秋來病葉，二鳥辭林，何堪久戀此芻豆，既已傷友，殊自念也。廿三日。

二八

敬再瀆者：

隨爲大國，而文學一道，向少淵源。西鄉有佘生封三華祝，年已六十。春間，以所作詩四册見示，弟既病心冲，不能翻閲，且亦如盲者之自迷其向，力謝而還之。案頭有《復堂類集》，即舉以相贈。佘生讀之，如貧者之游寶山，益驚喜不知所自，而以所作復求點定，指示大概。始則雜于案牘，繼亦以情懷惡劣，無復及此，而嬲之不已。念其垂老知學，倘終不上呈，一爲指出，則皓首在黑闇中，亦復可念。頃特附上，敬請暇時一加批閲。略略可取，則引掖之；其鄙俗不成章處，請明諭之。此等文字，豈可以溷清覽，惟較之村塾學究，有不知漢祖唐宗者，固猶善於彼也。手此代懇，再頌道安。弟豪又頓首。

外原詩四册，藹又不與選，真著急也。

施補華（二通）

一

仲修仁兄大人閣下：

別五年矣，西燕東勞，分飛無恙，唯關河阻修，書問斷絶，爲可痛念耳。比來精力何似？斐然作述之志，能如疇昔否？百里之符已否一握？文郎計已長成，又得第二雛否？全椒先生久疏音敬，恬退之身，易于頤養，想登臨腰脚，無异往年也。松溪、藍洲均小有成就。此間陶方之政聲卓然，不負所學，可愛敬也。子長聞補蒼梧，而翻閲縉紳，另是一人，良可怪耳。桐孫近狀亦復未知，風流雲散，一别如雨，思戴園校書之樂，如夢寐矣。弟自大軍出塞，忝任軍諮，適然際會，師有大功，遂亦一例蒙賞。其實帷幄之謀，或參百一，去賊尚數千里，並未一親鋒鏑也。

俟伊犁歸來，即擬開設行省，用龔舍人之説而變通改易之，秦隴燕晋多一屏蔽矣。楊石師亦將西來辦理善後，寬厚長者，必能爲殘區造福也。唯官場如戲場，弟日坐戲箱，見戲子上場作劇，下場洗妝，情態畢露。欲自唱一闋，忸怩未敢也。兹乘張綺村、章幹臣南歸之便，聊布數行，并附《法華寺碑》兩部、《敦煌碑》一紙、《姜行本紀功碑》一紙以伴函。即頌升安。愚弟補華頓首。六月廿八日酒泉軍次。

來書可寄湖北，附藍洲，必到也。

二

會合豈須數，在疏翻得親。迢遥百餘里，有路通夢魂。猗歟此譚子，詞筆當世珍。游心八代上，學古得其真。空山吐秀語，楮墨皆陽春。遠出衆製表，始知所處尊。庭樹藹以緑，木故葉自新。惓焉憶顔色，閉目存其人。大雅于兹在，吾弱難爲陳。惟慚篋中句，但護爪與鱗。

有鳥在北林，于飛復無翅。毛質長自憐，未與天風會。嚶鳴向春陽，暫得卑柯寄。誰能將好音，遠爲幽人致。燕雀亦云微，啾啾久爲類。鴻鵠肯回顧，扶摇青霄外。何必戀餘啄，有意去近害。仰望雲掌游，亭亭似車蓋。

仲修賢兄正之。烏程弟施補華呈稿。

袁昶（二十七通）

一

中修學長兄先生同年大人尊前：

十四日到蘇州，晤銘青、玉珊，玉珊館事有五分光矣。所屬景兄買書，一時無覓處。渠近日有滬行，張羅甚忙。十九日换江船開行，廿三日抵京口。廿四日游焦山，登定慧寺，凡到蘭若七八處。徑上絶頂，盤紆而下，覓焦光隱處，乃一小呇穴，上爲石竇，中空而趺居，又可避甚風疾雨，吾亦欲于此方住著，一笑。比回京口，已昏黑。是日惟藏經閣未到，須後游細翻全藏。焦山鼎、瘞鶴銘俱已覽訖。二十七日守風黄天蕩。二十八日達秣陵，晤桑根師，即下榻書院，筋疲稍憩。大約于十月初五後渡江，一切尚須商酌，羈旅之况可想。四五兩弟聞俱獲雋，趣刻試草。書院閑房甚多，夫子杖履亦健。此間局面遠遜吾省，無論何項文匄，當事概不應酬些子。子高尚未見面，莫偲老在吴中見數面，云將往揚州。中白亦在揚州，禮園聞亦在彼，頗有浮言，聲名狼藉。吾師清德，如此天資，可惜！

我哥秣行何日定見？近日禾中院試當畢，束脩羊業已就緒否？何時回杭，此役是否大現金銀氣？嫂夫人安否？年力雖富，楹書宜嗣，小星之舉，即能辦否？雖不敢聲明，甚以爲念。同人諒俱精進安穩，可念。均父考試何如？此君究是好友，血氣可愛，瀕行辱承厚饋，又貺瑠札，相知素在師友之間。感浹五内，不敢鳴謝。弟此間小住，既之江北，却顧江南，真却望并州是故鄉也。可念。明春挈眷回杭，或先行入浙，尚未定局，大約不出此二者。少梅及仁父家屬，求時時顧之，不待賤子矢口，吾兄自有菩薩本相也。千里寄書，言多不盡。順訊安康，珍攝一二，不竭依因之忱。年如小弟昶叩上。九月廿九日。

二

仲修長兄大人侍史：

伏承二月十日手數，猥以瑣末，辱垂環思，殷勤加飭。開君相憶之函，金石葆軀，慰走長飢之顧。僕行同跛鼈，予以鞭策之詞；心類聾蟲，發其怵攸之感。昔之子桑善病，惠施著書，時來莫逆之言，亦睨濠梁之趣。方茲感愛，何以加諸。僕于斯時，雖蘭茝別本，而同澤於臭；鴳鵲异翥，而並悦於魂矣。惟冀台候温凉，以時增攝，仕學日晋，令問日垂，珍荷珍荷！

伏以兄鬱青霞之奇氣，褒蒼松之逸姿。魯鶏莫識，饗雷鼓以何心；越羸傍張，戴母追而竟入。固知舞怯轉以勝人，吏當闢其慁我。居難諧俗，响且漂山。至若侯應識可諳邊，李房術能候氣。三微慎刑之誼，九旨决比之科。譬韶音之駴耳，緄黼之眴目。技有等于龍屠，事難邀夫蠅語。是則閭娵弃美，空歌《成相》之篇；驪黄溷迹，孰作蒲梢之頌者矣。然而杜陵楹木，思微禄之霑腸；陶令籬門，須弦歌以植援。竊望損魯諸生之節概，同柱下史之光塵。東方諧世，繹彼代農之詩；公理昌言，取其樂志之語。暫從圜曲，不飾嶔崎；與爲町畦，無妨茅靡。古語云：『徑路絶，風雲通，身彌後，名彌先。』斯言熟於世態，周密文深，隨時之義，如斯而已。欲爲鶴糧二頃之謀，鰕菜一廛之業，其亦可以短衣楚製，從俗爲之乎？固無譏于達人，亦何嗤于真隱。垂示胡寛移宅，東野移家。迎來桃葉，療別思於折麻；將到熊兒，解劬顔于覓栗。泄雲捲雨，送習習之檣烏；平蕪際天，集苕苕之賓雁。江花散纈以增媚，楚樹縈縹而含情。作吏疑仙，呼傭亦玉，誠爲長策，就卜新巢。想邇日台旌已抵里門，秦望樅陽，一水可越，計往返不過一月間耳。涓吉長涂，精誠飛賀。

弟賦命窮薄，逢世邪揄，雖非燭武之精亡，時類張華之心疾。龍門之桐，扶疏而半死；泰山之竹，磥砢而孤生。昌黎磨蝎，遭五奇窮；元叔凍禽，輸一囊粟。雖伏處棘下，栖汲王城，然資用乏絶、被服不完者，歷一期矣。尤可异者，走自年來，荊山屢刖，燕闕未摩。春朝秋夕，無生人之樂；登山臨水，有故土之悲。乃至戚鄙絶饋問之辭，内舍乏慰藉之語。帖經不工，便譏視肉；墨義稍拙，視爲攝囊。山鷄顧影而自憐，谷蚿噤聲而誰聽。以視曩日，追隨飛蓋，覓句胡床，時爲通人所激賞，期之以遠到古人，許之以畠然志節。今則違异獨居，無與爲質。親舊合離之故，令人銷骨。嗟夫！主父偃、公孫宏，豈竟車無生耳之期、灰少重然之日乎？執事俯照情素，追惟曩游，如僕之聲華闃寂，心頹若翁，又何以云，又何以云！

兄致太和夫子箋甫到，函丈拳拳殊甚。弟依函丈爲生，既收一廛之庇，復滲九里之潤，負漸無地，銜戢彌襟。同人中敦叔頗負時譽，止潛以省尊甫之保定，竹篔自守甚堅，志行確然，不可多得，然皆傷於貧耳。南中久未得秏，兄舟過石城，定謁桑根夫子顔色，不知腰脚更勝後生否？索居寄懷，彌太息也。贊公大令辱書，感甚。緣傔從東行，不即申答，別端萬緒，觸管紛來，身世微茫，都無倚賴，亦且學枯定僧隨分吃一日中糙米飦耳。匆匆拜書，不覺蕪委。伏叩雙安，郎愛俱好。惟希垂察，不備百一。三月上巳後二日，年小弟袁昶磢秋父頓首拜白。

三

仲修先生同年座右：

人事卒卒，同困積薪，遂致曠不奉問。然前賢云：『年少樂新知，漸衰思故友。』人之情也。蓋休暇登臨，杜門展卷，興會所至，哀樂亦感。無時不觸念濠上無言之契，寸心萬里，竹屋孤檠，夢中識路，想同之也。近承綰懷寧赤緊之符，緐會之區，簿領填委，夙夜勤勩，鮮暇可知。夏末秋初，氣候暄濁，伏惟履候康愉，敷政優裕，諸叶頌祝。

弟前月料檢漕糧公牘，伏審公於全椒催科案内有未完一分，合得降一級留任，督催處分。此稿稽壓，由吏曹經一周折，未邃出題。倘兄於限内催由後任趕辦，督徵完繳，自可請大府續行諮部，聲明業已完繳清楚，即可于題本内扣除免處，否則有級可抵，亦不要緊也。知關雅廑，謹以奉聞。近來吏牘之餘，復有所述造不？聞於歙、於全椒刻行篋中書尺許，未審所刻何種？

許惠示一二，以開蓬塞否？朱墨糾繚，而丹鉛不衰，甚畏我兄精力之過人。抑祈衛生有經，勿過刳心于此，以愛養精神爲祝。

弟虱農曹作倉庾氏者八年，涪沉其間，僅免官謗，然心力大半耗于米鹽。窮措大乃亦有十人之食，無支離播策之材，薄糈之入，誠不足以給。雖時伏几案，東塗西抹，茶不能振，去古人日遠矣。今年慕淮來京，適值内舍得風瞀之疾，朝呻暮吟，巫醫百計，比其疾平愈，而耗費已不訾矣。弟寓舍近有四男，皆未毁齒，亦未延塾師。大女已十歲。弟晝趨公府，夕榷玉桂，杜陵男子，詣曹不已。又隸名于譯署，所謂晝墁竊食，獵較隨時，道污從污，如是而已。每思古人蟬蜕泥滓，超然世緣之外，平生所自謀者，亦不如此，而竟溷溷于此，兄將何以教之？賢郎讀書，近業何如？懷仰何已。手此，叩頌道履百福，年嫂夫人、膝下均吉。年小弟袒頓首拜啓。

四

仲修長兄吾師大人執事：

二月十七日曾奉一箋，計徹青睞。匆匆春事，倏又朱明。伏惟朱蓋行春，輿情愛戴。闢人文於鄉校，輯比事於棠陰。兼望政美年豐，使弦歌三徑之資，有所藉手。則它日玉局歸來，卜鈞游于陽羨；偃師老去，聚金石於授堂。雖願大難償，而天全亦樂矣。

弟今年秋冬之交學習期滿，欲改外，慮無作令之才；欲留京，則苦索米之厄。何去何從，敢乞高明爲我決之。曹署浮沉，五十之年，或有爲郎之望，而一麾則仍不可必也。差幸風波少，可不廢本來結習耳。然敝衣惡食，遥遥歲行之兩周，亦殊嘆積薪也。中年出山，兄誠得中策矣。弟則無策也。山婦於三月十八再索添丁，已届彌月，甚平安。昔別是何處，他日樽酒相逢，兩家子弟粲成行矣。歲月催人，宦學兩無成就，殊可念也。飴澍曾在牙齋信宿，述使君清興，署扁榜楹，一一能誦之。宛然十年前風趣。署中近亦有好友可與道古者乎？鷄缸之足貴，豈特竹垞、漁洋發感舊之嘆哉！

湛侯以捕盜不力罷官，甚欲作一書馳慰。兄處能覓寄否？如湛侯買山有貲，則失馬未爲非福，特恐仍不免奔走于外耳。春闈揭曉，十三日。子虞、筱湄依然被放。子虞善于治生，筱老尤可扼腕也。蒓客、子裳高捷，茵溷無心，何煩季主一卜。一日看除目，三年損道心。題名一紙呈上，君自按圖評其得失可也。慕淮天資樸厚，閱歷稍淺。居所相聞，深仗老哥磨礲之，使成偉器，則善矣。郎君讀書必奇慧，今年署符之期可過下忙調省否？便中一一示慰。弟今年粗給，尚可告紓遠懷也。芸閣太平、松溪廬陵、藍洲應城，俱剖符刊竹，可喜。辛梅報罷，將次改吴中司馬，來步後塵矣。拉雜奉書，惟冀台履珍攝千萬，不宣。年小弟袁昶頓首。四月十五夜。

嫂夫人萬福，如夫人、郎愛均吉。内子率兒女同叩。

劉泖生墓誌銘係高碧湄直牧心夔作，前月寄示，文甚樸美，惜未能録副奉閲。又及。

五

仲修先生年丈座右：

二月初四奉一箋交子虞附呈，上徹岩電否？三月十五子虞交讀手札，無月日，知決賦遂初，此亦良佳。宧途如疲象溺泥，真是可畏。兄能蟬蜕鴻冥，蕭然物外，此天資過人處。弟前書勸出門，乃無可如何之辭，非本意也。《越紐》善本，猝不可得。《張黑女》衹有翻本，《郭有道》新出，金石家以爲元石，弟頗以爲疑。吴清卿有舊拓一紙，與此尺寸頗异，姑奉上一紙，俟行家評定。頗聞巾山先生有辭詁經一席之説，弟以爲可援阮公督漕日延江鄭堂主淮上書院例，此席以屬先生，必有裨于學者。子虞以非史官少之，何蜉蝣議輩年邪！

丁亥歲暮詩二十章，讀之泓峥蕭瑟，托興深微，以江淹、何遜清麗之思，寫玉溪、劍南身世之感。十一章刺時多秕政，十二章寓蕭索之感，十七章名實玄黄二句，此意境非隋唐以來詩人所有。十八章有整齊百家之志。賄吏正反，俄空斷簡，豈爲俞園發邪？然此老於九流極多確解，足以補石臞先生《雜誌》之遺也。弟以語日下諸君，此二十章乃《古詩十九》章法，浮聲盡去，神韻獨絶。沈子培秋曹不識兄，乃以兄爲今日老于文字者，渠不妄嘆，何必後世子雲邪？

弟作吏了無佳趣，月費百金，十口爲累，枯槁蕉萃，已爲半枯之相。惟近頗得六代隋唐舊拓，時喜臨摹，雖拙如蘁芽，然自謂曉其深趣。就中包文該《兖公頌》，乃孫淵翁所藏，亦可寶。丁丑後至今，作詩不下七八百篇，此事推兄爲正宗，何也？阮、陶、韋、柳，詩中之道家；陳後山，詩中之墨家；荆公，詩中之申韓：皆非正宗。正宗斷推陳思、大謝、蘭成、玉溪，此《漢志》别詩賦于九流微指也。弟雖時作語言，然溺于道家，如孫子荆輩，一生低首，惟在復堂，弟只辦作陪臺而已。匆匆抽暇奉布，夜中潦草，不及莊書，惟攝生爲祝。小弟昶再拜。

春壽見時乞致意。叔遲一家在杭，知之否？

六

仲修先生年丈座右：

仲冬初六日，子虞著作出示手戰，歡若復面。梅蔚攜家暫還珂里，卜居粗定。篋有傳書，名山慧業，殺青裁竟，厨娘侮甬，疑玉疑冰，此境已足詫於容甫、實齋、俞理初諸老。惟寢邱之資垂竭，剡中之墅未營，饑驅復出，再試孟勞，則亦因時爲業，非先生所得自爲主宰。要亦如置萬斛龍驤于七澤之中，慎操維檝，再占利涉而已。且安知此次再出，不收桑榆之佳景哉？

就子虞處纂得新刻日札二巨册，盡兩日之力讀之，弟讀此逐字句不放過，間有妄識于眉，蹈圈點批尾陋習，亦自笑也。中多饜心切理之語，亦有文義未完者；於九流文藝多有微解，其勝處超出陸祁孫《合肥學舍札記》之上，後世當有子雲能讀之也。定庵云：『前輩雖癖謬，癖謬亦沉沉。』流俗人作文字，惟恐其無一癖謬句耳。況公此記持論平實，評騭不妄，有深湛之思，而無癖謬之疵，尤可寶乎。弟漆園隱吏，蠻府參軍，竊不自量，欲安身立命于步兵厨、王績樂丞之間，迹雖近穢，方寸頗有净土，先生不以爲誕否？豚犬四子，皆鄙俗無一雅骨，子弟能有呆氣，方能讀書。今兒輩皆有軟熟甜俗之韵，奈何奈何！

太和夫子祠事，弟當竭螻蟻之力，惟玉桂國中十三年，蕉萃無色，恐不能具一流也。承示交詹世兄見賜之集，至今未到，有便望速賜一分。漱蘭侍郎父子索一分也。弟姻家王茀卿樞部高碧湄最心折之人。亦要一分。弟今日曼衍九流，兼歸心于釋氏，有顔黄門之癖，去兄之康莊六藝，燕粤不相及矣。愧悚何涯。朱鼎文謂弟詩視十三歲前作有凡骨金丹之别，惜未呈老匠一檃括之也。夜叉近尚好，渠奩物本無幾，去年盡爲老槐攫去《賈充傳》，弟頗持佛氏空觀平等之説，付之一笑。雖懸幡竟天，擊鼓遍地，居士不見不聞也。率布一一，叩請儷安，郎愛佳善一一。年小弟昶頓首。二月初四夕。兒女侍叩。

讀大著日札，僭識語，不能一一録呈，略録一紙呈正，不及覼縷。

七

仲修先生老哥同年下執事：

數月未通問，牽於人事，不能自遂。兄即不訝其疏慵，亦自訝也。同鄉處每得杭信，輒知尊狀。兄之雅意，籤今揚古，邁往不可一世，度目前杭士無足起公意者，有唱莫和，知素心鬱律久矣。又生理微薄，未必贍三徑之資。鄙意東方有代農之歌，子雲有朝隱之説。惲瑞金、張館陶、陸祁孫皆逡巡復出，借令長一席爲入世、避世之計，誠非得已也。以弟代兄規畫，與其浮沉於里門，不若浮沉于吏隱，公自以復出山爲得也。弟去冬晤張靄卿，靄卿云：『中丞陳六舟丈對渠云：我適至皖而仲修去官，後人議者，以我爲不能容一賢吏也。』是陳丈之意，高於世俗。含山之符，雖已開缺另補，兄如再出，陳丈必有以待奏刀也。尊意以爲何如？

䄓材本中下，宦學兩無所成，京官之况，殆可謂婚宦而情欲失半，君臣而衣食道息。十口累人，筋力殆盡，正如厠中之鼠、轅下之駒耳。弟諸子皆幼，長裁十歲，次九齡，已議婚，三、四尚未讀。性皆不佳，骨氣凡俗，并不及老牛猶有書呆氣，决不能成就，奈何！李子長同年聞宦成而歸，信否？壽蘅副都晚益貧困，後而失時。止潛大病新起，近已稍健。子虞分校京兆，頗高興。知念，一一附聞。中白之郎在江西，兩次來信覓館，無以爲之位置，奈何奈何！叔遲之子亦流離失所，疚心疚心！二十年中，交游減盡，海内知舊，存者素章，心所馳依，惟公與凌子與、蔡公重耳。每通昔不瞑，爲之短氣。弟今四十有三，而髮白齒摇，心氣短澀，頽如一翁。古詩云：『所遇無故物，焉得不速老』，何如何如！今日吏役，昏暮歸來，心悸不能成寐，起披衣書此，以當面談，不一一悉。敬請著安百福。小弟昶叩頭叩頭。十月十四上。

嫂夫人坤祉，如嫂及郎愛均吉。

前詢《張黑女》，全是翻刻，并無元石。《懷令李超》則有之。

八

仲修先生年丈侍史：

十月望夕手札，冬月十二接到，藉知尊狀，稍慰渴飢。人事叢勞，吏役疲苦，對故人冰雪之語，皮膚剥落盡，字字皆真摯，非先屏却百事，尋得俗吏本來面目，不敢率爾作答。新年初三，又得九月五日書，知中爲寄書人所誤，至今始得展讀。督望之語，力薄既未敢荷；情至之言，概想輒不自勝。欣審先生鴻漸物外，決計不出攖世網，而憂時之篤，志學之勤，并世交游一流推冠。晁景迂日課十五字，沈驎士手抄數十簏，方之古人，未足多也。潭第上下安吉，大嗣君新行嘉禮，向平之願已了其一，愧未從儐介末行，略助賓澡之物，抱歉非一。先生篤學五十年，垂及耳順，意朱游鄠杜，廣授生徒。鄭君在其，招延來學；老則思教，火亦須薪。浙中當事正宜以精廬一席相處，則中郎載籍，傳者不止仲宣；石齋經説，流布遍於大滌。於我公既酬夙心，於鄉里尤多裨益，此賤心所希冀者也。

承示將續迦陵《篋衍》之集，此事亦不可少，漁洋、德甫皆爲之。兄瓣香常州，論詩宗旨正在鐵崖、青邱、迪功、大復之間，同時花草鷄缸，歷歷在心目中，所謂諸子，雖不及古人，自一時之選也。傷逝之情，弟亦與兄同之。兄交滿海内，今亦零落將盡，非得巨手汰其蕪穢，存其菁英，則蛙紫雜出，無以傳後。同時耆舊交契有專集者亦不少，陶堂高氏、中鳴、郘亭、東洲、中白、汀鷺、彦清、嘯山，皆有可傳之作。傑然出于咸同中天人絶續之際，乃有高出嘉道老輩之上者。此外零章斷璧，附庸後勁。以兄之餘力，裒之爲一集，未必不突過《感舊》也。兄俊逸雅才，高辭天得，今之崔蔡之流，以未遭時運，遂致所處支離，人書俱老。以國初方之，朱王南北，儼成宗派。而弟則徐東痴、劉公㦷之流，略附後塵而已。以乾嘉擬之，茗柯、祁孫蔚爲大國，而弟則魯斯、山子、仲倫之徒，僅助腹毳而已。并世所以敬者，公與愛伯，皆老于文學，非餘子所敢望也。第願沉潛反復，晚益精嫥，擷國朝諸老之英華而整齊之，刊野文而去枝説，庶絶業可成，俾袓輩奉爲闤市之平，則幸甚矣。

弟托迹穢墟，家累益重，困于人事，久已絶學捐書，荒經畔道。困悴之暇，客病支離，失眠肺疾，精力本不如人，久欲返尋家業，晝繹老嚴之恉，夜參禪凈之門。偶一弄筆，無論爲筆爲詩，格律皆在寒山、《擊壤》之間，去打油亦不遠。同時諸傑，何能追軼？第辨小沚澄潭，微明自守耳。將來兄得衣法爲正宗，而弟如東痴、公甗支離之言，相爲濡沫，足以附驥背而馳千里乎？已爲幸矣。

時局正如晋太康中，荀、賈在中，茂先在外，五胡朕兆，爰始萌芽。弟頻年以饑虱之心力，留意邊防，凡東三省、四蒙、二部、北八城、南八城、三衛之方志、地略、圖記、道里、古今一切公私案牘，皆課寫官抄集，耗費數百金。妻詈女怨，謂我擲金于虚牝。辛苦所得，古事不及祁鶴皋、徐星伯、何願船之翔洽，而今事則首尾粗有可考，以俟當世有微、管之才，足康世屯者而餉之，以泄鳥索憑陵之憤，此則銜微木而填蒼海，操一臾以障黄流。臣舌尚存，壯心未死。然仲翔以青蠅爲吊客，顔駟處郎署而陸沉，年運而往，終歸頽沮耳。

日下氣象煩苶，生事凋疏，惟幸芍老、莼老、子虞、止潛諸公尚足相呴以沫，又有沈子培、王蒿隱，公所未相識。此數公皆足慰寂寥。廠市久已蕭索，絶無舊槧，偶有一二，則昂價居奇，爲多金之貴人篡取矣。《越紐》先著及趙氏《吴越春秋》，皆無善本可覓，容徐訪之。弟去年購得北齊唐邕寫《無量義經》石刻，字形略似水牛山《文殊經》，欲以寄公，俟開河後也。中白之郎子仲屢書來謀事，弟本托蕭杞山代謀，而蕭已作古，竟無以報之。二十年窮京官，何處有時貴來下交，可托故人之子者。叔遲子亦流落吴中。此皆弟所負疚者也。春疇年老依人，筱湄亦濩落，弟無以振之，殊愧恨。昆生夫人，弟如有便，當薄有所寄也。退谷先丈詩在弟處，弟處近人集不少，未識有兄所未得者否？示悉，如鄴架所無，當抄上以助《篋衍》之編也。今早丁夜入内詣白吏牘，昏黑始歸，夜中匆匆作箋，不及縷布，俟續陳。敬叩儷安著福，郎愛均吉。年小弟昶叩頭叩頭。兒女侍叩。

山婦叩請嫂夫人福安，女公子安吉。

九

仲修先生同年大人講席：

展重陽時，承公惠然枉顧，足音跫然，一似吴原博訪沈啓南風味。下榻屈留，諸多簡褻。每蒙教益，傾倒筐篋。點定近來拙編一卷，刊落蕪翳，尤所心折。惟荒齋不獲久留傔從，作平原十日之飲，此爲歉仄耳。先生老於文學，解手背面，十有七年而一合并。昔陸祁孫於並世交游，惟畏憚、張，一生低首，不敢雁行。今不材雅畏並世知舊，復堂、越縵兩老，歛手推服，應仲遠但有北面耳。於均甫、儀甫、容生則或許抗行，公以爲狂言否乎？阮翁司李揚州日，晝了公事，夜接詞人。公宰懷寧日，以吏暇刻《池上小集》，故前年作詩爲壽云：『晝披訟牒争求判，夜接詞人數舉杯。』蓋寫先生之精力兼人，充然有餘，良爲實録。弟則善病早衰，簿牒倥傯，無能爲役，不遑修公往日韵事。此又望塵勿及者也。

別後人事冗忙，于湖疲劇之地，晝暝八時中，應接少暇。得皖寓手告，昨又奉經心講院惠畢，藉知賢喬梓安抵鄂渚，起居輕安，服食佳勝。示詩澹而逾摯，質而實妍。弟思如廢井，乃不敢和，固坐吏冗，又畏老風格不容學步也。赭山陪奉邛杖之游，有拙作呈一笑。内挽潘孺老二詩，并乞示節庵太史也。節庵十月二十九日過此，不上岸，留書相告，豈赴義王吴郡喪耶？渠何日返鄂，便中示及。笑如太守處已爲切實致函，叙明明年台端正月、四月均有婚嫁事，過此即可到館云云。於九月杪郵致笑翁矣。南皮制府師履候想康健，鐵廠已有成效，數年心力，殫精孾慮，經國老謀，今始藉手告功，爲之欣忭累日。弟積悴多病，吏材既短，畏爲世法所縛，生平惟篤慕惜抱老人年四十四即引疾歸，如年内外推擠不去，則明年秋冬决思免脱，倘容卜居寬閑之郡、寂寞之濱，杜門讀書，補作炳燭自課之功，以終老窮年，微明自照，足矣。竹汀先生云，年過五十不爲夭，官至四品不爲卑，復敢多求於世，不知顛蹶之將及哉？有義味哉斯言也！公勉以吏事，言皆切實，銘刻肺肝萬分。弟自忖非應務之才，願並此綴疣決去之，公當許吾此志也。撥冗率復，祗請著安。漸寒，希加意頤衛爲祝。年小弟昶拜手。仲冬初二日。

子鎦世二兄文祉。

一〇

復堂先生同年大人賜覽：

本月初奉上寸箋，由白叔三兄轉呈。頃奉到十七日滬寓手畢，知初八日公已扁舟發吴閶，知前函未徹台覽。此次江裕上水，公徑赴鄂垣，未遑紆軫荒齋，允留五日，殊爲觖望。弟入春時發眩暈不寐之症，精神委頓，明早牙期，又迎迓軍門黄宫保巡閲蕪湖水師，不能不抱病周旋其間。江裕船不審何時可到？弟先遣小僕王瑞携兩勇丁上躉船奉迓，戔敬五十元，聊佐駪征所需，望乞莞納。弟能分身，必趕出江口，上江裕舟次一侍顔色也。江舶稍停即開行，故先遣僕人迎候。想荷鑒及。弟前函係詢渤海郎君何日回珂里？吉期筮定何日？祈先兩月示知，以便掃除甥館，並預備新房内一切。緣弟防更調他處，故必俟定期，乃可預備云云。覆述一遍，煩瀆蹇修爲詢豁廬老人佳音，殊深懸跂。餘容面方悉。匆匆，叩請道安。年小弟袁昶再拜。二月十九夕。

子鎦二兄侍社。正月以後薪，俟下届匯總再致，又及。

弟抱疴經時，目疾廢書。昨作挂冠神武之計，亦病勢使然也。又叩。

二一

復堂先生同年大人纂席：

四月初六奉到月朔手教，敬審履候康和，潭祺佳勝。杜門却掃，不輟著述，欣羨無已。虞永興以臂痛廢書，乃先生以病臂作字，點畫鐶紆，隨意曲折，轉更成妍，往往似唐人經幢。故由性韵俱高勝邪？子鎦世兄應府試，知已擢博士弟子員，高密戒益恩書，傳家有繼起矣。遷居想已卜得吉宅，東城爲樊榭、大宗諸老栖游之所，風流標映，今屬德星，如得水竹三分，梧園一角，亦足娱老人朝夕。時局日异，以吏爲隱，終杌隉不安。吴羌思棄殘秩，去從梅子真卜鄰也。大年侄女年已逾笄，荷長者作蹇修，前奉賜書，知已承江村心印。伏以公高年，夏令不宜遠出。敬乎病新起，尚未能出樅陽一步。弟與白叔内翰同年至好，三十年脱略形檢，可謂相忘於江湖。今既申以朱陳之約，事宜從權。請從原議，郵寄庚帖，量遣一介之使，第由公致書沈約齋、彭印根兩兄，請暫代大冰致辭，弟設筵款待，足以成禮。尤有私陳者，弟頭白眼花，行作吏久，謀抽身引退。山婦善病，常自惴惴，思得早見快倩，得所付托。揆弟婦意，冀早爲文定後卜吉，木樨香裏，闢館以待東床。如能約内翰同年挈佳公子扁舟枉臨祝茲，訂成嘉禮，亦屬簡便可行，於鄂行亦兩得，是否可行？山婦之意如此，謹據以上陳，望公裁敓酌示，以便趕辦一切。吏冗，日力稍暇，不具悉。手肅，敬頌起居曼福。年小弟昶再拜。四月十三日。

公重日往，言尋悲酸。乾館一席，設法留住，以伯思世兄蟬聯，累月一寄薪水，第棉力愧不能多籌接濟耳。又及。

每誦大阮詩云：『一身不自保，何況戀妻子。』輒爲之涕，横集勿禁。又云：『獨有延年術，可以慰我心。』則又爲之稍怡。方今九流昏濁，賫菉盈庭，雅道陵夷，正氣凋茶，獨有柱史、園吏之術，可資以依隱玩世耳。可勝慨哉！頃無以自娱，於簿領之暇，輒以《龍藏寺》筆法寫《聖教叙記》，今往二紙，請老法眼評之，如何？

仲修先生同年大人左右：

閏三月初九日奉寄寸箋，當已達。穰卿云到杭曾謁龐公床下，精神淵著，眉宇奕奕，健談雲興，彌祝近祉康勝也。廣雅尚書閏月廿四過于湖，在春申浦奉電旨，以沙市案還節鎮，治之事竣，再行候旨來京。本月初五酉刻再过于湖，再得謁見，言及公近狀，能否出游，鄂修志一席照舊。不佞對以神氣托芘康强，惟步履稍不便，本欲來鄂謁師節下，以足疾嫳姍，故未能如願耳。是夕節舸仍開行，初九日必抵鄂州矣。弟去年累於洋債，積欠太鉅，求調安廬，暫離苦海，而大府批不允。今年公事交涉一切，繁鉅過于往年，而棘手尤甚。沙市案起，會匪有蠢動之謡，可謂草木歌謡謂之蠥。分督員弁搜查，勞薪車脚，亦可云披敗絮行榛棘中矣。蘇寧各局裁減，皖尤清刻，屢減公費局薪。前示子鎦賢世講事，刻刻在心，而苦於無可位置。鐵路、商局，鉅公無可呼籲，辜負雅意，皇恐主臣。至向例月薪，俟積數月，必寄奉也。子衡鋭意經營明越四徹中繩之役，壯年氣盛，與弟之氣怯心疲、不敢生事者，迥乎天淵之判。第此役不知個中利害若何。豁廬主人必有定見，必然關切。弟微諷事可中止而不見納，或者邴泄不及顔羽乎？竟日困于吏冗，一無文字之緣可以自娱，甚羡洛社優游三十年，雖忍飢誦經亦樂也。手上，敬叩道履萬福。年小弟昶拜上。四月十一日。

和仲修先生詩一首，即以代簡

舊游漫與説同袍，山縣新硎試孟勞。白璧明珠多按劍，甘瓜苦蔕任懸匏。名浮道術猶堪耻，日飲亡何且自豪。漸入中年感哀樂，衹于寒節證孤高。年小弟昶録呈。

懷鄭令，君時從軍渝關

八分瘦硬老鄭虔，揮手一别山蒼然。盗課謫官歲復晚，苦寒從軍私自憐。萬牛挽著無氣力，一雁破空誰爲傳。悠悠名利等閑耳，腐鼠豈足污貞堅。昶又呈。

一三

仲修先生年丈座右：

上年聞充閭佳氣，又得衮師，狂喜欲舞。本月初六曾由景卿處手上寸箋，未審何日徹覽。漸暖，敬承履候輕安，潭署上下，俱各納福。

樵野星使今年在海外，兩得手書，均叙問轍狀，弟已告之。又索兄所斠刻《白香詞箋》，其意似望尊處通問時覓寄也。松溪宦成卜築，得賦遂初，令人羡若神仙。兄年垂耳順，修德引年，自然矍鑠過人。弟則裁逾四十，髪已半白，眼昏意倦，雖插架三十倍于前，而懶不一讀，殆終與曹蜍、李志同傳矣。拙詩連年積成十六七卷，托體遠不及公，而友人朱鼎父、沈子培謂較十年前有凡骨金丹之别，他日得如梅都官附六一翁以傳，即爲幸事，不敢云稼軒、懷英南北分峙也。昨夕不寐，偶作奉懷短章，呈上一笑。不具悉。手此，叩請道履頤攝萬福。年小弟昶頓首。二月十九夕。

年大嫂夫人坤安，郎君大吉。山婦率女栒，男樠、梁、杜、榮侍叩。

一四

復堂先生同年侍史：

屢奉尺素，疲痾且事冗，迄未奉報，抱歉非一。前月又得鄂中手札，未審月日。辱荷注存，勤拳之意，紉感無涯。記二月廿三赴白下，在江孚船中，無憀寂寂，忽得遇子鎦二世兄回珂里迎眷，藉稔道履康勝，著書遣日。沈驎士晚年抄書數篋，目光轉勝，稽古之力，信有徵矣。引領不勝遠頌。

現如年嫂夫人已率領蘭玉安抵鄂州否？子鎦兄試事何如？并以爲念。弟今年自正月杪至三月初，往返皖江、金陵四次，本以抱痾，力疾支持，途中積受風寒，人事雜沓，未得静養。歸于湖後，税收奇絀，京、協各餉，計無所出，日坐針氈。弟致患眩暈怔悸之症，心疲不能應務，並且健忘异常，竟成廢物矣。

倭逆盤踞嚴疆，又要挾款局，西年三月廿一日定議、畫押。聞遼陽牛莊以南至旅順口名爲租界，實則不還我寸土；償兵費三萬萬元，以全臺作抵。所聞如此，未審全條款若何也。曲江師布置江防，殫竭心力，招募至六十營，南北月餉總計月須六十萬，而支應、籌防兩局已空諸所有，無米謀炊，艱窘極矣。和局定後，倭添索商埠口岸，必波及于湖。弟雖闇懦，鉛刀無一割之利，然忝從士大夫之末，焉能低首下心，與彼領事周旋？倭商朝來，去官之志夕決矣。致餼廩。

吴農山三世兄去冬來弟處供應多日，青蘋之疾大作，甚爲受窘，展轉派多人送回泰興，月致餼廩。弟因冗致病，筱珊同年命擬自强書院題目備采，苦不能下筆，乞晤時致意。

時局如此，事多棼和。割陪京之半，海險與我共之。償款搜括及各關，又不知如何繳卷。昔種、蠡九策，受之辛鈃，博浪之謀，主之者蒼海君。先生義形于色，素抱刑天干戚之志，身世之際，如何曲全遠害，請示良規，以擴幽憂。

禮園亡友之長子是否名孝膺？計已作諸生，乞囑其開示一年歲履歷名字見示爲幸。伯嚴吏部常見否？病中草草，叩問起居，不盡依切。年小弟昶再拜。三月廿五日。兒女侍叩。

新刻書多未印出，先呈數册，希教之。

一五

復堂先生同年大人講席：

臘月十四日奉手疏，并寄上子鎦世兄脩羊六十番，想旬日可達。又入新年，相望鄂渚，拜滄溟白雪之樓，坐元日侍中之席，蘭陵三爲祭酒，漆園日出卮言，敬惟道履康綏，動定多勝，至以爲祝。我師主講經心多年，士論翕然宗之。明正壺公師又將還鎮，白頭師弟，相得益章。公尚須洛社優游三十年，必至之符也。

高世講子衡在金陵，見非一次，每見則傾筐篋語。其人抱負非常，真高密門下國淵、任嘏之選。歸以語山婦，亦首肯，遂請蕭敬孚爲冰人，已將小女草八字送致白叔同年。子衡左造亦開來，以詢六甲叢辰家，亦屬相合。想長者早已悉此事。吴隱之刺廣州，以敝篋嫁女。將來兩家務從儉約，以稱寒士門風。一切繁文，概從删减。先時尚須公爲通彼此，含意未申也。

九日蒙賜一絳障，衵少長孤寒，生日輒齋居，避之野寺，兒女並輒令止之。今年生日，正與黄公度在靈谷寺寶公塔下吃齋。公長者之賜，不敢固辭，謹留作來年娶長子婦衾褥，以銘厚貺。昨奉手書見及，未署日，想係臘月初發。示有還杭之意，甚念。壺公師將還節鄂垣，師次子蘇卿新逝，百事草創，艱辛未竟其緒。節庵、仲弢均將同來武昌，公似當稍留數月，以排解師門輪囷鬱律之懷。如乘輪船東下，祈先示日期，以便早赴江干相迓。馮夢華太守前日到此，一宿即行。兹奉上子鎦世兄月脩陸拾元，希察收爲幸。衵多病之軀，華洋交涉繁劇，積不能堪，明年決當上辭官牒矣。俗冗未盡欲陳，叩請道履曼福，閫中、膝下均吉。年小弟昶頓首。臘月十四日。

一六

仲修先生同年大人講席：

前月杪在江干匆匆迎晤，情話片時，眉間尚現精悍之氣，欣公必享大年，不止如毛西河、胡朏明也。六月廿七日奉到中伏日手札，敬誦悉。德星栖，吴越分，壽蘅老人入浙，必爲公力贊詁經一席矣。子鎦世兄以下想均好。

豁廬同年自津來函商榷姻事，一介嫡女，將捧箕帚於清門，亦已擇定十月初六日巳時行聘，十月十一日午時合巹。謹遵乾宅之命，已函復訂定矣。至孟冬時已戒寒，公洛社耆年，不便遠出。前已訂定乞懇子鎦二世兄伴送子衡高世兄同舟來于湖，親家可無須自送，緣此間極湫隘陋劣，無好房屋公館可租。親家分位尊重，又乏人陪侍，親來添出無數禮節，故前以陳明。弟處擬代乾宅預請林湄仲太守、吴潔士大令代冰人，敬孚兄亦可不勞動。二君皆多子多孫，吉祥人也。至兩家筐幣奩資，一切務從簡儉，以矯頹俗，吴隱之、范希文可師法也。承公垂詢裳服尺寸單，小女中等身材。此事詢之山婦，據稱一切請隨乾府堂上意思，舍下無不遵命。伏祈婉爲復陳，幸甚幸甚。

弟三四五月左手麻木，頭眩目暈，有似風痺。近餌方用白术、茯苓、霜桑葉諸物，愈十八九。孔融過二之年，早衰如此，夜行不休，胡爲乎！伏熱，惟加意攝生，道履康勝爲祝，不勝馳切。年小弟昶頓首。六月晦日。

子鎦二世兄元喜，祝今科領解也。

一七

復堂先生同年座右：

勞薪蓬轉，重入修門，以外吏來，乃竟重作磨牛，拖泥帶水，桂玉國中，金門避世，亦難言之。兩奉手札，恍承珠玉謦欬。虞永興臂枯，作書轉更妍，養道根深，故藝事不廢，壺邱三淵、承蜩老人不足喻其神明也。昶早衰善病，圖南反北，飽更世故，意思蕭索如霜蓬。在南中猶以文句自遣，今則車塵簿領，並一卷一燈之適亦無之。此木欲以不材全年，明年仍欲南耳。十年中心所儀企，遠師北叟班嗣，近則雪漁耳。蘭洲畫更超妙。子衡有五丁鑿山之志，勇邁終古，志大心勞，能否回車，就馬少游。弟之怯事，殆子衡所齒冷也。天寒歲暮，半菽未分，念公起居，翹依無似。弟昶頓首。仲冬廿九日。

一八

仲修先生同年大人講席：

前奉到手札，並賜叙一首，才非太冲，乃蒙元晏寵以弁言。大作再四捧讀，抑揚吐納，沈鬱之思，澹雅之筆，兼有其勝。取誼班志道家、詩賦家，秉要執本，觸物造端之義，宛轉關生。惟下走一行作吏，遂廢此事，雖時或鏤畫冰脂，了無心得，不能副公所言，汗顔未敢荷也。承命得間禀孝達制憲師一節，龍門朱少詹到館不久，南菁則提學主之，恐師未必肯手函商之。容到省時面叩，看師意云何，再奏陳曲折也。

走四五月間病頭眩鼻淵，狀類中風，六十餘日，公私交廢。彼時决乞病開缺，後服陳蓮舫方稍效，然至今尚不能苦思勞頓，而所處簿牒極煩劇，今年奉部文一裁再裁，事事棘手。關榷短徵甚巨，京饟火迫，無以應之，殆日坐針氈矣。兹乘孝膺兄回鄂，拙刻已印出者，托呈十九册，祈法眼教正。入秋，惟道履康勝，潭宇上下均平善。膝下蠟鳳，階前帶忭，清修著述，足奉歡娱，無任馳繫。聞陳伯嚴吏部其人胸襟虛融澹泊，天機盎然，甚慕其爲人，以爲陳白沙一流也。筱珊想時見？孝慎行匆匆，不獲具陳所欲言，專泐鳴謝。昶六月廿外因公赴皖垣，七夕回于湖，是以裁復稽遲，罪罪。敬請道履珍衛曼福。年小弟昶再拜。七月廿一日。兒子侍叩。

敬再叩者：白叔高三哥同年諸郎有未婚者否？第幾郎君爲最敦厚周慎？有名爾伊字子衡者，是否白兄之長君？年二十九，先娶戴宅，次娶潞河白氏，新斷弦，未審性格器宇何如？如先生法眼以爲佳子弟，能否求作蹇修？昶亟於相攸，而未敢以予膏粱紈袴，恐後來誤事。去年江蓉舫都轉遣人來説，力却之。溧陽李氏亦有言，則阮嗣宗沉醉六十日，尤不欲與典午老兵爲緣矣。昶與白叔同年，雅相契，如尊意以爲可，願取決於鼎言。惟山婦以三續爲嫌，又年近三十，尚未融洽耳。或我公門下桃李森列，又具人倫藻鑒，有列家佳子弟，就同鄉同年中言。亦請賜示，萬禱萬禱。大年侄女甲戌生，年已廿二，粗涉書籍畫理，女紅亦勤，至今未字。向年入山之願切，思爲擇佳婿，望年伯大人留意，禱祝禱祝。又叩。

一九

復堂先生同年大人座右：

前日奉布一緘，由郵政寄，想可迅徹台覽。三伏炎蒸，揮汗成雨，于湖卑濕，如坐深甑遭蒸炊，想南郭據梧，以道力堅定勝炎歊，自能退聽耶！捐書坐忘，此最佳境，方今九流混濁，雅道陵遲，著書辛苦，向誰傳邪！既難覓後世子雲，不如洸洋適志之爲得也。

豁廬主人云須秋半還杭，其時計仲瀛二兄往清河履新，子衡世兄秋賦亦出場矣。小女締婚，仗年伯主持，前月江輪匆匆，晤教尚多未盡之詞。前所以敦請贅姻者，有二隱情焉：一則弟處三子皆弱年，不任送親至杭；一則相距千餘里，若乾宅迎娶，亦太花費，不如由弟處承辦甥館之便。孟冬届吉期成禮以後，俟彌月即從乾宅之便，由新倩携之回珂里，執箕帚靈脩，叩見尊章，修兒婦禮，循禮廟見，如此乃爲成禮。又聞衡倩之子穎悟异常，同卿之外孫，即弟之外孫。弟又諄諄戒小女以潔膳馨餐、善事威姑之餘，善爲慈抱撫養，視前夫人之子當如己子，此皆弟所預爲訓敕者。大約贅姻彌月以後，即請高郎携歸，學習宜家中饋之事，是婦職分内應修之事也。士禮三月廟見，温公改爲三日，今用彌月後，似尚酌乎其中。先生淹貫古今通禮，幸教示之。如乾宅有見命禮節，或含意未申，乞宣示，以便遵行。前箋未盡，謹再率臆直陳，惟誨察爲幸。手肅，敬請台安。年小弟袁昶再拜。七月初三日。

再，遵范文正故事、温公書儀，嫁娶所以合二姓之歡，一切禮物從簡從儉，略存束帛儷皮之意而已。渤海世德閥閲，弟則寒門，尤不敢越禮。目今頹俗，踵事增華，弟兢兢不敢染此結習也。小婦頗亦知禮，故公以製衣尺寸垂示，據稱不敢有所祈請，及詢之小女，亦不敢置一詞。務請乾宅主持一切，謹遵命而行。再叩起居萬福。弟又頓首。

小兒根柢淺陋，確守《輶軒語》戒早考之説，擬不令其入場。至丈允栽培之厚意，則銜戢至深也。南皮師生日不舉動，公似可秋深再作鄂游。樊雲門同年以卓异將入都引見，已交卸渭南矣。又及。

二〇

復堂先生同年大人座右：

十九夕奉到手畢，未注日。謹已誦悉。入秋苦熱，終夕瘄痱，杭中何似？公但以油素、古籍自娱，門外俗塵不能侵几席，寒暑亦當退聽，道勝故也。子鎦世兄秋賦，善化公暗中摸索，必當云此子殊有鳳毛。善化高年，跋涉炎暑，其世兄仲瑗以四參按求交卸海州篆，必迎候於沂州桃源間矣。

渤海姻事，已經豁盧主人筮吉孟冬良月，以相隔百十由旬，乾府迎娶，諸多費事，故請館甥，以期簡便。彌月後，由上頭夫婿挈歸珂里，獻摯於君舅、君姑，行廟見儀，以告來歸。前書所陳，想已蒙代致豁盧主人矣。以冬中漸寒，風濤不時，非所以勞高年耆德，并函告敬孚矣。因固請子鎦世二兄陪衡司馬作黄山、九華之游，并已預邀林湄仲太守、吴潔士大令丁卯年誼。代兩大冰。凡此一一，敬煩婉致豁公，以爲如此，能否妥叶？尚祈詳示。豚犬文理極陋，不令親場，轉勞長者齒及，謝謝。率復，敬請道履曼福。吏冗人事，極困疲，不一一。年小弟昶頓首。七月廿四日。小兒等侍叩。

二一

復堂先生同年法座：

八月廿九奉到二十日手畢，敬誦悉。入深秋，道履當已健適。子鎦場作必佳，定爲長沙公一網收得。長沙已放浙學政，以新除御史大夫又内召，虞山瓶居士力也。同年陸伯葵來視浙學，然與天一公郎舅，不知例應迴避否？壺公師賜壽，慈聖賞壽聯，尋常尚書、督部所未有之榮也。公往鄂州之行果否？抑年内不去亦可。繆小珊來杭，想見面？梁星海日内可到龍舒，將之嶺表一行也。

豁廬主人已還杭否？蕪邑僻陋，前豁老命預租一好公館，遍覓皆係百貨棧房，無一處可以容膝。弟於九月朔親往督治中江尊經閣後，有弟新盖平房九間，榜曰『光風霽月』者，局勢尚寬敞，已薙草布置傢具，明窗净几，尚遠市塵。專候子鎦、子衡兩新貴枉臨下榻。有遠景樓，子衡可以登眺。厨房弟備好。子衡來此，惟先日須請兩大冰人一次，酒席一筵易備。即在遠景樓亦可。

兩大冰榮代長者者：一前知宣州林湄仲太守泰亨，年六十七，貞伯中丞弟，其侄南皮師之婿也，已見五代，吉祥人；一爲蕪大令吴潔士雲翔，亦見四代。其胞兄丁卯乙。兩君皆已訂明，子衡到時，但一賫帖往拜可也。劣擬墨一册，呈公一笑。佛番貳拾元，聊伴函，祈狹入爲幸。此信乞呈豁盧主人一閲，是否大略如斯，乞迅示，以便先期趣辦。手叩，道履曼福。年小弟袁昶再拜。重九日清早。小兒等侍叩。山婦率兒女叩如年嫂夫人坤安。

一二一

復堂先生同年座右：

九月廿三晡，子鎦世講枉顧江城，得奉展重陽日手畢，驗書字鐶紆草隸之迹，知精神淵著，服食輕安，現壽者相，利益群生，欽遲無似。壽公御史大夫想已北行，與元同諸君别，不得留定香亭之年，殊可惜。兩浙鹽法志，當事欲聘巨手筆總纂，桓寬之論，得廷尉平。孫芝房極贊明祖開中鹽法之善，不知又復行否？脩羊幾何？足使廩人、庖人繼粟肉否？鄂局不妨遥領，公必函辭，鄂當事仍照送可知也。梁節庵在此住四日，致聲起居。衡甥初九到，十一嘉禮甫成，俟彌月挈歸，還杭廟見，再摯謁尊章，恪修婦道耳。吴隱之不名廣州一泉，奩具朴陋寒素，陋極陋極，想公與豁廬親翁不以晏墨之行爲大不韙乎？奉懷一百韵，聊佐不其帶草鬱葺之資，寒儉可恧。二世兄蝎屈一旬，殊嫌輶褻，汗顔汗顔。春疇金石跋尾，能及竹汀、虚谷之典核雅馴否？如書品不佳，似以不刻爲宜也。吏冗，不及縷縷，敬頌道履曼福。年小弟昶頓首。十月十五日。

一三

仲修先生同年大人座右：

今秋兩至建業，晤吴孝膺世講，曾托致拳拳。道途僕僕，身處綰轂之津，如蠒受縛，時嬰末疾，忽忽已至歲晏，殊無好懷。筱珊同年曾住宿敝齋，藉稔起居近狀。先生精神淵著，平生媚學之劬、稽古之力，足以致大年，所謂天之報人，不報其人而報其人之天。莊生云：『開天者德生。』且必堅留傔從，俾得南樓曲宴，雍容諮問。

瀛眷還杭之議，似須從緩，老年體氣須人護持，若遣累先歸，懸情兩地，亦非老人懷抱所宜。又節庵、叔嶠、穰卿諸君皆盼公留鄂，同社鷄豚，賴以不寂寞也。徽州紫陽一席，當仍舊貫。今秋晤笑如太守，緇衣之雅甚殷。雲門同年寄來尊撰集叙，清雋异常，評量不爽銖黍，一如張茗柯集中稱心而談之作。惟下走才弱，不足當樊山顔行耳。走今年屢抱末疾，山婦亦沉疴未解，此間冗劇，非散樗社櫟所能堪。謀明春以乞假修墓，徐作抽身之計。久倦宦游，如繭自縛，實亦事勢所逼，不容不爾也。兹乘吟鉢兄之便，草草奉上，未盡所陳。叩祝年禧，惟希教察。年小弟昶再拜。

二四

四月十一日奉到先生惠札，其時正在病中，因循至今，有稽裁答，汗顔何已。子鎦世兄將瀛眷安抵鄂渚，逋仙冰玉，服食安便，鄭堂帶草，高雅環侍，足慰老人著書遣日之懷。名山壇坫，九流宗仰，甚盛甚盛。筱珊、穰卿皆在鄂，想時過從，亦不寂寞也。昶三月中得有頭眩鼻淵之疾，近服陳蓮舫藥，稍稍向愈，尚未除根。時時不寐，狀類怔悸，事多健忘。税課多方整頓，奇絀如故。餉需迫如星火，公事多棘手，深以久居此地不宜，欲攀附宿松解龜之陳迹，乞病而去，以免以爲事累，日坐針氈。第世局如此，那得一片安樂清净之地，足以避世卜居？尚未定所嚮，故尚婞婗未决也。

二世兄乾脩英洋陸拾元，托交子務匯呈，希察入。聞已服官鄂省，便于侍養，此計亦良得也。湛侯六旬初度，得珠玉高文爲之介祉，必能稱心出之。蘭洲奉太夫人至鄂，當軸極爲刮目，内行純篤，循良推重，同輩中最爲成氣格者。蘭兄前復一書已收到，弟冗瑣極懶作書，晤時乞致意。復孝膺一函求致之。處今日時勢，大有潰然道盡之意。公善以道自勝，請叩示安心法何如，願發藥之以銷客疾也。苦緒危言，非面莫究，寸紙何能盡悉。敬叩起居曼福。昶又叩。閏五月初七日。

二五

仲修先生同年大人講席：

閏五月初六日奉上寸箋，并匯呈子鎦世兄乾脩洋陸拾元，想已上徹台覽。伏熱炎蒸，敬維道履勝常，精神康健，至爲心祝。瀛眷抵鄂垣以後，上下想均安吉。帶草堂前，多受經問業之佳士，蘭洲、筱山，時時過從，清談不爨，奉蘭陵爲祭酒，尊槐里作經師，著書清暇，想不寂寞也。

海上事稍定，還杭之計，當俟一年後再定行止乎？弟自三月抱疴，醫藥雜投，夜間漸能熟寐，而吏事稍冗，仍時有頭眩之病。又今年新常兩榷關税既大絀，地官公事亦多棘手，才如襪綫，慮不能勝，久蓄解龜之志。東瀛新約，創開蕪岸，領事若來，稍有血性者，不能低首下心，與之接待交涉。事日艱一日，百煉鋼化爲繞指柔。人生貴適志，亦何能長此桔槔，隨時俯仰乎！惟先生有以教之。附呈《湛然居士集》一部，聊備鄴架。瀛伯兄今晨匆匆即行，作書不成字，并未及縷陳爲悵。敬叩道安萬福。年小弟昶再拜。兒女侍叩。六月朔。

二六

仲修先生同年大人座右：

弟新正初五即至省垣，載途雨雪，草草勞人。初十趁江孚輪船赴金陵，住客店數日，聖木六弟見兩面，伯虞見一面。楊樸庵老人去冬辭世，往一慟而已。到金陵即病，十九趁輪回蕪，而過客絡圛。又二三月間，節帥將來宣州大閲，早日屏當一切，簿領積壓，清理塵勞。連日壇祠春祭，感受風寒，頭痛欲裂。連得我公手札三通，久稽裁答，皋不勝皋。此間無日不有挾八行來謀事者，今年在任八月至年杪止，耗用兩萬餘金，而教堂賠款絲豪未曾稟解歸款，殊爲針氈無穩坐也。

二世兄新正吉日嘉禮初成，膝下芝蘭，佳兒佳婦，德門福慶。桓榮三世方需講筵之澤，耆學晚徵，陰德陽報，造物必有以位置經師也。去冬敝邑來書，疾疫流行，傷人不少。聞宅上家婦少奶奶及二令愛相繼以出天花作故，此係天灾流行，絶不關一家之氣運，願公安時處順，勿過傷悼。且高年遇此等事，祇能排解習忘，斷不可損神，切祈曠達處之，萬禱萬禱！承示上巳前由鄂州買棹還珂里，示春農書云，二月下旬必成行，已定何日何船？乞飛示一信，以便赴江干有話面談，切叩切叩！

許伯若兄事，曾爲面懇薇垣切托。去冬連致兩函方伯，一復一未復。宣城一席，干請者紛紛，已定章幹臣大令。一人得免，千人皆廢。皖省官場，皆以日游神騎火馳馬，無孔不鑽，惡劣已極。薇垣允爲伯若别行設法位置，然至今尚未有眉目，弟亦爲著急也。黄少梁兄，容即爲之位置。重以諄命，敢不竭意爲覓栖啄之區？弟少長孤寒，久懷誓墓，但求刮掃宦游之迹，那復更作海上槎客之夢？訛傳之語，真如東風射馬耳也。經心一席，南皮師維繫高賢，白頭師弟，投分諄篤。我公暫行返里，似未可遽辭此席，致函丈少一便坐雅談之上客。且家鄉舊游寥落，近亦少味，反不及客游，猶有江總持著書遺日之樂也。先生以爲然否？

白叔同年之世兄子衡，英年雋才，欲爲紅海壯游，必係有志四方之士，傾佩無既。賜讀近詩一卷、日記一卷，風神駘宕，一似錢受之晚年之作。日記既精既博，足爲後學津梁。内載交舊投贈之言，公所知皆弟亦預有苔岑者，從前視之如花草鷄缸，二十年來，乃知其品格可貴重。所謂諸子雖未及古人，自一時之選。後生可畏，來者難誣，既病逝者，行自念也。年嚮五十，正所謂老色日上面，歡悰日去心，與公同此感概，如何如何！敬山太史何日來于湖？吏冗匆匆，不及縷陳，行將把晤，眉宇望元紫芝翁顔色矣。蘭洲何日解官去鄂？亦願一見也。叩請道安。年小弟昶又頓首。二月十九夕。兒女侍叩。

山婦十三日免身，又得一女。向平之累，尚未手了一樁，可笑也。

二七

寄譚令君八月初作録呈。

荆川習禮高槐下，唐僉都順之嘗講學襄水書院。僉都受良知之説於王畿龍溪。孫策移家大道邊。

孫桓王在歷陽未渡江時，嘗徙母阜陵，後入曲阿，始遣將陳寶至阜陵迎母。濩落如君猶墨綬，支離笑我轂黃間。幾時爲假秦毛羽，入世終愁越膽肝。襲鄦倘回酬夙尚，平倭何事托庸奸。微吟一勒南岡石，南岡有水石之勝，使君何不一步游□得。游迹終懷仙苑賢。澤宮旁高樓下『仙苑』二大字，晦翁書。但保人生金石好，何須遽問蹲鴟田。

手告所不能盡者以此略疏。

去秋與南皮座主、鑾坡、張幼樵、黃堇腴輩十許人游西山十日，有詩及記甚偉，惜不能抄寄也。

李慈銘（三通）

一

前日得手書，時忙迫殊甚，率草數行作復。弟於初一日由西興駟船專致一書，約六七百言，未識曾言及否？香濤太史關書本已言明不送，爾日欲還之，又恐香濤疑其推托不就，故且收訖。但弟之行實難，老妻必不肯遠役，以素畏見人，又性佞佛，故甘于牽蘿閉門，誦經以居。今擬爲安置婦家，而其兄弟盡喪，只一嫠嫂，非爲之籌三四十金，留易薪米，則不能爲活。姬人擬挈之楚游，而主僕妾婢四人，遠行千餘里，亦非五十金不辦。家中宿負必須立還者約三百金，今山妻既留，則稍可藉口，然必不可緩者約四十金。内外弟族中不乏富人，而向來如不相識，則其無一可告，不待今日而知。未識貴老師四十金之外，有無所增。弟嘗自擬如村里貧老女，歲久不嫁，一旦有問名者，則索聘金轉昂，曰某鄰姬須還織綫錢若干，某餅師、某漿家須還餅餌錢若干、豆腐錢若干，人雖笑之，不知其所求實不得已也。弟與太史文字相契，至性情境況，則固未深相知，故不能不先言。且亦有鑒于周氏兄弟，尤不得不設意外之防耳。執事爲我謀，必忠且信，未知太史臨行時何言？弟本約其吴門相待，今屆指時將屆矣。特遣小价赴省，趨府領示，乞一一告之。銀件希即擲交，以便部署一切。至於船單火牌，有無留下，將來到杭可仍問譚太守要船否？中丞處未知可商一二否？如進謁時乞代爲道近狀，至禱至禱。李大令所言固似，未知曲折。弟之變計，亦非全爲此也。率此，即請仲修老社弟著安。慈銘頓首。十月初七日。

社友例以齒序，故竟以老弟相呼。今日閲《順天題名録》，有一祖免家兄名，弟若無耻，庚午再作老婦行，或竟得遇，則當加呼一年字耳。呵呵。

二

拜書並題詞，婉約清深，不負誇賞。扇頭此畫，便可傲視伽陵，兄得此亦可千古矣。敬謝敬謝。炎歊漸盛，杜門不出。晚來如有佳風月，祈轉約松溪，當偕赴花間一睇也。蘭當在坐，共讀尊詞，倘松下見招，必與匡伯驂驔而至。小械適用盡，敬以一枝報命，以明不欺。復上中義道友。弟慈頓首。

前詞已托匡伯寫上，稱謂悉依原書字樣，此詞寫時當加『法家教正』等字，特此聲明在案。年、社等字太落後，世、社字尤犯國朝功令，故不敢用。

三

惠書誦悉，承題《秋思圖》，空靈宛轉，倍覺白蘋紅芷，蟬嫣欲絶矣。《填詞圖》尚希撥冗題之。海上之琴，非同心不能解也。河陽司閽摜拒客，無論生張熟魏耳。復承仲義興居安善。慈銘頓首。匡伯附候。

子縝聞今日移寓，未知能否。

陶方琦（三通）

一

復堂老哥同年垂覽：

別後均是荒寒竟味，芳華都歇，風月愈麗。《甘州》一解，大恉盡之矣。通河一路，長見好月，定知照過花間，來照旅人耳。但托意焦琴紈扇，不堪聽急管繁弦。中秋泊夜，頗聞弦管聲。新集二詞，請縈之方寸。吾兄可重陽出都，亦是妙緣，宣南風月，不易得也。桐枝玉琴時相見不？敬承客安，儀父均此拳拳。晤竹篔、月汀、辛楣，均致聲。年小弟方琦拜上。

十八夕抵津門，二十開，山東海航航費相等。

二

數日不見，抑抑無緒，溽雨敗興，旅愁益深。前晤松老，知兄事，因藍洲信中俱未妥帖，以弟揣之，藍洲幹事周密，此必另伏奇兵，恐黄金擲虚牝耳。滓淖兀摇，乘輂不帖帖，故不能走話。小詞一章奉教，即承仲儀老哥大人升安。年稚弟琦頓首。

鳳洲聞致力字摹小詞，亦乞寄覽。

三

仲儀我哥同年大人師席：

去歲病中得青浦道中書問，殷拳尺紙，什襲厚愛，又勖以楙學，以弟之不材，而俾聞大道，導師之誼，敬佩終身。弟自病廢半年迄今，春後始能出門，疾痛害人，一至此極。命定磨折，十事九左。今年迭遭國憂，杜門亦分。武林志乘了局，想亦未開，眉叔在局，近亦久無信來。明歲春明，故人或可聚首。而老哥一行作吏，更乖兩隔，悵望南天，知己仳離，殊深悁邑。赴皖以後，官路如何？聞已得一差，亦可以佽旅食。第不識春上有無委署之機，故鄉頳羽，引領爲勞，尚乞時賚勝音，曾慰下繫。

聞藍洲元椒宦况甚好。吾輩局迹作老蠹魚，甚非計也。明年兩科，覬一機會，火牛以後，必易轍矣。老哥官路飛騰，其允爲先路之道乎？都門近局，未能覼曉。紫泉書來，尚述舊聞。遏密以來，芳事遼落，始信昌衰轉圜之理。雲門亦有書否？甚念從者。知己遠隔，聚首何時，念至此，心怦怦矣。彦清游鄮，亦無所得。子虞校文郡城，亦來一見，寄居寥落，况味可知。首夏之後，始親筆硯，舊學芼忘，都如隔世，加之自棄。甚幸感愛，命續成《爾雅》《淮南》，既廢之餘，不堪鞭策。精神湫盡，自畫可憂。比得道藏《淮南》珍本，與宋本相去不過什之一二，而局中刻莊本，弟致書眉叔，尼之再三。上意如斯，令人悒悒。致使贋鼎盛行。鴻烈之學，恐將闃絶。近成《淮南》莊本道藏校异，計三卷，銷夏當續成之。荒落可憂。鑽叩事絶，不過青氈生理，蹩躠靡騁，以此銷遣，虚縻居諸耳。每念厚許，輒深忸墨。病中有寄懷詩詞，庸敢附鑒，上承升安。便乞惠數行，以慰輖飢。同年小弟陶方琦謹狀。

高陽臺・雨夕飲秦淮同桑根先生

江霧捎衣，水風颭燭，涼宵重聽彈箏。曲曲清溪，樓前流過無聲。依稀六代繁華地，做今朝、雨冷烟清。却難忘，酒泛瑶樽，香簇雲屏。　年來慣觸湘江恨，羅巾水杳，金鏡潮生。倏笛東闌，舊時月色分明。無心再對閑花葉，算天涯、都是飄萍。剩歸來、畫舫迷濛，水閣荒冥。

滿庭芳・題玉窗清怨册子

梅占春先，桃遲雪後，那許重整羅襟。香叢蝴蝶，高下逐花尋。漫問蛾眉深淺，無人畫，留到如今。瓊樓畔，層層高處，莫怕曉風侵。　沉吟。前度事，輕寒輕暖，都不關心。怎閑了、紅闌芳訊銷沉。歷亂海棠開遍，庭檻外、寂寂春陰。誰憐取，玉階閑艷，空護鏡奩深。

復堂老哥教正。方琦。

陶濬宣（十五通）

一

復堂老哥同年侍史：

去冬琴從旋里，弟適來杭，戴園觶菭，亦有前緣。别後駸駸歲月，忽又徂冬，山川隔閡，缺然通候。虚想之積，過於陵阜。昨從子虞處出示致渠手札，縷悉近狀，藉審榮篆南譙，令聞益𢌿，師門珂里，權作長官，亦是佳話。聞其地俗風純樸，遠勝新安，賢宰所至，民物改觀。静治餘風，必多嘯咏，欽企欽企。弟自去臘委襄書局，遂住戴園，得與元同、眉叔諸子昕夕披晤，較勝索居。唯比來局中事皆掣肘，人多雜流，知好星散，迥非疇曩。回憶吾哥在局時，覺今昔氣象頓别。洛陽春好，已恨來遲矣。近又以計諧促人，未皇安迹，而窘迫萬狀，一時尚未能成行。

夙荷厚期，並以附及。子縝得乘星軺差爲光寵。仲彜今奉諱里居。秋伊、彦清邇狀如昔。均勿念。幼眉一書，因乏便遲遲始寄也。率勒，不既遠懷，但增企咏。敬叩升安，伏蘄倍萬自重。年小弟濬宣頓首。十月十九日。

二

復堂先生著席：

春初寄一書，亮登惠鑒。弟營卜先兆，至二月中旬始畢工，以客粤五年，時值掃松，因留省先墓，近日始完，望後准戒裝矣。通藝堂《勸學卮言》，去冬已將序文呈教，近日於塵俗之中偷閑，寫稿粗定尚有數篇未寫，寄呈著餘惠覽。其間訛舛疏漏之處甚多，務求先生詳賜誨示，匡其不逮，擴我見聞。卓見所定，即求一一批示卷端，不勝叩禱。經義、辭學二條尤懇細削。蓋曾觀察初創此院，敦囑擬撰條教，深愧疏漏，必致貽笑大方。先生愛我，幸賜詳教之。叩頭叩頭。唐人稱賀秘監書深得二王法，海内無真迹，越中舊有《龍瑞宫記》，久乏傳本，莫知其處。弟訪搜數年，近始得之，亦一快事也。去年論書詩中有『鏡曲年年尋賀老，江南絶學在雲門』之句，尚未訪得也。速拓一紙貽上，先生先睹爲快。去年從房山小西天洞購得隋石經殘石二方，以吾越無北朝一字，氈包車載，千里運歸，并拓以貽先生，並求撰一跋也。讀其文句，似是《法華經》。又漁人于水中得一石，刻隋文帝象，不知何時所刻，當不止一石也。明人歷代帝王象刻石，本在越中，想其一也。近日著躬何似？甚念甚念。瑣瑣奉告，以博一笑。弟准望後渡江，一一容面談，不盡。《龍藏寺碑》已作跋否？敬承纂福，并問潭祉。年如小弟濬宣叩頭。三月十一日。

三

復堂先生同年我師：

去秋中元後到省，而先生已行，按讀留書，備承關愛。詁經院事，弟與子誦本無意見，握手如舊，一切仍由渠經理，唯時須重作粤游，不能兼顧，故不復再圖蟬聯，貽人口舌。弟年杪本思返里，以伯更、敬山爲香帥所招，書局總校僅弟一人，鉛槧較忙，不便更去。近聞先生告旋，想杖履安勝。今春赴鄂，是否挈眷同行？兩湖書院新造宏敞，想經心亦必擴修。弟遠羈嶺海，舊友日稀，遠思笑言，時深神往。季平歸蜀，理庵聞亦旋湘，今兹重來否？穰卿是何席面？均深繫念，便乞示慰。《輶軒續録》采及子縝先兄之詩。去歲仍泐函奉懇，請將《潩廬詩稿》寄還，以備繕録。嗣晤龔甫，知縝兄詩選録數首，甚少，務懇先生選録五六十首，早日録成，寫資乞爲代給，拜懇拜懇。交與龔甫，請其編入。其仕履小傳，由弟另寄龔甫也。至縝兄詩稿，想已甄定。此次文從過滬，乞將詩稿一并交與悦昌在上海三馬路逢源里悦昌綢莊。轉寄，萬分可靠。弟即擬在粤開雕也。盼禱盼禱。求先生賜撰一序，隨時寄粤爲懇。以後賜書不必由謂士處轉寄，即在鄂渚交信局寄廣雅書局，半月可達。弟去冬書贈先生一聯，得便即寄。《後周西塔記跋》附呈大教，《塔記》另日再寄。敬承纂福。辛卯元夕，小弟濬宣叩頭。

四

復堂先生同年師友：

別後忽已徂秋，馳念無似。昨得褚理堂世兄書，欣悉杖履旋吉，甚忭。前屬鈔《危言》，弟三月間在申浦晤蟄仙令弟，其書已罄，因慫恿石印。前年曾爲題簽，仍因循未印。近始寄來，特以寄覽。吾哥何時再作鄂游？弟下月擬西度一把手也。敬請著安。七月廿二日，小弟濬宣頓首。

五

復堂先生同年我師：

別後反里，人事牽拉，無片刻暇，致疏上問。昨奉惠書，敬悉纂著安勝，甚忭甚休。弟本早圖赴粵，道出杭州，丁氏《易林釋文》擬即面呈，故未寄也。承函詢，即以寄達，祈察收。弟學殖荒落，徂年空怨人事酬酢，偶有纂記，中無所有。抱慚空質，故隨作隨棄。益吾先生諄屬留稿，故自今年起，録存數篇，不可謂之文也。敬以呈先生賜教，其有不合，必求削改，并懇詳縷指示，匡其不逮，視以軌範，俾得隅反。所厚望焉。夙荷不棄，義兼師友，而情同弟𥨊，萬勿稍涉客氣。拜禱拜禱。弟部置粗定，初十外來杭，再得面領大教也。《十家四六》尚未刻竣，去年有校本兩册，尚非完本，先以寄覽。敬請纂安，餘面。年小弟濬宣頓首。

六

復堂先生同年：

別後於謂士函中略陳概梗，諒早轉達。敬承纂體休勝。前屬一節，當即面陳于函丈，唯移節在爾，諸事苦煩。南菁書院自去歲始分經學、詞章爲兩席，元同專課經學，繆小山課詞章，院事較簡。今冬小山以服闋辭院，續請朱蓉生侍御，蓉生以日下改掌廣雅，未便即辭，擬函復南菁。弟思此席與吾哥最宜，院事尚簡，月修較豐。每歲一千二百千。且一水可通，離家甚近，故已托人向蓉浦學使推薦。一面函致小山，舉以自代，并屬蓉生於辭館函中即舉先生。日内晋謁香帥，并請作札也。先此奉告，預爲南菁得人之慶。弟擬俟香帥移節後十一月初六。稍遲即旋里，前命書『半广』額，已寫奉，懇代撰《陶集後跋》并《像贊》，懇爲著暇撰成。《金淮生叢書序》已刻。穰卿昆季及小雲得中，甚喜。如賜書，交信局徑寄粤省廣雅書局。敬請道安，不盡。年小弟濬宣頓首。

七

薄宦知何恨，鳴琴早放衙。黄山仙令賦，大邑相公家。鎖印文無害，行春縣有花。相逢農父老，岸幘話桑麻。

收拾江山氣，都從卷裏看。五言創高格，十載溷粗官。並世誰同調，青琴不惜彈。風騷原比興，幽思寄無端。

丙戌中春，寄贈仲修先生同年，即題《復堂集》。弟陶濬宣。

八

黄浦

滚滚三江水，奔騰只向東。天長沉雁鶩，月出醒魚龍。草散千蕪緑，燈高萬舶紅。忽聞喧鼓角，重鎮海疆雄。

入都即事四首

消盡雙輪鐵，烏裘四度來。藏名空酒肆，走馬又章臺。短策客方倦，初花春正開。飛騰憐暮景，相對且銜杯。

入洛誰相問，儒冠愧誤身。東風三月柳，老我十年人。看鏡顔非昔，探懷刺久泯。車塵如舊識，拂面尚相親。

十載朋游感，升沉歲不同。回頭燕市侣，極目遠天鴻。長路書千里，懷人酒一中。庭花紅的的，相向舞春風。

聞一能知幾，勞勞轉自憐。逢時慚技拙，虛譽畏人傳。白眼逃當路，青雲待少年。時艱誰獻策，側席正搜賢。

丙戌上巳，濬宣録於宣南客邸。

九

大沽口二首

春風吹送下滄溟，談笑魚龍夜不驚。鐵甲八千齊馬力，銀濤十萬壯軍聲。五陵佳氣蓬萊近，大海樓船碣石橫。七二丁沽天險在，年年波爲聖人平。

水天萬里極茫茫，睥睨雙臺下夕陽。猶有風雲盤故壘，空留笳吹吊賢王。精靈怒壯波濤氣，鎧甲高懸朔漠光。還戍近勞宵旰切，憑誰隻手奠金湯。

濬宣近草。

一〇

奉送仲儀老哥歸杭州叠用前均即正

東風吹棹動征塵，十日平原笑語親。好把湖山誇故里，君先山陰人。最難客主盡詩人。時寓娱園。生能並世原奇福，聚是無多總宿因。如此勝游應不負，新詩傳遍鏡湖春。

小弟濬宣手稿。

一一

復堂老哥先生同年：

省門小住，日領誨益，忭快何量。别後上承撰躬安勝，甚休甚休。太和師祠款，越郡家居者寥寥幾人，勉集六十番，托便友寄呈，祈察收。弟返家以後，人事坌積，八月間恐未必得暇來省。遠念佳儀，徒深菀結。屬訪假九書，俟有所得，當統寄塵。手肅，敬請道安，不宣。年小弟濬宣頓首。

一二

復堂先生同年師席：

四月初寄貢一函，内附贈金石各種，並拙著一册。七月初又寄一函，十月又奉一函，亮均達著覽。又屢由穰卿處致意，卒未拜片言之復。馳繫殆不可言。敢承纂著益增，福祜駢萃。甚休甚休。秋季到鄂，近日想又旋珂里矣。《張勤果神道碑》頗經心寫成，不負宏製。嗣聞碑石中斷，子苣已北行，家人驟難選此豐石，遂叠立三石爲之，必不鞏固矣。可謂三看碑。弟深惜此當另用洋法照印一通，以快先睹，特寄法鑒。又近成擬文數篇，尚有一二篇未刻竟。附呈一笑。春初所委書各件，均一一寫成，分别轉交，唯汪君一條未書，現已寫好寄奉，以報台命。唯拙著一册，萬求速爲誨削，將稿寄擲。不勝叩禱盼切之至。戴氏《屈原賦注》尾張四篇，乞録寄來，以便補刻爲禱。弟正月杪由粤北上，二月中旬必在滬，如先生至鄂時，或可一晤，乞到後馬路悦昌文記一詢便知。手泐，敬請著安。盼復，不宣。小弟濬宣頓首。十一月廿二日。

一三

復堂先生同年師席：

前奉復書，敬悉纂祉休勝，甚忭甚忭。弟以先墓事留津，近始畢工，仍擬度嶺。敬求先生鴻筆賜撰先君家傳一篇，以光泉壤。近敝族擬修宗譜，得爲家乘之光，歿存均感，叩頭叩頭。附呈《墓表》一通，語無倫次，必求先生詳爲改削，並指其疵謬，萬勿客氣。拜禱拜禱！並懇削成，速賜寄擲，以便書丹。盼切禱切！弟幼孤不能詳述先德，故不別具狀。先君友愛極篤，伯兄卒。待季弟摯盹殊常，此表中所未及也。書表時用否別人填諱，並示。聞先生有歸與之志，確否？弟時到杭，榆園主人無恙，子虞亦常枉見。敬請著安。小弟濬宣頓首。七月十八日。如賜回書，交信局寄紹城西郭，甚便。

一四

復堂老哥先生同年：

去冬由仲恕世兄拜奉賜畢，春初由栗園舍弟處所寄一書，并《書院學則》稿本，亦先後同到。栗園久閣，幸未誤失耳。承賜誨示各節，感佩不可言喻，惜尚有數處未獲一奉手面承教爲恨耳。弟去春由粤返里，滯病多日，中誤醫藥，幾成沉疴。夏秋之間，始得痊耳。九月間遣嫁次女，十月間爲先君營葬于邑東鄉，曰石旗山之陶姆塘。因秋冬亢旱，河道涸阻，運石艱難，逡巡年杪，石工尚未完竣。敢擬歐陽之表阡，日效叔和之負土。以致廣雅局課久荒，良友書問曠間，歉念良深。邇者東瀛鯨浪，震撼不休。草間蒿目，惕息仰食。春明又迫，已無志再逐計吏車矣。俟春間先隴工竟，擬再度嶺南。唯先人志銘，思敬求大筆表章潛德，夙承深愛，必荷垂許。先此奉懇，稍閑當敬述事狀，寄呈著席也。先君卒官于廣東雙恩場任所，神道横額擬節書『雙恩陶公神道』六字，制因華表。書地而不書官，有此例可通融否？墓屏擬題封誥全銜。是否妥洽？求速賜裁定示悉，因礲石待刻也。盼禱盼禱！杖履何日赴鄂？如稍遲，弟到杭尚得握手。來書所取《張公神道》及癸巳擬墨，敬附呈察存。敬請纂著大安。乙未正月廿日，小弟濬宣頓首。

一五

復堂先生同年師席：

首夏在都門貢一畢，並以拙書篆隸屏條八幀呈教，亮達著鑒。即承循楙卓著，民物改觀，真除超秩，甚頌甚望。弟鎩羽圖南，依然雌伏。張朗帥招赴山左，王益吾師父以斠刻《續經解》相屬，而四十平頭，深慮衰至，亟圖作出山之計，去住未定，逡循莫從，敢質先生，以匡不逮。弟前以教習注官知縣，見擬指省江西，益師諄留，尚未定也。前命書「復堂」楄字，敬作大小兩紙，幸賜教之。清輝天末，思之悵然。敢期德音，以當雜佩。敬承休嘉，不儩。年小弟濬宣謹狀。丙戌至日。

子縝先兄遺著多未卒業，近日董理寫定數種，知念并告。

馬賡良（二通）

一

復堂先生如師：

春仲奉惠書，備承推獎，感愧交極，屢思裁答，而家累身疴，積時累月，中心焚溺，百事皆廢。中夏曾屬止軒達悃，未知曾達否也？《斜陽烟柳圖》亦春間由止軒轉遞，諒早垂鑒。良半年以來，無論詩文，無論工拙，總未嘗成一字。前日見大著《寄龕文序》有『世不數人，人不數篇』之語，驚心動魄，幾至泪落。自問數十年文章，自喜有當立言之旨者，畢竟幾何。越中文章，晚近首推躬耻齋，今年始讀其全集，文章確有銖兩，可勝恨恨。越中故人，詩詞多可采輯，言行亦多可稱述，選録叙次，本後死分内事。三復惠書，且興且感。然自顧百骸皆疲，心力益墮，一寸爲己之業惴惴未就，安能及人。仰望高風，惟有愧恧。良數年以來，成文既極艱難，酬應又不能免，言所欲言者，按之不過三篇，謹呈元覽，有當作者之旨與否？幸教正之。茫茫天壤，真知此者幾人，勿爲世法障，蓋所願望也。沈蒙叔文字知交，時深縈念，前承寄示詩詞，足見故人情重，兹亦有書通問，拙著幸遲日遞示之。草布，敬承著安，并希朗鑒。學小弟馬賡良頓首。

二

復堂先生師席：

獻歲春氣殊寒，未審雪舫冰湖，能探孤山梅信否？庾公清興，想復不淺也。良裘爐瑟縮，無病常呻，此身迨將近廢。數十年文字修因，恐并不能成有漏之果，撫膺自嘆，亦自惜也。承命撰《日記》序，勉力求工，久久愈不可得，盡臘脱稿，氣索神枯，不復自審當否。謹别紙録呈，幸即是政，删潤之可，指示之亦可，非虚言也。寒家藏書陋略，其年書未見，想是感舊一類。鴻著紹之，闡揚功爲不細。浙東惟孫退宜詩爲先生所未見，餘皆在所素知。聞見實隘，人才亦難，續有所知，定當報命。娱園有《詩存》兩帙刊印，未知曾見否？須見當索寄，或從心雲索亦得也。草布不盡，敬問著福，并賀鴻禧。學小弟賡良頓首。

王詒壽（十二通）

一

仲修道兄左右：

聽園話别，夜雨登舟，忽忽又兩月。前得秀洲、黄浦所寄兩書，故人情重，令人彌生繫慕。子珍娱園緘即寄去矣。弟于臘月一日奉中丞札委，與元同并作總校，次日謁見，又言及修志事。固知薦士之書，已得早達，感甚感甚。諸子之刻，蔭甫大史已單開諸家善本致之中丞，其所定與兄先開之單，大略相同。弟輩即依此校勘，而江都君异説蜂起，又以京曹自矜，不甘相下，日嘵嘵于書坊，欲叩戟門自陳。然而鹿門貴客，亂點金根之車；華省名郎，未解芳洲之杜。不知顔甲，徒恃舌鋒，在彼祇增人笑，在弟亦豈屑與較哉！元同新病起，十一日即首塗返甬，弟于鎖篆時束渡，以福昌之故，度歲如度九節灘，乃至敝裘絮袍，俱付長生。除夕前三日，又聞鼎湖之變，天碭地摵，率土崩心，杞人之憂，不勝噤栗。旋聞夔記定策，中朝奠安，驚哀之中，又爲額手。入春多雨，斗室枯坐。苦念知己，又不知琴從到皖一切何如？計質文處必有消息，特先奉函，略寫結轖，惠山事，弟回里時尚未了，比想已解釋，質文當有信奉聞也。到省後當續布覼縷。又質文交到大作留別七古，合沈宋、岑李爲一家，三復不忍釋手，情之所觸，拉雜走筆奉答，不復能計工拙。時值施均父皋蘭書來，故弟三首及之。又弟回後，娱園屬以番銀十二餅，由弟付尊府，並云明年春夏之交，如接眷尚有所須，當更爲畫策。渠誤以文從行在開春，故前無信寄耳。弟寄渠二信，前函早到，渠甚望高軒，後所發函，本托趙晴初轉寄，乃遲至十一月杪始到，可恨也。弟因歲暮停郵，尚未寄往，俟到省，當盡奉也。手泐，即請著安，不盡。小弟王詒壽拜上。

二

仲修道兄大人執事：

江水湛湛，知己千里，願言之懷，良不可罄。承屢寓書，又貽《管子校正》，久缺裁答，非惟疏懶，亦以言長難盡述也。執事近狀，固所深悉。方伯既能招致，必知重賢，耐心處之，事事當在意中。志事得鴻識主持，乃皖中文物之幸。題襟雅集，傾蓋名流，承示鄭、馮兩君，其鉅篇短什，能令故人一快睹不？

弟寂居局中，嗒焉寡歡，富貴之心本澹，科名之志已磨。惟思一士之生，稍异傭保，没世無稱，誠可深疾。别後于韵語之外，大肆力于駢儷之文，討源漢魏，擷麗六朝，自覺小有進益。它日或得勒成一集，庶幾以詩文附作者之後。淺才薄殖，終慮虚有其願耳。亦有志于樸學，時時就元同討論，大海茫茫，正不知津梁何在。入春以來，得文二首，詩詞約十餘首，欲求一知者商可否，渺焉不可尋。局中大綱比，雖稍稍如前，而一輩新人，味殊道异，耳聞目睹，往往污陋，絶于等倫。能從事惡劣墨卷，嗚嗚作媚聲者，猶其上焉者也。如何如何！

諸子之書，已將《晏子》《吕覽》《墨子》經訓堂本發寫，其餘亦多有善本。惟《淮南》莊校本迄無佳者，子珍之書，渠慮已所塗乙處有誤，不肯示人。鳳洲又遠出，其書且在它處，衹得俟它日再商耳。秋伊寫信最懶，得大作詩序，歡喜無量，囑弟代謝，所改四字，當爲轉致。彦清在家尚乏栖硯之所，已赴甬東，不知有機會可圖否？此間志事，去臘弟謁中丞，已面言明年必開局云云。澹如都轉亦數言之。以致忌者异議蜂起，滬上《申報》乃竟言弟與元同，中丞已下札委修志，真可恨也。至今年此事乃又成懸閣，總纂又不能定著去，極早須秋試後舉行矣。《宋史》五月可刻竣，而修功極大，成書終當在歲終。此書舛誤最多，其中難免有笑話。近日略加翻閱，竟有改『掎角』爲『特角』，『力疾』爲『極力』，『朝士』爲有誤，『皋己』爲可疑者。其人則皆卓然名孝廉，赫赫號京官也。弟自正月杪來局，與元同長住，迄未暫回。鍔青家有冗事，來住兩旬復去。鳳洲已赴江西，同人惟潤卿、容士及沈組齋在局時多。江都大興風波，不能相撼，乃轉而修好，狐鬼伎倆，抑何可笑。

虎兒竟至不可收拾，其京商已經斥革，比聞干雲爲之斡旋，或暫可作改頭易面之計。然其後終不可問，如此機業，一敗至此，爲之痛惜。惠山事，一波未平，一波又起，質文獨力，何可支援。鄙意此事不一明目張膽爲之，終無了結。池魚之事，固不可不慮，但身在此間，以謹慎小心處之，一時亦莫敢誰何也。子虞至紹興閱府試文才回，隔數日輒來一夜談。知交落落，在鄉國者僅此數人。每思往日剪燭樓頭，與執事及藍洲諸君抵掌劇話，真不翅天上真人矣。皖中爲弟舊游地，溪山雲鳥之勝，尚在心目。其最不能忘者，壬子之秋，聞金陵寇警，亟理歸棹，自宣州道出蕪湖關頭小住，每夜看大江月色，何啻爛銀世界。時而雪浪噴涌，直如水晶山參差矗立，惜當時不能以奇句寫之爲可惜耳。當待執事得一中上之缺，力足留賓，或得輕裝而來，作六句之游。鴻爪重尋，亦一大快事。《管子校正》略閱一過，能如盛諭，删繁就簡，刻二卷，自是大佳。然事非易易，它日當與諸君商之。竇眷之行，必在秋間。秋伊囑奉戔戔，因聞尚不待用，故存弟處，未經送去，及秋當備呈也。語長心重，莫罄所懷。拉雜凌沓，無復詮次。藉請纂安，并頌升吉。諸希垂照，不宣。小弟王詒壽頓首。四月十三日夜四鼓。

三

仲修道兄大人執事：

日前奉書，亮注簽室。辰下炎熇漸逼，公餘散帶，何以銷暑。以執事高名，秋闈必得内簾，必當收幾個好門生，作爛墨卷者，必能棄若芻狗也。浙中無如此簾官。弟輩雖則預試，事已可知。如何如何！子珍近有信來，並有函致左右，特奉上渠信，中盛言《淮南》，然從其借校本，則又謂隨手塗乙，不欲示人，必不肯借。《淮南》之以《道藏》爲善本，固知之，然何處去辦，即可辦，而一言《道藏》二字，亦必不肯刻。弟向知執事有校定本，係依宋本校者，伏望暫時見假，即寄來。弟已與元同約定，兩人分鈔發寫，決不令原本小有污損也。現在弟校《吕氏春秋》，元同校《晏子春秋》寫樣，各將一半，俱依經訓堂本，不改一字，有疑者則書之册，或將來可作校刊記也。局中一切如常，惟江都君狂瀾又起，言渠欲專校《韓非子》，不准別人復校，並不准總校核看。又住在局中，自早迄夜，狂談大叫，如呆如痴。偶校書則必高誦之，其聲如沿門惡丐。燈一上則鼾聲如雷吼。晨光一露即起，呼面水，讀時文，吵到不可開交，弟輩真爲其鬧死矣。萬不料局中乃著此一枚也。同人惟洛雅選黄岩校官，將行，餘俱如舊。所定子書，十子之外，加《墨子》《吕覽》《繁露》《新書》，共十四種，甚易寫竣。寫手時來催問。昨已作書致俞蔭翁，托其致書中丞，於《通志》《通典》等中裁定一種，以便購書發寫，想回信不遠也。手泐，即請升安，統惟愛照。不一一。小弟壽頓首。

四

仲修道兄大人執事：

前月奉手書，亮注籢室。題襟勝侣，良覿必數。樂莫樂兮新相知，然益令索處故人引領爲勞矣。自君之出，知己兩散，弟又懶于酬應，往往危樓枯坐，顧景無儔，無所發舒。因取三間大夫《九章》《招魂》之意，行以子建、枚乘發啓之詞，作文六千餘言，名曰《九招》，昨已脱稿，改日當録一通呈覽也。秋試或勉强一行，前日藍洲信來，以讀時文相勸。弟亦明知此事非時文不爲功，其如疾惡成性，才一展卷，便覺或嘔。奈何！且亦甚不願以不由衷之言僥倖詭遇也。均父四月杪有信來，云得保已叙邑令，左相國將次出關，且不甚以事相屬。渠甚清閑，故大有歸南更圖北上之意。前者意氣如雲，奮策高邁，何其壯也。歲月未周，浩然思歸，悼從軍之苦，慕家鄉之樂，抑何憨也。弟報書甚勸其從之出關，成此壯圖，特未知相國果能以國士遇之否？松溪治廣豐，渠邑民有販淡巴菰來此者，甚言其慈祥勤謹，大勝前官。鳳兮鳳兮，翱翔江右。少妻稚息，困苦萬分。虎兒憨跳，竟爾失業。債臺千仞，無以自解。比知其母憤躁於當事，雖饑虎能嚇，恐亦無能挽回。虎兒聰慧美質，不知自檢，倉狼至此，爲之嘆息者累日。書局種種如恒，南人亦不復反。質文家弟昆之事，比亦挺緩，料無他慮。執事得署，當在何時？彌以爲念。皖中時所聞見，都望示我，以當面談。手泐，即請升安。五月十二日，小弟王詒壽頓首。

子珍病早愈，然久無信來，比聞與彦清同作甬東之游。云志局中可得位置，然元同云寧邑志已告竣，或府志將舉行，亦未可知。省中則近來竟不提起矣。

刻諸子之後，不如刻《通典》或《通志》，弟不知中丞肯否？還須吾兄作信也。兄以爲如何？周秦諸子書已開手，《老子》《晏子》《吕覽》有寫樣矣。中丞飭弟與元同主持其事。黄墨兢兢，彌慮不克勝任。今年自開春西渡，未嘗暫歸，六月初擬至家小住，而鍔青又回去未來，須待其到始可行也。《淮南》竟無善本，子珍必不肯借，其意非吝惜，蓋爲己所塗乙處，恐有乖誤，故不欲令它人見耳。

五

仲儀仁兄大人我師執事：

不奉教言者五閲月矣，惟時于諸君子處訊近狀，審榮問修暢，凡百多宜。江天迢迢，良慰翹想。弟從事校讎黄墨如恒，子書大半已上板，惟《淮南》終乏善本，比雖以莊氏本囑陳桂青細校，不知何如耳。又中丞命刻《皇朝三通》，此書至少前月從吴氏借得兩册，業已寫樣，還彼原書。而吴氏于此兩册之外，堅不肯再借。丁氏無之，惟吴興陸氏有此書，已托蔭甫太史發書向借，亦不知能得否？甚以爲慮也。今年秋試，弟亦懷挾鉛槧，從諸少年後，榜發被斥，乃至局中同人無一售者。弟于科名得失，已成見慣司空，固胸中絶無芥蒂。然觀今年之事，誠覺太奇。珊瑚木難，既成希世之珍；牛溲馬勃，盡入藥籠之用。人言不已，遂成謳歌。有唱于街市者，多至數十句。然平情論之，此中不無命存，亦非主翁所得專也。問學之事，一無所進。校勘之外，惟肆力于六代之文，意亦欲爲樸學，精神漸退，正慮力不及耳。婚嫁之累，迫人而來。今年歲杪，當爲兒子取婦，空拳赤手，集事爲難。債臺之高，又增一仞。五嶽之願，真不易償哉！

子虞、仲瀛諸君約須開正北上，均父九月間有信來，云已得保舉，當隨出關，然不委以專職，故意亦不甚得。至十月間乃忽有海外東坡之信，初聞甚駭，既而知爲訛傳。松溪聞官聲頗好。藍洲家眷前月謬士送去，比謬士已回，述藍洲一切，亦順適也。鳳洲不回，想由江西首塗赴都。西泉云今科必去，然弟于初六日東渡時，尚未聞其有部署也。手泐，即請簑安，不宣。

小弟王詒壽頓首。

八月間有奉懷詩一章，寫呈乞覽。再者，兄尚有洋蚨十二翼存在弟處。尊眷行時，弟適不知，故未奉繳。其後曾與子虞言之，子虞云不如且從緩。或兄于杭州有須用款，最好匯去；否則略遲有便人再寄。因循又歷多日，只得明年再奉矣。

六

仲修我兄大人執事：

三月間由譔士交到惠書，審公私順適。爲政之暇，復能構六代之麗篇，吟新柳之雅什，想見訟庭花落，燕寢香凝，何勝健羡。涑老適來作牧，自必相得益彰，六一翁之後，爲滁地別增一段佳話矣。弟戢影書局，窮愁如故。今年譚文卿中丞稍拂拭之，然涓涓之流，終不能蘇轍鮒，仍不免倒心瘃腑，爲無益之文辭，與雁鶩争食也。知己各天，顧影無侣。凡時下所號爲名士者，一無所交，惟許邁孫達識曠懷，頗有晋賢風致。時往來清談，興至則以小詞相唱和耳。比日子虞赴荆門，元同、儀父俱回南。濮子潛四月間有嶺南之行，今將返矣。渠言屢欲致音於左右，以所屬一事未能得當以報，故遲遲耳。藍洲新有書來，其宦况亦頗安善。屈指同人，出而爲令者六七人，而兄與藍洲、松溪，尤能持定名節，茂著循聲，可謂不負所學，令人欽佩。蒓客得捷南宫，足爲我輩吐氣。聞其補闕在即，故今年南旋與否，尚未可定。秋伊注銷中書，挑得二等，科分名次既後，冷官之選，茫然無期，此舉真蛇足矣。幼眉閉户讀書，絶不它出。弟又歸時甚少，且近來僑居鄉間，距渠廬稍遠，故相見甚稀。自定《鷗堂詩》三卷梓成寄弟，并屬轉呈。細閲其詩，秀雅和適，時彦中誠不能多得。特其五律結聯往往率易近試帖，又七古句法失平仄者甚多，兼各體間有累句，制題與小注亦有欠斟酌處。頗惜其訂稿之時，不與二三友朋互爲斟酌也。渠于近人中極心服吾兄，還能細批其端而寓書以規之否？手泐，即請道安，統祈朗鑒。不宣。小弟王詒壽頓首。六月廿八日。

七

仲修仁兄大人撰席：

前日高軒見過，清話未暢，匆匆遂行，甚悵。弟以艱於家食，欲謀枝借，承閣下扶之掖之，肝膽如雪，令人感搆。益信文章知己逾於骨肉，固不在交之久暫也。宗師意甚殷渥。昨謁何青士廉使，更握臂如舊相識，其言與宗師等。嗣晤許益翁，亦甚關切，均約後有所云，當托閣下轉致。書局、監院兩事，弟亦知局之久較勝院之暫，且有勞逸之分。惟監院尤爲人所豔羡，蹇屯之人，無可慰老母者，故欲得之，以博其歡心，非爲鶴料之多寡也。然北門之嘆，早已上聞。

窮猿投林，何暇擇木。總之兩事俱大佳，得一便好，不必指定也。見宗師時乞爲婉達苦情，從便酌定。計宗師啓行當在十一月間，其時必須定局，乞閣下時爲留意。當保則保，臨時飛示，弟當即日西渡，謁見中丞，兼送宗師。總之，此事推薦出宗師之恩，而扶掖全仗閣下菽水之奉。琴硯之栖，所望在是矣。貧辛孤旅，居大不易。十四五擬回里門，臨行更當走別，囑書屏幅塗就，附繳，祈檢入。心所欲言，斛墨難罄，草草達臆，惟垂神省覽。不宣。小弟王詒壽頓首。十月初十日。

弟家在紹城昌安門外洞橋頭仲記酒棧間壁，有信交局寄甚便。今日有五排五十韵上學使，改日當寄請正。

八

仲修我兄有道：

數年闊別，無限相思。去冬琴從暫憩聽園，值弟卧病里門，蹉跌不得晤，悵結良深。歲杪病愈西渡，由質文交到見贈翰墨、銀餅，益用愧感。入春以來，人事凌雜，到局後從質文詢悉吾兄近狀平順，甚慰。比又得手教，承趨公之暇，雅興不減往時。瑶卿來皖，青眼重逢。回憶白雲樓畔水香庵中淺酌清歌，連翩夜話，吾兄多情，鬢絲之感，曾以新詞寫之否？弟棖觸愁腸，萬端交集。昨夜不能寐，得二律，另紙録呈，乞正之。

省中風氣益變，講經學、詞章者甚多。然講經學者名爲漢學，而競尚新奇；講詞章者掩其空疏，恣爲怪誕。雖有倚馬之萬言，實不值吹劍之一吷。而轉名動公卿間，群以爲天下士。吾輩更何處求生活哉！故弟自兄行後，絶口不言文字，既無知音，何煩饒舌，付之一嘆而已。又頻年抱病，意興寥落。家本清寒，兼之兒女爲累，往年嫁長女，宿累未清。近三年中，又爲兒子取婦，又遣嫁次女，向平之願，雖勉强已了，而吾力既竭。避債無臺，竟至錐地俱無，琴書亦典。自撫此身，落莫如是，如何如何！書局必不能久事，多摯肘，弟亦不願久居。然而餓麟不噬，誰爲落毛；飛鳥覔栖，終須有樹。江湖乞食，何以爲生。皖中六朝形勝，文物所聚，如弟槖草來游，仗吾兄推轂之力，不審能安此身否？弟不自料，垂老之年，處此困境，乃至與三五少年競箋箋于書院中，每一思之，慚汗如雨。

質文遽遭斥退，實出意外。幸係謬士接辦，一切都可商酌。渠亦頗有出游之意也。所要《瑶華夢影》，已托其屬匠印得五十本，即由渠封寄到，祈檢入。弟輩與質文相處十餘年，臨事不能爲之解釋，殊深悵歉。遇事糾葛，有意爲難。與其勉强留此，誠不如輕身而退，在質文亦未始非塞翁之失馬耳。手泐，即請纂安，統祈愛照，不宣。小弟王詒壽頓首。閏上巳日。

周涑生刺史想當安好，在省城否？晤時乞爲致意。

九

危樓獨倚盼蒼茫，欲訴衷懷總自傷。狗監難逢楊得意，鳶肩空説馬賓王。青春似水堂堂去，舊夢如烟漸漸忘。偏憶與君吟賞處，畫筵絲竹水雲香。

重聽何戡往日歌，相逢可奈鬢絲何？清時花月君須惜，愁裏年華我慣過。鄉國近來歡事少，天涯從此故人多。東風千里應相共，輸與銀尊照綺羅。

詩二律奉寄仲修道兄，兼懷瑶卿，即請正句。己卯閏月，王詒壽未定草。

一〇

洞仙歌·奉題復堂主人《群芳小集》 有序

無雙妙品，人疑玉樹之花；第一情天，春鎖金臺之柳。紅毹貼地，串串珠歌；藍帕當筵，娥娥粉笑。是則咏仙童于嶺上，固已招趙女於樓頭矣。加以生少聰明，心還藕比，隨身宛轉，骨是花栽。銀鸚之綺舌偏圓，翠鳳之香箋解答。緑蠻窄袖，三年藏豆蔻之詞；碧暈纖眉，隔坐送黃蓉之語。愛翩翩之小史，洵婉婉之宜人。則有鳳城仙客，燕市寓公，來從西子之湖，爲作東風之主。於是分曹貰酒，排日邀歡。烏巾屢側，人來柘枝之臺；金絡頻嘶，馬識櫻桃之巷。梅花笛裏，紅豆含情；蓮子杯前，黃河賭唱。朝呼鶯而夕呼燕，卿憐我而我憐卿。厥有記事之篇，遂續燕蘭之譜。麝飛寶墨，題遍春詞；玉界烏絲，鐫來小字。瑶館之風情如畫，瓊枝之品藻都真。此可爲花月平章，示參狐史，芳蘭聲價，倍長龍門者矣。僕也乾螢自守，縮馬不前，自爇戒香，已斷摩登之夢；何來綺障，忽生兜率之天。想霓羽而情移，展霞編而色舞。珊珊欲出，絮絮安禁。三叠紅牙，不是鶯啼之序；幾時青眼，親尋蝶路之春。

櫻桃窗下，展瑶編一讀。簌簌飛紅滿吟屋。儘如花年紀，似燕身材，都寫入、小字烏闌詩幅。鳳城楊柳暗，粉約釵期，懶聽春風杜娘曲。嬌月照幽坊，燈影簾痕，想吹徹、一雙笙玉。把綺瘦羅肥細評量，問修到、梅花幾生香福。

春寒料峭，是落英時候。客裏閑情鎮拖逗。奈花邊金犢，柳下銀驄，早又是、惜別啼痕盈袖。臨岐還密語，如此銷魂，愁病書生怎禁受。無處覓平原，買得香絲，算只有、粉郎堪綉。又手擘檀箋賦新詩，似畫出、玲瓏東風紅豆。

翩翩驚蝶，正江南烟柳。依約箏堂羽衣奏。記銀羅索扇，紅燭題詩，曾悄語、六曲畫鵝屏後。鬟絲今换矣，綺夢分明，撩破禪心十年久。把卷更沉吟，才調如君，料姓氏、尚提香口。且細按鈿簫爲君歌，須識我、三生紅衫曇首。

山陰王詒壽眉叔稿。

一一

瑶笙檀板，倚闌干、拍得萬花齊笑。又作九天鸞鳳響，愁殺蘇門清嘯。如此江山，多情烟柳，都入新吟稿。十年湖海，問君有幾同調。　我是斫地王郎，吴雲越樹，恨不相逢早。畫舫明湖腰玉笛，安得酒尊同倒。鷗鷺秋眠，魚龍夜偃，散髮天風峭。一聲高唱，通仙飛下瓊島。

仲修仁兄學博見贈復堂詩詞并示未梓近作，率譜《百字令》一解奉題卷後，即請大詞壇拍正。庚午秋日，山陰眉叔弟王詒壽拜稿。

一二

八月十六夜，偕同人飲聽園，有懷譚仲儀、陳藍洲、家松溪三大令，施均父、潘儀父兩孝廉，戴同卿學博

桂華流香秋滿屋，高館凉風動燈燭。天公特放一宵晴，穆穆金波雨初沐。園林是主儂是賓，高秋幾度開清尊。前年故人盛群屐，叩槃結咏花繽紛。銀河迢迢雁飛急，露脚斜侵白雲濕。停杯悵然望遠空，美人何處彈瑶瑟。陳侯聽鼓趨荆門，譚侯鬢染吴霜新。豫章城畔秋風早，王郎作令潘郎貧。長江濁浪蛟龍怒，夢魂瑟縮不敢渡。何况黄雲萬里寒，玉門關外從軍路。仗劍長征人未還，施子意氣凌樓蘭。冷官獨羡戴生好，飽飯卧看龍泉山。飢驅四海各有適，同此茫茫今宵月。我欲奮飛身尚留，醉來起舞作蒼鶻。憑誰傳語報諸君，昔栽花樹猶精神。聽園花木皆壽與諸君手栽。天涯不乏琴壺集，可憶林亭月下人。

録請仲儀先生削正。王詒壽眉子草。

譚獻師友尺牘

下

尺海 第一輯·主編 丁小明

吳欽根 整理

鳳凰出版社

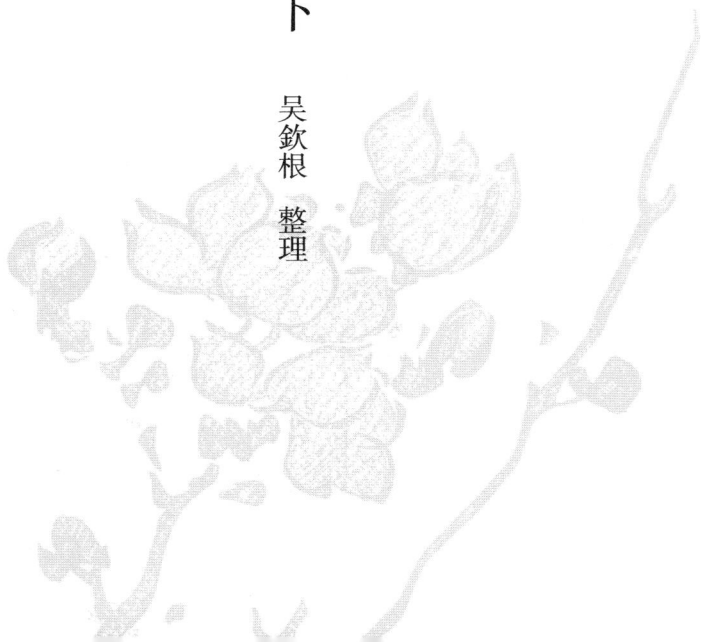

孫德祖（五通）

一

復堂先生函丈：

別後又旬日，還家料量塵事，遂無日暇，即日又須東帆慈水，衣食奔走，自笑還自憐也。命題《填詞圖》，勉就二闋，別紙呈教。晤幼眉，知所寄各著猶未到，索叙《日記》，云俟奉讀迄當作之，且屬致相念。『復堂』二字寫數過，并不堪用，擬少閑修養揔力再書，容續寄也。拙刻必五十册始可，刷印急切，物力不能集，請自甬歸謀之。盡臘尾必當郵奉。甬中如楊太史、馮學正可鏞，皆劬學好聚書，巡道薛叔耘亦丁卯同年，近時古文一作手，寧守胡練翁，經學世家也。尊著似可各詒一副，並時多賢，貴于通其臭味。計已習大名，不宜珍閟，勿先施瓊玉也。覺老尚未有報書，握手在即，可與面要。大集渠已承寄示否？少閑盍一通問。容慈假榻縣中德潤書院，惠書及有所寄緘，付信局必無參差。拙文有續刻者，詩稿亦擬排比，略有生發，不免又禍梨棗，深以倖獲鴻文，假借片卷，縈之寤寐。請得諾賚速藻是荷。頃決於廿四日東去，能即日裁答，寄小皋部尤捷。不任引領，未盡慺慺。惟餐衛加攝，愛照不宣。同年學弟孫德祖再拜。九月十九日。

兒子仁述前者僥倖一衿，隨俗刻得行卷，肅叩呈上，唯長者有以誨掖之。又啓。

二

如此江山·大觀臺

年來飄斷江湖梗，豈臨此、添秋興。酒襯襟紅，茗争眉緑，依約舊時風景。重來還省，有山鳥呼風，山蠻訴冷。立遍青嵐，夕陽偏寫碧衫影。　高閣朱闌閑憑，儘秋聲，聽慣客愁難醒。亂踏藤根，斜穿石罅，長嘯吴山絶頂。蒼茫萬井，賸江氣吞帆，湖光函鏡。催下層霄，恨寒烟促暝。

紅情·聖湖秋曹扇頭見玉珊手書倚聲，經宿過訪，獲盡讀《寒松閣詞》次卷中自題紅豆相思兩韵

齊紈雪色。寫紅玄譜細，烏絲闌密。拍向酒邊，翻恨年時未曾識。昨暮西湖醉也，把三影詞人苦憶。算許我、身到嫏嬛，花霧緑襟濕。閑立。綰雲側。又手展瑶編讀，斜凉日，漫咀瓊液。簾外吴山可憐碧。爲問杜郎疏俊，有多少燕令鶯昔。低唱處，應覓個，小鬟倚笛。

八寶妝·玉簪花同王眉子

竟夜秋蛩啼不斷，鬆鬟懶炙銀簧。粉闌干外，閑煞縷縷濃香。看似青娥花霧裏，一痕冷月挂釵梁。儘端詳。是誰撇了、前度明妝。准擬將來插戴，怕蜂媒蝶侣，逗入蘭房。記剔珠燈，敲斷兩兩鴛鴦。露華催墮碎影，又金井瓶寒秋恨長。吴霜白，且笑拈雙蒂，試比何郎。

虎林旅次，眉叔、督龢年前見詒詞二闋，時酒朋沓至，喧拏未已也。

湘月・次娱園月夜寄懷彦清武林均

别來無恙，是西湖月下，水明沙浄。此夜清輝成獨望，愁煞瓜皮孤艇。草露猶濃，萍風半約，劃碎樓臺影。故園詞客，緑尊應坐花暝。　多少觴咏蘭亭，笙歌梅里，肯負尋春興。最憶青簾垂柳外，點得蛤蜊湯俊。准買歸帆，重開酒社，鬥取詩心敬。跨湖橋畔，滿湖湖水如鏡。

上江紅・次贈吴中舊眷均

愁老吴雲，分潘鬢、垂垂欲雪。剛買得，錦鱗卅六，謏詞難識。踪迹試隨南度雁，夢魂要覓雙飛葉。漫相逢、蕉萃却羞郎，紅潮靨。　何必訴，傷心别。且驗取，鴛鴦結。把雄裝卸了，李家紅拂。我已怕聽凄怨笛，卿須不負團圓月。定兩心、印向枕函邊，都難説。

浣溪沙・秋宵

八尺龍鬚冷畫屏，低垂珠箔護銀燈。蚖膏添到第三更。　凉夜漸長秋夢短，粉墻偏映緑窗明。起扶闌角聽蟲鳴。

仲修老哥同年師席誨正。小弟德祖頓首頓首。

三

丁亥秋九，余以攝桐鄉校，道出武林，同年復堂先生方自宣歙假還。十年之別，一尊暫同，歷數舊游，忽忽如夢。先生嘗摘稼軒『斜陽烟柳』語爲《填詞圖》，用辛叶自題《摸魚兒》二闋，索小詞綴末，輒次原韵，得二解。淪落之感，百端交集，非止頂禮詞仙，致其歆慕而已。會稽孫德祖。

散諸天，繽紛花雨，一齊收拾將去。片雲黄海輕賫有，瀉出珠璣無數。成小住。仍縷縷秋痕、蘋緑西泠路。雲泥漫語。只唱遍清詞，好春無際，翠露滴烟絮。　如君者，不信儒冠能誤。才論文福還妒。三生慧業從天賦，待叩九閽而訴。空起舞。問冷月寒蛩，鎮泣蘭根土。休嫌調苦。剩水繞孤村，鴉啼落日，是我織愁處。

黯天涯，别風淮雨，和愁將恨徠去。條長條短離亭柳，唯有前塵難數。行且住。悵瞑起東風、魂斷東花路。懺餘綺語。嘆似我飄零，沾泥也好，萬古幾春絮。辛未後余自署詞卷春絮。

憐身世，貧到一閑萬誤。用竹山詞意。浮生還被天妒。金門不夢凌雲賦，花發又尋君訴。吾倦舞，算幾輩文章，事業同抔土。謂芸門、蘭當諸同年。蛩酸雁苦。何許有垂楊，淡烟落日，好覓倚闌處。

四

沁園春

武林榆園，初名娛園，許君益齋築以奉其太夫人者，君既奉諱，齒逾不毁矣。因更今名，繪爲《榆園今雨圖》。凡賓主六人，沈君蒙叔，既于余有文字之契。若譚君仲儀、張君子虞，則余同歲生也。歲在己丑八月既望又六日，余以事信宿復堂，許君寔來，以是自題。先是，余嘗獲交許君，登堂拜母，一再宴集是園，不能無舊游之戀。今者子虞方官京國，蒙叔又卧疴不出，而是圖丹青妙絶，善兒佳士，偶一披覽，如與故人摳衿語笑。輒譜此解，用寄遐思，兼請仲儀正拍。圖中唯徐君踪迹少疏，許伯子亦未經識面，殊想望也。

三十年來，第一名園，許陪俊游。記德星聚處，人來問字；慈雲禮罷，堂署忘憂。壇坫清時，江山文藻，健羨東中吟嘯儔。迎眸屈指從頭有，絶妙丹青名迹留。幽篁裏，待論交群紀，問訊芊求。仍許君眉宇，譚老標格；沈郎才調，張緒風流。春樹情濃，歲寒盟在，晚節芬芳當素秋。吾猶願，願水邊林下，容我夷猶。

陌上花

余自戊辰計偕北上，中更辛未、甲戌，看花近局，同譜爲勝，蘭當嘗遴佳品，繪成尺幅十二幀。復堂先生既分繫一律，命曰《群芳小譜》，又彙之紈扇，歸遺掌珠。二十年來，先生方倦于宦游，還掃陶徑，女公子則嶙峋種玉，嫛倪滿前矣。比以省覲，與此扇偕。先生乃裝潢成卷，用駐前塵。回憶年時尊宴無車，允而不樂，今兹舊人唯何，戢之尚在，辱徵題句，漫賦此解。時則光緒紀元之十有五年秋八月也。

心頭眼底，由來難忘，帝城春滿。紫陌青驄，剩有夢中塵軟。鏤紅刻翠千花笑，費煞東風雙剪。記尋芳載酒，品題香色，緑箋裁遍。儘詞仙、打疊南朝金粉，寫上生綃團扇。水逝雲飛，不信歲華偷换。種花一度河陽去，留得廿年詩卷。好江山故國，白頭林卧，醉吟秋苑。

過秦樓

樊榭厲徵君以中秋日内姬人月上，奚虛白爲作《溪樓延月圖》。余同歲生諸遲菊近歲與汪君子用同官鄂渚，補作此册，己丑秋中獲觀于復堂旅次，漫題尾方。

聞道詞仙，迎來蛾緑，正是月圓時候。朝朝暮暮，寂寂寥寥，用徵君《齊天樂·吴山望高江霽雪》句。合與美人厮守。今古大好溪山，唯有凉蟾，慣依紅袖。算多情眷屬，一平般腸斷，馬塍花瘦。從問訊，水眼山眉，南湖在武林門外，爲徵君月上偕隱處。留照，仍取楚腰依舊。重扉翠鎖，香唾珠沉，應是帳羅寒透。誰借丹青替，描百叠烟波，千層雲岫。剩心香一瓣，商略豪蘇膩柳。吴允嘉稱徵君長短句聲諧律叶，骨秀神閑，當于豪蘇膩柳外別置一席。

右詞三闋，寫呈復堂先生教正。德祖。

五

西泠詞客數咸同，文彩風流想象中。大好湖山新掌故，雪泥曾是印飛鴻。

爲訪奇書憶叩關，洞天我欲字瑯嬛借讀。明波合寫垂虹景，春在名園渌水間。

水石莊開鑒曲秋，微雲曾署讀書樓。未緣借得龍瞑筆，任取杭州傲越州。會稽秦氏娱園，乙丑余及陶子仲彝讀書處也。有微雲樓爲余手題，嘗與眉叔、幼眉、子縝諸子結皋社其中，恨無名筆爲寫舊游，今則吟嘯之侣淪亡殆盡，讓諸君子獨傳勝迹矣。

己丑暮春，會稽孫德祖自湖州府旅次寄題。

黄以周（四通）

一

仲修仁兄先生閣下：

告别十日，私㽞旋生。斷章取義，詩賦采葛。前説岱山書院商立家東發先生文潔公主，先生本貫定海今鎮海。之靈緒鄉澤山，後徙慈溪，宋亡，餓死於寶幢。學者私議爲文潔。寶幢去澤山數十里，其後裔居澤山者甚微，周訪之不得其人。居慈溪山北者數族，頗蕃盛，間有能讀書者。敝宗有鄞、定二支，非其裔也。吾四明講學，以淳熙四先生爲最著。慈湖、絜齋兩先生爲象山高弟子，才學名位，皆足以振動一時。廣平、定川兩先生，師友朱陸之間，學之純正過楊、袁，而廣大未之及，其學遂微。文潔生四先生後，力崇朱子，《日鈔》中多斥心學語。然説經傳、談時事，又不盡主建安，實事求是之學，可於此見。而一孔之儒，轉以是少之。婺中四先生從祀，獨遺文潔、謝山。先進謂儒林之月旦，亦有未平。先明經公在陳學使幕，嘗與慈邑士子議請文潔從祀兩廡事，中沮不克請，後嘗慨之。周考元至正時，靈緒學士嘗建澤山書院，以祀文潔。今圮已久，止基莫覓。吾邑岱山有蓬萊書院，創於宋之中葉度宗時，文潔爲史館檢閲，嘗爲之記。記後圮於元，重建於明，明末又圮。今岱地紳士鄔某、方某等重建蓬山書院，前後叁楹，共十有餘間。商議中楹奉祀文潔，恭請學憲大人重爲之記，爲具事之始末及學案本傳以聞。順請台安，不既。己巳八月初九日，小弟以周頓白。

黄震，字東發，慈溪人。學者稱爲於越先生。寶祐四年登第。度宗時，爲史館檢閲，與修寧宗、理宗實録。輪對，言當時之大弊：曰民窮，曰兵弱，曰財匱，曰士大夫無耻。乞罷給度僧人道士牒，使其徒老死即消弭之，收其田入，可以富軍國，紓民力。時宫中建内道場，故首及之。帝怒，降三秩，即出國門。用諫官言，得寢。出通判廣德軍。郡守賈蕃世以權相從子，驕縱不法，先生數與争論是非，蕃世積不堪，疏先生撓政，坐解官。尋通判紹興府，獲海寇，僇之。撫州饑起，先生知其州，多善政。遂陞提舉常平。初，常平有慈幼局，爲貧而棄子者設，久而名存實亡。先生謂收哺于既棄之後，不若先其未棄保全之。乃損益舊法，凡當娩而貧者，許里胥請于官贍之，棄者許人收養，官出粟給所收家，成活者衆。改提點刑獄。御史中丞陳堅以讒者言，劾去，遂奉雲臺祠。賈似道罷相，以宗正寺簿召，將與俞浙并爲監察御史，有内戚畏先生直，止之，而浙亦以直言去。移浙東提舉常平。時皇叔大父福王與芮判紹興府，遂兼王府長史。先生奏曰：『朝廷之制，尊卑不同，而紀綱不可紊。外雖藩王，監司得言之。今爲其屬，豈敢察其非，奈何自臣復壞其法？』固不拜長史。命進侍左郎官及宗正少卿，皆不拜。嘗師王文貫，其語人曰：『非聖賢之書不可觀，無益之詩文不作可也。』居官恒未明視事，事至立決。自奉儉薄，人有急難，則周之不少吝。所著《日鈔》一百卷。宋亡，餓于寶幢而卒，門人私謚曰文潔先生。先生本貫定海，其後徙于慈溪。晚年，自官歸，復居定海靈緒鄉之澤山，榜其門曰『澤山行館』，其室曰『歸來之廬』。已而僑寓鄞之南湖。已而遷寓桓溪，自署『杖錫山居士』。已而又避地同谷。先生没後，其子孫多居澤山者。澤山本名櫟山，先生始改名焉。元至正中，學者建澤山書院以祀之。

右《宋儒學案》本傳。《蓬山書院記》成，祈録稿以示。

二

仲修先生大人：

昨得手書，忻慰之至。我二人老境日臻，本屬事理之常。年過耆艾，不爲壽亦不爲夭，亦惟董理舊業，嗇用精神，以待天年，斯已矣。周於去年屢有瞑眩之疾，今年稍愈。又添子女之累，内火頻發，外兼酷暑。自六月初以來，日夜揮扇，并不能理舊業。許益翁七十以外，矍鑠如昔，可羡之至。周前所校《意林》，不及周耕崖書，此係公論。益翁如有意刻《意林》，不如用周本爲善。如以周所校亦有可采，不必録副，仍將原稿留存益翁可也。惟所校《意林》卷首有周序文一篇，截下寄我，以備采入拙集。拙集凡二十卷，現已刊成，惟子叙一卷尚未告竣。又前所輯《意林逸子》二册稿本，亦在益翁處，前輯時未見嚴鐵橋《文目》，所遺必多。近泛覽古書，屢見《逸子》之語，檢之嚴氏《文目》，亦多失采，且嚴氏炫博，未及精考，往往誤合兩書以爲一人之作。希將周所輯《意林逸子》兩册先爲擲下，俾周得隨時增修，得成幾種善本，先行刊布。其與嚴輯同者，盡行删去，爲嚴輯書廣雅書局已爲全刻，無須多害棗梨也。《禮書通故》紕繆必多，懇求隨時指教，或可修改。所有書價無須局寄。冬至前後，周將挈眷回杭，先生於年内能早歸否？相見之期，尚不遠也。南菁書院今年增設古學院長，所聘林君，前曾問經於我，性情學問頗相投，惟喜談詩文，觀其所作，與周之不談者相去亦不過咫尺而已。近年周之精力日衰，書院教學恐有日替之憂。此復，敬請道安。教弟黄以周頓首。

來書先生願學諸字敬璧，以後兩下禁用，又及。

三

仲修仁兄大人閣下：

去秋會談數次，略罄所懷，終嫌未暢也。周近來精力日憊，鬚之蒼者變白，牙之動者漸落。先君説經之書，秋間可望刻完。所著《禮故》，近亦刻得數卷。自知衰老，不能復作考據功也。所委刷印《經解續編》數種，共計卅一本，希爲察收。其紙印諸費無幾，周已應付，兄可不我問也。敬請著安。小弟黄以周再拜。

四

仲修先生仁兄大人：

久未得書，懷思時切。比惟起居安綏，當如所頌。弟不到武林兩年有餘，滿擬下月初回省，可以暢談一切。不想今月九日姬氏逝世，幼孩纏身，又不克行。會晤之期，當在歲暮時矣。去秋曾托馮滁齋湖北巡檢。轉遞《禮書通故》玖部，未蒙賜言，想其中紕繆滋多，有不愜於懷耶?抑馮滁齋竟作洪喬耶?弟前曾爲許逸齋校《意林》，又輯《逸子》數卷，稿本在逸齋處，可否將前原稿擲還於我?時逸齋出寫工洋拾元，理當奉還。此事望吾兄與逸齋面商之。敬請鈞安。教弟黄以周再拜上。六月廿六日。

凌　霞（三通）

一

復堂先生尊兄有道：

奉手畢，誦悉壹是，比惟佳想安善爲祝。承跋《李禹表》，即可付裝池。《湖北金石志》，尤慰渴思，敬謝敬謝。此書體例，誠如尊見所示爲是也。世兄屬畫，漫塗一紙呈上，奈無佳楮，筆又甚壞，殊不愜心，恐不足補壁耳。日内擬旋邗一行，不過旬餘勾留，即返鳩江。大小兒仍在招商局海晏輪船。次兒以末秩由皖岸督銷，派有旌德所屬幫巡差使，尚是去年丁觀察所委者。三兒在家讀書，一衿猶未青也。蒙詢附及。天將嚴寒，伏希珍衛。小弟凌霞頓首。十一月初五日。

二

復堂先生老兄左右：

接奉手畢，殊慰渴飢，且聞仙履將莅鳩江，尤爲至幸。弟客臘在瀾溪，因丁觀察將卸局務，不及旋邗度歲。迨今春赴扈探詢吾兄踪迹，傳聞新安掌教之説，然未得其詳，無從通書。晤重黎，始悉梗概，并知去年有西河之痛，黄門之戚，惟祈善自達觀而已。前承詢及吾鄉丁氏藏器，今甫查得，録目奉覽。沈穀成大史擬刊《説文校議議》，未識曾否授梓？甚念。大庭山館共刻若干種，可購求否？乞示悉爲感。謹承起居，不備。小弟凌霞頓首。八月十九日。

三

復堂先生有道：

得惠書，備聆壹是。前以陰雨，近則酷暑，伏惟順時珍衛爲祝。弟精神尚好，而積習未忘，仍鑽故紙，亦非此無以爲樂也。近偶集得《史晨》兩碑字爲聯，文曰：『食古而化美於肉，力學代農長有秋。』擬贈吾兄，尚未著墨，但不知可用否？《説文理董》殘稿，塗乙改竄，不能付鈔胥，故命二小兒手録前編八卷，僅得其半，更須弟自行補篆，勢難急就，它日成後，必當另鈔四卷寄奉。所以前函詢及楊處所刻四卷，是何卷數，免致重複耳。嚴氏《校議議》恐未必付還，弟思再求函商縠成太史。伊處既不授梓，倘可見寄，弟應繳還寫資。果伊自欲留底，則請寄到後多覓寫手，刻期寄還，因係清本，當易爲力。務乞索一回音，不勝感盼。藉請道安，不具。小弟制凌霞叩白。六月初九日。

星吾晤否？《常醜奴碑》已鈎刻否？

俞樾（一通）

仲修先生尊右：

去歲至杭，未謁一客，但于廉訪署中小住四日，至西湖一游而已。德暉在望而不奉謁，疏懶之罪，如何可言。乃辱賜書，不遺在遠，且有願學之稱，不敢當，不敢當。樾自幼失學，于治經不識涂徑，中年無事，惟日讀書，先儒舊義有所未安，竊不自量，妄有論説。歲月既久，云云遂多，既已作之，不忍自棄。《群經平議》已畢工于杭州，《諸子平議》謀續刊于吴下。詒痴四方，貽笑大雅，甚無謂也。黄君元同、和甫同年極所激賞，昔歲書來，曾述及之。所著《經禮通詁》，先睹爲快。其先德薇香先生《論語後案》如尚存有印本，亦望寄示。局船寄蘇，甚妥且速，如尊處不便，交臬署亦可。子高仍館金陵炮局，今歲曾兼書局。李少翁移節，書局中輟，甚望曾侯來復興之也。燈下覆侯起居，不盡萬一。愚弟俞樾頓首。

宗源瀚（一通）

仲修先生尊兄大人閣下：

相違幾廿年，敷政既倦，歸而著書，踪迹恒在瘖寐中。《復堂類集》雖未全讀，而一鱗片羽，時得寓目以爲快。《日記》中恒見賤名，亦足證相思之雅也。弟自乙酉以憂歸虞山，杜門五載，去冬今春復來杭。私以爲重游之樂，惟西湖與執事二者，得以證前此之見如未見、知而未知，足以領略於無盡，而大以擴吾之胸次矣。不意湖水依然，高峰飛去，爲之悵絶。經心講席，非執事不稱，亦足見香帥掄選之精。其如吴山減色何？瑞安宋燕生兄，弟先聞曲園稱許，及一傾談，則年甫逾冠，而於學術世事，偶一涉口，雖窮老盡氣於其中者，亦不能道其隻字。洵可謂絶世之才。兹乞得曲園一書，欲上謁香帥，洵非香帥不足以磨礲而發越之。第無人乎繆公之側，恐不得遂所願。燕生久慕盛望，屬弟一言，執事相接之下，必嘆見晚。其所以拂拭愛護之者，無待鄙言矣。弟有贈燕生詩二首，并以奉教。祇請著安，不次。愚弟宗源瀚頓首。五月七日。

再，弟奉檄設浙江通省輿圖局，須博訪工於測繪之人，浙中夙習此藝者，執事意中有其人否？會典館頒式省圖，百里之格，僅足畫一直隸廳縣圖；十里之格，南北衹十方，東西衹十四方，幅員較大之縣，甚難措手。鄂中亦奉文，擬如何辦耶？

再，燕生伏處，初未與時局，而於空談尊攘者病其疏侈，畫富强者見其誕，則與瀚平日持論有合，故頗引爲同調。今天下競言利便矣，不知泰西之利便，亦恃忠信堅確以底於成。不開忠信堅確之風，而徒鑿儇剽賊害之竅，有愈鑿愈窒耳。欲沿其流，先溯其源，且其流弊之見端，亦不可不察也。日本報記英之倫敦有乞丐九萬一千餘，此外無衣無食者不下百萬。英報載公家所買電綫，息不敷本，近五十年中虧至四十七萬一千餘磅，此消息盈虚之見端也。去年上海匯豐銀行股價頓貶，聞因法之利瓮城銀行夥虧耗三十餘萬。法報載法將巫連牙歲俸九十餘枚耳，而每歲揮霍需卅餘萬。以圖財而壞國事，此習氣變壞之見端也。師夷長技，擇之必嚴，察之必精，防之必豫，統前後始末而通籌之。謂盡不可師者非，謂盡可師者亦非，今之號稱西學者，一意諛頌，或諱其短，或昧其通。疆臣中自擄卓識，不盡爲若輩所用者，香帥之外，蓋鮮其人。燕生平日謂當證盛衰之所由，察利病之互見。今不遠千里而欲謁香帥，非無故矣。瀚又嘗疑經商取利，華似拙而巧，洋似巧而拙，當飆輪機器未入中國以前，揚州之鹽商，漢口之木商，方最盛時，擁數百萬或千萬；即百貨之商，亦或擁百萬、數十萬，踵趾相接，其事其具，皆質而不雕。以本取息，可至二分外，不似洋商之本重利薄也。且安坐户庭，不似洋商之馳絶塞、渡重洋也。此似巧而拙也。若夫洋商每事極人巧、錯天工，不惜窮極物力以成之，然本重而利薄，故洋俗銀行息少秖一二釐，多秖三四釐，其國中不能謀利，故輦致百貨數十國，輪車相接，飛馳水陸，以達亞洲，而猶不能取之皆贏，投之輒是。乃要其君相，苦其兵力，以覬覦中國之屬地。俄之覬伊犁，法之吞越南，英之據緬甸、窺西藏，其始謀皆發自商人。其無孔不入，貪念不止，皆本重利輕有以迫之。如蠅之逐臭，蟻之慕膻，其情不能以自已，其禍已深中於中華，其機猶不少息於洋賈。而究其利之薄，終無以自救。夫謀貨殖，必操奇贏。今某貨偶乏而電達萬里，輪集百轄，無奇無贏可操者，其勢然也。此似巧而拙也。卒之華商，亦爲所害。管商局者亦謂近二十年來貿易之中，有倒無起，華商不悟，思勉效之。亦惟是聯軍半税，以華亂洋，苟逃官権已耳，初何救於其敗哉！

《復堂日記》中學術文章之外，喜談經濟，案有餘紙，輒以所往來於胸者，泚筆以質左右。此書托燕生代呈。燕生在杭，值僕病，未多談，亦欲假此爲燕生引其端焉。又拜。

再，《復堂日記》言赴越將訪邵二雲《南都事略》，去年春在都遇李蒓客，以傳聞此書曾在江寧書局，疑入洪琴西之手，諄屬物色。津門晤洪氏子，詢之無有。偶閱《養新餘錄》曰：邵二雲嘗有志改修《宋史》，予謂當自南都始，爲酌定儒學、文藝、隱逸三傳目錄，二雲歿後，索其家，無遺稿。是二雲之書殆未成也。近楊見山作藏壽恭述云：藏作《南都事略》若干卷，其體例則錢大昕以授邵晉涵而未卒業者。豈邵氏未成之稿曾在藏氏耶？願執事有以益我。

瑞安宋燕生存禮，自言其所學不依漢、宋，不落周、秦，欲著書而恐犯古今之諱，甚或見嫉於鬼神。又曰：『高談尊攘，無非三行起講之餘波；侈畫富強，不出一紙新聞之套語。』其雜感詩云：『百斛明珠覓麗人，馬煩車殆逐風塵。細腰高髻成茅葦，皓齒明眸等鳳麟。』其言皆不可一世，乃作詩以張之。若曰張之，即以勖之，則非余所堪也。

怪底才難嘆古初，九州強半飾虛車。文章佼佼前塵早，識力騰騰絕頂餘。積感智周瀛海志，子高心醉習齋書。魏邵陽嘗自稱積感之民。德清戴子高集中最推服顏習齋。燕生謂泰西學校之制，於習齋爲近。又嘗欲足迹遍五洲，證盛衰之所由，察利病之互見。

折衷畢竟湘鄉大，萬派歸墟總不如。

不詫時髦不守迂，不傾域外不疑儒。早成絕世驚年少，晚托微波笑老夫。口上雌黃終蘊藉，眼前黑白未模糊。長風萬里尋常事，珍重輪輿大雅扶。

仲修先生尊兄大人正。　弟宗源瀚初稿。

莊棫（十二通）

一

仲儀足下：

汀州之後，消息罔通，得故人書，如夢大覺。是時筠仙甫至江北，予以輕舟百里往訪，得晤魏君稼孫，知足下眷屬至閩，欣慰無似。而歸人匆促，亟返荒邑，僅與稼孫立談數語。天色向暮，一切未暇悉也。今年心迹大變，深恐入于陶貞白、陸法和一流人，而鹿門兒女，且難畢向平之願，此中年隱悼者也。身家如此，中外如彼，條舉如下：

君舉之歸也，以辛酉夏，知君没于汀州，而君舉從此不出，得免于禍，亦大幸也。弟于是年爲故人問遺，頻至泰州，始得通外間消息。每歲所入，僅救呼吸，不免饑寒，然恃此爲生三年矣。鶴翁不時見，一年約三四次。入城中，有姚仲海名正鏞，奉天蓋平人，年不三十，穎悟絶倫。入城主其家，冬雨聯句，可知其造詣。惜不能專力，恐終爲書畫中人。舍此一友，更無可語，然與晉壬兩不相下，何其怪也。匆促未及謄寫。

京師之别以九月，是冬在家，貧不可問，而内難朋興，至己未夏初，始有條理。遂于是秋決計移家于泰州東百里之曲塘，自此以後，大返乎其所爲，而窮益甚。去年幾無生理，今年稍緩須臾，必須得一進步，始可苟延歲月。筠仙初至，不能遽然相求，中間生一女一子，子尚可人，昌黎所謂娟秀静好者也。

昨讀汪仲穆《澹餘詩略》，不及十年，其中之人，半盡鬼録，殊可嘆也。江北與中州接壤，音信甚不易通。眉生已至安慶，出入曾相幕中，弟尚未與之通音信。叔子已大決裂，倚托非人。筠仙所言眉生同事，一柯小泉名鉞，一錢子密名應溥，二人之才，君所深悉。孔子曰才難，不其然乎？有李萬春者，智計勇略，殊勝于人，委身于苗練。吁，可悲已。

足下此時不可久在閩中，亦不可遽出。弟數年以來所相契者，卒不能倚畀，創制顯庸，自有天定，非人力所可希。總須下窮則獨善其身工夫，方免爲豪强牽挽，輕富貴即所以遠禍也。天下紛紛，需人才之日，亦不可苟且以枉其才，至于生死窮達，自有一定。

江北自南京大營潰後，危如累卵，幸都將軍頗能持重，屢破賊軍，年來得以無恐。然東南近海之地，與賊相隔一江，近者祇三四里，而卒不敢渡，誠天塹也。鹽梟教匪伏莽甚多，土木錦綉，奢侈日甚，重可憂也。

施均父于兵戈之中，得爲高青印，可羨之至。弟年來則殊赧然，稍有著録，不足自信。于經有《禹貢集説》异日訓蒙之書。《春秋三書平議》；即膏肓廢疾之説。《易緯通義》，此書八卷，計一百餘頁；《金源氏族志》二卷，此書極精，雖少，可聞世。于子有《東莊筆譚》八卷，東莊者，弟所居之地也。于集有文八十篇，中有《水經注自録後語》《大東解》《鄶季姬辨》，記中《濆水百家説》《雜卦説》，皆稍堪自喜者。大集序文擬再作一篇，原文可删去，多過火語。子珍詩尚存篋中，有百篇，俟有妥便再奉上。吴定生成進士，吕聽芷在江北，連書之。

色界天自己未已讀楞嚴，澹忘之矣。近聞于一二年前歸閬苑，無復在人間矣。弟近日幾至絶欲，未必胸臆澄清，恐爲死之徵也，一嘆。

此信由局轉寄，達否未可知，有信望寄泰州運憲郭筠仙處。稼孫到閩即有的實地脚也。

仲儀足下。弟棫續白。癸亥中元日書于東莊村舍。

昨有絶句二云：

叔子戎韜萬卷書，龍山一敗事何如。不如日向荒村卧，閑向溪邊看打魚。

荀彧周瑜自有徒，白衣蒼狗變須臾。我今只愛龐居士，下拜人還是丈夫。

小詩奉懷，祈入覽也。

二

仲修足下：

九月間在村廬，由爽秋遞到手書，何其優游也。吾輩年逾四十，所存者未盡之心血，至子之能成立與否，又遑暇計哉！兄之長子年十六矣，周子有兄無慧，不能辨菽麥，雖不至若此，然一無所能，可望而知矣。次子亦非周子也。特以其今年入塾讀《三字經》《大學》。今《中庸》得其半，《周南》《召南》，唐詩五言，皆諷誦上口，然如我輩尚復茫茫，其年甫六齡，成人時亦將六十，是以奉勸兄輩不必挂懷也。

至於三多之論，甚不謂然，捧檄奔馳，日謀升斗，下僚備位，終歲素餐。即位列監司，而權無尺寸者，詎得謂之官乎？依違遮飾，蔓衍支離。手下雖有千篇，胸中實無一字，詎得謂之書乎？沿緣豪貴以作階梯，泛泛之途，益何足論。兄之今日處世，直以爲可不論也，非不論也，人必有可取，如加以刻責，否則牛犬之性，烏可責之矣。詎得謂之人乎？至於地多益傷心。我朝至純廟時，拓土開疆，可謂廣矣。今則門户之間，腹心之地，與遠人共之矣。此賈生所謂長太息也。然此議論，舍君亦無可與語。吾輩有科場下科場，素位而行，得之不得，曰有命。倘得追踪，一年之後，隨至禮闈，則大栅欄前，復再閑游，亦非分外事。幸年歲漸長，精神不衰，尚無髀肉復生之嘆。

三皇五帝，聖聖相傳。至帝王之中，《易》不言者惟大禹，然鯀則殛死，禹乃嗣興，箕子之傳，實承夫禹。明夷吾之與箕子并列，二篇本自相通，天人之理一貫，亟欲讀此篇也。境遷如故，然清夜澄思，難爲懷矣。

全椒先生今年秋間爲家中病患旋省，幾及一月，君舉同來，一江相阻，未得晤言。凌子與久聞其名，然尚未一謀面也。兄數年展轉依人，一無所得，亦爲命所限耳。平生意氣，今則嗒然若喪，若之何，其將終身于溝壑中乎？人不得行其志，雖在衽席之中，猶水火也，况不得謂之衽席耶！天下治平久矣，曲突徙薪，尚無恩澤，况端居無事時乎！然雖端居無事以畢此生，未始非幸矣。郵遞往來，不難通音問，尚祈時惠好音爲禱，臨穎不勝翹企之至。手函，順候遐安。

兄棫頓首。十月廿五日亥刻。

三

仲修足下：

九月三日得來書，知有弄璋之喜，四十之年得此，良足慰也。然後言子之賢否，正不可知。我輩之後人，非愚即美，斷無中立之理。此中消息，默有漸會，諒必不以非。甲子以後，事理一變，外面頗有乂安氣象，則觀場固分中事，下第亦通塞有時，不足計也。天下人才衆矣，我不足説，足下在第一流中，亦由于天資超越，非跬步尺寸可比。至于聲色之奉，好則爲之，不好則聽之。然以我而論，能于從此絶不生一波，由天爲之，非己之力也。

《群芳小集》先睹爲快。我終日閑即思卧，嗒然不出户庭，計一歲之中，村居約四五月，殊潦倒矣。倘得遇一二知己，放言高論，飲酒揮毫，論古今往昔，性情神采，不減往時。所以然者，屏息閉門，正恐他日無論鄉里與否，倘能小有作爲，不能不留以待。雖然老矣，終于牖下，亦不可知長者。固爲豚犬，小者甫五齡，成與否，安可必耶？女婿亦平平，總而言之，心胸無能與語。今年七月間，又遭庶慈之喪，窮無可語。敝師鹿賓先生，古道人也，來信云見及吾弟，頗爲傾倒，並言垂念。《舊唐書》一事，岑姓兄弟三人，書與板均歸于其仲子，此時問人，云板及書俱無。第遥揣之，大約須廿元，多亦不過廿金，容圖之，有緒再報。然須囑叔慈到揚，不必提及浙中刻此書，一有風聲，則此書萬不能到手矣。俟序定價如何再信致。我處所有係程哲抄本，亦與程氏之樣不同。且無校勘記也。足下此番信來，務乞將住居開明要緊，兄處則仍寓李官人巷張公館内鍾宅也。禮園于我等殊不惡，然此外亦非所知。手此，順問近安。弟棫頓首。

文五十篇能由叔遲帶來則妙。此信由局中統寄高兄，故各物不便帶也。又及。

四

仲修足下：

子高在省相處二月，得悉尊况，並第四卷詩，慰甚。旋由子高處附寄子珍詩一册，想入青睞，如見故人矣。子高篤信好學，弟近日心緒紛煩，不能爲學，然子高可謂通矣。子高之通，不在于小學，而在于大義，非大興朱君座中一流人，惜遭遇斯時，恐不能竟其學。金陵碩彦林立，如足下及子高，皆與之殊途，劉開生差可人意，然亦墨守家學耳。李壬叔成一家言，與我輩無涉，其人慷慨磊落，爲近日好友。楊璞庵天性肫篤，有過人者，且二氏之學甚深，亦白下好友。彼詞章雖不能盡明大義，然亦知比興爲上，一時之豪也。且拳拳服膺于足下，得不謂之好學耶？此外有江有蘭字待園者，桐城人，詩不知漢魏六朝，而知初唐，其《朱樓曲》之『路經江渚復江沱，人羨胡天更胡帝』，雖狎斜之作，而亦知用經，其《在山中聞蟋蟀》詩云：『今且移家近山谷，孤燈念汝亦多情』，亦可謂沉痛矣。又有丁至和字保庵者，江都人。云：吾于詩不知而工于詞，大凡詞有三變：其近世之霜花腴、念奴嬌，一派也。由此而上溯于五代十國，兼及于清真、淮海，又一派也。然與詞中升降大相背，詞上承爲詩，而下降爲曲，詩散而詞整，詩句在激揚而詞在于矜鍊，五代十國詩餘，非詞也。曲之音促而詞之音緩，元人之詞，曲也，非詞也。須知北宋爲詞與詩餘之分界，南宋與元爲詞與曲之關津，又一派也。又云：凡學當有所專主，一卷之書，或古或今，非倫也。此言雖小，可以喻大。

足下大集『五十三橋』一闋，與子高細玩，竟若兩截，前半脱胎而出，後半五代十國之靡者，而昨日他鄉外人以此稱足下，不亦怪哉！弟留省兩年，心死成灰，且時事艱虞，居江淮間，亦苟文若所危，間欲作爲文章，又恐得狂名，而爲一世所厭棄。視足下之決志倦游，燕旦鄉里，奚止霄壤。刻決計北渡，不卜榴花開日，稅駕何方？倘得定居，再爲奉告。眉生情誼甚篤，而亦無可爲謀，可見時勢之難也。昨晤左仲敏者，聞皡河已没，彌之居家不出，壬秋并眉生亦以爲狂也。大凡處世與爲學相判，世人明言爲學，而實忘學之一字，愈高則愈忌，愈知則愈忌，當如白圭之曰三復也。今年仍舊貫否？念念。如有惠言，望將第四卷寄一册，餘再瀆，不宣。此頌春安。弟棫頓首。正月四日白門旅寓泐。

五

仲修足下：

久不通音問，遥想起居勝常爲頌。昨汪婿自浙來，述及近狀甚善，且拳念鄙人，良用欣慰。弟今年因菏澤相接甚殷，猝遭大變，是以七月杪北渡，握手驪駒者，開生、子高也。開生少承家學，長歷世故，年不五十，而掌故典章瞭如指掌；公羊家法，悉能通會。天懷淡定，狀若枯僧。吾輩中第一流人物，左夢星不及也。然夢星死矣，求如夢星之發越，亦不可得。管才叔近之，而實不及也。渾默堅定，諳練時務。開生之弟申孫名懌，亦爲不可多得之士。在霆軍數年，驕兵悍卒，處之裕如也。趙益甫金玉錦綉，亦文苑中不可少者，然去君遠矣。十年暌别，思念良殷。明歲禮闈，可否由敝省徑往。湘鄉爲當代人望，雖與弟輩取徑不同，然不可當吾世而不一識之，且見無所求，尤足矜重。邇時或便道至揚州，由淮壖進發，弟亦可握手作數日談。或弟至金陵，亦無不可也。前途踪迹，甚屬茫茫，能得握手，皆爲幸事。即子高亦因湘鄉重至，始不他圖，而弟之行踪，竟難預决也。弟年來成書有《易緯通義》子高處有副本，當求大序。自顧此書，雖未盡其藴，可稱絶學。懼言之太詳，京房足爲鑒戒。此外有《荀氏義》九卷、《升降》一卷，不過經生家而已。近頗有志于《穀梁》，鎮江有柳先生者，學人也，治《穀梁》，爲《劉向年譜》，弟擬爲定正之。知己無多，聊述數語，至境况則殊難爲懷，轉可置之不論也。手此，順問近安。弟棫頓首。九月七日書于揚州寓廬。

回信務乞將住址寫明，弟寓揚州李官人巷内張公館後鍾宅。

六

二月晦接在上海手書，知已赴禮部試，亟欲達書京師，子高以無定居，且聞子高言，今年必至金陵，是以中止。相别十年，頗思聚首，惟恐君至金陵，僕尚栖遲海上，踪迹相左，故留數言。三四兩卷，獨開門徑，可詔來兹，亦由天分獨優之故耳。僕十年中亟思變化，愈變愈下，久假不歸，及子高來，始恍有所失。丁卯、戊辰，幾於絶筆，雖有所作，旋亦棄去，不復著録，蓋自知其不能也。當今之世，此事當讓足下爲第一人矣。至於學問一途，在省中三年，胸襟一變，方知歷古以來，真知確見者，不可多得，然此中之故，不能説，不必説，不忍説，不可説。其不可説，何知其故，則凡天下之以筆墨糊口者，皆無立足地矣。願足下語後來人，勿使深求，慎勿使讀周秦諸子也。無爲而治，因所利而利之，漢文帝卑之無甚高論，一義也。至于處境，一年窘甚一年，初過湘鄉，妄謂有所樹立，及湘鄉去後，頗欲爲啖飯計，亦卒不可得。今則愈無論矣。同事諸人多冬烘，妄自以爲宋元者，然與之處三年矣。湘鄉所信任者，惟湘中人耳，餘則備員而已。當合肥之將至滬瀆也，湘鄉本未專意于合肥，而舍合肥外，竟無人敢至滬瀆，而合肥竟列五等矣。乃知貴鄉金梅生輩，竟不可後非，而此中錚錚出于仟百人之上者，亦惟足下所景慕之開生，而終日獨坐茶肆中，又可知矣。時勢如此，所得之資，不足以糊口，且如八九十老人，如風前燭，一轉瞬間即澌滅，惟希汾陽二十四考不難節鉞，始能保此鷄肋。江北以斯爲本，斯事大壞，僕等江北人愈無藏身之所，即江蘇大局亦難支，子高何獨不然也。食指十餘口，去年嫁一女，所費不貲，無計可償。年近四十，又憚遠行，幾同井谷之鮒，然無蹄涔之水，鮒亦難存，人生不過爾爾。喪明是大失意事，弟亦大難爲懷，一切不須自苦，總之同輩如弟，不果虛度一生。若閉户著書，屏除一切，是當日事，即使得傳，而己身不太苦乎？書不盡意。四月七日留致仲修足下。棫頓首。

七

八月十一日接來信，感喟殊集，憶昔年聚首時意氣殊盛，詎謂中年以來，欲求如世俗浮湛之人而不可得。白下四年，銷聲匿迹。初謂湘鄉必可以稍爲見用，乃湘鄉之意别有所在，欲使盡歸于庸茶，一道同風。在下者不致有所作爲，在上者可以驅使如意，未嘗非謀國之深心。合肥益鹵莽矣。别十年來，心所器許，亦惟有足下。一時瑜亮，有所不辭。以筆墨而論，君則詩勝于文，詩勝于詞，弟今日則反是。以處事而論，足下則李將軍，僕則程不識。近乃静而思動矣。閉户作天子，非我輩事。今日已必須到處求人，若再入其中，則晚景益傷懷矣。經濟之論，必須身試，空談立説，誤盡蒼生。他日有事，湘淮復出，亦恐不能幹一事也。我輩轉不可知耳。肅清久，漸爲水落石出之象，江蘇何獨不然。湘鄉已移督畿輔，代者爲馬鶴山，大隱隱城市，不能不謀蟬連托身之計。李、黎二君書如未作，能否懇一信函，切托馬君，更易一差。至李君已移升江蘇臬憲，眉生已告病矣。信可代爲繳呈，黎書尚有用也。薛慰農亦與鶴山制府有往來，昨由倪元卿處帶寄一信，想已先此入覽。總此我輩之事，彼此關顧，相機以圖。弟能稍得乎吾輩同道中人，頗有孟嘗、信陵之志，惜所如不偶，奈何奈何。此時新舊之間，正弟屈伸之候也。開生亦頗難，眉生杜門，美矣。晉壬未通問。撝叔，弟亦傾倒久矣，書畫中第一人也。弟久不作此等議論，因君一傾吐之，慎勿示他人。官封信可常通。湘鄉行矣，大局更矣，如有可爲，吾意歲暮春杪，來此一行。署乎？實任乎？望示我。諸葛忠武、郭汾陽，宋人之言耳，何能無疵瑕也。此復仲儀仁弟足下，叩訊秋安。弟棫頓首。

八

仲修足下：

二月初得正月十一日書，由叔遲寄村寓，時叔遲已北往矣。伏維諸凡迺遂爲頌。三月中旬始抵揚州，大行百日，又屆嘉順之事，不獨老成耆艾所不及慮，即弟與足下在都門聚首時，詎意未及廿年，已三易主，滄桑之感，不禁喟然。萬壽無疆，惟有頌禱于辰極而已矣。皖中連月光景何若？當今之時，民氣宜鎮静以待之，諸軍皆得勝果敢之兵，偶有大意，轉爲宵人所輕。其實近日之兵力頗可用，究以不用爲佳也。弟老矣，無可爲矣，鬚已鬑鬑矣。南方詭陋誠有之，而徽爲尤甚，北土則悍，未必皆悍，貧未必皆貧，而廬更差別，非如弟居之江北，悍則倖免，而詭陋皆由貧而生。

今日之事，出處皆難。去年嫁一女，尚有二女，一廿、一十六，未經許人。二子皆就傅，少者九歲，稍好，惟文字已在屏棄之列。終日枯坐，如空山老僧，然終不知作何究竟。天下交游甚多，類亦甚多。吴禮園同弟甚好，弟亦與之好，非外間世俗人，然不可與論文字，此一輩也。姚仲海與弟交十數年，或有譽之者，或有毁之者，近來畫益精妙，惟不肯爲人下筆，詞則頗爲加工，亦知周清真之美，時勢亦頗知，然平原君也，不能與之言患難、共患難，此又一輩也。凌子與，烏程人，工詩善畫，戴子高之友，亦尹公他之于庾公斯，與叔遲亦甚好，然于時事又不關懷抱。如君之才識，寧有他人耶？年雖老，時方艱，不必以爲持手版，遂老此身，有所藉手，須振作爲之。未來時惜精神，屏思慮可耳。文字可不作，名已播矣，外人已知矣。家眷可不移則不移，不可不移，亦不必盡移，此數十年知交之議論也。來詩不全，豈有私語耶？抑匆遽而未及盡耶？四月前總在揚州，信寄揚州東關大街書局中即到也。友弟忠棫叩上。三月二十日。

九

仲修足下：

清明日得君惠書，二十年前尚未與君相識，而此日正爲揚城二次失陷之時，黑夜徒步四十里。去年留鬚，今日漸至老境矣。家况艱難，長子愚蠢，今年已不讀書。次子十齡，似勝于乃兄，《詩》《書》《易》三經已竟，《四書》僅有《孟子》末一本未讀，腹中故實有二三百件，選詩亦讀數十首，然性頑疲，又係子午卯酉四字俱全之命，卯年午月酉日子時。恐成人後，一壞尚與若兄不同也。在家尚有二女，三女醜而賢，家中事無一不知，其母老矣，左右維持，未嘗非此女是賴，然至今尚未許人，如何。此外境遇雖壞，所遺懷者一僕，相隨十有七年，寒暑暄凉，内外巨細，無不貼心，然轉瞬間困貧，恐不能留矣。二十年中，交惟足下，其他知心者，惟此一人耳。

書局有名無實，現在空至十三個月，居者無以爲計，在外朝夕，亦復爲難。督部今日至揚，此後尚不知若何光景。弟自甲子以後，爲筠仙所言，依曾文正于江寧，碌碌數年，一無所得。俗云再來不值半文錢，況今日文字久廢。慰翁處久不通消息，弟亦怕同人説，而光景直在枯魚之肆，奈何！如有信與慰翁，何妨代爲一言。大江南北以及淮海之交，有可爲謀，不過爲度朝昏耳，豈有他望哉！年將五十，今年决計下場，能得金陵秋日暢言數日，則幸甚矣。

數年來所著者，有《大圓通義》八十一篇，分十六卷，此生平最得意之作。外此有《樂府》二卷，係弟獨得之見，序二首附後，先寄呈。詞删存二十九首，已刻者止留『小窗月影東風』一首，已爲雪鴻之迹，其實并可不留。次則詩四卷，去足下遠甚，如婢見夫人。又次則文十八卷，桐城徐椒岑云：『吾輩文章如乞丐弄蛇。』十八卷之文，亦蛇類，不足述也。再外尚有《荀氏九家易》十一卷、《易緯通義》八卷。然諸稿中惟《九家易》有副本，餘俱無。至《大圓通義》，遠至于堯舜禹湯，近及于漢唐宋元，外至于歐羅巴、亞細亞，其結穴則在于四隅之地，宜復藩鎮。作于己巳庚午。今已有北洋、南洋兩大臣，不可謂書生之盡空談也。隱憂之多，時局之變，兄係旁觀，恐不能安謐無事，河清不必俟，人壽願朝露，嵇、阮之流，非有心作達也。

然凡事當做過，不必錯過。秋試分内事，得不得，聽于天。慰翁處有可言能言之，即督部前未嘗不欲往，四五月間總有變易，能爲一圖之乎？至于變本加厲之説，頗不謂然。此後爲事方將起，非事已平靖，焉得謂變本加厲乎？兄筋力尚不減往年，終日緘默，揚州知交絶無一人，仲海稍善，然終無成就。此外有一張丹叔者，廣西知府，刑部司官，小蓮之弟，頗向上，不過植根本淺，不能聞道，悲哉！自此以後，如足下不可妄自菲薄。四卷詩後有補刻集否？可寄示，詞可不必印也。人之能傳，不在技藝多，要緊要緊。《九家易》及《易緯通義》有人要刻，兄并可貨之，惟《大圓通義》爲一己之物也。棫頓首。

一〇

江行絶句

輪船一日七百里，兩岸如梭未暢游。今日從容來下水，題詩且上白河舟。
錯雜汀州草樹微，桃源圖畫是耶非。中流忽見排銀闕，羅刹磯爲太子磯。
一綫銀濤混渺茫，如何潮不過樅陽。桐城山色原終古，且任旁人説短長。
無心去向藕山游，且自停橈荷葉洲。一任飄蓬在流水，層層濃翠碧于油。
大通東有識舟亭，直下江流去不停。重譯能來海外客，洋山讖語似先聆。

銅官山畔銅陵縣，轉憶當年章午峰。閉户終朝親藥餌，何能打槳一來從。

窮經當日魯諸生，曾共諸侯棨戟行。何必程朱與許鄭，潛消沴氣息戈兵。

白晝高眠白浪中，行舟仍屬打頭風。帆檣莫羡他人快，到處江洲草色籠。

抱璞含真意可兼，睡中滋味覺厭厭。神明不昧奚容易，字母華嚴緒轉添。

七卷皖江武備考，當年能吏共推袁。後來猶子雖相識，往日何曾通一言。

胥家壩接柴河洲，小市相連蘆荻秋。不省戈船相次列，行舟來往應無愁。

羅刹浮山狀各殊，靖康功業又模糊。建康日月番番改，隻手何能社稷扶。

黄石磯邊舊縣塔，南瞻却是赭圻山。揚舲擊汰詩人咏，往日兵戈轉等閑。

行過三山是白茅，人家三五儼荒郊。分明蘆荻四圍繞，名實相符信不淆。

東風何事阻征帆，客裏閑愁不易芟。永日從誰去排遣，枕函以外是書函。

截江買得好銀鱗，隨意烹鮮入饌新。解得隨時有樂趣，生來原是不羈人。

約略歡場笑語頻，群芳小集亦騷人。此時京洛如重到，轉恐相逢認不真。

蓬窗鎮日理芝編，朝夕相從近廿年。我自慚爲蕭穎士，不曾快著祖生鞭。

今宵洲畔看牛女，不似銀州客在營。料得他年無富貴，緇軿何用問三生。

驚濤澎湃撼蓬窗，便有雄心已欲降。贏得詩人傳軼事，扁舟秋月魯明江。
裕溪牛渚望紛紜，近日衡陽迥出群。我輩誰爲袁彦伯，當時自有謝將軍。
白紵青山迹久陳，復堂詩句極清新。此時仲則如相遇，未必觀潮便動人。
一樣奇材張定邊，千秋婦孺口碑傳。人生倚托須詳審，湮没誰將名字鎸。
羊侃空言守采石，開平曾此著勛名。詩人止覺宫袍好，安得宗之一棹横。
未必陶安似管蕭，一航秋水望瀟瀟。思賢此日行名港，文士須知不寂寥。
白浪高于瓦官閣，青蓮詩句在人間。此時纔近横江渡，已見金陵隔岸山。
經説群將許鄭肆，不知曾把烈山疏。若知此地爲南服，恐是農皇溯古初。
六日舟中似閉關，今朝忽喜見三山。澄江如練宣城句，從此詩篇不敢删。
北風連日滯愁霖，坐對孤舟感不禁。人到中年猶作客，泪痕直共岷江深。
曾閃朱旗北斗殷，往時江上阻凶頑。此時行客都忘却，舟子頻呼大勝關。
猛憶當時趙惠甫，草成露布疾如梭。丈夫便不封侯去，已勝窮年牖下多。
回首歸鄉今八載，翻須皖口下金陵。此身蓬轉知何處，羨殺空山入定僧。
吊古傷今意總同，并無塊壘在胸中。升沉得失須文事，不比輶軒采國風。

仲修仁仲一粲。中白莊忠棫呈稿。

二

水晶簾下看梳頭。意休休，思悠悠。曾記多情携我上蘭舟。小院三年芳草緑，眉自畫，月如鈎。　纖腰一似柳枝柔。怕登樓，不知愁。只是悔教夫婿覓封侯。拚把一春沉醉過，還夜夜，夢揚州。《江城子》

腸斷花辰，心蘇草甲，柔情不放人閑。又送春歸，如何尚怯輕寒。落紅飛絮看都盡，爲緑陰、愁倚闌干。裊沉檀。一縷游絲，繞向簾間。　何須更寫相思苦，倩回文雲錦，小字冰紈。础潤苔滋，泪痕拭也難乾。庭前燕子雙雙舞，笑班姬、學製團欒。莫心酸。遠岸江籬，别院幽蘭。《高陽臺》

檻外是鍾山，翠擁烟巒。山腰茅屋兩三間。我却低頭水上望，幾個漁船。　金粉記當年，裙屐依然。一春心事有誰憐。燕子誤將王謝認，來往翩躚。《浪淘沙》

山外緑水亞朱欄，柳色毵毵。漁舟撑出隔溪灣。如此風光何處去，休唱陽關。

更青山，一様烟巒。管弦寂寞意闌珊。那得珠簾垂十里，不放春閑。前調。

春初得詞三十餘闋，録四首呈仲儀仁兄大人正之。中白弟莊棫。

一二

掩重門、深深曲徑，花枝開向亭午。房櫳寂寂簾垂地，愁緒暫開樽俎。君莫語。臨此際，萍踪漂泊都無主。閑情休訴。偏提起傷心，玉簪香滿，迢遞廣陵路。空延佇。久分終成間阻。歸時莫再相顧。驚心烽火高城外，一錯三年虚度。真難鑄。看往日青袍，酒畔渾如故。難將人語。剩燕市酒徒，高歌擊筑，相對拂衣舞。

秋日偕滌生、笏山小飲，見几上玉簪花，感而賦此。調寄《摸魚子》。丹徒莊棫。

孫詒讓（十四通）

一

浹旬未晤，甚念。洪氏《鄧析書校語》三事録呈，未審與尊校闇合否？前聞徐太常壽蘅于浙中得故家所藏金器甚富，昨聞已到此，行篋中未審有拓本可乞否？執事與太常至好，便中幸爲一詢，鄙人所嗜甚于歐公，而太常之賢過于原父，或不我蕲也。一笑。專此奉叩，即承著祉。中儀仁兄同年大人執事。年小弟詒讓頓首。初四日。

二

鄧析書日内以敝藏寫本對勘，于尊校之外，又得如干事，録于别紙，聊以奉覽，聞此書有《指海》刊本，或有校勘記也。類書諸子可校正者必多，惜未暇檢，《治要》則無是書。不能如尊著《校文》之精確也。雪晴，甚盼過譚，瘦人怯寒，不能走訪，諒不苛耳。此承中修仁兄同年升安，不既。年小弟詒讓頓首。

洪筠軒《讀書叢録》三事，前曾録奉，未刻于《校文》中，故今爲補入。

三

連日荷貺算書各種，歡抃無似。貧兒暴富，足資弄竹矣。譚或是倉陶，記不清矣。字專爲敝友孫愚泉携至運漕，渠日内可來，當向索奉，是專必非唐以前物，曼倩刻畫，遂侈爲寶甓。與瞿木夫仞建康府專爲梁物，此專亦宋物，在江寧所見無慮百十塊，倉公專尤多。同足捧腹也。兹從篋中檢得富貴專殘甓一塊，不任作研，或可養花爲案頭清供耳。專此鳴謝，即請升安，不儩。年小弟詒讓頓首。

吴刻小學四册附呈，便可留覽，不必擲還也。

四

頃承手簡，敬悉一切。邵校書録手稿止就巾箱本《簡明目》上下方隨時記録，漫無義例。曩在江寧，子進司馬屬爲校録，本擬别爲編定，而舊録無此體裁，無由依放。子進珍重手澤，又欲一仍舊貫，故因陋就簡，寫成此本。既而子進物故，不及寫副本，此帙存敝篋中，久欲略爲區次，忽忽未果。倘執事能爲别定一編，固所望也。惟編寫之例，頗不易定，蓋孫《目》抉擇固精，而未免有駭俗目，且過爲芟芟，不足應儲藏家之求，于邵先生記録之意，不無相左。鄙見不如就此本改易面目，不必依附官録，至于書本，似當有增無减，俾鑒藏者得所據依，未審卓見以爲何如？孫氏《岱南閣叢書》，敝齋所弆乃揚州書肆所印不完本，無《祠目》，而篋中别有《平津書記》二册，其菁華盡在是矣。今並《群書拾補》檢奉，望察收。另節當禀商，鄙意儘可乞一感冒假空札，家君向不輕與，未知能否照辦耳。又弟欲假顧校《雕龍》，將屬友人代録，未識在手頭否？此復，即請升安。年小弟詒讓頓首。

各書祈勿轉假，前所譚建平令某君，不慮不還，慮遭損毁耳。此君心術久有所聞，故欲與吾兄共備之，一笑。

五

邵比部校書目子部三册送奉，希即察收。曩閲明人書云，淳熙《秘閣續帖》有永嘉本《蘭亭》，俞氏《蘭亭考》有此帖，載其跋語甚悉。未知薇垣弆本有之否？倘審定之暇能録其跋尾及行款見示，倘已不在尊處，則可作罷論。幸甚幸甚！弟于集帖無所嗜，因此帖爲敝鄉石刻珍本，故欲一訪之耳。此承著祉，不既。中修仁兄同年執事。年小弟詒讓頓首。四日。

六

前示新刻《漢官圖》，賅博遠勝劉書，惟女寺與士人雜厠，似求益之過。其所定博采既繁碎，名目亦不正馴，不若劉書之簡要也。弟舊臘與愚庵、容初兩君分寫劉本，草草作圖，未及覆斠。既有新本，可輟弗作矣。雨後涂淖，未能走叩，謹先將《官圖》奉繳。順請中儀仁兄同年大人著安。年小弟詒讓頓首。十四日。

叔遲書已封寄矣。譚大老爺。

七

中義仁兄同年大人經席：

昨承惠訪，忻慰無似。子高所著《管子校正》四册、《論語注》一册，頃已檢出。謹令价送呈，即希檢覽。尊藏書録可賜藉一觀不？弟到此已年餘，無有以一鴟往來者，足見此間之陋。昨聞著録之富，先睹其目，亦足灑俗眼也。手此，即請著安。年小弟詒讓頓首。廿一日。

八

中修仁兄同年大人侍者：

别來逾月，無任欽遲。昨誦闈中所寄書，敬審興居曼福，慰抃無量。外收掌雖係閑散職事，不宜以煩賢者。然視襄校諸君，日對庸陋時文，塵障眯目，豈不相去霄壤邪？家君擢授鄂藩，見已循例請覲，未審批旨何似。倘毋庸來京，則十月初旬可以履新，計時台從當已旋省，尚可晤譚也。方伯欽仰碩學，逾于北海之禮鄭公，此次差竣，自當有優賢之舉，無勞推轂。惟讓隨侍官齋，又當奉别，無從請益，不勝悵結耳。榆公前月望後回里，爲其令郎完姻，本月杪當可旋皖，一同赴鄂。端甫在昇，想出闈後尚可把晤。渠前有函來，云書肆有羅茗香所刊算學書索售，弟頗欲得之，如渠已爲購存，希于回皖時代爲帶下爲荷。尊眷何時可到？藏室書帖珍本竟未得一見，眼福淺薄，可笑可笑。匆匆奉復，餘俟面罄，順請升安，不一。年小弟詒讓頓首。九月朔。

蕪湖留賜之函尚未帶到，亮存友林處，渠日内當可來省也。

九

頃承手示並迻寫羅先生《吹角壩摩崖跋》，歡尉無極。尊事昨已禀家君，云此間一切已在洞鑒，然執事瑋學，必不慮久閑，少遲當求一得當以報命，急切則恐未易如願，且與噲等伍，度亦非素心也。尊眷則似可先行移出，長江一葦，何難飛度邪？王詁誠如尊論，其不信校讎之學，似有意與王、孔立异，未審卓見以爲何如？邵集訛字極多，往在金陵，子進以此刻屬校，竟未能舉正也。《管子校正》，弟尚有一册，前奉一册即可留尊齋，以供流覽。家君《醉翁亭記》，近以事繁，竟未遑下筆，脱稿當在卸藩篆後耳。請先復薛公爲幸。手此，敬叩著安。年小弟詒讓頓首。中修仁兄同年大人執事。朔日。

一〇

中修仁兄同年大人侍史：

皖江相祖，倏已逾月，離懷耿結，良不可任。昨誦賜畢，敬審興居萬福，至以爲慰。弟侍家君北上，于十七日到六安，廿七日到周口，本月廿二日到京，途中未遇雨雪，尚無延閣。家君于前日覲見，垂問周詳，無微不至，足徵聖德上邁宣仁。見擬于三月初旬請訓出都，讓與容初仍寓興勝寺，三四日後亦當移寓内城。太和師已見及，尊函亦代呈矣。辛楣病足創未愈，有礙步履，竟未得見。函件已交胡光甫同年轉達，光甫亦在師寓教讀也。爽秋、子虞均已到，未晤。

此次同譜來者甚少，大約不及百人。鈞堂聞有改外之議，未諭其故。廠肆未及遍觀，新得漢畫象有何饋、程嬰、杵臼諸題，最爲奇偉，聞亦出武祠。想彼間殘石霾翳者尚不少矣。此種倘得副墨，定當寄贈。屢覓兩碑，尚未訪得，亦俟續寄。中州金石與關究鼎磚，此行匆匆，未及訪拓。安陽過而未宿，西門大夫祠四漢碑，亦未得一觀，尤爲耿耿也。摺弁行急，未暇多及。草此，敬叩著安，伏希惠鑒，不儩。年小弟詒讓頓首。二月廿六日。

二

中義仁兄同年師事：

前到鄂時，誦致榆安書，得悉近狀。舍親來署，又辱手翰之貺，敬審榮問休暢，幸甚幸甚。在都門時與紫縝、子常諸君屢有燕集，入座群芳，多辭及起居，酒闌燈灺，未嘗不惜坐無孟公也。承詢收藏書帖，此次所得頗少，惟得李尚之算書一帙，于斠讀諸史律志大有裨益。又李淳風《乙巳占》足本，舊寫本。足爲采集秘緯之助，亦可喜也。金石文字，雖所獲近百種，却無佳拓。新出諸漢石外，又得鳳凰畫像一通，亦諸家未著録者，孫、趙兩録并無。惜未知其原流耳。鄂中舊友惟蘭州、遲菊、干雲諸君，然亦未能晨夕晤譚，如與執事在皖時也。書局胡公近有刻叢書之議，昨見所定目録，殊蕪雜。弟慫恿重刊善本書數種，及章氏《隋志疏證》、顧千里《説文辨疑》諸書，已荷首肯，亮不至中輟也。錢溉亭《淮南天文訓補注》已刻成，俟刷出，當覓寄。

尊齋所藏乾嘉諸儒書尚多，未審可擇其向無刊本者，録寄數種，送局附刊否？日内酷暑，殊不可任。茲乘友林到皖之便，揮汗作書，略陳一二，餘事詢友林，足知其詳也。此承升祉，不儩。年小弟詒讓頓首。十九日。

六獄外有狡謀，内有奥援，軒然之波，固不足怪。要之，解春心迹，足白日月，弟最知其審也。然只好任其自然耳。前閲致榆安書論及此，故附及之。再此函作就，本擬交友林帶呈，因渠先回蕪局，到省尚需時日，故先交莊煴甫兄面呈也。弟又及。

一二

中修仁兄同年大人執事：

八月間接誦賜畢，久未奉復，疏慵故習，吾兄所素知，倞不呵也。辰惟勛猷日盛，述造益增，定如頌祝。承示浙中子書凡目，均係精本，勝鄂局所刻多矣。鄙意隋以前遺籍流傳寖少，無論何種，均當覓精校舊刻，重爲鋟布，不獨先秦諸子也。鄂局所刻種數頗多，而均係據俗刻《漢魏叢書》翻刊，令人展卷於邑。弟到鄂後，胡公時時過商，曾請補刻佳本而嫌于重複，不肯别刊，可惜也。夷務已有成議，而臨餘土匪及敝鄉教民又復鬨然，未知作何了結。浙闈題亦平正，然似尚不及江南之結實，想主試者未必能繼張、李後塵。惟聞闈内規矩極嚴整，歷科宿弊幾于廓清，則前此所未有耳。康成弟子目録久無所聞，伐檀削迹，竟復何如？不能重翻舊本，乃僅作此惡劇，亦可笑也。蘭舟兄時時晤譚，足慰岑寂。禮園世兄回江南應試，未知能否如願。都門諸友，惟容初時通音問。紫珍近已南歸，在都時聞有小恙，未知已平復不？其《淮南高許考异》，曾假閱一過，《音義》則未見也。昨從碑估得新出陽嘉殘石，附碑陰。此石向無著録，亦不知爲何刻。尊齋當已購藏，有考跋文字不？鄂中古刻甚少，嚴氏《金石詩》不載，拓本亦不多見，道光間襄陽土中掘得張氏諸墓誌，凡七種，均係石刻，文字亦精雅可喜，爲嚴《詩》所未及。俟覓得副墨，當寄贈也。莊煴甫兄近況甚窘，曩家君爲致書范、孫兩公，均無動静，倘有可爲力，請爲留意也。手此奉復，匆匆不暇多及，順叩興居，不一。年小弟詒讓頓首。重九日。

附上試録一册，未審内有故人不？

一三

中修老兄同年師事：

秦淮一别，匆匆十年，瞻企皖山，無任馳繫。庚辰回里，曾一誦既畢。嗣侂王友林兄奉報一書，似未徹覽，豈竟付浮沉邪？褚敦伯兄履任，頒到手翰，並荷大集之賜，發函循誦，恍如握譚。並審錦旋珂里，譚祉綏娱，深尉頌臆。老兄瑋才淵學，足應時需，曩在江東，久聆循頌。六舟中丞渴伫賢達，風厲百城，旦暮當有剡牘。峻擢節旄，可以預券。著述歸田，且遲之廿年以後可耳。

大集囊括百家，兼儀鄭卷施之長，倚聲之妙，尤足方軌茗柯，自是不刊之製。《日記》卓識閎論，在《竹汀日記》之上。謹輟十日課，熟讀數過，夙疑積臆，昭若發蒙。針砭鄭堂及平議近代學術，尤多確論，惟定庵經術，似不甚可馮，五經終始論，持議甚高，而求之經義，實無所會。竊謂近來風尚略涉華誣，承學之士往往以詞章張其經術，其萌灌似即由定庵開之。恃愛遂發其狂論，覬老兄或不訶其妄也。

家君年七十有四，起居頤適，足慰拳注。弟自卅以後，屏除瑣碎考校之學，專治《周官》，竊放竹邨胡氏《儀禮疏》補鄭、訂鄭之例。捃賈馬之佚義，彌賈疏之遺闕，成長編數十册。近事要删，爲《正義》八十二卷，已得十之八。儻不爲它事所奪，冬間可以粗粗寫定，惜相距太遠，未能持質大雅耳。所見近儒治《周官》之書，自《學海經解》外，約數十種，然皆摭拾碎義，絶無鉅觀。吴東壁《周禮疑義》，求之十年，僅於丁松生丈處得一殘本十八卷，尚缺其太半。其學在陳用之、敖君善之間，似不及所著《儀禮章句》之簡確，然於敝帚不無禆益，其全帙在貴里，似尚易訪求，尚希惠賜詢借，或寄資請飭寫官迻録亦可，千萬留意，銘泐無已。

敦伯兄已握晤，志行温粹，信足陶鑄士林，不徒淹洽可師也。玉如攝含山，客冬已履新，前接其來書，詳述新政，似尚不以瘠缺累志，或可接武高賢。承示近校《淮南王書》，不審何時可以畢工。子縝同年許注輯本及《考异》諸册，可采入附注否？刊成時尚祈早日貺讀爲幸。兹附鴻便，拉雜陳復，附奉前助戴教授所修《温州金石志》四册，荒僻無良刻，刊校尤不精，聊供插架耳。順叩升安，不盡百一。年小弟孫詒讓頓首。二月廿日。

家嚴命筆請安。

一四

《書録》流覽一過，敝齋所無者約十之二，碑目亦閎富。內漢石弟大都有之，北碑則無者十之四五。謹録存其目，俟書函到時，當求假觀也。漢石近來新出土者尚有李夫人廟門石刻，分書甚完善，未審曾見之否？鹿孝禹石有考跋否？敝友錢榆庵交下徵詩啓一通，屬代求大著，諒崇獎貞烈，必不吝珠玉也。日內有暇，當同榆庵走譚，先此奉懇，順叩中修仁兄同年大人著安。年小弟詒讓叩。

《書目》附繳。

馮　煦（十通）

一

仲修仁兄我師：

前得手畢，悉一一。《篋中詞》已修一過，仍有草率處，卷三一卷刻手極劣，此弟辦事不力之咎，現仍飭加工細修。先寄上初樣五册，乞更嚴批發下。卷首兄有小序，未經列入，乞録副本。大集前莊序，亦録一紙。歲事漸逼，不能多述。此承起居，新年凡百吉羊。弟馮煦頓首。

二

仲修尊兄先生有道：

得教，知所處極陵雜，君猶得一官，自不免此。弟則一窮措大而亦苦酬答之煩，益無謂矣。日來疲茶萬分，皆人事所迫也。《篋中詞》又得三四二册，寫樣者四册，尚未校，先以奉上。詞中校字者乃寶應成漱泉孝廉肇麐，書局同事，弟之中表兄弟。好詞與兄、弟同癖，所作極清，因稿子不在此，故未録正。明春當寫得奉去，補入五卷中。册首尾之駢文，乃馬湘帆先生沅稿子，江南有刻之者，手民年底尚須稍有所資，仍惟函丈求之矣。此叩道安。弟煦頓首。

三

江上雠書日閉關，春風來看皖公山。青袍似草儒冠誤，玄鬢飛蓬曉鏡班。六代興衰争地望，一尊嘯傲破塵顔。多君經術優爲政，且復鳴琴白晝閑。

盛年辭賦悔雕蟲，節義終爲下士雄。抗志東京愧馮衍，談經北海識孫崧。謂佩南先生。軍衣飄忽蠻夷長，封事紛騰蜀洛攻。今日看天齊出處，回車豈必在途窮。

七言二章奉柬仲修先生，并乞一正佩公也。金壇馮煦拜稿。

四

仲修尊兄先生有道：

久未奉書，甚念。聞使星三耀，供張不支，大雅作粗官，固應有此磨蝎也。《篋中詞》前四册已校畢，其第五册尚未發寫。弟又有一亡友之詞，乞采一二。此君早逝，所學未成，不過附名卷中耳。其第一册薛師敦迫上板，已付手民，有樣再寄上。弟今年將兒子携入塾中，終日咿唔在耳，便不能看書、作文字，恐以句讀師老矣。甚矣貧之不可爲也。伏承起居。二月十八日，弟煦拜狀。

五

仲修我兄先生有道：

前答一函，計達左右。比又得兩書，悉一一。弟今年之旁午，實生平所未有，故書不時達，知己想諒之也。秋駕竟不克相見，以兄之文望而不使之與文事，當軸之用才，於此可見。抑亦敝省文運未有轉，而我輩當不遇邪？一嘆。《篋中詞》久成，只大詞尚少數頁，月半總可出書。今以兩樣寄上，其紙之大小，紙色之高下，並乞批明用何種，印若干部，書簽作何字，并一一開示爲荷。弟昨又喪一老乳母，心緒萬分惡劣。《篋中詞》前當仍如尊指跋數語，大詞本擬作一序，而此時意緒，亮不能就，只得俟場後矣。皖中大水後如有鬻女者，乞爲買一婢，至小亦須十歲內外，過小則不可。因人之灾以得便，自愧非仁者所爲，第至弟處，尚不至失所耳。恭甫皖游，初未聞，或亦他有所謀邪？前刻詞之款，弟處尚餘十番以外，未細核。印貲亦不汲汲也。手此奉復，敬頌起居。涼燠不時，千萬珍重，不盡。七月朔，弟煦頓首。

六

仲修我兄有道：

奉到手畢，知《篋中詞》已達。前收之百元，計錢百二十千，前四卷支去七十七千四百三十七，餘四十二千五百六十三，歸入後賬，乞察入。弟場作極不稱意，負至友之期望。卷六誤字，示知再改，其小紅字則徑由安慶刻，以免轉折，何如？考客未去，心緒棼如，不具白。此問起居，不宣。八月十八日，弟煦頓首。

《周易通義》，恭甫没後不知在何處，候查得再報。

七

仲修我兄有道：

詞已開印，八月初當可寄到。秋暑方酷，槐市已喧，苦於應接不暇，實亦無心緒也。恭甫初八日歸揚，十六日暴卒。傷哉！二十年相識，十年共事，江左可與文苑者，又少一人，真可嘆息。去年《篋中詞》前四卷刻成，曾有一細帳奉覽，記憶所餘，尚四五十千，而弟處底子遺失，此可知會計之疏，請爲一檢寄下，以便辦報銷也。印貲俟算結後再寄，弟已代墊矣。事冗心惡，不多及。此請道安，同調無多，千萬珍重。七月二十二日，弟馮煦頓首。

昨一書已達矣。

八

仲修先生我兄有道：

足來奉手書，并《西夏記事》三本、《白香詞譜箋》五本、《篋中詞》三部，然承起居違和，比已復初，甚慰甚慰。寫手隨弟數年，皆知正體，不須另謄清本。其格式自以從原本爲是。且前有表圖，可省别縮小樣也。當印於開歲時之兩書，約廿餘萬言，刻貲以三百番爲率。底本在弟處，不至遺誤，乞勿念也。正月南來，再面商一一。慰丈月初誤服消導之品，精氣頗頹，日來略可，然醫者云須立春後稍健始可無恙。兄似以早來省中一視，且有應商種種也。此請大安，不盡欲言。十二月十三日，弟煦頓首。

事冗緒棼，不能多及，統俟相見再盡矣。

九

仲修我兄有道：

昨奉手翰并洋百枚，悉一一。頃復承教，先師既喪，海内失一正人，此《易》所謂天地閉、賢人隱也。東南人士所同悼，况弟十七年感恩知己邪？家庭已部署略定，尚不貽口實。紹湖頗知大體，亦先師在天之靈耳。日本新刻，弟處有一二種，紙板均精，然皆佚存殘缺之種，雖可寶，亦不甚裨於學者。《西夏記事》已付刻，俟有樣即寄。其間體例尚有未一者，弟稍於其所知正之，仍俟大裁。此請台安。同學小弟馮煦頓首。

一〇

復堂先生有道：

樸生來，奉手翰并大著一分，發函申紙，歡熹無量。朱明盛長，道履多福。江漢清曠宙合之勝，人文所鍾，尤多健者。先生講授其間，成就必衆。長統樂志之治，桓榮稽古之力，輝映後先，自足不朽。視弟不退不遂，同於觸藩，相去不霄淵邪？弟羈泄輦下，殊無好，惟既乏弦歌之資，亦鮮化進之志，頗思南歸，一遂初服，而館職所局，末由自致。息壤之盟，結鄰之約，正未可期，引領漢南，旁結無已。樸生才行英异，吾黨之雄，復得一親緒論，閎益彌多。他日所詣，豈有崖邪？復承起居，爲學自衛。四月廿六日，期馮煦頓首。

朱銘盤（三通）

一

仲修先生有道執事：

仰觀風教，積月以年，往客揚州，從莊中白、吴禮園兩先生處得誦著術，思精體大，無忝古人，願見之忱，寧間夙夜。昨爲仇副將失驢事致書勖之大令，比使還發書，則赫然先生之名也。驚喜狂笑，乃不自禁。雖引路得金，當不是過矣。銘盤末學小生，百罕一解，惟區區此心，恒不願與草木共盡。中此癥結，遂爾困窮。比來兵間，了無可喜，莊生异物，吴子遠宦，顧影歌哭，行自憐耳。相隔不遠，良覿有期。輒因驛使，通忱左右。伏承履候多豫，政治隆隆，不宣百一。後學朱銘盤頓首謹上。

倘賜裁答，乞署慶軍莫中米曼君，便當奉到也。

二

聞簡，審安善也。銘盤頃以家事歸，得百許日。七月杪始返，磨驢陳迹，殊無可樂。惟從途人詢足下政聲輒喜，吾輩固當不惡耳。銘盤此間久思去，迫于終始之義，未遂恝然。明春有廬州佐修府志之役，此事亦廬令從將軍求我者，顧隨波逐流，决無好理，但可笑耳。中外之事，了無定聞。足下静坐澄觀，有所見地否？今年道府以下上封事者不下百人，皆不蒙省覽，小儒涕泗，復何用哉！中白身後，聞甚零落，其書得足下謀布者，已告功否？吾比亦有亡友陳檢討遺稿之事，其文遠不逮中白，亦今可喜者，苦無錢，不能踐此諾。奈何奈何！足下處有雙鈎漢殘碑，忘其名，能惠一通否？秋凉，體中何如？念不置。仲修明府一丈足下。銘盤拜狀。

三

仲修先生閣下：

試畢回防，得報書弟二，知前此賜答已浮湛也。念念。蓮敷聞有権事，秋間遇農山，始得端緒。渠與下走亦三年不通一字矣。農山到省，僅補歲考而未入闈，以入訾爲通判，已分發故也。琴堂伊邇，不獲躬詣，罄此眷眷。良覿何日，念之念之。執事儻偶涉此間，能呼出一見，幸幸。肅復，敬請道安，並叩秋釐，不具。朱銘盤頓首上。初九。

蓮敷之兄去年爲人擊死，現尚未定讞。執事聞之否？又上。

金安清（十四通）

一

虛堂病起秋雨瀰，淋浪雜沓迷朝曦。蝸涎滿壁苔繞榻，藥鐺折脚孤烟攲。雲夢七澤猶在眼，瀟湘游迹慚饑羸。闖然一客叩空谷，芬芳蘭芷辛夷楣。經年契闊話疇曩，河魚大上悲瘡痍。吴越時皆苦潦。招邀二子子佩昆季。共尊俎，園官菜把紛藜葵。浩然命酒互相酌，邱索墳素争析疑。春江有意訪南嶽，岣嶁岩壑將探奇。崖荒蘚澀手氈蠟，或盡唐宋題名歸。衰慵腰脚願未及，寶山空入徒嗟咨。黔州漫叟寄新拓，謂子偲。云是六代蕭梁碑。渾堅肅穆類北派，温潤仍具鍾王姿。固知法帖异榜碣，正書第一劖厜㕒。後來歐褚各師法，努力祇愧撑頹巇。何如仙人自嘯樹，瑶環瑜珥光陸離。有唐藝苑崇聖教，明徵君墓沙畫錐。居然一一虎賁狀，視贗刻帖無微疵。多君契賞聊割贈，明誠金石其先資。竹垞之風百年歇，張芑堂、叔未朱椒堂繼起修前規。燹餘故物多散佚，君其振起江鄉衰。宛邱學舍低如篗，張壁但見秦漢辭。盤中苜蓿恣君啖，不愁踏破金華兒。

仲修先生過訪，留飲寓齋，以六朝新拓各碑爲贈，兼媵以詩，即請政和。時己巳八月中浣，眉生金安清甫草。

二

仲修仁兄有道侍史：

一春尊俎之歡，談宴之樂，得未曾有。當時杭屬諸君，大率類是，我輩又何讓古人乎？返舍後，嫁女碌碌，致未箋候。手問先施，新詞繼至，白石、石湖，不容專美，又費我一盎薔薇露也。質之同人，皆爲欽仰。弟亦率爾效顰，已由鐵華轉致矣。今年春寒特甚，上巳猶擁重裘，偶一暄和，又如夏首矣。梅蕊甫殘，水仙正盛，而桃李梨杏，一時競發，唯烏衣、金衣尚未至耳。稚存有句曰：『燕子平生餘憾事，不見梅花。』此尚是乾嘉風氣，今則迴不然矣。吳越之間，一變而爲甌粵，人心亦然，果何謂耶？槐庭心地光明，特坦率太過，好以出世法參之世法中，遂覺不倫不類。伊最心折陽明，恐八寨思田之功，非鹵莽者可嘗試也。草泐奉報，祗詢興居，不盡。弟安清頓首。

三

峰巔猶罥百年蘿，多少名流著屐過。高會未能忘梓澤，此才端合上鑾坡。遥山烟雨含春意，曲水池瀾瀲舊波。各騁便便腹中笥，一尊數典勝聞歌。

壬申二月小集臯園，以壽字飛觴，仲獻先生首倡一律，依韵奉政。眉生弟金安清手草。

四

集臯園觴梅爲鐵道人壽，即用白石原韵奉和仲獻先生之作

鶯啼南浦經花訊，更翻翠羽深處。疏影太横斜，羡逍遥，蒼苔鶴去。雕闌玉檻，都曾見、盛時歌舞。容與剩吾曹，俯仰今古。　　文章是誰太守醉，草堂争吟妙句。賓從東南，把酒共憐今雨。波影成紋，鬢絲成縷，未堪題柱傳好語。高郎終見開府。

眉生金安清草。

五

老懶銜泥屐，低篷藥裹中。天心渺難度，人事苦相同。西掖平安火，南薰殿閣風。因君觸遐想，浮海刺船東。

雨舟遲仲修不至，以詩見貽，走筆奉和，更期促滕湖上也。銷英道人安清草。

六

冬日游杭訪仲修學博不遇，比返舍，客舟已解纜矣。留題一闋，即步原韵，寄請正拍

暮天深蕩，西湖小艇，倦客悵重臨。題鳳偏遲，盟鷗已晚，門巷又隔重陰。只獨聽、西風大樹，與鐵華唱酬排日。恨庾郎、無計可追尋，一面三年，三秋一日，至竟沉吟。　十畝荒莊送老，快分來鶴俸，累煞朝簪。檻曲廊迴，花低柳小，休厭寒酣沉沉。正凝盼、平原煮酒，與玉人、把臂入梅林。可奈尹邢避面，莫訴愁心。

調寄《一萼紅》。銷英居士金安清草。

七

仲修仁兄大人閣下：

昨覆一箋，計已察及。拙詞率爾塞責，似梅歸，知邀激賞，何快如之。子高竟致不起，聞之腹痛。今年長夏，方擬邀樸庵、子高來舍逭暑，兼請從者過我，作平原十日之叙。忽得此信，實出意外。其平生著述及金石文字，尚不致散佚否？日内即擬遣僕往探其喪，身後之事，弟當任之，不必更煩趨公也。宇宙間一才人，難得易失，天何厄我子高到此耶！額聯兩事奉教。弟肝疾大發，狼狽不堪，武林之行，以致愆期，蜂蟆横行，豺狼當途，直是暗無天日，而五等勛戚，又如劉家阿斗，直令人悶煞。奈何奈何！手此，祗候興居，不盡欲言。弟清頓首。

外賤圖祈惠一題。

挽子高：不信斯人無四十，爲君更賦哀江南。讀書種子。用姚廣孝贊方孝孺語。

八

仲修仁兄大人閣下：

別來半年矣，江東羅隱，而目迷五色者，乃在東坡，此非意計所及，藕老能無爽然。今年會墨無一合作，竟是三十年前縣試試覆不修貨色，元作起講用子書《道德經》體，此豈理題所應有乎？藕老致弟書尚作詩詞，弟則不能作違心談也。老兄改就皖令，經費已足否？念念。昔陸祁生、查梅史諸名士皆筮仕於彼，而劉玉坡、周文忠皆由守令起家，他日雲程正未可量也。頌盼頌盼。弟老境日增，春夏以來，無日不小病，藥爐潦倒，毫無生趣，安得將來至君所爲幕府客耶？鐵華已移湖郡，差可展驥。鳳洲不歸，乃考中書乎？琉璃廠如有本朝掌故書，幸代留意，如《歷朝寶訓》之類。《八旗通志》，可覓一部否？振之在京，諸承雅愛，弟無不志感也。《東洋考》拙作奉教。手此，順請文安。小弟安清頓首。鳳洲兄晤時致念。

九

仲翁之官皖中，過訪敝齋，口占送行

名場小現宰官身，江上山多不厭貧。偌大東南誰伯樂，可堪風雨迫元真。天寒鼓角重城小，雲罨樓船野渡新。長柄胡盧漫招問，過江猶是路中人。

小弟金安清草。

一〇

仲修仁兄大人閣下：

客冬一别，又改歲矣。脚靴手版，况味何似？聞有接眷之説，或當事尚有刮目者乎？鳳洲所言，或不足盡信也。八音遏密，時局一新；九廟有靈，片言定策。雖興獻之争，濮邸之慮，异時不能無枝節之事，而目下姑可苟安。祖宗之澤，究未艾也。弟衰頹日甚，正月杪勉作杭游，不見故人，益增惆悵。澮如諸君雖迭招文宴，意興殊索然耳。安豐名爲會垣，而一城斗大，荒陋特甚。十四年前曾對簿於彼，莫子偲猶在也，計今時必稍繁盛，亦有可以談文之客否？何日休沐南歸，甚盼佳耗。手此奉致，即問興居，不盡百一。小弟安清頓首。

范公處有致閣下書否？八閱月之久，殊可怪詫。尹公他能不食言否耶？

一

花落總歸溷，桐焦尚有琴。廿年重慰洞簫音。隔個蓬山，泪透美人襟。　夢比秋江遠，情同斷壑深。從兹青鳥更沉沉。只剩鬢影，禪榻到於今。

以秋江影事乞仲修題小令，凄婉欲絶，步此奉酬，不覺其言之悲黯也。銷英道人作。

二

病後嚴寒，游吴不果，却寄蘇州諸友，調寄《滿庭芳》

春欲來乎，歲雲暮矣，紙窗竹屋怡然。再生同慶，三月藥爐烟。天上玉樓無事，赦餘年。仍醉花前。衰頹甚，憂時苦臆，寒夜半無眠。　虛名年少誤，一時將相，變色堪憐。漫比作、蘇張抵掌高筵。景略山中隱卧，且捫虱，且看青天。時未至，耕莘釣渭，安樂學神仙。

活水三叉，荒田幾畝，幽居前後環溪。高樓眺遠，古塔與雲齊。添得數椽水榭，倚闌干，草樹凄迷。呼童僕，隔畦蔬菜，種滿小亭西。　北城圍雉堞，叢叢髡柳，峰遠雲低。儘紅爐煮酒，交呂攀嵇。互賞稱心文字，唾壺碎，天外鳥啼。余心樂，神明屋漏，奚愧復奚疑。

自古以來，一丘同貉，何人能辨雄雌。靈台炯炯，纔是大便宜。看倒浮雲富貴，閑名利，造化痴兒。開尊共，醉鄉偌大，一枕夢酣時。　多生文字障，老來書卷，終日忘疲。慣搜討、千秋奥義微詞。百思奔騰腕下，扛健筆，萬壑蛟螭。魑與魅，但經犀燭，醜態盡支離。

連歲黄壚，幾人白髮，只餘數點晨星。齊名李杜，高齒屬延陵。畢竟河陽花好，豪金谷，醉眼能青。相思處，盈盈帶水，寒月阻遥汀。　佳辰將餞臘，喧闐羯鼓，兒女盈庭。正萬梅、齊放十樣花鈴。喜值山妻病起，呼鸚鵡，金盞梳翎。漫天絮，謝家群玉，舞彩祝仙齡。

近作録奉仲修先生一粲。蘇辛粗豪之習，不足當白石指誤也。儻道人金安清草。

一三

鐵華見和前詩，豪健可喜，倒用前韻以答，並寄仲修學博同正

失國下大夫，矍相不敢射。偶然訪湖山，枯樹亂於柘。喜見雲霞交，本是韓姑婭。河海探其源，鼠豹抉以罅。八九足吞胸，十千遑論價。菊傲猶繞階，笋束自堆架。長虹亘天半，寒月爲所跨。時流真瑣瑣，顛倒辱造化。身隱姑買山，躬耕且學稼。黄鉞凛腰領，詎爲汝曹貰。十蕩復十决，奇兵不輕罷。肉袒牽牛羊，終見泥首謝。嵇阮任率真，桓文羞久假。重綿方及冬，輕羅貴於夏。氣已書雲臺，火將及宣榭。未是秋娘衰，奈值夜郎大。寒心心已傷，炙手手頻藉。揚波君之餘，執爵古其亞。衝冰三百里，相思互命駕。長鬚奴類奚，蓬頭子疑霸。燈燼尚煎蔬，酒闌欲捐蔗。有時雜悲嘯，神鬼亦深訝。豈若當官人，倚枕鼾不暇。歸來思賈勇，擊鉢集幸舍。子猷剡中舟，已越海昌垻。參商若相避，耿耿帳中夜。舉杯聊獨酌，胸臆浩如瀉。新詞留鳳字，墨瀋滿花下。蒼頭唤君實，此客得無詫。煌煌東方日，鷄犬行遇赦。未必屠龍呈，已使燃犀怕。羞言静女媒，紅杏方待嫁。

銷英道人金安清草。

一四

仲修老兄先生有道吾師：

武林匝月之留，僅接談一次，中心悵怏，殊不能釋。酒實征逐之餘，病魔迭擾，匆匆言歸，此衷惟不捨西湖與足下耳。拙作承勘削，極微極當，服膺良切。此板在上洋，擬携歸，仍求就書局中手民逐一更正之也。大著吴、沈二傳，不襲桐城面目而自然簡古，獨標其遠者、大者，而生平之品詣自見。二公有知，當爲膜拜。敝邑竟致脱科，可爲㸚後失學者勸戒。濂甫亦雄於文者，加以三年，必可一新壁壘矣。君樹次郎中式，藕翁正悶久抑，可爲一掀髯也。壽翁紀事十二律，弟爲效顰，奉上數册，可囑同人分和之。手此道臆，祇請著安。小弟安清頓首。廿六。

張鳴珂（二十三通）

一

仲修仁弟大人如胞：

日前展誦手書，敬諗台從爲越中之游，上會稽，探禹穴，欣羡無似。奉寄詩箋，信封一函，計已鑒入。比惟儷祉吉翔，抃頌無量。兄近體如常，兒女輩均感風邪，咳不停口，甚至寓中臧獲，無不病者。連日延醫檢藥，忙不可言。委辦《古文辭類纂》，稍遲買奉。局事既有定章，蘿翁又不到局，鄙意如能寄辦，請棣翁檢寄一二縣册籍，兄當窮日夜之力，爲之對勘。對畢更换，如是兩月，當可告竣。老弟以爲何如？請與棣翁熟商，惠示爲盼。至蘿翁處，兄亦旅食在外，亦不便冒昧函商。如册籍不多，棣翁函云極重之事，未知有多少也。即兄一人料理，亦可。總祈大裁酌奪爲禱。沈韵初病殁吴門，遺命將金石各種盡行焚化，李眉生方伯往吊，求之太夫人，不得。李笙漁太守切實函求，乃始停止，然其至精至美之品，已燒三箱。海内所存《漢石經》兩本，俱歸一炬，可慨也。景卿昨來蘇城，在銘青處罄叙一日。辛楣至吴後一詣靖江，日内想可回棹矣。草草布復，不盡萬一，即頌著祺，不宣。如小兄鳴珂頓首。二月十九日。

二

仲修仁弟大人如胞：

皖水吴雲，相違千里。魚沉雁杳，倏已數秋。去冬渡江，於輪舶中率泐數行，托雲間錢君袖致，未知能否達到？比聞榮莅歙任，來暮之歌，溢於道路，下風遡聽，歡喜無量。兄屢躓秋闈，心如廢井。去歲榜後謁劉中丞師於南昌，勸令出山。今夏集貲赴都，加捐縣令，指分江右，行將束裝赴省。惟望治譜遥敂，俾資韋佩，是所企禱。嫥肅布賀，祗請升安。如小兄鳴珂頓首。重九日。

三

仲修仁弟大人如手：

十月杪由桑根師處寄復一函，定邀垂鑒。比惟政績麻嘉，起居啚適爲頌。兄浮湛志局，故紙鑽研，進呈正本已繕三分之一，大約明歲夏首春餘當可蕆事。松溪權篆廬陵，昨有書來，丁漕踴躍，已得九千石矣。郎亭學使有搜輯江右金石之意，果能如願，亦佳話也。飴澍分卷，芍卿爲巨擘，共得二百十六金，已匯寄矣。拙詞如蒙賜削，並乞惠以弁言，明春擬授梓人，以供覆瓿，如何？同雲沍寒，江波無極。懷人望遠，我勞如何。率泐，即請升安。如小兄鳴珂頓首。臘八日燈下。

四

仲修仁弟先生閣下：

塵勞鮮暇，書問久疏。劉君小霞來自皖上，詢悉起居無恙，政通人和，歡喜歡喜。兄秋間奉檄權篆新吴，年穀豐收，地方静謐，吏役積弊，漸漸釐剔，詞訟隨到隨訊，隨訊隨結，尚無壅滯。家慈憚於遠行，尚在禾中。兒輩延師課讀，頑鈍可笑。松老瓜期早届，因正任另案撤任，得以蟬聯。撝老今冬亦可委署。芍卿本在撝叔之前，緣清江交代未取後任印結，轉爲憨寮所壓耳。飴澍何時出都？桑根師起居何似？想常在秣陵，抑曾返故鄉否？匆匆布臆，不盡欲言。敬請升安，諸惟垂察，不宣。如小兄鳴珂頓首。十一月初八日鐙側。

五

仲修仁弟先生閣下：

壬夏挈眷還禾，道經皖省，時已薄暮，不及登岸一叩起居，至今猶耿耿也。兩年來人事牽綴，懶於作札。前月接奉手書，備紉心注，並譾鶯遷肥水，動履咸宜，欣頌欣頌。兄昔年歸去，故里榛蕪，擬卜一椽，卒無當意。冬間薄游茸城，適有以平屋十餘間求售者，以千金得之。打頭屋小，容膝居安，蒓菜鱸魚，足供甘旨。豈料蘊青一蹶，盡付東流，收拾叢殘，不及十分之四。

去歲廬江師莅浙，力勸出山。九月間爲家慈稱八十壽觴，仲冬挈兒子元壽赴江右，下榻馮子因處。銷假後即委辦新建粥廠，從事兩月，得一勞績。二月初，元兒入贅方少庵親家處，少庵績溪人，江西通判，現辦景德鎮保甲，眷屬移住浮梁。元兒入贅後同赴浮梁，現在縣署，附塾讀書。兄於三月間奉委至餘干縣，幫理詞訟，此係中丞新章，凡上控案積有十起未了者，發一委員幫同審理。兄此來已有月餘，僅審結一起，餘皆傳不到案，大是難事。幸芍卿係舊好，諸事俱好商辦也。

前承惠寄莊氏《周易》及《篋中詞》，均已收到。詞選精美之至，草窗《絶妙好詞》之後，可以雄據一席矣。來書云《歷代詞録》行將登梓，乞願先睹爲快也。兄去歲編定拙詞兩卷，意欲付槧工精刻，至今未暇。《前漢書》已句讀一過，并用王懷祖《讀書雜誌》、張嘯山《舒藝室隨筆》諸條録寫上方，足備觀覽。去夏又向槃仲案頭借得顧澗薲校《淮南子》，係用宋本及《道藏》本互勘，校讎極細。因向浙局購得新刻本，校録數卷，携來章門，去冬在粥廠斠十餘卷，比來餘干，始克校畢。近又薈萃各家駢文，擬選《正宗》續編，惜所見未廣，兹先將已經寓目各種抄目呈覽。近時坊肆所售《後八家四六》，所選張皋聞賦數篇，未免高古；李申耆數篇，是於散行之中用排偶之句。均非駢體正宗。又姚梅伯所選分類駢文，純駁相間，未免貪多，總不及西溪漁隱之舊選也。尊意以爲然否？拙著《説文佚字考》，去歲購到王菉友《釋例》一書，似乎尚需改動。春間閲上海書目，有鄭子尹《説文逸字》一書，已托人寄購，未知體例雷同否。

江右諸同人可談者，覺軒乞病在省，芋仙病足卧床，窮愁落寞。勒公遂深之爲河帥少仲先生令嗣，詩古文辭皆有法度。許季仁太守喜度曲，嬉笑怒駡，皆成文章。辛楣爲節署上賓，不便談宴。子莊仍擁皋比，兄出差時尚未來江也。松溪遠隔千里，徒繫懷念。笏山在餘干，舊雨重逢，談笑頗樂。去歲在槃仲處見雙鈎朱博殘碑，云係尊處所刻。《篋中詞》索者甚多，兄所携一部爲陳伯潛學使取去，如鄴架有印本，便中再惠數分爲盼。中法和局已成，竹篔此行當無顧慮也。㛹肅布復，祗請升安。諸惟荃察，不宣。如小兄嗚珂頓首。五月十三日餘干官廨作。

一兩月如有復音，請寄餘干，將來回省，仍寓蒲萄架子因公館。聞首府已詳請委發審局差矣。

六

夏秋之間逭暑湖上，借得黟汪南士文臺手校孫刻小字本《説文》，校録一過。又於友人處見彭文勤公所藏汲古閣初印大字本《説文》，以段若膺《説文訂》互勘，尚有數處爲段氏所未見也。又校汲古閣《漢書》十餘卷，《律曆志》《食貨志》中尚有誤處，王石臞、張嘯山均未看出。自抵奉新，此事便廢矣。手此，再頌台安。兄鳴珂再頓首。初九日晨。

七

仲修仁弟先生賜覽：

去冬十一月，劉小霞明府家序赴皖，托寄尺書，未知能否達到。昨接正月初八驛遞手書，敬諗升祉吉羊，快如心頌。兄莅任數月，訊結五十餘案，摘奸發伏，嚴辦主峻，詞訟日漸稀少。書吏、家人同聲叫苦而已。文廟久不修葺，朽壞日甚，擬集紳士商議重修，未知能否如願。荷紳交代，兄於限内出結，本可得一分先拔委，但其任奉新時門丁用事上游，耳目甚長，鳌差到班，忽然扣委，諷令回籍，殊可惜也。《西雲筆記》不及付梓，擬帶歸閩中耳。芍卿清江交代後任家屬潛遁，現需追還，結算尚須時日。松溪兩載廬陵，官橐充裕，聞其得孫旋夭，亦小失意也。覺軒名心最重，在江已刻過詩集一册、《明州繫年録》。去歲又令人繕録《西江武事》，將排纂成編也。兄判牘餘閑，斠讀《漢書》。拙著詞卷，須回省後付梓，庶讎校較便耳。許益齋刻《頻伽詞》，蘭艇寄贈，精雅過於原刻，殊可寶也。匆此，復請升安。二月二十三日，如小兄嗚珂頓首。

八

仲修仁弟先生如胞：

十月中旬，陳丹屏大令轉餉入都，道經貴治，托帶數行，奉候興居，未得還雲，殊深繫念。辰惟政祉綏和，履綦納福爲頌。兄從公讞局，幸托粗安。拙詞已付手民，寄呈兩本，伏乞大教。松溪上書乞病，有下澤款段之意，果遂所願，誠大妙也。覺軒建昌乞病，調署上饒，腰纏既富，意氣自雄。子因補官將近。辛楣有粤東之行，此計亦良得也。皖中近事如何？星使駐節臨淮，聞係彦昇之事，西江首邑已預備供帳，而茫然不知何事。外間謡説紛紛，皆足令人齒冷也。德中丞於月之十五日接篆，意甚和平，而尚整肅，較之安仁，殊不相類。屬官進見，皆欲檢束，封疆大吏，果當爾爾。匆匆布臆，不盡欲言，即請升安，不宣。如小兄祺祺嗚珂頓首。十二月廿七日雪窗。

再啓者：

休寧劉蔚卿太守文棨，其封翁在嘉善典當貿易，寄居浙省數十年矣。蔚卿亦在當鋪學業，戊午、己未之間，桑根師宰魏塘，因帳房黃君午峰孝侯先生族叔。始識蔚卿。其時兄在署中，極與蔚兄往還交好，豈有充當門丁之理，而後與金氏議婚姻耶？嗣後李景卿結褵，蔚卿亦來幫同照料，兵戈擾攘之際，蔚卿捐納縣丞，佐錢調甫中丞辦理糧臺，經李伯相洊保今階。邇年在蘇辦理六門釐金局，今夏入都引見，先有桑根師侄婿張瀚堂中翰德霈布散謠言，謂曾充桑根師門丁，於是印結局光稷輔熙有罰令捐會館銀之議，經江香岩先生桂高大聲疾呼，力排衆議而結局。總以張中翰爲薛氏館甥，言之不爲無因，籌議至再，始允請程覃叔總憲諸公致書桑根師詢問確鑿，及得回書而衆疑始釋，當即出具印結。詎料又有黃某從津門回京，造言結局，中飽局中，遂具呈請扣驗看，而嗾慶華廷侍御錫榮之疏劾也。現奉諭旨，命兩江、安徽、浙江查辦，如公事到縣，務盡將蔚卿被誣始末轉告休寧，俾奇冤昭雪，則感同身受。公東又啓。

桑根師復皖省京官函，別紙録呈台覽。

九

復堂仁弟先生如手足：

前月廿六日得啓和函，知莘潛安葬，擬卜兆西江，尚未擇定，並野山參四苗屬兄與執事分啖，并附寄一函，兄當將來函封寄鄂渚，人參暫留，擬握手時面奉。昨初一日範湖過訪，知台從已還杭州，未知湖北書局之信有人代收否？啓和函云墓誌係傳後之文，題目擬加皇清二字，又末段歸葬富陽云云，既在江省卜葬，似宜更易，請譚年伯酌易數字。其縣名、地名，或暫空白。兹將原稿寄上，務乞酌定寄我爲盼。專肅布想，敬請道安。如小兄鳴珂頓首。六月初三日。

一〇

仲修仁弟先生賜覽：

日前寄上一函，定邀垂鑒。秋風漸凉，想文從當作楚游，敝署近來詞訟頗少，縣試擬在九月。易實甫亦約秋涼來潯，錦帆如抵九江，務祈惠顧，作平原十日留，以慰廿載相思之苦。小詩一律，附呈教正。即請著安，不宣。如小兄鳴珂頓首。七月二十日。

腸斷江南，甚梅雨，釀成愁病。憶那自、吟箋硯匣，綺窗安頓。貰酒儘消司馬渴，尋春易惹樊川恨。問五湖烟水是何時，風波定。　眉待畫，羞妝鏡。心仍怯，驚鈴韵。笑當初只道，迦陵共命。百不由人風絮轉，一年又盼秋期近。漫從頭、清楚記悲歡，徒搔鬢。

庚午五月十六日，桐孫杭州書來，附録江秋珊《願爲明鏡室詞》中《滿江紅》一闋見示，哀感頑艷，言愁欲愁，梅雨浪浪，益增棖觸，剪燈孤館，依韵和之。録呈復堂主人大詞壇教正。紅豆詞人鳴珂，時客吴門。

風雨蕭蕭，最無奈，茂陵秋病。嘆我亦、家徒四壁，歸難栖頓。未免有情誰遣此，不因無益翻添恨。指伊人門巷是相思，前緣定。　搴翠帷，重窺鏡。拈紅豆，曾酬韵。願彩絲繫臂，祝卿長命。生怕東西溝水逝，那堪哀樂中年近。剩落花、禪榻感縈烟，絲絲鬢。

次日晨起，愁霖不止，復和一闋，迴腸蕩魄之語，以銅琶鐵撥寫之，未免有拘牽之苦、粗獷之病矣。慧修又識。

一一

頑艷均酸，怎禁得、相思成病。聊檢點、茶鐺藥鼎，旅窗安頓。鐵聚六州真鑄錯，霧迷三里應添恨。問阮家人種可追還，愁難定。

紅蕤醒，羞窺鏡。青鸞杳，空拈韵。料今生無分，小憐續命。梅雨剛催腸斷句，槐黄又迫歸期近。奈星星華髮易蕭疏，嗟潘鬢。

辛楣和予《滿江紅》詞，紅情凄婉，不忍卒讀，再填一闋，仍用前韵，録請復堂主人賜和。

庚午長夏慧修嗚珂倚聲。

一二

丁丑夏秋之交，宣南小住兩月有餘，蒓客農部、子縝編修、雲門庶常、弢夫比部、彦清孝廉，命酒微歌，談宴彌洽。霞芬獨出冠時，而大作《群芳小集》未曾著録，卒賦《浣溪紗》兩詞，録供復堂詞伯一粲。重九日鳴珂繕本。

紫陌迢迢碾翠輪，悄携羅帕拂靴塵。搴帷剛見玉精神。入座殷勤斟桂醑，停歌宛轉訴蘭因。金尊檀板總銷魂。

麋月樓遥品藻遲，群芳誰並好花枝。殷桃紅到十分時。團扇新詞如夢令，洞簫私謚有情痴。酒闌燈灺輒相思。

硯悦齋出歌郎七兒小景，爲題《好事近》詞：

北斗正闌干，行過竹林尋覓。勸飲玉川茶罷，倚寶床將息。雙星脉脉渡銀河，問今夕何夕。手撫冰弦無語，伴微雲詞客。

一三

畫船載酒，剛趁著、晚霞明靚。正叩遍桐舷，携來簫侣，那管湖天弄暝。兩兩鴛鴦驚飛起，又悄傍、銀塘窺影。憐拂袖護香，推篷延爽，玉肩偷並。愁凝。山眉送黛，雙蛾低映。悵雁底烟涼，鷗邊夢醒。風露一作平襟漸冷。佩擷蘅芳，歌傳菱唱，多少墜歡誰省。

須記取、一諾微波，掩扇自羞鸞鏡。《二郎神》。

李蒓客農部屬題『秋江菱榜晚霞晴』詩意畫扇，用陶子縝太史均。復堂仁弟先生詞壇正之。丁丑九日，鳴珂録呈。

一四

虞美人·泊石佛里

荒湄斷汊疑無路，中有濛濛樹。幾家臨水掩雙扉，燈火樓臺舊夢認依稀。十年前避兵居此。　湖田菱熟繩分罫，采采人如畫。滿灘明月泊孤舟，吹老西風黄葉寺門秋。

録近作小詞塵復堂仁弟先生拍正。重九後十日，公束鳴珂。

一五

鸞鶴久離群，相思隔暮雲。扁舟來小泊，江岸已斜曛。顧我欲歸去，何時重論文。把君詩卷讀，懷袖有餘芬。

光緒八年孟夏，道經安慶，有懷仲修仁弟先生，作詩塵教。嘉興張鳴珂公之東。

一六

我昔襆被東湖東，校讎志乘經春冬。宵深一燈耿如豆，霜寒月落聞清鐘。鐘聲縹緲度林樾，隔湖樓閣烟濛濛。相傳南唐南昌尹，捨錢鼓鑄振群聾。春雷奪響簨簴設，仗此良因固身宫。土囚火劫閲千祀，堅牢壯觀非凡銅。明誠未著金石録，徒令寶器霾塵封。趙撝叔大令纂修通志，删金石一門。郎亭學使雅好古，商榷文字求遺踪。輶軒纔駕素旌返，摶沙聚散嗟匆匆。予與汪郎亭學使擬輯《西江金石志》，學使旋以憂去，不果。揭來重放西江棹，閑尋古迹攜吟筇。鐘樓拾級一登眺，蒲牢迭應寥天風。鐘銘隱約膩荒翠，汲泉磨洗苔花濃。文辭爾雅姓字備，書法瘦硬歐虞通。補鐫皕言迷顯晦，護持佛法惟端公。下層有宋淳熙十年浴室院僧守端題識二百余字，翁覃溪閣學椎拓所未及也。惜哉蘇齋未經眼，蘚侵土蝕摹難工。方干僂身卧鐘側，仰窺點畫證异同。如獲珠船適大願，以莛叩擊聲隆隆。手持翠墨且歸去，樓角已斂斜陽紅。

乙酉六月登鐘樓訪唐乾德五年林侍中仁肇所鑄龍興寺鐘，屬方屋滋貞吉拓銘以歸，賦此紀事。録請仲修仁弟先生諟正。張鳴珂自章門書寄。

一七

鵂鶹夜半啼荒坰，白楊蕭颯風泠泠。殘盂麥飯祭無主，游魂飄蕩如浮萍。誰歟瞰室鬼眼碧，嗟來攫食鬼手馨。兩鬼隱約露頭面，肢體墮入烟溟溟。科頭一鬼向前去，鬼奴枯瘠隨伶仃。九原主僕苦相守，無襦還繫襆與綎。手持蘭朵相爾汝，極樂世界携娉婷。白衣冠者睨而笑，色心未死春忪惺。大鬼昂藏小鬼伏，舦船一棹無時停。萬事不如醉鄉好，清濁何暇分渭涇。水魈披髮駕雲霧，長軀巨爪復眦瞑。焦山僧廬偶一見，風毛雨血岩花腥。大頭擁腫邱山戴，捷足能躡青雲青。睞睞小鬼走驚避，泥犁變相無定形。諸天忽下修羅雨，紙袋濕透聲淋鈴。群鬼瑟縮爭竄匿，遮頭破繖如葉零。烏鳶啄罷殘骴化，枯骸節節通瓏玲。天荒地老兀相向，不知幾何年齒齡。山人下筆師造化，經營慘澹窮幽冥。雲臺畫像山勒銘，腰拕紫綬攢銀釘。華堂歡宴苦未足，玉簫金管娱清聽。廣開阡陌治園囿，高築金屋藏媌娙。一朝運盡各飄散，分香賣履空丁寧。薤歌凄婉鄰笛慟，北邙抔土澆渌醽。功名富貴一邱貉，佳城鬱鬱寒不扃。夜壺寂寞少佳趣，陰房燐火宵晶熒。紙銀灰飛旋風繞，似當更乞錢神靈。鐵圍山下一回首，阿婆春夢何時醒。

羅兩峰《鬼趣圖》今藏粤東葉蘭臺處，寄示映本屬賦此詩，録請復堂居士、井花館主同正。

丁亥閏四月十二日，鳴珂求定草。

紙尾有餘，附録《尾犯·雪後寫望簡次逸之作》：

小苑雪初晴，殘粉畫檐，清溜微滴。倦柳腰慵，舞東風無力。栖凍樹、昏鴉萬點，界斜陽、紅闌數尺。捲簾凝望，蕩散片雲，江上春山碧。　琴尊空訂約，曾寄錦字消息。蘚徑荒寒，阻尋芳雙屐。探梅訊、南枝舒蕾，倚熏篝、餘香戀夕。釀愁誰省，起弄月明深夜笛。

一八

一萼紅

需次章門，倐又五稔，家慈將率眷屬來江，克期移寓桃花巷，栩園老人用玉田弁陽翁新居韵賦詞見贈，依韵和之。

拂征衣，看緇塵涴盡，針綫綻多時。游子離鄉，高堂望遠，頻更佳節芳菲。溯西江、全家一舸，祝馬當、相送好風吹。安穩程途，團欒笑語，休寄當歸。最愛桃花深巷，有蔬畦環徑，梧井通池。位置琴樽，安排筆硯，小窗晴旭移遲。冬至後一日。待重試、香心紅袖，喜依然、書味夜燈知。且待板輿花下，細譜笙詩。

一九

前調・述懷仍用玉田韵

織弓衣，是高歌敕勒，横槊記當時。束髮從戎，揮豪倚馬，塞垣草長芳菲。洗吴鈎、自搏殘雪，聽五更、帳外角聲吹。上將星明，捷書露布，長揖言歸。　誰分飄零宦海，任孤雲出岫，弱絮縈池。庾嶺寒梅，章門烟柳，渡江春信遲遲。繞湖堤、看山拄笏，算閑情、只許白鷗知。檢點奚囊剩句，補綴新詩。

去冬舊作録寄仲修仁弟先生、蒙叔仁弟同年同正。光緒戊子春三月十八日，張鳴珂。

二〇

何處丹砂覓，移居效葛洪。巷鄰樟樹下，春老雨聲中。長物携琴鶴，因緣印雪鴻。杏紅楊柳緑，韶景正無窮。

移居近作，復堂居士正之。己丑三月，張鳴珂。

二一

附録原作並呈復堂仁弟先生雅教，丁酉七月，鳴珂。

去歲日輪躔元枵，延陵季子相招邀。篌輿晚渡湖邊橋，奚童雙髻擎詩瓢。訪君徑造松竹寮，三人訂作忘年交。吟壇賭勝心兵鏖，嘉篇惠贈追風騷。何圖宦海起驚濤，明珠薏苡謗聲囂。一官笑擲如弁髦，潯陽江頭放歸橈。花開携李指吴郊，先人有宅鴛湖坳。烟雨空濛秀且韶，行踪隨處逐漁樵。芒鞋竹杖青布袍，免致俗吏來譏嘲。閑中會悟文理超，老年撰著折牛毛。大集流傳當不祧，吁嗟益友忽已遥。導我迷津今寥寥，一燈紅豆卧清宵。子胥無賴長吹簫，胸中塊壘積莫消。可惜飲量僅三蕉，欲醉不醉心鬱陶。停雲落月首頻翹，摹寫離愁歌長謡。

掃花游・題吴蒼石《蕪園圖》

映階露草，又漏雨荒苔，小門深閉。畫闌倦倚。問東風嫋娜，玉梅開未。冷抱冬心，午夜香生夢裏。舊游地，剩小小翠禽，枝上啼起。窗外凉似水。看月挂蘿梢，石挾花氣。好山繞几，料銀屏睡足，自饒幽思。浪迹天涯，誤了雕粱燕子。算歸計，渺鄉關，客愁難寄。

壺中天·倉石、翰卿招同叔問、心蘭、藻卿集徐子静槃園

女墻低轉，認烟蘿翠篠，回環林壑。昔日江湖曾載酒，老向槃阿栖托。彝鼎螭蟠，圖書蠹蝕，密坐留商榷。熏爐香燼，夕陽紅上簾角。　猶喜勝侣招邀，携尊池上，花底重斟酌。小扇單衫風淡沱，笛裏作平玉梅吹落。倚檻觀魚，循廊讀畫，連袂尋真樂。明朝歸也，海天應傍孤鶴。

疏影·題陳同叔《緑梅花下填詞圖》用玉田寄草窗韵

硯池凍結，正玉梅競放，吟遍香雪。匣啓琉璃，鐙剔銅荷，庭院昏黄時節。衝寒悄傍苔階立，有小小翠禽能説。倚畫闌、細剖宫商，笛裏數聲先别。　頻歲江湖載酒，鏡中試照影，凋盡華髮。嚼蕊吹花，垂老心情，只恨飄零如葉。盤闓唱遍歌鬟口，儘讓與、詞仙痴絶。料夜深、夢醒羅浮，冷浸半窗斜月。

憶舊游·贈劉光珊即題其《留雲借月庵填詞圖》

向西泠載酒，虎阜尋春，跌宕湖山。料理琴尊興，有哀絲脆竹，排遣中年。倦游自修

簫譜，揮灑衍波箋。喜縹緲雲留，團欒月借，常伴詞仙。飄然。訪君處，記草長鶯飛，緑滿窗前。省識金閶路，正江南腸斷，梅雨纏綿。怎奈茂陵多病，香嫋藥爐烟。倘後夜相思，重移貫月書畫船。

近作小詞録奉復堂仁弟先生拍正。光緒丁酉秋七月，窳翁張鳴珂。

一二

瑟瑟西風正報秋，秋涇橋畔足勾留。空庭桂樹霏黄霰，臨水柴門聚白鷗。築室遠追吴巨手，吴巨手先生築卍齋於秋涇，陸桴亭先生爲之銘。羣經深愧賈長頭。墻東舊有王公隱，仲瞿先生故居在杉青閘。遥指烟霞萬古樓。

百年喬木今餘幾，生長春波舊草堂。漫向童時尋釣弋，早經世事换滄桑。移居愛入篔簹谷，避亂常依笋蕨鄉。太息江湖仍滿地，鸞飄鳳泊去横塘。

自笑烟波一釣徒，年年栖泊向菰蘆。聽潮海上袁崧壘，投筆雲間陸瑁湖。七里山塘停畫舫，五茸春草戀銀罏。無端又鼓西江棹，冷落黄公舊酒壚。

廿載光陰等逝波，飄摇靴板悔蹉跎。瀠洄修水塵囂遠，縹緲靈山勝迹多。送客四弦懷白傅，采茶雙井餉東坡。風雲才略消磨盡，歸老鴛湖聽棹歌。

買宅一區於秋涇之上，喜而賦此，録請仲修仁弟先生教正，并乞賜和。鳴珂。

二三

明璫翠羽認前身，一曲疏闌繞幾巡。畫燭丁簾圍曉夢，綉襦甲帳占濃春。耐寒只合呼梅伴，顧影生憐與月親。漫向瑶宫矜艷福，天涯多少浣紗人。

白石清客寄此身，相逢洛浦幾逡巡。寒侵羅襪羞微步，瘦怯銖衣怨曉春。秋瑟蒼凉愁獨倚，冬心醖釀向誰親。靈修消息無憑導，腸斷蘅皋解佩人。

《水仙花》用高碧湄刺史均，同潘玉泠、李眉生兩方伯丈作。録奉公儀仁弟大詞壇教正。公束鳴珂。

沈景修（三十三通）

一

復堂老兄先生如胞：

前寄一書並石刻經，想已察入。蘭史遺集，弟所儲一册，割贈牧老，《詩話》弟亦無存。此老作古後，其茶葉店被回禄，家運顛沛，其世兄輩未必能料量到此等事，容徐向友人處轉覓之。弟精神每苦疲倦，時而發憤讀書，時而萬念全灰，以故涉獵之功，不成片段。好友答函，日必兩三封。每晨寫小楷二百字或一百五十字，以定心神，以活腕力。晨起并不過晏，每苦不得暇晷。誦『志士苦日短』一語，不禁累欷。桂青好與書賈交，有朱姓槐庵《校書圖》索句，老兄所題携來讀過，弟題一律，自己不辨工楛，惟覺稱心而言，脱盡恒蹊，録呈求正。老法家以爲似何人一派？是否略有定庵先生意思？請直言示我爲禱。小弟景修頓首。

似水槐陰罨綺疏，秋風落葉掃吾廬。却嫌西法流中國，海内通行石印書。嗜古何人真有癖，前身安見子非魚。篋留舊本丹黄遍，珍重摩挲抵佩琚。

九月初三日雨窗。

二

仲修老兄師事：

昨寄一函，想尚途中，兹寄贈家南一丈《全集》一部，此老師事美髯公，見《詞壇點將録》。文派恪守桐城，後有《詩餘》一卷，能選二三入《篋中》否？陳子松先生邃於經學，其詞不多，作豪放之氣，獨往獨來，寄上十八闋，能選三四最妙。又楊辛甫丈，爲東甫之從兄，工夫較勝，寄上《潛吉堂集》一本，選後擲還，此書絶無僅有。意三四可選。此三君詞後，老兄能總跋數語，闡幽之功大矣。子松先生弟子施擁百係夢仙表弟，詩文皆識門徑，金石碑帖最爲孯究，與弟只隔一斜橋，盛地可讀者，衹此數人而已。渠所得南雷硯，欲求賜題，屬弟轉丐，想不却也。此研弟舊題七古一章，曾經就正，諒尚能仿佛也。欣木詩『青』字均『付』字，擬改『圖』字較醒目，尊意以爲然否？《表貞録》屢費心手，殊抱不安。專此奉布，敬頌起居，不盡願言。小弟景修頓首。

附上施君題圖紙一張，南雷研拓本一紙。

三

復堂老兄師事：

客臘得手示並對箋，均收悉。獻歲以來，敬承潭庭納祜，著作吉羊爲頌。豁廬聯句『臨清流而賦詩』，擬對以『懷良辰以孤往』，或『倚南窗以寄傲』，然仍是靖節本文句，不若『極娱游於暇日』是《滕王閣序》，且切别墅話頭，惟屬對又不如上兩句之工。弟去取未定，請老兄選擇之。與木石居懸之獨居最合，請老兄對一句，即日示我爲盼。今日悶熱雷電。農人謂之臘迸，主大豐年。專此，恭賀新禧，并頌眉滕雙吉。如小弟景修頓首。

四

仲修老哥如手：

忻木兄帶到手書，得悉眷屬爲病魔所累，日來想已占勿藥。弟與内子亦抱疴月餘，初起極險，現已漸次平善矣。景老時通音問，虞老約來盛川一游，因小病而止。景老振作精神辦事，自是好官。弟新得鄭道昭雲峰山五言論經詩拓本，值番洋九餅。上海龔孝拱、沈受恬廣搜北碑，此本幸未被兩君看見，故爲弟所得耳。中丞欲修志書，曾有總照會到郡城，厠列賤名。定夫兄因勸捐不易，代爲辭去，擬請吴牧騶先生秉筆。省中定必設局，倘有校讎之役，弟雖不敏，竊願承乏其間，此意乞與雪漁、藍洲兩君一商爲感。便面、屏幅俱已書成寄去，乞察收。忻木得一女，復失夫人，又病，心緒甚劣。專此奉覆，敬頌撰安，潭第納福。如小弟景修頓首。霜降節日。

五

復堂老兄吾師：

來書讀悉，翁世兄屬寫磨崖題名，仿魯公《離堆記》，規模尚好，而不見筆致。緣黄紙拒筆不受墨之故，若要求精，須寫宣夾貢，則可使勁也。請酌之。惟行款甚合式也。如另有筆墨，亦乞從尊處寄下。翁世兄是否住白下，家境如何？子謙明府與吾輩極相得，頗增故舊之思，祈詢明一切，示覆爲盼。《病起述懷六章》，寫作横幅寄上，覽之使人不歡。來書云：筆下秋氣太重，故不敢作詩。弟得詩四句云：『君言得秋氣，我已抱冬心。萬事不如意，餘生惟苦吟。』下四句請老兄續成之。近時閱《伏敔堂詩》，下筆頗有幾分相似。此君詩務求生辣，不肯著色，自是一時豪傑。若言乎香味，尚不及陳梁叔之雋永也。老兄以爲平允否？稽山攬秀後幅，兩喻竟是不謀而合，大奇大奇。詞則温麗芊綿，直闖蓮生之席矣。餘容續布，即承著饌萬福，闔第均吉。如小弟景修頓首。

六

復公如面，來示已悉。天氣與病人同一懨懨。日來温理《儒林外史》，愈讀愈妙，真天地間异寶也。子頌岳母、朱小笏太夫人儲恭人端陽前一日設帨，今年六十生辰，弟欲送聯一副，造句未成，又不肯落人後。請老兄一捉刀，磕頭之至，扇面即加墨，此覆貴大老爺。小弟修頓首。

七

復堂老兄先生師表：

接讀手函，謹悉。闈墨已閲一過。李百質太守擬作，竟是大手筆，新貴中只椿伯一篇不溢題分，餘皆是全節題文。弟偏頭風大作，苦不可言，祇有一事差强人意。豚兒將二十年中朋好瑺札，選黏大本上，竟有五六鉅册，其中老兄及邁孫、公束最多，昕夕翻閲，如對素心。弟署其册首曰『賓鴻留爪』。此中有名儒平湖顧徵君師、名臣殷侍郎師、名宦桑根師、名將孫少襄金彩、名士兄執牛耳、名翰林虞盦桂卿，合大江南北、兩浙東西傳人，薈萃我一室之中，足以自豪。近作試帖兩首，偶爾技癢，自以爲未必落人後，録呈教正。編詩作輒一時未必能成，因非别人所能代庖也。梁聞山論書自是正法眼藏，惟稱贊《三龕碑》《辛吉老碑》碑額，弟頗不滿意耳。吴江諸生楊東甫棟工詩詞，善墨蘭，弟少時與結忘年交，嗜酒放曠，大有晋人風味。臨終自焚其稿，可哀也。有詞十餘闋，係從李咏裳廣文處鈔得者，特寄呈左右，如續刻《篋中詞》能選入一闋，以存其姓氏，亦闡幽之義也。公東處吾兄寄信否？弟欲附一函，稍緩寄上。今科千佛名經，少壯居多，四旬以外者絶少，伯弢不免抱屈。率此，敬頌潭喜。小弟景修頓首。九月廿二日。

八

仲修老哥大人如手：

萍踪吹散，簡札罕通，非師丹之善忘，實叔夜之性懶。知交有素，諒不在行迹間也。敬承爲政優豫，鳴琴在床，甚善甚善。弟今年二月檄權蕭山校席，至則郡試已竣，僅辦院試，所饋束脩例得革車之數，然至今只收其半。此邦之人，於正項用財，皆守坤道之吝嗇，無可如何也。論人才則自蔡季珪同年殁後，此調不彈矣。荒齋獨處，杜門息交，終日埋頭蠹魚叢中而已。湖上點綴，踵事增華，蔣公祠、阮公祠、俞樓皆金碧輝煌，士女雲集。惟薛廬地處較僻，近年久不修葺，户罥蠨蛸，徑叢榛棘。室中陳設，絶無僅存，大有昔盛今衰之感。弟擬鳩貲修理，遍告諸同門，苟有此意者，諒不靳此區區。至永遠之計，必須二百金存質庫生息以爲歲修之貲，當可敷衍。司其事者，陳君鄂士，弟與彼談及，一力擔承，難得之至。如老哥以爲然，請大筆作一重修集貲啓，弟當繕寫付刻，用佳紙刷印送人，如何？乞即示悉。今乘南汀兄之便，率勒數行以寄相思，諸惟爲民自愛。小弟景修頓首。

蒙老印丁鈍翁刻贈《蒙泉外史》者，仲英以四金代購於吴門，弟得之遍徵題咏。爲政之暇，能賜我筆墨否？弟自題兩律，另紙奉覽。又拜。

九

復堂老兄左右：

賜函並《四十二章經》均收到。今晨又得書並淥卿對，當時研墨寫成寄上，半厂額亦附去。後留餘紙，待五百年後題跋耳。方之俟其三郎出月完姻後動身。薛廬必能助貲，惟須待來歲清償逋負後方有寬裕耳。載和現赴金陵，二十後即來隨往，薛師墓誌屬其多索幾分，庶可分贈同門也。弟來杭未可必，公束所贈瓷器，祈裝好固封寄下。豚兒抱病，本來文無進境，絶無希冀，不令應試。此子已成廢物，惟小孫將來定能跨竈。今年七歲，讀書質地中平，其寫字，弟教之懸腕、撥燈法，能不手戰，且筆劃瘦挺，大近率更。弟故加意督責，冀其有成耳。陶質臣算學已有成就，而時文工夫尚淺，且家務分心，不能埋頭，方之亦不令應試也。弟公私蝟集，牙痛日日不斷，易於引動心肝火，大是苦境。方之意興大佳，顔如渥丹，以弟視之，亦無甚意思。渠以本省官場無一熟識，故不來杭州。近來奮糟鬼心中，不知如何著急。以後惠函，請徑寄，或交鄂士爲妥。榆園中浮沉不少矣。鄂弟寄來農山所贈墨帖，已收到。孫彦清所作書後一篇，請交鄂弟付寫爲禱。《四十二章經》兩本不同，未知何者爲定本，乞示知。此頌儷祺滕祉。如小弟景修頓首。七月十四日。

一〇

復堂老兄師表：

手教讀悉，尊體亦大頓，半百以外年紀，健王者少。榆園此舉，弟意不以爲然，惟成事不説，只好聽之。弟此次病作，却從前所未有。前月廿四用針，弟親見治病斷根者兩人，并非江湖派。廿六即發寒熱，綿延至今。據醫云，賤體衰朽，以後舍針而用灸，灸比針不克伐，惟痛苦較甚耳。日來閉置樓房如新婦。昨今兩夜寒熱已止，而筋骨作痛。飲啖少味，肝陽易升，觸事生怒。看書過三葉便欲掩卷，行住坐卧，皆不適意。榆園有藥吃，弟則無方可療也。所撰新房三聯均佳，惟長句『弦操似生琴韵』，『韵』字與『音』字犯復，改作『琴操』何如？暗用陳季常故事。承改試律數字，愜心之至，感感。大作兩年詞稿，俟病愈檢出手繕。子所寄來蒓客駢文集，生香活色，埒于眉叔，而出筆覺更自在，令人佩而生妒。子獻《稽山攬秀圖》，想必累及椽筆，如成句，乞示我以爲益智饋貧之助。子用經册能敦促爲感。農山近況奚若？念念。伊來盛時，忘記一墨盒于舟中，弟去索回，兹特寄上。祈於通問時繳還，至禱。蕭方伯薨於秣陵，可勝悼嘆。公柬幸已奉檄莅任，若守株待兔，不又左乎！專此布復，敬頌儷祺滕祉。小弟景修頓首。十月初六燈下雨窗。

一一

一餉賓鴻集。悵年來、瑶華天末，暮雲千叠。執手相看西湖畔，意氣飛揚如昔。只鬚鬢、星星作雪，深怕搏沙吹又散，儘昕宵、商略名山業。瀹甌茗，遲吟屐。　新知名士多於鯽。廿年中、蘭荃同臭，如君百一。爾作西河吾竹垞，貌寫肩隨而立。錢叔美畫毛朱小象。看後世、誰人珍惜。栗里田園歸略早，料今番、六月鵬程息。賦招隱，請濡筆。

《貂裘換酒》，光緒丁亥五月坐雨石室交待復堂居士不至，譜此代柬，録呈正拍，井華弟景修倚聲。

一二

破悶年時酒量慳，世情只合閉柴關。有生便抱無涯恨，一歲能開幾日顔。懶逐聲華

非計拙，愛尋煩惱是身閑。朝朝不解愁來處，盡在重簾淺夢間。《破悶》

仲修老兄吟壇正句，即乞賜和。戊子三月，蒙老第景修稿。

一三

復堂先生胞誼：

月前來示，云有諸暨之行，今當炎暑鬱蒸，諒未即就道，近體若何？甚念甚念。萬劍盟三十年前相識，當時以爲是陳曼壽、蒲作英一流人物，及讀全稿，竟始知學有根柢，且是至性至情中人，方悔前此知之未深也。因題一詩，另紙呈正。十八公行述、年譜乞範湖動筆。此頌起居清適。如小弟景修頓首。六月朔。

一四

復堂先生吾兄如手足：

前日托高建輔兄寄一函，今又托仲恕附奉一箋，祈垂覽焉。拙稿續刻序，子虞作得駢文一首，惟詞序非老兄賜墨不可。弟之詞旨，與尊選《篋中詞》相吻合。與兄别後，便閣筆不作。今年肆力爲之，不廢丹黄，已得詞十六闋，似比向時爲進境。吾兄回杭有期，當面晤就正，如不即歸，當命兒子録稿寄呈，惟序文必須早日賜下。弟前作，吾兄皆見過，必能道出真際。弟篤好納蘭、蓮生兩家，靈芬非不可人，微嫌脆薄，不耐久咀，老兄以爲然否？近人中以老兄爲最，非阿私所好也。周止庵論詞實獲我心矣。專此布臆，敬頌著安。鴻便時惠好音爲盼。如小弟景修頓首。光緒乙未秋七月十日。

一五

薛公祠題壁

城南一角闢叢祠，作宰嘉禾有去思。三月鶯花湖上酒，十年鴻雪秣陵詩。白蘇政績循良傳，辛柳香名絶妙辭。舊日侯芭今已老，執鞭猶記守杭時。

元旦

十春元日懶凝思，今歲無聊又作詩。對酒愁懷欣暫遣，重裘病骨苦難支。謀生偏貴豐年穀，閱世常新打刼棋。去日堂堂留不住，鏡中非復舊鬚眉。

述病

客秋一病苦羸尪，噤瘖嚴寒閉曲房。已分棄材身作櫟，却防運筆肘生楊。傴躬未展承蜩技，軟脚難施扁鵲方。但祝春回魔早退，老夫無事好尋忙。

喜暖

墐户逾三月，今朝啓蟄蟲。根荄蘇地脉，藥餌讓天功。腰爲苦吟瘦，耳因多病聾。老貪聞吉語，春熟話年豐。

有人以供春砂壺見贈，賦詩志謝

陽羨名陶數舊珍，砂壺遺製重供春。年來頗病相如渴，割愛頒來感解人。
摶埴泥砂巧作胎，大彬君用盡輿儓。如何慘歷紅羊後，尚有昆明未劫灰。
渾堅磊砢狀奇觚，栗色沉沉質不粗。三百年來誰繼起，豪家争購曼生壺。

客自三竺來者，言湖上一山新構夷屋，感而賦此

大好西泠似畫圖，而今風景與前殊。可憐到處多荆棘，豈獨區區一聖湖。
劫後湖邊競賜祠，雕甍畫檻掩罘罳。如何毛羽非同族，也附鷦鷯借一枝。
山如凝黛悄含愁，著穢何堪到佛頭。絶憶偏安南渡日，今人涎羨是杭州。

吴平格庚生以先人所遺粤産題榜草筆見貽，感而賦謝

筆從實處運於虛，猿臂而今力不如。自愧老來仍乞米，感君助我擘窠書。

近作録塵復堂老兄先生有道教之。光緒己亥三月，景修録稿。

一六

復堂老兄先生如手足：

仲恕寄來惠翰，謹悉尊臂有礙，作字甚苦。弟近值天寒，握管亦有不能自主之勢，雨雪霰集，已示先機，老境漸至，如何如何！大著詞序，如我意中所欲言，笙磬同音，真所謂莫逆於心、相視而笑者。惟推許略過，未免汗顔。邁老來書，言吾兄明春必歸，公束知亦有退志，老年兄弟能聚首一堂，商略名山之業，幸何如之。弟近體更劣，痰嗽氣逆，頗羡笣仙、榆叟、龍公、玉珊爲福人也。近來拙書上石居多，吾兄艱於作字，盍命鎦侄操觚，閣下口授，此中獲益不少。漢伏生不能傳經，使女口授。老兄可使鎦侄以筆代舌也。吾兄光景，萬難家食，輪船往來，孱軀不便，能求香帥於蘇、常、松等處安排一席，帶水相通，較爲妥捷。隴西家務，益不忍言。弟所題雙款堂額，未付梓工，屋已易主，令人寒心。吾輩麝煤狐柱，辛苦終年，愈覺安之若素也。趙澹叟作古，弟挽以聯語云：『滄海痛横流，死佚生勞，撒手竟歸乾净土；晨星嘆寥落，樽空客散，傷心又失老成人。』銜口而成，不計工拙也。閣下諒亦送對。此謝，敬叩饌安，鎦侄均好。

沈景修

如小弟景修頓首。十月廿二日。

一七

復堂老兄大人如手足：

來示誦悉，十指作書，未免太苦，何不令鎦阮代筆邪？調榆叟詩已送去否？渠覽之如何說。拙詞已付寫樣，卷首大著及公束駢文兩序外，金湝生作詩，劉光珊填詞，成一頁。鄭叔問僅書觀款數語，另一頁。落空太多，擬請榆老作短跋六七行以補空。渠怕用心，屬弟代槍。醫家患病，不能自己開方，只得再作微生高，祈代書六七行寄下。拙詞兄俱見過，諒胸有成竹也。專此叩求，敬頌著安。如小弟景修頓首。初九日。

一八

復堂老兄吾師：

溽暑鬱蒸，天地爲爐。手書適至，忻歌得寶，不啻清風來故人也。伏承枕葄曼安、橋梓納福如頌。藍洲時時見面，甚羡。拙稿已灾梨棗，頗借邁老之力。秋冬之間當可成書。續刻序，子虞許爲之；詞序，仍思借重椽筆，能許我否？《篋中詞》有續選否？近人劉光珊《留雲借月盦詞》自是能品，弟嫌其太能而少拙趣，老兄以爲然否？弟今年填十餘闋，較前似有進境，惜道遠不能就正。笣仙常有信至，意興甚好，弟萬萬不及。且近年作字手振更甚，心緒更劣。桑根師金陵、杭州皆有薛廬，而吾郡無之，大是缺憾。弟創議在范湖吴公祠鄰近建三楹，以供栗主，堅祈蓮舫相助爲理，方之、公束皆寄百金來，弟亦願竭綿力。因思及門中受恩最深者，莫如子長兄，艾伯母子恐未必知此淵源。拜懇一函付艾伯，力爲慫慂，屬其從豐捐資。拜禱拜禱。魏塘同門張少泉孝廉亦許助貲，惟今年必須鳩工。李芝崖太守從祀名宦，亦弟一力贊成。惜景卿已不及見，其郎芝孫來書，擬明春服闋舉行。趁此奉桑師主入廟，留此鴻雪，以爲三十年後請祀張本，度老兄亦以爲然也。率勒奉復，敬請著饌大安。如小弟景修頓首。六月廿七日。

拙撰薛廬楹聯，録呈教正：

政績居樂天、坡老之間，人在鏡心，千載謳思朱邑古；

規模比白下、杭州而小，勢分鼎足，一龕香火范湖新。

一九

復堂先生如胞：

隴西別後，裘葛迭更，屢欲通辭，苦乏緣起，因之閣筆。兩年中，君作汗漫之游，弟抱離索之感。前榆園來書，知閣下已返武林，但未知年内能栖遲家弄否？鎦倕完姻後有抱孫之兆否？念念。弟一歲之中，齒落其三，尚有三齒，岌岌將脱，他日相逢，必訝屈左徒，面目改常矣。研田尚不荒蕪，賣字之外，不費丹黄。詩多二三十首，詞多數闋，文則不著一字。榆園精神不減。笣仙近游西泠，諒已握手。藍洲聞仍欲赴鄂。公束久不得書，理應委署，得優缺。尊處如有信，祈示悉。伊所刻《駢文正宗續選》，訛字不少。渠亦自知，老兄流覽之餘所校出之字，是否記出？如有札記字數，祈示我，勿忘爲盼。城北公一椎敲没不足惜，所惜湖畔崇祠兩世清名掃地爾。專此布懷，敬頌起居。如小弟景修頓首。大潮生日。

二〇

復公如手足：

手示讀悉，伯弢之喪，已專函慰藍洲，今日已得復書，似尚能達觀也。我二人病不離體，天何如此見厄。若榆叟之快活，不敢羡慕也。弟此次之瘦，外人幾不相識，兩臂兩腰之骨肉，鋭減已盡，故不能獨立展步，已成癱廢。惟作字腕力如常，真大奇事，大約活一日寫一日，他日擲筆遂逝矣。此復，即頌頤安。小弟景修頓首。八月初四日。

二一

仲儀老兄如手足：

連奉兩函，未蒙賜復，懸念之至。未審近狀若何？歲杪春初回杭否？弟盼望已極，實有無限心事商略。拙稿刻成四卷，外集尚未上版，《續集》一卷將滿，詞有兩卷可存，今年填有廿闋，皆非率爾酬應之作。題跋、雜著、銘贊、楹聯亦有數卷，皆須待閣下來杭面商去取。滄海横流，至於此極，無一事可爲。心同槁木死灰，竊念南宋是何世界，而詞人著作，至今未廢，致發此痴想。不知蒼蒼者能寬我歲月否？薛廬事已致書嬌客否？弟現處騎虎之勢。飴澍弟已得知，擬明春親自來謝。弟惟函催蓮舫，頃知地在崧公祠西首。子方、公束二百元已交蓮舫，弟之百元尚未付去。弟非好事，亦非錢多，惟杭州、金陵皆有此廬，而吾郡獨無，心何能安。又念及身不舉，欲小門人發心創辦，萬無此理。故不憚作托鉢和尚，逢人求乞，然大檀越寥寥，奈何奈何！藴梅久不得音問，本擬請作詞序，惟伊僅見弟詞一闋，難於演説，且臺事如此，諒無此心緒，只得仍求椽筆，如蒙許可，求早見惠爲感。如欲觀近詞，示知後屬命兒子録稿呈正。鴻便，祈惠我數行。敬叩著安。如小弟景修頓首。九月初六日。

公束肯歸田賣字，當不至落寞也。

二二一

仲修老兄先生至契：

前奉一椷，並翁世兄靈隱磨崖字近作一幀，未蒙賜復，不識已塵簽室否？茲再寄上楹聯兩副、便面兩頁，乞轉致鐵某爲禱。榆園近事，可付石印畫報俚言。一律覽後即付秦燔，切勿示人也。賤體真是衰象，不僅病也。嘔痰腰痛，行動氣喘，今春尚不至此。一虎牙欲脱不脱，在牙門中作梗，有礙食物，可恨已極。此頌著安，即盼還雲。如小弟景修頓首。十一月初五日。

風琴雅管盛奩裝，太太應該貴姓王。大脚作媒沈太守，小心捧寶許高陽。日中呼婢携鞶盒，夜半開籠檢藥方。仄仄平平平仄仄，却防敗走急拖槍。

半厂一笑，老相公呈稿。

二三

復堂老兄我師：

新歲吟身健否？念念。弟咳喘惡寒，行步蹣跚，殊少生趣。人皆曰春暖必平復，自己亦作是想，奈陰雨風峭，轉增蕭瑟，動墨本可遣悶，而生計又頗寂寂。何彼蒼既厄以疾，又嗇其境耶？范湖度乏好懷，然每日必出北門，輕健可羨。時局日變，可爲痛哭。趨時者滿口聲光氣電，以辭章爲可廢。弟以爲斷不至古人之書盡付一炬。故日日讀杜詩，專務不急之務，不顧人之揶揄，所謂匹夫不可奪志，未審老兄以爲何如？老兄近時有無快意之事，乞示我數行，以慰離索。榆叟近體健否？雪漁、藍洲晤否？均在念。專此，敬頌春禧百益。如小弟景修頓首。

正月晦日。

二四

復公如手足：

近體若何？前來諭云自頂至踵，無一處不病。雪老函稱凡下堂階，需人扶掖。弟不能上樓梯，痰欬氣逆腰疼，與尊况大略相同。惟能寫字，遠勝吾兄耳。弟看杭友之中，除閣下外，無不興高采烈，即十載前癱廢之仲英，常坐藤椅，扛至友人家談談，亦覺興會不淺。何我二人懷抱如此不佳，不得已而學佛，只知四大皆空，而不能皆大歡喜。從前嗜好，一概看破，更覺無事可做。猶幸手腕未壞，日以涂抹消遣，翻羡守錢虜玩弄黄白以爲樂耳。昨夜寫得小楷一箋，寄呈青睞。閣下常乘輿出游否？榆叟、雪老、藍洲常晤否？念念。春江顯宦而喪明，心境可知。

子虞官運甚好，聞同伯近頗研究篆籀之學，其所集石鼓文聯語，璡軒極佩服，弟却未見過。然小種字林集句，已甚可愛也。各海口戒嚴，聞日前有西夷七人見劉中丞，索浙江全省，見報。今年必大有變局，如何是好。專此，敬叩頤安。劉阮昆季均好。如小弟景修頓首。四月廿二日。

二五

復堂老兄同懷師事：

音問久曠，道躬健否？腕指利否？念念。弟又卧病二十餘天，重九日起床至今，痰欬便泄未愈，幸眠食無恙。惟借翠墨爲消遣，近得《游石淙》詩拓本，尚好，覺宋時瘦金體從此化出。查《通鑒》武后時僞造字只十二，今十二之外尚有三字不識，亟塈鑒，祈查明示知。雪漁同年詩格庸峭，向之專譽法堂者，殊愧知之不盡也。專此奉叩，敬請著安。如小弟景修頓首。十四日。

二六

復堂先生如胞：

手示讀悉，尊手仍不回暖，弟却不至於此，惟欬嗆不肯痊，行步傴僂，別無所苦。嬌客便面寫繳，乞轉致。雪老字愈蒼，弟書愈嫩，正是相反。榆叟載美，聞之稱奇，弟早得秋冬氣，近枯禪者已十五六年矣。令親家石敢當可以配享榆叟。弟想杭州自國初以來，享大名、大年者不乏其人，若老而春興不衰者，足下能僂舉一二否？西湖山水，時在夢想。能得秋間健步，再來飽看，心香祝之。復頌頤道大適。如小弟景修頓首。己亥四月三日。

二七

復堂老兄我師如手足：

前日寄上一函並小楷一紙，想已電入。近日體中若何？時出門否？念念。秋間步履少健，總想來杭一游，未知能如願否？榆叟新婚曾經平視否？堅白來書云舊曾相識，年僅二十許，肯隨七旬以外人，真是不解。未知有人以詩調之否？弟作七絶三首寄奉，閲後祈轉交爲禱。山舟先生有潔癖，怕親粉黛，賤性中年略相似，而作字專講氣韵，亦頗近之，惟多病早衰，遠不如不翁之精神意興也。雪漁同年書以骨力氣魄勝，與拙筆大不相同，各行其是而已。此頌著安。如小弟景修頓首。四月廿五日。

二八

朱亮生挽聯

音氣吐虹霓，記從前並轡京華，酒滿金尊，五夜縱談猶耳熱；

蓋躬侵蚤雨，羨歸後栖身衡泌，材搜鐵網，一方寒畯盡顔開。

門人孫翰香印櫝銘

令名是貽，善於弢晦。措之非宜，不安其位。

又

用行則光，韞匱而藏。其爲器也，象地之方。

印規銘

先民制矩，是曰曲尺。依之傍之，百不一失。

二九

復堂先生胞誼：

得手諭，承示鄭氏《通志考》，受益多矣。感何可言。《石淙詩》爲薛曜手畢，薛曜書他碑未經見過，却另是一種風趣。如得光滑佳箋，界以朱絲方格，一寸四分見方。弟當臨屏一堂，奉送補壁也。狄梁公爲武氏敬憚，然亦扈蹕和詩，其風骨遠遜褚河南，惟及身不能反周爲唐，宜爲《御批輯覽》所輕也。瀛春小極，書卜漸愈。今秋病雖多，皆平穩，尚屬年豐人壽。時事翻覆至此，風波猶未定也。弟病後不良於行，而獨强於手，以故一日之中，看書之暇，無一時不動筆，亦結習未忘耳！范湖復書極懶，弟處須三四函去，始一答。率此奉布，敬頌起居。如教小弟景修頓首。廿三日。

三〇

半厂居士賜察：

手教讀悉。方之信已面致。去年沈和携去瑠札、大集，並非效洪喬輕薄，蓋方之每談必及閣下，且佩服《日記》筆墨之古澹雋雅，竟至五體投地。其來書未曾提及者，仿佛已經覆過，實係事忙善忘也。笣翁來，連做兩日《儒林外史》，想晤時必談及。苑孫對書寄，先嫂傳附去五本，幸代求澈叟、古醞、晚香、藴梅，拜禱。信致彦清，乞代謝大集之賜。幼眉文，俟細讀後繳上。經石刻亦待校畢附還。夢仙度見面，宜待祭泰和先生後方理歸棹爲是。近作三首，請轉致笣翁，仍不脱鷺脰湖習氣也。方之助薛廬費不妨從豐，須到任後寄來。渠意鳳林寺爲最佳，不必更張。榆園有其新之樂，未知曾識荆否？止軒集研圖銘拙作廿一字云：『會稽山人集群研，橋邊老屋五雲見，中有鴝眼泪如霰。』法鑒以爲如何？餘容續布，即請節安，並頌潭福。如小弟景修頓首。八月十四日。

首場題，新手望而生窘。附去桑師墓誌三分，一交鄂弟，二分存尊處。

三一

復堂先生如胞：

前寄一函，度已覽入。日來尊體平復否？宋賢石刻經校畢寄繳。此本尚不能盡善，較勝經房所藏本。究以金陵刻經處所刊三種經合訂一本者爲西藏真本，文義優長而又簡潔，真無上妙品也。即鄰架所儲者。弟愛之重之，有吴札觀止之嘆。詢之緇流，茫然不知。秀才不讀《學》《庸》，有是理乎？

竹箕來盛一叙，甚快。薛廬一决禾郡别創，亦是應得之事，卜地於范湖吴公祠傍。方之眉飛色舞，願出鉅款。此番蓮舫却出於至誠。弟又竭盡心力，時時促迫，故知其必有成也。南門添此一景，逮考試時，蓮舫家中過客必多，水烟、茶葉，須寬買幾觔也。老兄知之，想亦軒渠。伯弢文，能屬其寄我一閲否？弟意見吾字及用古人二字用堂切孔子者，皆非。尊意以爲何如？幼眉信想已代寄，感感。桂青擬赴香帥之抬陶館，一决不就矣。專此，即頌著安。小弟景修頓首。八月廿九夜。

三二

仲修老哥大人如手：

久稽箋候，惟著饌曼福爲頌。弟爲筆墨之役所累，未能常抱佛脚。槐黄在即，輒用自窘。今年試寓，仍欲求老哥費心。頃得公束同年信，知伊仍寓臯園，園中頗有泉石之勝，弟聞之不勝艷羡，意欲附驥，但未知園係友人家别業，抑隨意人皆可賃住？千乞老哥爲弟竭力圖之，並求早日示覆爲感。弟同伴只有公若弟，舍侄來與否，尚未定耳！臨《坐位帖》横幅已就，特寄奉，幸教之。此係縮臨本，未知前途合式否？倘不愜意，秋試時再書可也。桑師掌珠，得而復失，老年人何以遣此，當同聲一喟也。老哥手臂近來若何？甚念！便中示悉爲盼。專此布達，敬頌闔潭集吉。如小弟景修頓首。十三日。

藍洲、雪漁諸君，晤時切實道念。

三三

稽山孕靈秀，古今多异材。衣冠盛東晋，瑯琊稱爲魁。王郎遇抑塞，斫劍歌莫哀。儒官不嫌冷，臯比擁崔嵬。深山脩羊脊，飢朔腸鳴雷。講藝踞片席，竹箭搜英才。橋邊子雲宅，問奇載酒來。風胡一拂拭，吼匣星鐔開。伯樂一回顧，叱咤呈龍媒。文章本經術，力挽頹風頹。緬懷躬耻叟，謂宗滌甫先生。百歲同岑苔。

仲修老兄教正。題王止軒同年《稽山攬秀圖》。光緒戊子十月中澣，弟景修力疾呈稿。

錢振常（三通）

一

仲修同年吾師：

久闕遺書，行將十歲，懶與慢會，罪何可原。台候勝宜，伏深繫頌。振常濫竽蘭省，務簡過稀，雅合浮湛，與拙相稱。辛巳病作，厥名鼻淵，情怫氣衰，遂萌歸志。壬午傷足，決意南旋，連歲訪醫，夙疾不減，心舂舌剥，腦烘津涸，新病日益，又鮮朋儕。宣南盍識，思之不置；憶我元度，如何肯忘。有友教以陳叔寶爲師，果得小效，今歲不至增病。但傷食間泄，夏暑作瘧，近已小愈。脾尚未和。杭州與左泉、同伯、子虞、同卿、鄂士、蒙叔頻見，松溪尤羨之。孟承、伯韜皆可愛，話悉藍洲近况。憶哲郎長成，當授室矣。子長從未通問。子方有蘭州函，迄今未報，良疚心也。竹篔别來三年，遺書絶域不易。辛楣客嶺南。忻木病癖，秋間瘍生於背，已訂上虞經氏之館。穀成僦居吴門，味畬尚在上海。趙雲楣作宰震澤，春間逝去，身後蕭然。其孤積甫名慶餘，甚願亟圖生計，此間知何東橋頻有海運津局差。吴子禄頻見，餘無他人矣。徐小豁之子篆香名鳳銜，績學能繼家聲。章菡汀在上海，偶通函。柳門視粤學，念舊可感。幼亭世兄久無書至，不知已返南昌否？尊處儻知其住址，乞示知，弟欲遺函也。瑣瀆爲悚。劉子彝之子才伯名廷英，才華不及其父，而誠篤可恃，困苦中來，甚解事，亦能任勞。作村夫子甚窘，無以養母，欲求提挈，有函附呈台覽，冀賜噓拂。何減身更感，禱禱。弟竊得講席，藉給饘糊，賃寓在蘇州胥門盛家浜，復才伯書，由弟轉寄甚便。率泐布臆，作此數紙。稠涕如注，腦亦作痛，頗憚搦管矣。祇請台安，即惟朗察，不宣。哲郎文祉。年愚弟錢振常頓首。十一月十九日。

二

仲修先生同年我師：

得初四日手翰，披覽粲然，紉感無喻。體中未平，至爲企繫，得雪氣潤，慎調寢饋，台候咸宜矣。孟仙五十已收交生息，汲民先生必語琅邪。弟亦遣一函去。

太和父子祠堂定在孤山，與蓉舫尚書爲鄰，甚洽，甚佩卓識也。品官祭禮令甲，以位之崇庳，別其牲及俎籩豆之數，而鉶敦則胥從同。簠簋惟王逮宗室公得用，著其鉶敦之數，尊爵不須著數，但云尊爵，案在東序。名宦鄉賢條甚略，但云羊一、豕一、籩豆各四，此二祠巨公、末僚、生儒皆列焉。籩豆視四品至七品，秩宗定議時必有意矣。牲又視三品以上，既用少牢，則二俎無疑。尊論宜從鄉賢名宦秩數。敬佩敬佩。國子監志圖，少牢一俎，區爲二格。穀成許稽《大清會典圖》，謹俟之，牲皆全體，與饋食之義小异。先生謂不免參用栝梓，精通之至。鉶敦既凡品官得用，或鄉賢名宦祠中所有俗文略耳，示及敦有無文者，甚佩。至其器與蓋之形及度，願得尊示，令木工試造也。梓人爲爵而古器多範金，將何從？安得執事與穀成、子莊聚於一方訂定乎！莘潛穀士粲英，如年内寄到，盍核成整數生息，明年續來者亦核整數，續付以五百爲度，竊謂明年祭事即宜取諸子金，祭品似須定常數，至湖舫及沽餐之費、廟祝走卒工貲，亦須核定。鄙見瑣屑，閣下或不嗤否？此事但同志者爲之即成，正不須博募廣徵，函告亦必不能遍及，執事以爲何如？

局刻之四種十一册購奉，番銀六餅，即畀官書坊矣。百將圖傳，先生何用，意贈他人也？

承示器内刻字，深佩精識。蓋文是否與器同，錙二、敦二、尊一、爵三，其文皆求賜示。邊冪以巾乎？抑亦有蓋如木豆乎？亦乞示也。師祠列入志中，尊見極允，此仗兄語之矣。弟腦烘鼻注，冬寒則甚，舌枯心春，習以爲常，頗憚作字。率復，祇請著安，即惟朗鑒。年小弟錢振常頓首。十二月初十日。世兄文祉。

三

復堂先生同年尊鑒：

得十月廿日手告，敬承一一。穀成移家黄歇浦上，末由與話先生近況也。憚遠出，亦人情，家居非尊恉。竊謂稍參莊、列，亦無不可，吾自悔吾致病與招咎，皆由不莊、列也。先生以爲何如？塾師難得，今年十閱月，不但生書立意使不熟，且已熟之書亦力能使之生，終日在塾，不歸家，無間斷，亦能如此，此爲大奇矣。子密必卸事度遠，似不能與之俱遠。而有人言每年三百脩羊，盡供次郎之用，不與子密俱遠，何處得三百？度遠苦矣。心臣爲娟，内無財，熱中成病，遂累老翁，可嘆！世事不可説，不可説。吾昔言自强，不專恃器利餉充，須有孝弟忠信禮義廉耻之心，乃有濟人，無不笑其迂，余亦自笑吾迂。今日風氣至此，毋乃此八字有闕乎？此間恒舞酣歌，晝夜淫酗。客昔有言，酣歌漏舟之中，痛飲焚屋之下，此言卅餘年矣。今又見此輩，武林當不至此也。弟氣分有病，時覺下墜，痢則止矣。立意戒怒，而怒仍作，固由有使之怒者，亦不克自遏其怒也，吾自責而已。邁叟頻見否？藍洲能家食乎？伯弢得館否？汪南陔未即之青浦任也。弟延師事，仍求先生訪之越中，途遠往反逾月，或不甚相宜。吴門書院課不如吾浙有興，杭士必不樂遠出，然則訪之何處？願先生榮之。衹請著安。年小弟錢振常頓首。十一月三日。

呂耀斗（一通）

頃接手示，荷賜大集，如獲十五城之璧，感不可言。擬聯淵然作金石聲，佩甚，當轉呈中丞存刊。足下詩學、詞學均以茗柯立論爲宗，故源流獨正，加以枕葄藴釀，尤極深厚。即歐陽子見之，不能不放出一頭地，何况餘子。近著《閩歸集》，悱惻芬芳，格律漸細，不待桓譚而知爲絶倫也。翌日當詣罄胸次，并求津逮，幸勿吝。仲修仁兄有道閣下。弟禫耀斗狀。

劉炳照（十六通）

一

復堂先生函丈：

孟秋曾奉尺一，由褚禮堂孝廉處轉呈，亮達典簽。久未得復，跂望良殷。辰惟起居安吉，即事多欣，爲頌爲慰。入冬以來，賤恙時發，守株待兔，不能奮飛，離群索居，學殖荒落。惟叔問過從較密，長夜清話，藉遣牢愁。蒙叔、湘生筆譚如晤。仰懷闊達，不獲親承塵誨，開拓心胸，悵歉尤非言喻。大著新刻乞見示，浣誦聊當晤對。前允索贈榆園精刻各種，頗以先睹爲快，或難窺全豹。除白石、玉田、納蘭、頻伽、憶雲各詞已得外，擇其尤者寄貽，以慰渴忱。至深瓣禱。手此，敬頌道履，臨穎主臣。十月初五日，劉炳照頓首上。

二

仲修先生左右：

久不奉教，時切欽遲。前聞台旆仍莅鄂垣，即擬肅候起居，因病不果。辰下遥惟餐衛咸宜，纂述益富，高山在望，仰止彌殷。賤軀素弱，自客歲大病後，迄未復元。杜門日多，感深離索。幸賴叔問、石瞿、繹堂三君時相過從，清譚竟夕，藉遣牢愁。叔問醫理極精，詞學亦粹，針肓起廢，可稱益友。前月既望，同探靈岩、玄墓諸勝，各有紀游之作。隨後彙録就正。湝生近因鄉居多暇，擬約郡中同志十人爲詩酒之會，亦末流僅事。致用精舍，有名無實，總理其事者不過迎合當道，意旨爲斂錢肥己地步。各省談洋務者，大抵如是，良可哂也。大著近有續刻否？《篋中詞》有續選否？并乞隨時寄讀。前承俯允，假度手批《詞律》，夢寐繫之，乞即封交妥便寄蘇，以償夙願。至深瓣禱，專肅布臆，敬叩頤安。涼風天末，佇盼良箴，無任主臣。十月十三日，劉炳照頓首謹上。

賜復仍寄蘇州閶門外花步街盛氏留園帳房轉交，不誤。

三

復堂先生函丈：

月之十三日，曾肅蕪箋並附社詞，計達典簽。昨奉十日賜翰，具審一一。歲晚境迫，社作寥寥。惟夔伯及左祉文孝廉如駿之靳，夔伯詞興尤豪，預約來年仲春以後，每月三期，以一年計之，即可彙選成帙。渠別號石翁，小子別號語石，擬合刻近來倡和及社作爲一編，名曰『石言』。蒙允賜叙，感銘肺腑。頤養餘閒，仰求濡染大筆，俾獲附驥以傳，同深跂幸。小子兩年出游，頗得山水友朋之樂，所作較多，頃已寫定，明春携呈斧削。夔伯駢序，附奉鑒定。第四期拙作題一岸山人郙居圖《望江南》十二闋録副呈正。《意林》《詞律》精刻，時縈寤寐，甚於飢渴。江氏《叢書》六集，計共四十本，售洋八元。建霞屬校《笏盦詞》，以此酬之。身後負累甚重，其弟未必能踐死諾也。盛氏、劉氏《叢書》，筱公均任校勘之勞。盛刻實值十六元，匣子在外。劉刻不知其詳。小子無力得之。筱公均有零印樣本，可索觀也。陳畫雖似不經意，頗有逸趣，承貺，奚啻百朋之錫。拜領珍襲，永矢弗諼。手此，敬承道履，順叩年禧。臨穎神馳，不盡依依。炳照再拜謹上。十二月十八日。

四

望江南·粟香家居江陰之大岸，嘗析其字自號一岸山人，繪村居圖徵題　寒碧

詞社弟四集

邨居好，一岸老山人。金粟香中招隱客，木蘭花下著書身。胸次絶纖塵。君生于八月，自號粟香，即以名其室。庭前有丹桂一株，三十年前舊物也。木蘭四月開花，藍瓣白心，如蘭而小，郡邑園圃中無此種，唯君家有之。舊有齋額曰『木蘭書屋』。

邨居好，泳鯉古橋頭。折柳堤沿篁市直，尋梅徑達織墩幽。心迹問閑鷗。君舊有『泳鯉橋頭一釣徒』小印。篁邨有長堤，遍種楊柳，緑陰披拂，如行畫圖。周莊織墩産梅，以青圓縮蒂者爲佳。

邨居好，最好是陶廬。稻穗初肥爬玉蟹，桃溪新漲網銀魚。歸夢醒蒓鱸。君舊有《陶廬雜憶》百絶。歸里後葺屋三楹爲課孫之所，即以陶廬顔之。吾鄉玉爪蟹最著名。君家門前有河通桃花璪港二江口，常産銀魚，味尤美。

邨居好，燈味似兒時。劫火長留家集在，硯田世守祖庭遺。自寫課孫詩。君曾祖玠堂先生《守一齋客窗筆記》，祖一士先生《篤慎齋燼餘稿》，考晴初先生《澹庵自娱草》，次第付刊。一士年丈遺硯，昔年携赴春秋試者，君至今寶護唯謹，戒子孫世守之。

邨居好，卅紀靖烽烟。申浦舊姻勤勵學，小湖新築溯歸田。後起繼前賢。申浦繆氏代有聞人，幼丞部曹有才早世，筱珊太守纂述尤富，君兄逸亭廉訪居近西小湖，告歸後築小園，名曰『石溪小圃』，顔廳事曰『環川草堂』。

邨居好，回首宦游年。鴻雪因緣留畫稿，苔岑契合著詩篇。此志老彌堅。君久客江右，省親長沙，宦游兩粤，所至皆以無聲詩紀之，所著《粟香五筆》四十卷，搜輯故老同人詩詞最夥。又刻叢書四十餘種。

邨居好，南面擁書城。冰井補碑懷漫叟，赤溪雜志續虞衡。著述傲淵明。君監鹺梧州，偕同人游大雲山之冰井，乃唐元結爲容管經略使時所鑿，舊傳銘詞，今石已佚。補書重立，賦詩紀事，積久成帙，名曰《文泉倡和集》。權赤溪廳篆，考其山川人物，成《赤溪雜誌》二卷。

邨居好，好古志搜遺。聞訪前湖娘子廟，新傳舊縣指揮碑。悵望戚公祠。前湖在江陰城東隅，南唐時何氏女避亂遇賊，不屈，投于湖。舊有前湖七娘子廟，今毁。宋建炎復。江陰軍指揮碑在縣署，明末守城殉節者有戚□□舉家自焚。道光時，君世父子晋先生創建戚公祠，庚申之亂，片瓦無存。

邨居好，舊籍喜重刊。經説旁搜丁墅鎮，奇聞争説碗墩山。軼事補叢殘。丁墅鎮鳳德隆明經韶著《讀書瑣記》數卷、《經説》三卷。大岸邨東五里有碗墩山，高三丈許，相傳墩内磁碗甚多。土人有吉凶大事，夜半奉香楮虔告貸用若干，詰旦輒如數給之。明季有假而不歸者，由是歇絶，《客窗筆記》詳載其事。或云以形如覆碗得名。

邨居好，閑趁入城船。繞水墩名皇甫小，放蒿塘指魏家寬。來往望青山。君由大岸至郡城，經大通橋、魏家塘、紅菱蕩，中有青岩墩，四圍皆水，人目爲小皇甫墩。郡城北門名青山門，郊外有青山莊，爲前明吴氏所築，有卧雪樓、餐霞閣、烟雨横塘諸勝。

邨居好，吾亦羡吾廬。三徑就荒歸未得，一枝聊借卧相於。生計老逾疏。予有先人之敝廬在郡城東門内見子橋南觀子巷，相傳蘇長公侍婢有孕，嫁于孫氏，公過常州時，婢携其子見公于此。

邨居好，兩地結心知。詞社重開招舊侶，畫閣遥寄索新題。泚筆寫鄉思。吴會夙好續舉詞社，推予爲主盟，命名『寒碧』，以繼鷗隱之後。君今續《陶廬雜憶》百二十絶，遍徵咏詩待刊。

乙亥嘉平既望，語石詞隱録稿。

五

念奴嬌・湯芷卿先生《采石酹詩圖》卷子，貞愍公遺筆也。今爲其族孫允孫大令所藏，續徵題咏，借東坡居士赤壁懷古詞均

江山如故，自謫仙去後，都無人物。我輩登臨君不見，敢向高樓題壁。力士工讒，夜郎遭貶，遺恨今誰雪。汾陽知己，漫誇詩聖文傑。同此天地吟身，將軍下筆，腕底清風發。大節千秋靈爽在，歷劫不隨灰滅。一卷傳家，重來吊古，幾換青青髮。桂尊親酹，醉魂飛下凉月。

寒碧詞社弟一集。乙亥長至節，語石詞隱録稿。

六

暗香・白石道人小象，謹依石湖咏梅舊譜原均題後　詞社第二集

石湖月色。自老仙去後，吹殘簫笛。縱有玉梅，不見當年小紅摘。南渡滄桑一霎，空賺

得、詞人留筆。待喚醒、月下吟魂，尊酒酹芳席。　南國。俊游寂。任草没馬塍，泪血鵑積。露條似泣，花落無言更誰憶。待訪鄱陽故里，嗟只見、荒苔燐碧。緬鶴氅、風度也，畫圖省得。

疏影

垂虹倚玉，伴野雲一片，閑共鷗宿。獨立蒼茫，高唱新詞，秋聲暗和風竹。花殘酒盡愁難祓，甚畫槳、波分南北。快舉頭，月滿青天，照徹古今人獨。　惆悵容臺舊事，布衣獻樂議，吟鬢猶緑。拂袖歸來，嘯傲江湖，老卧三間梅屋。肝腸一任詩星裂，剩幾卷、叢殘歌曲。向草堂、静爇心香，想像杖藜巾幅。

復堂先生教正。乙亥嘉平月，語石詞隱呈稿。

七

玉京秋・秋聲

霜氣闊。西風尚凝響，暈生蟾月。乍覺蕭蕭，却疑獵獵，吹殘秋雪。誰把闌干鎮倚，暗墻陰、蛩語難歇。蓦驚折、一絲幽緒，打窗黄葉。　漫恨芭蕉心結。縱芟除、愁霖未絶。畫閣摇燈，朱樓傳角，凄凉時節。病裏情懷怎耐聽，深夜琤瑽檐鐵。唉天末，哀雁偏來促别。

前調·秋色

烟欲于句切幂。殘陽弄凄淡，斷腸塵陌。柳不成眠，柏偏泥醉，離愁誰識。惆悵驚飆薄暮，黯關河、回首蕭瑟。最堪惜、一繩新雁，落沙風急。　底事青尊慵覓。憶前踪、東籬舊客。玉露何時，金英如許，休教采摘。幾朵秋山映遠閣，争奈輕嵐虚挹。翠櫳擘，還看雲光鏡碧。石呈稿。

八

慶清朝·光緒庚子正月初五日立春，是歲恭逢皇上三旬萬壽，欽奉懿旨，爲穆宗毅皇帝立嗣，大統攸歸，普天同慶，拜手賡歌，以志欣幸

雪化層冰，風收宿雨，烘窗初日晴熏。青陽應律農祥，晨正知春。數到瑞蓂五策，悠

悠五十四年人。元君駕，甚時許從，三素飛雲。　遥仰御，花簇座，擁九天仙仗，舞蹈揚塵。重光奏樂恩宣，璇海波新。開拓八荒壽宇，鳳銜温詔下楓宸。空山老，載歌聖德，容作閑民。

倦尋芳・元夜無月次夢窗均

舊寒勒夢，新霽慳春，燈市喧晚。月懶分光，誰把水晶簾卷。隔院笙歌聲沸耳，滿郊車馬塵迷眼。獨憑闌，憶同心倩侶，鬢蟬釵燕。　悵綺歲、韶華虚擲，修到梅花，雙笑緣淺。後約團欒，怕聽玉簫凄怨。詞客重來吴苑住，歡游前度姮娥，見話嬋娟。儘無眠，夜深吟倦。前室巢幼精音律，年十八來歸先君子，宦游山陽，教予兄妹度曲，命婦以笛和之，促坐承歡，極盡倡隨之樂。來三載，即化去。妹歸嘉興，錢氏亦久下世，予曾續《山陽遺笛圖》志悼，故詞中及之。

念奴嬌

祥符周季貺太守星詒舊藏始建國宜子孫鏡，徑莽尺七寸二分强，銘文五十一字。太守子雲將大令紹寅釋文云：『惟始建國二年新家尊句均，詔書放下大多恩句叶。賈事和樂躬畬田句叶，更作辟雍治校官句叶。五穀成孰天下安句叶，有知之士得蒙恩句叶，復均。宜官秩葆子孫句叶。』中央七乳，間以『宜子孫』三字。今歸太守外孫冒鶴亭孝廉廣生，拓本徵題。詞社第八集。

圓冰一片，有亡新、建國二年題字。吉語中央周四角，妄冀長宜孫子。貢媚文辭，蒙恩官秩，愧殺當時士。問奇相過，一般遺臭如此。　遥溯炎祚中微，黄皇室主，鏡破朝慵起。《漢書·王莽傳》：莽以孝平皇后爲定安太后，二年，改號曰黄皇室主。絶之於漢也。爲問菱花知也未，羞對漢宫梳洗。劫火頻經，歲華牢記，枉鑄相思泪。舊時明月，閲人今世何世。

百字令·明姜貞毅先生宣州老兵遺硯　詞社第九集

端溪片石，是明賢、貞毅先生遺物。四字千秋留直筆，抵得手書碑碣。榛莽難除，蛟龍不矚，銘語深衷揭。五丁同守，可稱姜氏雙璧。嘉興張少泉孝廉亦藏公遺研一，銘曰：『爾有目，蛟龍之窟不能矚；我有鋤，榛莽之區不能除。』末署『丁丑冬日姜埰銘』。丁丑者，崇禎十年也。少泉以光緒三年得此研，前後相距凡閲五丁丑，繪圖徵咏，名曰《五丁守硯圖》。　身死心戀宣州，敬亭山麓，何幸埋忠骨。劫火頻經餘手澤，呵護不教磨滅。研爲陽湖左氏所藏，名流題咏成帙，經亂失去，而斯硯獨存。

我客吴門，同游藝圃，諫草樓同屹。蘇郡西偏有藝圃焉，爲公僑寓之所。予昔年偕同好結漚隱詞社於此，諫草樓遺址猶存。輸他鸜眼，見公鈎畫銀鐵。

轆轤金井・黄梨洲先生井牸遺硯 詞社第十集

我心非石。石心堅，不與劫灰同毁。鴝眼如生，有孤兒血泪。農夫没世。硯田守、頓違初志。黨籍朝中，逋臣海上，磨人何既。滄桑後，睠懷井里。任躬耕叱犢，致身無地。閉户著書，備前朝遺史。波瀾不起。笠肥遁、老懷盟水。漳浦碑殘，宣州碑質，同珍千祀。黄忠烈有墨妙亭斷碑硯。

滿庭芳・仲春于役湖州，游劉氏别業感賦

水木彎環，樓臺明瑟，結廬人境偏宜。遲遲春日，閑步款朱扉。看竹何須問主，堂前燕、依舊雙飛。憑闌久，廊空響屧，鴛印没苔磯。魂歸留戀處，繁華夢醒，物是人非。園爲劉貫經部郎所築，將次落成，遽謝賓客，遺命設位於此。儘江南倦客，竟日情移。寒碧山莊，好景曾容我，載酒尋詩。休争説，劉郎有幸，還許借枝栖。蘇郡留園本名劉園，爲寒碧山莊故址。予下榻其中，歷五寒暑，戲號借園主人。近客南林，暇日輒涉此園，復與予姓相合，同人誦『前度劉郎今又來』之句，不禁憮然。

復堂先生教正。語石詞隱劉炳照初稿。

九

鵲橋仙·庚子七夕感事效宋本《樂章集》體

未秋期，先秋意，凄涼枕簟添愁緒。夢驚回，聽草間、亂蟲無數。西風吹起駭浪，怕鵲橋難渡。天縱遠，證隔城盟言，肯容輕負。　盼斷洗車有雨，怎今番、不同前度。償十萬聘錢，敢停機杼。離情此夜深訴。奈禁鐘催曙，霎時分手，悵銀河終阻。

淡黃柳·秋柳

西風戰葉，都失青青色。拂面紅塵迷紫陌，雁使經時信絶。多少江南未歸客。　望京國，柔條過千尺。怎難綰、馬蹄疾。驀驚心，五夜胡笳急。此去長安，灞橋流水，疑是行人泪積。

拜星月慢

予生于道光丁未，溯咸豐元年辛亥、同治元年壬戌八月置閏，至此已三度矣。雨師稅駕，月姊銷魂，望遠傷離，凄然賦此。

泛渚懷袁，登樓希謝，兩度中秋三遇。月共人孤，況無端風雨。倚虛幌，記數、梧桐一葉知閏，厄歲今番知否。一寸心灰，比黃楊尤苦。　悵良宵，倏又成孤負。中年過，懶續相思句。不見玉宇高寒，有濕雲遮住。縱姮娥、悔被靈丹誤。無人更、細按霓裳譜。枉盼斷，博望重來，奈銀潢難渡。

水龍吟·宗子容《宦海扁舟圖》

蓬萊頂上，家鄉無端，墮落塵寰住。萬人如海，扁舟一葉，中流容與。天許勾留，西湖風月，南湖烟雨。艤垂虹橋畔，吹簫低唱，憑消受、清閑趣。　天際雲帆爭舉。憶蒓鱸、季鷹歸否。何如一舸，浮家泛宅，狎鷗盟鷺。歌棹鴛鴦雙飛宿。藕花深處佇。桃根雙槳，重圓舊夢，問秦淮渡。

復堂先生教正。語石詞隱劉炳照未定稿。

一〇

水調歌頭·虎丘賀方回題名

閑訪虎丘石，但識蓮花池。姓名今歲磨滅，快睹宋賢題。虎丘白蓮池西，臨水石壁有賀方回題名，爲從前志乘所未收，金石家均未著録。其文左行，前一行列『賀方回』三字，後五行云：『賀鑄、王防弟枋、蘇京侄、餘慶、大觀，戊子三月辛酉。』凡二十二字正書。淺刻苔侵，數百年來竟無人見。有杭人某鎸『白蓮池』三大隸書掩其上，舊刻字益不可復辨矣。遥溯慶湖遺老，不遇石林居士，翠墨没苔衣。石林居士《建康集》有賀鑄傳，《宋史》多采其事。裔孫廷琯有己亥所拓未損本，一時名人題咏殆遍，詳載所著《吹網録》中。七百有餘載，長憶賀方回。　予生晚，懷往迹，揭來遲。一川烟草依舊，誰復共搜奇。解道江南腸斷，獨向横塘載酒，寂寂少人知。方回有别墅在横塘，扁舟往來，有《青玉案》詞，爲世傳誦。方回少時爲武弁，以《定林寺》一詩見奇于王介甫，遂知名當世。痛飲酬風月，梅子又黄時。

折紅梅

宋吳殿直應之居吳之小市橋，有侍姬曰『紅梅』，因以名閣，自製《折紅梅》詞，爲世傳誦。鷗夢詞人僑寓于此，署所居曰『古紅梅閣』，續圖徵咏，後死于官。册子不知今尚存否。暇訪遺址，循誦前篇，依永和之，以續古今詞話。

悵弦停箏雁，香蘼廢閣，湖山經亂。甚東風、不管斷腸，隔墻冷蕊紅綻。低迴水畔，曾照見、眉峰深淺。舊時月色，猶戀吟魂，自仙去羅浮，索笑情間。　華年美眷。趁新倚梅妝，畫圖同看。閑重按、酒邊剩譜，江南綺筵歌遍。今番春暖，空想像、曲終人遠。我亦倦旅，夢繞溪橋，奈無花堪折，濁醪誰勸。

澡蘭香·庚子重午客南潯，次夢窗均

菖蒲泛盞，角黍堆盤，客裏歲華乍覺。輕衫疊雪，小扇招風，爽了畫船游約。怕桃花人面重逢，愁凝雙眉損萼。漫說雲溪，夢繞碕蘆汀蒻。吾郡白雲渡爲龍舟競渡之所，笙歌達旦，累月不休。兵燹以後，無復舊觀。　正是江南好景，落拓誰憐，异鄉羈魄。釵符換舊，臂縷更新，想像綺窗羅幕。只隨身蠹管塵箋，伴我狂吟緩酌。料此日，兩地相思，孤憑樓角。

孤鸞·書《章貞婦傳》後，粟香屬作

江陰章寅治劬學而夭，聘妻陳聞訃，誓以死殉，父母慰止之，曰：『舅姑止此子，必歸立後，否則義不獨生。』允其請。至章氏成婦禮，即以從子爲嗣，閲一年，毁而卒。時光緒己亥八月八日也。從弟恂齋孝廉作《柏舟行》紀之。

女蘿纔施，霎一陣罡風，枝摧連理。身未分明，怎喚比肩人起。相期夜臺執手，了今生、儘拌珠碎。回首椿萱交蔭，忍泣紅鵑泪。　念宗祧、一髮千鈞繫。喜婦禮初成，冀償夫志。一度中秋，怕見月圓重至。蓦隨彩雲化去，倘相逢、不須驚避。同穴初心無負，續柏舟詩史。

復堂先生教正。語石劉炳照呈稿。

一二

憶舊游

叔問録示《石壁紀游》新詞，忽憶昔年泛舟西崦，遍攬靈岩、玄墓、天平諸勝，繪圖聯咏，宛然在目。今石瞿物化，予亦久客初歸，墜歡莫續，借韵志感。夔伯爲續《虎山詩夢圖》，即題此詞于後。

記香殘桂嶼，采絢楓林，閑放晴橈。挈伴尋芳去，儘看山秉燭，未肯輕抛。苦吟夜深無寐，墨泪漬青袍。自載酒湖邊，聽潮海上，夢隔蘭苕。　千條舊楊柳，任劫换滄桑，省識前朝。莫綰離踪住，悵詞人不見，黯黯魂銷。忍忘勝游情事，腸斷虎山橋。待月下歸來，悲秋宋玉賡楚招。

語石詞隱劉炳照呈稿。

一二

仲修我師函丈：

昨奉賜答，恍領塵譚。《篋中詞續》四訛奪較多，原本涂乙殆遍，無從著墨。望另印清樣，當爲細校。前三卷亦有訛奪數處，未識已添改否？拙詞辱蒙著録，自愧續貂，幸容附驥，感佩莫可名言。尊評《詞辨》，直抉苦心，具徵誘掖，敢不服膺。索者甚夥，敢請發棠，嘉惠初學。叔問屬謝，頗以未奉旌教爲憾。榆園增訂《詞律》，何日印行？同調均以先睹爲快，便希詢示。湘生有秋間南旋之意，届時如與篠珊太史同至，遍邀吴下詞人，會於留園，甚盛事也。未識天假之緣否？謬信一函，祈即飭送是荷。肅復，敬頌道安，無任馳仰。六月既望，炳照叩上。

一三

念奴嬌·《采石酹詩》闇用坡仙赤壁懷古均

江山如故，自酒仙去後，都無人物。我輩登臨君不見，敢向高樓題壁。力士工讒，夜郎遭貶，遺恨今誰雪。汾陽知己，漫誇詩聖文傑。　同此天地吟身，將軍下筆，腕底清風發。大節千秋靈爽在，歷劫不隨灰滅。一卷傳家，重來吊古，幾换青青髮。桂尊親酹，醉魂飛下涼月。

語石初稿。

一四

江南春·和雲林《江南春》詞，謹步原均

江南風味誇櫻笋，行樂肯教春晝静。出門俱是冶游人，臨流瞥見驚鴻影。輕衫不耐東風冷，閒憑畫闌試龍井。新詩題遍白羅巾，歸來猶染西郊塵。巢燕忙，啼鶯急，桃花帶雨胭脂濕。青春不再嗟何及，不如且醉芳醪碧。關河咫尺望鄉邑，大地茫茫無錐立。半生浪迹似浮萍，菟裘擬向糟邱營。

語石初稿。

一五

江南春·和雲林《江南春》詞，謹步原均

春風翦袖寒瑶笋，鎮倚紅闌斜日静。輕綃慣蘸玉波烟，丁字簾前花颭影。篆縈金鴨

未曾冷，繫情恰似絲牽井。酒痕親拭砑羅巾，聲聽繞梁飄暗塵。江潮生，筝柱急，散雪歌時衫欲濕。墜歡難尋悵何及，青溪垂楊幾回碧。明鏡霜華自凄邑，吟身癯如槁木立。笛邊賦夢感絮萍，含商嚼徵空經營。

江南春好，間憶秦淮，戲以側艷之詞次高士之韵，不禁自笑其不倫也。金石初稿。

一六

念奴嬌·題《采石酹詩圖》借東坡赤壁懷古韵

青山埋骨，想仙魂、猶戀杯鐺中物。有客推篷遥酹酒，望裏烟銜崖壁。琴隱蕭閑，畫禪微妙，寫出濤如雪。玉池題遍，吐詞争炫奇傑。　今日把盞樓頭，栽松壟上，重聽清謡發。世事冰消彈指頃，風雅獨難磨滅。我挂江帆，偏遺采石，余揭來大江，屢擬游采石而未果。懷古飄吟髮。醉眠飛夢，恍看磯畔明月。

金石初稿。

金武祥（三通）

一

仲修仁兄先生有道：

去歲季秋復致一函，並寄拙刻《叢書》各種。内惟《十名家詞》爲新刻之本。以惠函允賜撰《叢書》弁序，先略述梗概，計可早徹簽曹。執事高情逸志，早賦遂初，作吏循良，遍傳萬口，等身著述，已定千秋。所謂紅顔棄軒冕，白首卧松雲者，殆又過之。近如另有新著，尚祈郵示，以擴眼界。弟前在粵西得南漢碑幢六種，方志及金石家均未著録，因將全文備載拙刻《四筆》中；又《漫泉亭記》一紙，一并寄奉法鑒。去歲以鹺務錯迕，力求擺脱。客臘，南皮督部調勷文案，兼司鳌務，既無綜核之才，復苦拘束，殊難持久。已令兒輩歸，少與委蛇，終當脱此塵網耳。拙刻

《叢書》，均係小種，無古書鉅帙稀有之本，本不足數。特以鄉先輩及舊日師友之作，漸就湮没，欲存什一於千百。得大序以光之，足爲藝林增重，是所禱幸。率此布臆，敬請撰安，兼頌潭福。惟希藹鑒，不宣。小弟武祥拜上。己丑四月八日。

二

仲修先生仁兄大人史席：

天涯草緑，春事將闌，江上峰青，音塵久隔，屋梁落月，何以爲懷。前歲寄奉拙刻《叢書》，辱承大序。明璣六寸，增重縑緗；威鳳一毛，生輝油素。當經裁箋答謝，交由陶心雲孝廉處轉達高軒，計彼庚郵，亮塵丙覽。頃聞帳開荆楚，座擁臯比，以經師、人師之瓌才，啓大夤、小夤而講學。受徐遵明之指畫，具有法程；經張雕武之品題，皆成偉彦。引領江漢，忻慕何似。弟十年嶺表，久溷風塵；一官海隅，彌形濩落。赤溪新設未久，雖詞訟尚簡，而俗陋民頑，風雅道歇。弟以設廳之後，尚乏志書，擬遠仿對山之編，近參儀徵之作，纂輯一帙，考鏡條流。業令紳耆籌款開局，現尚未定議舉行，只恐地少通人，終致汗青無日耳。粵西梧州郭外冰泉一區，舊有元次山銘碣，久已湮没不存。弟昔年榷策於兹，既爲補刊，復紀以篇什，歲月易逝，賞會渺然。追念南皮之宴游，不忘西昆之酬唱。兹寄呈石刻一紙、唱和集一編，明知巴音，無當阮睞，以金石之癖嗜，志雪泥之因緣。就正名賢，尚希匡正。春風千里，瘴雲萬重，臨穎依依，書不盡意。敬候道履，伏希荃鑒，不宣。愚弟金武祥頓首。三月朔日。

又近纂《劉公事略》二册，匪惟表忠，特以就正，祈教之。

三

仲修先生仁兄大人史席：

八載神交，一朝聚首，傾襟投分，足慰平生。而西辭鶴樓，又有慨于會少離多矣。近届送臘迎韶，春生絳帳，佳兒佳婦，好合承歡，引領德輝，昌勝忭頌。弟蓼莪永感，蒲柳早衰，原可長結鷗盟，藉臧鳩拙。特以未營三徑，家食難安，有愧北山之移，仍浮南海之棹。開歲正月之杪，即擬首涂，所望教言，以匡不逮。武昌居天下之中，名流輻輳，執事學綜漢宋，主持壇坫。南皮之宴，極盛一時，良可企羡。弟前月赴吴門，吊女婴之喪，雋之頗覺頽老，適遇星海，同游怡園，與登酒樓，一醉而别。叔嶠、伯嚴、敬山當時相過從，附呈《玉臺名翰》，自衛夫人至柳如是手迹，凡八家，爲醉李徐蹇媛所輯。蹇媛有詩，見《兩浙輶軒續録》。亂後，此石爲家逸亭兄所藏，近甫椎拓，寄奉雅賞。肅此布臆，敬頌年禧，并請著安，維希亮照，不宣。小弟武祥拜狀。嘉平祀竈日。

文郎伉儷雙喜。

江陰鄭守庭解元，躬行力學，亂後始歸道山，遺著爲其後人新刊，附以奉鑒。

楊銳（一通）

仲修先生經席：

日前奉教，昭若發矇。七月回杭之計，已向師座言明，但促速返耳。陶世兄事允行，尚請執籌位置，或讀書，或從政，再當因材而施。書院有張炳耀者，函丈屬詢其人嚮日是否好手？前應官課卷是其自作否？均乞示下。《湘綺樓詩》祈暫假一閲，容再奉繳。手肅，敬請道安。

制楊銳頓首上。十一辰刻。

梁鼎芬（二十三通）

一

昨茗譚爲快，大稿讀得一册，奉上。極知短淺無補，重君虚懷，遂貢愚悃耳。復老先生。鼎芬頓首。三日。

二

大著第三卷讀畢，性情篤至，非近世文士也，有未安者，一一綴列，匪敢謂然。以公相愛，聊罄此忱耳。今日詩鐘大會，游戲事不奉擾。復老先生。鼎芬頓首。

三

王猛凡題皆舉首二字，下依此　向使調法近時，似宜删酌。

尹緯　張賓似非王猛之比。

柏堂　末二句，再欲以古健行之。　世有尚其調法近時也。

瓶水　薄宧二句，欲再酌之。

宿松　此文欲稍節。

梁府君　論語近乎近時。

薛墓誌　在南京掌教，少可書，且有議之者。　人倫表俄，得毋太重邪？

孫墓誌　公時句未明。　孫乃奏請留館者。

沈墓誌　張公疏陳一條，四十九人，不確，外間傳言固多誤也。　前先彭後張，此先張後彭，文法参差。　此文非經意之作，須加芟薙，否則蕪蔓矣。

握機　深粹簡雅。

柏堂　跌宕處似兖公，有關係文字，此必傳之作也。方某乃陋儒，才亦不佳，此文可惜。

蒿庵　與上合肥一首皆以筆勝，中有所積，故其詞宏大而不虚廓。

慕陔　此文關係鄉邦文獻。

愛日　此文關係彼此身世，與上一首皆必存必傳。末段諷咏二句，擬删二字。酌云諷咏，念疇昔在目。未知當否。

宿松　此文關係一己政事，必存必傳。

平度　奥折夷猶

七友　極妙，性情篤摯，固不待言。丹鶏白日，微嫌色澤。

亡友　亦佳，微遜前首簡古，亦由此數君事多學富，不覺長言之耳。

龔橙得罪天地，爲名教所不容，如必欲傳之以重其交誼，似當先述其家世，再詳其才學，末乃取其悖謬之事正詞論之。而嘆恨于交深弊切，不能一言以懲其迷惑，少盡數十年兄事之忱，若是，則此傳可作也。否則，他日文儒將集矢于大集，且疑君之行誼，不可不慎也。復老先生。鼎芬頓首。

四

沈文肅將瞑時，連稱『司馬昭之心，路人知之』，詞畢遂逝。詩句君嫌少過，殆有所本，他時據此言入注内，則更有根據矣。復堂先生。鼎芬頓首。

五

《詞綜》選石帚詞頗遜他家，如《側犯》上半闋近纖褻。《法曲獻仙音》甚而今句率拙，惟末二語幽絶。《眉嫵》上半闋淺。《石湖仙》此以題目重耳，非采詞也。玉友金蕉、玉人金縷二語不佳。之類，均非道人傑製。《詞録》皆不采，是也。然如《凄凉犯》，真凄凉耳，奚遺之也。《霓裳中序第一》，先師東塾先生稱爲幽咽沉頓，一結動蕩，足摇心魄。君與錫鬯皆不采。石帚長詞最工，而拙于短調。惟《醉吟商》小品，先師以爲絶唱，鼎芬嘗讀之，覺千懷萬端，并集一息，情至故耳，盍不補之以别朱十乎？《長亭怨慢》，先師改『何許』爲『何處』、『如此』爲『如許』，自然合調，蓋此字入紙韵，許、處皆語韵也。此本元寫不誤，未知何據，可愛之至，君據他刻仍改爲許，此二字似有失也。雨深如暮春，擁燈書此，上復堂先生詞席。鼎芬啓上。

六

稼軒詞，張、周、劉三家均極推之，詞采都佳，得稼軒深處。《感皇恩》一首卷三。聞朱子即世作，下闋沉鬱。《卜算子》一首，卷四。尋春作，寫景入微，懷抱幽抑，二詞可補否？復老。鼎芬拜上。

七

稼軒詞二首

《感皇恩·讀〈莊子〉聞朱晦庵即世》

案上數編書，非莊非老。會説忘言始知道。萬言千句，不自能忘，堪笑。今朝梅雨霽，青天好。　一壑一丘，輕衫短帽。白髮多時故人少。子雲何在，應有玄經遺草。江河流日夜，何時了。

《卜算子·尋春作》

修竹翠蘿寒，遲日江山暮。幽徑無人獨自芳，此恨知無數。　只共梅花語，懶逐游絲去。著意尋春不肯香，香在無尋處。

先師姜詞評語，録此一紙，請酌附入注中，如張、周、劉之例。

《一萼紅》　説雲意又添一層，如善作畫者。重重皴染，乃深厚有味。

《暗香》　『舊時月』三字，用劉夢得詩，添一『色』字，便絶妙。末句微帶生硬，而別有風味。

《疏影》　『舊時月色』，妙在傳神；『苔枝綴玉』，工于體物。

《長亭怨慢》　『此』字宜改『許』字乃合韵，上『許』字改『處』字。

《齊天樂》　『候館離宫』，懷汴都也。『豳詩漫與』，想盛時也。『兒女呼燈』，不知亡國恨也。以更苦結之。又云：序云中都，注云宣政，益信前説之不謬也。

《念奴嬌》　此詞于武陵西湖，吴興稍欠分劃，結語亦安。

《湘月》　念奴嬌，大石調曲也。大石調與雙調中間隔一高大石調，故云隔指聲。『風流名勝』四字俗。

《琵琶仙》尋常語耳。説來自然入妙，此全在神韵不同。

《滿江紅》筆力亦自神奇，末二語微欠莊重。

《凄凉犯》『住』字即沈存中所謂殺聲，蔡季通所謂畢曲，張叔夏所謂結聲。宋人歌曲，最重此聲，凌次仲不知也。鼎芬按：此與《湘月》皆言詞序，應否入注？酌之。

八

天寒時相思，得書重叠，夢寐共之。日日思來漢上，都以事阻，今又爲病阻。頃于三哥已到，分手後即與吾半厂相見也。世兄在念。鼎芬頓首。十一月廿二日。

九

昨齋坐清快，大著即貽提刑父子，報云謝佩。家製菜點，聊以饋歲，恐不足餐也。敬上復老我師，世兄好。鼎芬頓首。二十六日。

一〇

尊酒敬謝湖堂雅集，知以事牽，不克來。夜間燒花爆，同人嬉樂如十餘歲人，不多得也。復老我師。鼎芬頓首。

一一

大文昨書三之一，今早完之，紙多毛，不可書，忘告公用蠟宣。故醜劣至此。涴兹名作，愧仄何似。書人不署名，甫爲左右句當小事，不煩標出也。仲修老兄我師。鼎芬頓首。

一二

有扇寄潘學士丈社耆，畫大佳，此請書《如畫山藏寺》一首交三弟寄來。深冬不寒，山居正適然，農家待雪久矣。復老先生，世兄好。鼎芬頓首。

一三

謹備花紅、喜屏活計四事奉上，至交不復以他物爲配，全納爲幸。敬賀復堂先生大喜，世兄同賀。鼎芬頓首，蕃同肅。十日。

一四

數月來文字、酒宴之樂，當時不覺，别來真可思耳！親炙有道，使人不器，世上安得此醇醪哉？天暑，起居何似？五日到鎮江，始宿可莊齋中，今日辰返山。藍洲件已書成，它日尚有一扇也。請代寄，並説欽遲。復老先生，世兄好。鼎芬拜狀。六月六日。

一五

酒話甚歡，春别難爲懷。西湖柳條，昔曾攀處，泛舟當思我也。歸得南皮老人詞本，屬致一册。不一一。半厂先生。鼎芬再拜。三十一日。

一六

兩奉手教，謂從者將來，故未復。同人皆念無已。不知體氣何似？蓉生已矣，今猶心痛。有挽詩否？楊、蕭輩當代宗匠，屬件久未報命，則書一詩屏贈之，并求教也。楊文學件當並來。龔甫有父喪，久欲唁慰。惟往年辛老八十，有函有聯爲賀，未報，不省何故，請旁問之，得復再定。廖事日夕促，南皮允而未行，由籌兵太忙苦也。龍門院事，右老、伯嚴皆代言之。黄已移蘇，恐不能定。一切面話。敬上復堂老哥我師，世兄在念。鼎芬頓首。九月廿一日。

一七

經心一席，南皮定以待君。譚撫部薦楊編修承禧鄂人。爲兩湖文學分校後，太邱必欲以此處寶甫，楊遂無著，譚又以爲言，遂以經心聘楊。南皮云，君爲老名士，又老門生，到兩江後再籌位置也。江較鄂近，於執事少便。子劉奉母安到。聞海樓遘疾，是否？念極！惲兵備來意，想已領之。徽州課卷寄來，未悉君有信否？復堂老兄我師。鼎芬頓首。日内尚勝。

一八

懿旨遣張侍郎、邵巡撫往倭求和，授爲全權大臣。不知國書如何製詞？條款如何應允？張、邵奴才，此二人不足惜，惜者國事耳！李蒓客侍御已怛化，可惜。半厂老人。鼎芬白。

一九

七年漂泊，乃得歸里。令威之鶴，但有傷心。盈兩月，心念講舍，仍舍親知，復來白下。至則課卷重疊，排日清理，可有端緒。夜步寒月，念吾半广老人起居無恙，拾箋爲問。九月五日，鼎芬頓首。

二〇

屢書未得報問，新年世變日甚，無可賀也。張、邵二賊欺蔽聖聰，張罪重於邵。爲此禽獸之事。錢唐蒙耻，南海受污，不獨大詩、日記挂名爲不幸耳。復堂老兄我師。鼎芬頓首。正月九日。

一二

昏昏沉沉，天地若此，吾輩何爲邪？南皮丈一書奉上。今得返里，秋間乃回，是時又不知是何世界也。久未得手教，思之成痗。比來心境何似？南田畫約不爽否？甚念子劉也。半厂老人。鼎芬狀。閏月九日。

一三

鄂人以夏會元之失，牽連及汪進士，京官祖銜告於兩院，因夏、汪及繆，且及左右，意謂非鄂人不能講鄂學。褊鄙可笑。張濂亭於蓮池，屠梅君於令德，又將云何。今張、譚不强違其意，下言或無貧病。南皮别有所位置，勿以爲念。復堂我師。鼎芬頓首。

一二三

此别念念在丈席，昔時相見，謂千年未有之世局，豈謂識今者悲痛百倍，覺前時好日月如再世也。念公垂暮，親見此事，且病苦，奈何！鼎芬胥疏已久，書問遂阻，緣無好懷相告，如此愁苦語，適以惱公。今年必有兵事，杭州居穩否？天下亦無安樂窩也。世兄賢孝又明白，屢見之，甚可喜。今歸省檢書數種，又焦山《瘞鶴銘》字，去秋取搨，欲以贈半庵，久未寄，並此奉上。其他世兄可詳，不一一。敬問復堂先生寢痦安佳。鼎芬頓首。三月二十日。

頻伽入室弟子致意。

樊增祥（七通）

一

日來料理出山，情緒甚惡。譬如脱籍之妓，重入風塵，意所不甘，誰能遣此。昨賦《無題》二首，借酒澆愁，亦惟同病者能憐之也。來簡雋令，如乞漿得酒矣。昨夜雨中復成一律，君有愁，我始欲愁，更充講下一笑。此請復堂我哥夫子大人道安。如弟增祥頓首。

雨夜柬仲修同年院長，即承誨政

往歲西堂共寤歌，十年離恨滿關河。一春花事温暾少，此夜栖居白髮多。酒緑衫紅如夢耳，燈長雨久奈情何。蕉心掩盡明珠泪，細寫春愁上扇羅。

增祥。

二

仲修老兄同年夫子大人師席：

前寄寸箋，諒塵几席。昨由鄂兄寄還拙稿，荷蒙評點，昭若發蒙。曩見吾師勘斠他人文字，去取謹嚴，不輕許可，獨於弟作棄少取多，得毋好近於私愛忘其醜？其别加鈐記者，謹手録寄上，以冀附名選樓。所惜行色匆匆，未能盡出所作一一就正耳。十餘年來删存樂府纔餘百首，自謂此事略究精微。《篋中》所存，真小兒語，不知能刓去否？香帥屢電見招，不得不往，月初忽發怔忡宿疾，静攝半月，甫能痊愈。日内即附船南行。草草上復數語，敬請道安，不莊。

年如弟制增祥叩首上。

賜書乞寄上海四馬路西南德人里三街西頭馬家公館查收。

三

同年譚復堂先生主講鄂中，惠寄《樊山集序》，敬賦長句答謝，且申卜鄰之約

杭州湖山天下無，名城十錦錢王都。中有异人抱仙骨，聲名震蕩瑶光樞。出入國風及小雅，誦法老先祧宋儒。主盟中夏四十載，百川赴海事灌輸。吹嘘枯枿得春氣，扶獎龍驥登天衢。頭銜七品雙鸂鶒，王公屈膝禮數殊。皖江出宰歌來暮，焚香酌水調琴柱。頭上那識咸陽王，口中不道袁公路。勸課桑麻酒一杯，滋培桃李花千樹。門子能吟竹馬詞，女郎盡織弓衣句。督郵敗意歸去來，西湖鷗笑玄猿咍。門生畫捧藍輦出，阿段朝搴石耳回。里塾文章來甲乙，上公詩稿待删裁。已教儀儼傳家學，更得清娱侍茗杯。鯨波斗起扶桑海，老泪新亭成揮灑。名士深憂白馬津，相公真賣盧龍塞。胥潮八月打錢唐，涌金門外山容改。避劫争尋玉笥花，登陴盡授明光鎧。湖山密邇蛟鼉居，何地可寄梁鴻孥。舊宅不歸王謝燕，故人勸食武昌魚。樓船峨峨湖江上，梅花争媚扶風帳。設醴依然遇楚元，傳經一再煩劉向。屋後一角胭脂山，首盤朝日何團圞。臺郎競致烏皮几，天子應頒笋籜

冠。我昔春明與君别，鄂城再見頭如雪。每將猶龍喻老氏，亦荷猘兒獎孫策。難忘嘯咏庾公樓，尚思歌舞岐王宅。新婦解下龐公拜，舊游剩與龜年説。袖詩送我秦川行，老懷岐路難爲情。烟霜五載隔關隴，掉頭不見高堂生。篋中新槧樊山集，序詩乞取湘東筆。品目遠過司空圖，聲價高由皇甫謐。江城寫書付秋雁，何以報之錦綉段。唱和頻添汐社篇，酣呼寧識神亭戰。海内譚李雙峥嶸，我所師事皆服膺。長庚夜墜蓬萊驛，專席從兹屬杜陵。元黄天地稍清晏，聞道執珪憶鄉縣。我居西北尚風塵，安得白劉數相見。庾郎最憶江南春，鱸肥菰脆等歸人。清波門内三間屋，終與白鷗來結鄰。

仲修老兄我師大人誨正，並乞賜和。年如弟樊增祥呈稿。

四

丞相東閣不足安朱游，但願松風蕭爽吹我樓。與其束腰日與督郵對，毋寧花下百叩烟卿頭。先生盛名滿京洛，子雲相如競述作。掉頭笑謝雙飛舄，挂席江天訪黄鶴。玉笛仙人不可尋，幅巾高致還如昨。江山是，時代非，繞枝烏鵲猶南飛。襄陽銅鞮白日晚，漢上垂楊即漸稀。顔鬢非，肝膽是，擊筑悲歌尚如此。大黄射落堯時日，釣絲量盡江中水。江水不抵春愁深，日暮徒爲梁父吟。南山霧隱北山笑，相去寧止丈與尋。劉歆妄議元亭瓿，田文泪墮雍門琴。我材濩落本無用，風義頗爲師友重。幕府蓮從緑水開，故侯瓜待青門種。已判鹽車騏驥牽，何能飯具鵰狸共。一篇送我西入秦，氣誼突過雷與陳。試看簿書流汗走，闞浦何似皋比北面稱經神。邁庵老友霜鬢新，溯江亦采春洲蘋。盍戠如雲散如雨，春風濛濛吹玉塵。豈無傾蓋合，不如舊雨真。陶潛在官八十日，我懷澹蕩真其倫。長安雖云樂，不如早乞身。清波門外有君三畝宅，好待白鷗與我來作東西鄰。

庚寅歲仲修老兄來主鄂中講席，適余將往秦中，枉待贈行，托意良厚，次韵報之，即訂卜鄰之約。時藍洲老友亦有峽江之行，故篇末及之。録請削正。年如弟增祥初稿。

五

懶門尊前現在身，蘇秦觸熱更游秦。功名大似冬青晚，臂膝都如病木春。把捉考亭方寸地，較量司馬九分人。風塵且可留真面，歸日相看越水濱。

庚寅夏將赴官秦中，留别仲修仁兄同年，即求正和。弟樊增祥初稿。
昨詩第一首第二句『卷卷丹黄』，祈代改作『觸手琳瑯』，又叩。

六

彩鸞已伴文簫住，剩小喬未嫁，幽獨誰憐。夫婿相如，琴心消渴年年。銷魂第一霓裳序，撿題名、彼此嫣然。勝當時、劉阮匆匆，贅與神仙。
譜怕雙聲，绛樹偷傳。是靈均、一脉湘愁，付與嬋娟。
寫送仲修老哥我師大人慶歲。弟增祥。

七

齋居

曉樹留青女，虚堂號緑君。饗賓無宿饌，判事少深文。茶緑惟烹玩，橙香每卧聞。晴簷佳氣入，知是華山雲。

窗紙冰油薄，瓶笙雪水新。石如醉道士，金鑄瘦詩人。炭墼成獅狀，屏風寫貘真。紅爐暖甜酒，把卷閱冬春。

同寅書札多改雲門爲禹門，又訛禹爲雨，近更有作榮門者，感賦

豈是宋郎觸讒忌，亦非劉向嘆蹉跎。填詞久已稱三影，照水無妨現百坡。呼以馬牛俱可應，別爲魚虎任沿訛。伯言姓字聞天下，奈爾盧郎憒憒何。

十一月初九日，再宿賀氏別業，用去年韵

駐馬見新月，流暉射人目。地爐有活火，坐具皆文木。此間非花原，風氣半華樸。微聞道旁語，去年曾此宿。主人相勞苦，疏野少邊幅。豐年氣象好，餅巨若車軸。茅店黍飯香，霜田麥根緑。向來惡少年，不敢事鷄蹴。喜兹鷹眼化，酤酒南頭屋。誰何染藤紙，云是板橋竹。稍欣棐几净，未厭油燈濁。坐聽風爐聲，悠然茗花熟。

初十日冒雪還縣，再用前均

疲馬怯轡頭，驚禽睨羅目。凛風栗凍肌，微雪縞群木。畫意得王維，小詩稱周樸。健役走且僵，惰農飽不宿。平疇積輕素，劃若帛有幅。鈴馱噤無聲，牛車笨折軸。林柿逾舊紅，畦菘失前緑。散若蝶趁花，聚爲獅蹋踘。衣莫如重裘，帽不宜高屋。最憶瑶池宴，幽哀咏黄竹。鬢髮西王寒，吟聲洛下濁。歸對鐵燈檠，陰符已爛熟。

是日同年賀主事約共飯，不赴，三疊前韵

伊人隱潛水，名不挂除目。臨流築草堂，千章蔭喬木。通籍二十年，讀書師抱朴。朝晝遠山眉，夜傍梅花宿。烏角罥釵鈎，紫毫寫裙幅。懷中昌黎書，不肯上鈞軸。同年偶萍聚，坐俯渭川緑。有意置薤本，無詩嘲皮踘。朝來具鷄黍，候我溪邊屋。坐惜塵事勞，不遑看庭竹。同是一脉泉，底分清與濁。莫笑蜀魏三，相逢半生熟。

仲修夫子大人鈞正。弟祥呈稿。

陳三立（十三通）

一

昨承惠教，於新聞紙見實甫奏草，豈滬報邪？申、漢二報似未列，欲乞檢示，何如？實甫日前書來，招三立往金陵，爲决進止。以近有要事，仍速其來鄂，未審能如約不耳。穰卿昨到，仲林無消息。敬頌復堂先生道履。三立再拜上。廿四。

二

毒熱，且迫瑣事，稍凉適，當承雅訓。實甫竟至台南，與劉永福有患難相守之約，日前以請援事至金陵，書告二劉，皆盼任綦至，南北去就，方無所定。賤子比發一電招其來此，以商進止，乃迄未得復，殆已黃鶴飛去邪？芋老子早逝，僅遺二孫，長者爲時藝粗清通，次者以佐雜留江西候補，即南皮今委充江南督轅文巡捕者也。南皮篤於舊故，自不可及，好事者必列《申報》以張之，則可笑耳。家君電來，幸安平，荷盛德甚感。手布。敬叩復堂先生道福。三立再拜。十六日。

三

笏丈昨午方往匡山，三立送之渡江，約重九後必返。實甫昨來電，台事已不可爲矣。電云：彰復失，安平危，劉誓入內山餓死。不救，無天理；救，無法。因督壯民速舉圖掣敵解圍。兄宜念急，當代求兩帥云云。所謂兩帥者，更有何法，雖有十包胥，安用邪？已電催速還。復堂先生教鑒。三立匆匆上。三日。

四

惠教敬悉，笏丈竟無使至寓，公書想係郵達也。節庵甫往潯，即有人電約爲海上之游，山人浪迹，如是如是。袁大令夙稔其爲老成舊望，稍嫌往歲漢陽鞫獄不無粗率云。復堂先生經席。三立再拜上。廿八。

五

冬晴奉訪復堂先生，綴句乞教：『笳角山城下，深深見此翁。微言綜儒墨，孤抱劇豪雄。日暖懸花氣，塵明映錦櫳。那傳江海思，吟鵲在墻東。』三立録上。

六

尊恙想平減，服何藥？爲念。大詩冲夷婉妙，乃不食烟火人語，益徵所養之邃。猥録近律絶數章，聊答盛懷，惟教削之。敬頌復堂先生康祉。三立頓首。

七

寄懷易順鼎

一燭江湖上，模糊見汝啼。諸天攀慘澹，謂扶叶近事。微命與提携。吹劍花仍冷，巡檐月又西。葉殘鴻影盡，衹是嚮凄凄。

梁鼎芬居焦山，忽傳暴病，慘然成句

此生成待死，垂死肯憐傷。四海偕誰遁，群流仗子狂。魂依鐘磬外，吟落鬼神旁。恍挾蛟鼉出，支離接大荒。

月夜十七柳亭携諸子對酒

冥花欹徑莫尋源，但傍蛙聲置酒尊。楊柳當橋分鬢濕，池亭來月與心温。仙緣劍侶

歌呼了，藤架蔬籬世界存。各有良宵携不去，貪教山色染眉痕。

送胡元儀入京

湖外談經汝更能，依依江郭映擔簦。撑腸文字飢何用，抱膝平生笑未應。雲暖樓船迷去鵠，夢殘簾館隔飛蠅。古來雅步誇覘國，老大相望爲撫膺。

婉孌人間好弟兄，初憐嚴道杜鵑聲。君叔弟元直歿於蜀。荷裳自寫江湖意，茗碗同還禮樂情。獨夜星辰偕入座，微塵瀛海見飆旋。謂朝鮮近事。浮杯落盡三山影，閑傍蛟龍試一鳴。

感題海上歌者素秋所畫蘭

葉葉花花顛倒看，殘陽四壁澹生寒。仙人樓觀香吹斷，却憶含豪涴玉盤。

自扶纖恨作春痕，背燭當窗若有恩。此夜空知凉雁路，五雲煇滅海渾渾。

近詩數章録報復堂先生，求教定。三立上。

八

毒炎不敢走詣，亦恐煩長者起居也。今雨，當漸涼，可徐圖良晤矣。藏山忽病嘔血，昨得急電，衍若已往視，此爲可慮。湘中書早到，因未寄還原單，未别何者爲公所購，遂悉送華若溪處，豈至今若溪竟不以此相聞邪？説部書無新奇者，有《儒林外史》《兒女英雄傳》《嶺南逸史》之類，先生能一笑涉之乎？敬頌復堂先生道履。三立頓首，仲林同叩。

九

怯暑久不出，今日始勉一趨候，然輿行市中，如置釜上，憊不可當。公儘宜静閉，雨涼再奉約也。書單閲訖，王刻《水經注》尚存一册，藉呈上。仲林日内亦中暑病矣。手復，敬頌復堂先生道安。三立頓首。

一〇

《水經注》首册漏未檢上，可笑也，今補送。雨凉，稍可展誦。公頗有所述造不？敬承復堂先生道福。三立頓首。仲林病差愈，附候。

一一

復堂先生几下：

晴秋爍吹，維游息嘉善。檢奉宣紙，求轉懇蘭洲先生作小畫，紙長可隨意裁取。公更賜題其上，亦世傳之瑰异也。敬訊道履，不一一。三立再拜。十七。

近有金陵義憤士糾助實甫萬餘金携帶以往者，告公聊爲破顔。立又及。

一二

頃笏山丈已到，約明早十點鐘登岸，就敝寓小酌，公能勉來一晤談否？飲啖隨意，儘可不拘也。此上復堂先生。三立頓首。十九夕。

一三

笏丈約有數日留，定當相詣，即榻前亦可從容晤語也。復堂先生。三立頓首。

易順鼎（三通）

一

仲修世丈大人講席：

前兩日聞丈來，狂喜，兼以感喟。苦爲文字賤役所縛，冗碌萬狀。翌午當謹拜床下，先呈小詩一首求和，並近詩一卷求削正，祈誨之。此請台安。世小侄易順鼎頓首上。十九。

二

燕市傷春客，三朝鬢有斑。泪痕滄海水，夢影敬亭山。瑰瑋書盈尺，蒼茫屋數間。吾翁天地内，相望兩衰顔。

喜聞譚丈至鄂感賦，即呈。侄鼎。

三

萬死餘生，得重依長者杖履，感慰交切。老父近筆數首送覽，侄此次渡臺小詩附呈誨削，務求斧藻爲幸。此請仲儀老叔大人台安。侄制鼎叩。

周葆昌(一通)

復堂先生左右：

消夏尋繹尊著《類稿》，當年曝書亭稱兩脚書厨何异。小子幸童時所見架上書簽，對此儼若過庭。朱蘭坡《文選集注》，涇産也，覓到一部奉呈。土産以包安吴爲大家，四種之外，尚有雜著未梓行，詢諸侄孫包祖勛廪貢，據云統歸長房收管，即湖南臨武縣包希龐是也。昌與兩學集衆紳共議，擬將慎伯先生詳請題奏入鄉賢祠，僉曰然，已致公函于臨武令家孫矣。只要部飭督院司房有著不致駁詰，則修飾前輝，振興後進，亦爲宰事也。文廟有鄉賢祠而名宦闕如，已移知兩學，選董經理。聞前年有江西官紳寄來一款，爲劣衿吞矣，僅存木料數莖而已。書院今年每月十八日添商課，由掌院籌備膏火。因去年懸榜南北六名，副車一名，武舉一名，可謂極盛。今年只恐不如。何、徐二家賦稿，何稿先成，徐稿速就，必須求大文章冠首以振拔士氣，使開門見山，頭頭是道，未始非循途守轍之功也。能許我否？

本山茶葉，氣味重濁，笋乾鹽澹不宜，皆不足取也。惟上巳日所産琴魚，小如針，形若鱸魚，個個有子。相傳琴高控鯉仙去，剩此藥渣，入水成魚。或云上巳乃琴高生辰，衆魚出賀，姑妄言之而已。今年出産極少，然遠不如我鄉之海鰻鮮美也。

新得阮氏物，大西洞坑硯九方，老坑歙石。早寫蘇字晚習王，得其用筆，雖古人在前，亦當抗席。在涇僅得楹帖一聯，亦揚州賈客帶來。聯語云『明珠翠羽黄初賦，紅樓青山白下詩』，亦若前知。後人有刻律賦者，此二句讖語可撰入序中。朱瑞侯庶常祥暉。瑞侯散館歸班知縣，爲貧而仕。題辭云：『乾嘉老輩談經學，詞賦於今此地疏。今尹風流急提唱，擢識遺韵在鴛湖。』

爽秋觀察發來《經學舉要》十本，啓迪後人，其功不淺。觀察因腰瘦翁稱貸兩桌，頗爲牢騷。高尚可師，不知八咏樓中如何揮霍，以至虧累如此。然亦妙境，想見其淵淵渾渾度量爲何如耶！此次入都，傳聞有支應外國使臣，大約曾任上海道，熟悉諸夷酋，瀕行亦頗高興。方伯海公危重静鎮，下走在涇翻刻所頒陳文恭公《在官法戒録》百餘條，玉陽宋氏題曰《公門果報録》。刻成呈送一百六十部，忻然作序，歲暮又通行各府廳州縣，令我置身無地。板存蕪湖，索印者紛沓疊至，但願教得書吏良善，訟棍滅迹，較之縱千百虎狼入山，聊勝一籌耳。倘人人能看，雖一知半解，與講聖諭鄉約何异？此就中人以下説法，上智者或以爲蛇足，未可料也。附呈一本，聊以覆瓿耳。

律賦何稿先成，刻工宛若京板館閣格式，有許校官序一篇，頗未愜意。過譽也。先生務求以質直之言，勉我而勵涇之多士，則幸甚禱甚。此請著安。周葆昌頓首上書。六月初八日，病瘧養閑三日。

《唐文粹》代覓一部，不必一定要貴州皮紙。

再啓者：

今年有舍親在蘇垣辦位育堂善舉，渠有表親姓壽，松江人，藏有王虚舟篆書四十頁，每頁六十字，所書五倫彝叙集葩經，如伐不言朋友之類。索值百番，以五十元寄去。世人但知黄魯直學《瘞鶴銘》，而不知魯直以前則有唐張祜，魯直以後則有明八大山人。此擊竹子語也。素以爲世人但知唐李陽冰直接李斯，鄧懷寧直接李陽冰，而不知懷寧以前尚有王虚舟，何以知之？見阮太傅題識《管子》《弟子職》，是以知之。當日太傅屬懷寧臨虚舟所書《弟子箴》數十副，以發服官省分學校，並家祠家塾。其時懷寧在孫星衍研經精舍，功夫正在黄綃幼婦之間。賤子所得乃第七副也，亦阮氏物也。八尺正，對開十二幅。字徑三寸，前後太傅題識。初出時索值三萬四十番。壬辰冬，擺脱維楊度歲，所有差囊盡變成磁銅、玉石、軟片矣。王書之不顯，何也？虚舟位高名重，以率更書得名，而不知無體不備。晚歲家居，臨米襄陽《西園雅集圖》二十餘通，予見第十八通，華元明得去。全是逸少脱胎，何嘗有襄陽操縱跌宕之概。今秋有喜事，先報公知。

爽公以予小子坦率，於做人之道則可，於做官則不可。山居濕重，寒燠不時，久戀非宜。先生高著，非尋常所能鑽仰，小子出處不改常度，是以有坦白之譽也。

恩詔下來，總在八月十四五日，一見謄黄，即托素英兄一手經理。爲老母榮邀曠典事，酒脯緞帛，詳會典。位卑無异數，然人生最難得地步也。所以大家謂我窮不怕，我有此樂，雖黄金萬鎰不能易也。自笑一聯云：『青年中酒非關酒，老去耽書豈在書。』天性自然。

收藏各件：

薫香光小立軸：『萬樹天邊杏，新開一夜風。滿園深淺色，照在緑波中。』鄭谷口小中書：《長安少年游俠引》：『小婦調鸚鵡，當歌帶宿酲。犬驕眠玉簟，雁悍撤金鈴。碧樹攀花句，紅蘿勸客亭。朝朝長度日，不醉不曾聽。』八大山人荷花，一蕊兩葉；玉几山人枯書題曰：『便是君子鄉，茂叔應住此。』又鄭谷口題麥夫人青燈夜試雙鈎法，題曰：『渴虎獰龍氣，吞顏杜，寶刀鳴，神駿欲舞。』南皮相國一幅，小中曾贈門生張幹臣觀察。李杜詩篇，二王書法。雅宜山人王寵手卷，自製逭暑《五憶歌》，憶泰山、洞庭、羅浮、蛾眉、具區。當時泉石膏肓，鄉人稱貸，五十金一券，友人見之，懷天以二百金償之，可謂隆重極矣。更有奇品爲賞鑒家所料不到者：鈐山堂雜體詩一手卷，款曰：年家弟嵩頓首。書法不讓雅宜山人，詩亦伯仲之間，惜相業不終耳。戴文節公有三件，兩僞一真。真者小手卷，繪：『紅葉喜隨流水去，白雲愛占好山樓。』跋：『諸君子約我游山，因病未能也。諸君子游畫，予以畫游，吾迹雖不同，吾趣則同也。贈固原門生。』僞者《南山飛瀑圖》，篆書題款。又兩册頁，秀潤可取。後人易于摹仿。明紅葉白雲一幅，仙兮仙乎，不食烟火。千青相國亦難望其肩背。

汪鋆（一通）

仲修公祖大人閣下：

十餘年前，衷白自京回，即聆大名及著作多品。嗣與同入淮南書局，持贈大集，詩則力除嘉道空滑陋習，力追古人，六朝初唐以下不過問焉。能於《兩當》《卷葹》而外，獨闢一境。不獨色澤之古，照耀一世。詞則以石帚作骨，而運以王、吴采繪，又非吴門戈氏講律而不問文者，宛鄰嗣響，又不待言。服習之餘，彌深高望。

鋆邗水陋儒，百無一曉，而又性賦魯鈍，垂老無成，祇以酷嗜筆墨，遂不免東涂西抹，厠大雅之林。加以貧困，托鉢依人，更形孤陋。友人自至金陵回，携贈尊選《篋中詞》。詎意蟑唱蚓吟，荷蒙青盼，直是家有琳琅，不遺木屑。拜觀之下，悚惕益深。客春路笑翁趨叩鈴轅，不獲奉書申謝。兹緣阮氏以拓本摺扇索題，乃得肅函，並附拙畫，伏乞賞收爲感。

抑更請者，鋆於五十以後，搜羅金石拓本數百通，仿青浦王氏例成《十二硯齋金石過眼録》十八卷，以收六十壽分，刻而問世。已承楊海琴、陸星農暨魏稼孫、李夢惺諸公駁正辨訛，擬刻校勘記，尚未付梓。近又忘陋，輯清湘道人題畫跋，附以《知不足齋叢書》中《苦瓜和尚畫語録》，又加以後人題贈，共三卷。又輯《瘞鶴銘補考》二卷。專准翁覃溪先生定爲陶隱居所書。於滄州、退谷兩考之外，另證前人論説。兹雖刻成，尚未就印。邇又讀魚樗叟《海虞畫苑》，略成《揚州畫苑録》。蓋揚州畫友既多，淪於粤亂者不下數十人。鋆思闡幽。詩文先時阮文達公有《淮海英集》之刻，於古文又有家醇卿太守《廣陵思編》之刻，於畫闕如。鋆就閤郡縣誌録其小傳，又於《圖繪寶鑒》《無聲詩史》《國朝畫徵録》及馮金伯兩畫識、蔣寶齡《墨林今話》、《揚州畫舫録》諸書録而證之，其有未經人道，僅鋆所知者，繫以小傳，至技之低高，非所問，但意存闡幽、附詩文兩刻而行。自春至今，甫經脱稿。所述甚細，却有關鄉邦文墨，此鄙意也。所惜揚州近無一人可與商酌，若昔日之莊中白、李賓虞、薛介伯、劉恭甫，均皆化去。僅一無知老朽，沾沾於此，亦不自量之甚矣。是書今冬亟令寫樣，餘俟明春開刻。俟樣寫成時，即寄訂正，并懇賜大序，未卜能俯允否？先此奉聞，并叩升安，不宣。治晚汪鋆頓首。

鋆本歙人，祠墓俱在，因父業於揚，乃占籍儀徵，又稟。

朱啓勛（一通）

仲修仁丈先生執事：

前托汪君子用轉達寸簡，當塵青睞。頃奉手教，提命用至，翻誦再四，昭若發矇。《四六叢話》，業已遍閲，文達一叙，源流畢具，精到之論，可補《雕龍》。孫氏全書，宗尚多在宋人，制誥、謝啓，猶可謂兩宋爲多；章表、叙論，導源唐以前者，亦殊簡略。王銍、謝伋，差可肩隨，彦和之秘，固未能睹。所收佚文，惟義山《華山廟記》、宋真宗《伊闕銘》爲最，宋賢諸集，經執事别擇，必能去腹背之毛而攬六翮。竊謂表、啓二體，非卓然名篇，皆可從闕。勛近粗定目録，唐以前已略就緒，匡劉之文，聊取安固之體，以識初涂，不復詳采。近點勘《文粹》，甫及四十餘卷，議體之文，實有嗣響六朝者，但當取其有文采、有發明者爾。駢儷之體，文勝於質，必扶其幹乃爲别裁，如王子安《送弟劼赴太學序》、盈川《公卿冕服議》、駱丞《上裴侍郎書》，向來未經膾炙，而陳義既正，文亦高雅，似宜采入，庶砥狂瀾。國朝諸家，近又删去原目十之三四，要使與古人並轡，亦稱上駟。但遠違大雅奉教爲難，管蠡之見，不經指示，終恐迷眩。鄂中爲屈宋故地，人才必富。重以春風同坐，甄陶所及，斐然有成，但恨西泠舊雨，不克撰杖左右、受教君子爲悵悵耳。客中起居，諸惟珍重，爲道自愛。肅復，敬承起居。愚小弟制朱啓勛謹上。

俟唐文初目寫定，當録就，寄請是正。勛又注。

龍繼棟(一通)

譚老師：

羈客冶游，正宜盡歡。吾輩一二迂儒，對豪竹而不豪，聞哀絲而逾哀，抑何故耶？乞爲下一轉語。聞有惠函，可交叔子。餘容敘。手上仲修先生。繼棟叩上。鳳洲先生同觀。

頃須出城，如在寓，當過一譚。

高毓彤（一通）

叔子尊前，幺鳳翩然。拳拳靖節，意在青鸞。窺簾鸜母，大有微言。雖甚隱約，聞者不堪。行潦所勺，已注秋蘭。雀鼠皆窮，庚癸及兄。不求明月，但乞南風。徑望便擲，解此眉急。將伯之助，永鐫心鬲。復堂寓目，潛子謹肅。

葉衍蘭（三通）

一

仲修先生仁兄大人閣下：

夙企鸞儀，未親塵教，碧雲千里，無任依馳。敬維纂著日隆，祉祺露蔚，定符私頌。弟賦性迂疏，委懷辭翰，裁紅剪翠，半寓離愁。蟬噪蛩吟，不成聲響。前呈拙集，深愧束韡，仰蒙俯賜題評，優加獎飾，愈增顔汗。惟喜駑駘鈍足，今始識途，欽佩之餘，竊深欣幸。奉來玉照，神采秀發，恍挹芝眉，謹什襲珍藏，以當親炙。大著各種，承益齋兄兩次寄來，詩文皆漢魏遺音，詞則姜、張正軌。《篋中》之選，格律精嚴，盥誦迴環久矣。欽遲在抱，故敢以巴人俚曲，塵溷騷壇。猥荷葑菲不遺，指其紕繆，一字之師，情同受業。定文銘感，永矢勿忘。去冬已寫付梓人，現僅刻成上卷，謹將賜改之處，悉行更正，間以己意參易之。内有一二髫年之作，不忍棄置，姑仍其舊，其餘即遵教删去。剞劂將竣，重刊匪易，只可略爲將就也。粤中刻手工價雖廉，而耽延實甚，大約夏秋間始能蕆事。容再呈教蕪詞一闋，聊表謝忱，另録，敬求雅政。湖天在望，心與俱來，專爲鳴謝。祗請道安，諸惟霽照，不備。弟葉衍蘭頓首。孟夏四月泐。

落拓江湖，頻年載酒，蹋歌呼侶。纏綿寫恨，影瘦萬花紅處。訴衷情、短琴獨張，自彈夜月秋聲碎。謝詞仙拂拭，芳襟遥證，翦燈凄語。　愁緒。傷心泪，且細數箏言，静邀笛趣。雙鬟賭唱，莫問旗亭金縷。悵天涯日暮，碧雲懷人，添賦相思句。感飛蓬，書客飄零，斷腸幽夢阻。調寄《瑣窗寒》。

仲修仁兄大人代訂拙詞，賦此寄謝，即求拍政。弟葉衍蘭初稿。

二

復堂先生有道：

辱承瑤簡，籍慰渴悰。知動静咸宜，幸甚幸甚。《三家詞》垂蒙選次，費神慚感。藴梅同選，亦撰弁言，剞劂告竣，即當呈教。近來想纂著日隆，叢書定有續刻。《篋中詞》又增幾許？賜讀爲快。兩湖、經心，皋比何處？名山事業，定不礙耶！時事如此，可爲痛哭。粤人日居厝薪中，桃源無路，奈何？極目漢皋，心馳神溯。手肅，復請道安，惟照不備。弟葉衍蘭頓首。五月廿五日。

三

復堂先生閣下：

今春正月奉寄覆函，夏間又有拙刻《八艷閣咏》一本交星海代寄，諒邀青覽。瞬届一年，未蒙環示，竊甚懸懸。邇維纂著日隆，興居迪吉。南皮移節，閣下兩湖講席，定必辭歸。家衖相羊，諒增佳勝。前聞叠有傷感之事，天厄才人，大不類此。佛經云：『毒來慈受。』惟有曠觀一切以頤養天和，可耳。粤中春夏之交，疫癘横行，弟亦遭殤女之痛，親友中傷亡相繼，時悼于懷。半年來日惟焚香寫經，冀爲鄉閭資福，未知能消灾於萬一否。前後寫出《關聖覺世真經》七十餘本，同人見即索去，特寄呈二本，祈教之。

三家詞之選，叙文寄到，猥荷品題，實增慚恧。惟選出之目，未見寄來，翹盼甚殷，求賜寄勿遲爲禱。各集内挨次標調、標題，一紙即可盡録，到粤時照寫各詞，即克付梓。工竣，寄呈數十本，以稱分送。如歸入尊刻叢書内，俾賤名附驥，尤深感也。《篋中詞》續刻，近來又增幾許？續二弟卅二頁以後如有添入者，望賜寄數篇，以便録入前書；卅二頁以前，不必重寄也。歲暮天寒，積懷成痗。風便求賜清音，幸甚盼甚。手肅，祇請道安，惟照不備。弟葉衍蘭頓首。嘉平六日。

久未得益齋書，同此懷想。晤時乞代道念。

薛福成（一通）

仲修先生同年執事：

僕始至浙東，即聞士大夫藉藉然稱復堂之名不容口，而同年中三數人尤盛道之，以爲汪容甫、龔定庵流也。僕之企慕，非一日矣。客冬劉少塗兄來，遠蒙大集之貺，發函伸紙，如景星慶雲之驟接於目，欣忭不能自已。時值歲晚，得以薄領餘暇，諷誦一周。董、劉之文，枚、傅之詩，晏、周之詞，兼能并擅，卓絶一世。曩游西泠，愛其風土之清淑，山水之秀麗，竊謂藴奇鬱采，必當有才士興於今者。及讀大集，典麗婞雅，稱其山川，蓋西湖靈秀之氣，皆鍾於執事矣。江東獨步，非君其誰。

僕少更戎馬，學無師承，及從曾文正公游，始得稍聞緒論，而文正公尤好士，兼得與海内俊傑推襟講肄，證言是非，然才不副志，迄無所成就。一行作吏，此事遂廢，慚負師友，如何可言。惟年來更歷事變，於中外之事，嘗妄有所論述。前者鎮海之役，籌兵防海，稍費經營。瓶管之見、隟穴之明，曾刊有《籌洋芻議》《浙東籌防録》兩書，以就正當世。兹特奉呈左右，維閎達方雅，匡言不逮，有以教之。方今時事多艱，需才孔亟，執事文章政事，上追兩京。昔宰皖中，志行卓著，云何高尚拂衣歸來，今尚擬出山否？抑遂息景松阿，爲遂初之賦耶？率泐奉布，敬請著安。伏希亮察，不備。年愚弟薛福成頓首。正月二十二日。

附呈《浙東籌防録》一部、《籌洋芻議》一册。

鄧濂（十一通）

一

復堂先生有道：

聞聲相思者十餘稔矣，憶在曩時，曾聆琴雅，樽前花外，淺唱低吟，覺寄慨之無端，幸傷心也有儷。自矜識曲，願附同聲。乃者僕始作聖湖之游，君方爲彭澤之宰，風華錯迕，鱗翼傑池。嘆想鳴琴之聲，裴徊通德之里，長嘯誰和，短歌易喑。我懷云勞，如何可説。

比聞足下已頤光家衖，息景林河。談官味於莼鱸，尋古歡於梅鶴。白雲宛在，青鳥來呼。遥聽還山之吟，思爲乘興之訪。而伯鸞之傭，尚羈於廡；司馬之渴，兼倦於游。以此遲迴，尤悵恨也。伏承足下才綜九能，識鏡千古。學道之效，奏於弦歌；等身之書，壽於金石。以任彦昇之筆，兼沈休文之詩，至於長短之言，尤極比興之致。瑶情幽眇，琴緒纏綿。紉蘅杜之古芳，傳榛苓之遺韵。文外獨絶，宇内無對。其於大雅，雖曰小言，而向所醉心，尤在此也。僕夙耽墳籍，粗涉藩籬，自歷風塵，遂多廢棄。惟是逢時不偶，閲世無聊。維摩詰本以病生，王瑯邪願以情死。不緣陶寫，曷遣生平。然而涉江蕉悴，杖策偃蹇，抱瑟以怨，知音蓋稀。安得與我佳人同一涕邪？東中吟侣，泰半寥落。越縵不返，紫珍復逝，執蘭莫贈，聞笛增愴。而契慕如足下者，又墜雨秋帶，邈焉莫同。山川泬寥，雲物凄瑟。望君子於天末，求嬋媛於夢中。僕思君，君寧知僕乎？雖然，契合之密，通於神明；笑言之親，寄於文字。亦既讀其篇什，識其性真，則有美一人，婉兮如睹，何必握手爲笑，始移我情。然則僕於足下，即未能撫塵而游，已不啻相視而笑矣。證杜陵之語，文章有神；念阜玉之悲，羈旅無友。敢呈簡畢，聊代韋弦。敬佇德音，紓其勞結。天寒維自愛，不宣。濂叩頭白。

昨晤同鄉薛觀察，知大集已壽槧人，喜尉無量。川陸雖沮，郵筒可傳，幸付來鴻，庶窺金豹。朋交中欲得《篋中詞》者尤多，亦求賜寄數册。《詞録》如未授梓，其《論詞》一卷，尤願先睹，倘能録副寄我，盼禱何如。夙欽藻才，兼有芰耆，凡足下之語言文字，靡不愛而慕之。區區之私，維同心人鑒之而已。向愛項蓮生《憶雲詞》，而未得全本，能覓寄一册否？附呈

《亡婦權厝銘》一篇，今將卜葬，敢求椽筆賜以銘誄，感且不朽。舊作二十四首亦寄上，并乞正之。濂又白。

二

斷腸詞二十四首，次悔庵韵

覓遍蘅皋步屧塵，斷腸時節可憐身。荒唐楚客招山鬼，蕉悴陳王賦洛神。原草緑迷金雁冷，土花紅坼玉魚新。憑君莫奏哀蟬曲，落葉西風愁煞人。

短短籬門小小溪，翠禽三兩隔溪啼。紗籠淺碧紋都換，襪印殘紅迹已迷。峽裏行雲愁曉暮，溝中流水怨東西。夕陽好片消魂地，斑馬重來不忍嘶。

綉幕珠簾各黯然，羅裙鈿柱也成烟。尋聲約略聞珊佩，入夢分明索寓錢。青草荒陵人化蝶，白楊古寺鬼啼鵑。麻姑去後無消息，海水何時更作田。

繞遍長廊思不禁，碧欄干外月初臨。怕看孤影頻吹燭，尚惜餘香戀擁衾。翠枕難留將斷夢，紅爐不暖已灰心。昨宵燈畔朦朧見，鞾裏鞶妝怨尚深。

寶鴨金猊青玉梟，玲瓏榻子碧油糊。春痕泥雨銷都盡，倩影疑烟抱却無。斑竹雕殘湘血黦，紅蘭愁謝楚魂孤。當年發想真痴絶，願作蟬紗護雪膚。

柳慵花嚲意昏昏，小極還來伴酒尊。指甲紅纖黏更落，腕闌翠冷握猶温。偶然觸撥都成恨，不待思量已斷魂。便使玉簫逢再世，此生哀怨總難論。

金鼎誰燒蘇合香，洞房閑煞紫鴛鴦。纖容依約思偏杳，夢語迷離記更忘。乍捲簾時風細細，斷無人處月荒荒。綠苔生閣塵凝榭，第一傷心是謝郎。

典盡春衣爲買山，綠雲深處葬螺鬟。紅簫有幸占佳壠，翠碗無由覓市寰。曉鏡離鸞終古恨，夜臺化鶴幾時還。誰憐舊日青驄客，慟哭秋原夕照間。

夜來風雨幾曾停，只許愁人獨自聽。蠟炬燒殘猶有泪，金輪咒斷竟無靈。鴛旛替結三生願，螺墨閑鈔百悔經。凄絶鬢絲禪榻畔，一琉璃火澹于星。

紅冰一枕泪痕濃，翠被文鴛濕幾重。粉簡那堪尋指印，纖毫曾與點眉峰。敲殘紫玉釵雙股，寫剩繚綾字半封。一檢遺奩一惆悵，夜寒愁壓綉夫容。

路隔蓬山幾萬程，銀河縹緲憶吹笙。浪游應尚憐交甫，幽夢何曾覷智瓊。千里稠桑誰借問，一燈方丈若爲情。裊烟别後知無恙，可肯傳書報玉京。

猶記盈盈步玉階，艷情索賦縷金鞋。倦妝妮我攏頹髻，衹識嗔人問斷釵。芳草詞工和泪唱，香桃骨瘦共愁埋。當時照影横塘水，寂寞秋蘭尚被涯。

瑶琴塵冷十三徽，羽换宫移事事非。寶鏡空留鸞影在，壞裙都化蝶灰飛。卷中墨暈新題字，篋裏紅銷舊嫁衣。今夜月明金井冷，珊珊劖襪可能歸。

尋常小别泪難乾，點點猩痕污素紈。痴語却爲今日讖，虚幃還當在時看。卸頭無復燈前影，呵手誰分袖底寒。絶憶秋宵厭禳處，自修黄籙禮齋壇。

仙最多情佛最慈，而今何計護瓊枝。緣猶未了身先盡，生本無聊死已遲。碧草獨尋人去後，紅鸚還説嫁來時。棠梨萬點相思血，滴入重泉總不知。

畫眉窗下暗低徊，零落遺香滿玉臺。繐帳拚教終夜守，檀龕忍向忌辰開。風凄别樹蟬初去，花鎖重樓燕不來。記得晚妝親點額，至今空惜壽陽梅。

閑來擁鼻對花叢，和我新詩句句工。唾點著衣都化碧，齒痕切臂尚留紅。明明合眼人如在，忽忽回頭影已空。一樹海棠親手植，任他開落粉墻東。

夢雨愁雲幾暮朝，誰彈湘瑟理秦簫。畫圖影在渾難識，環佩魂歸可待招。燈暈低迷金麥穗，簾聲閒蕩玉葱條。寶啼珠唾無人惜，贏得香塵漬絳綃。

半臂猶留淺碧綾，拋殘鬟棗與妝菱。同心悔鑄綢繆印，繫命偏無宛轉繩。豈有消摩能愈疾，翻用杜蘭香語。但知解脱便飛升。十年誑我紅蕤夢，是夢原來不可憑。

漫設羅幬拂蒻阿，見《楚辭·招魂》。一聲楚些恨偏多。埋憂祇願依青冢，積泪應教化絳河。却月怕拈眉史筆，隔花愁聽膽娘歌。夫容一夜都摇落，空向秋江哭逝波。

西風獨夜攬征袍，秋色蒼茫上鬢毛。故物猶存青玉案，新聲忍招紫檀槽。九原誰與傳璫札，千里曾煩寄錯刀。記得歸時深慰藉，拔釵沽酒興偏豪。

衰柳寒烟滿陌頭，風光還似昔年不？驚霜斷雁頽毛羽，拜月妖狐舞髑髏。鬼火凄迷黄葉寺，人家冷落白蘋洲。重來一望堪腸斷，誰勸蕭郎莫倚樓。

虚堂寂歷似荒庵，瘦鶴伶俜不可驂。絶代銷魂人已去，百年多病我何堪。生涯辛苦尋巢燕，心事纏綿作繭蠶。錦瑟一篇原有托，後來誰識李樊南。

翠幄凄凉對夕曛，更携桂醑吊湘君。香名鸚母猶能唤，斷牒鴛鴦合共焚。小草本來甘獨活，孤禽何用怨離群。此身願化相思樹，歲歲輕陰護短墳。

自悼亡以來，忽忽已四載矣。向來護病，從以悲懷，未嘗有詩。適友人示以《斷腸詞》二十四章，愛彼新聲，觸我舊感。然脂弄墨，依數和之。嗟乎！賦成庾信，祇合傷心；才盡江淹，偏工言恨。音調凄戾，詞意繁亂，又非特永逝之哀也。一弦一柱，誰爲錦瑟之箋；無對無雙，願乞玉臺之序。復堂先生左右。漁白。

三

仲儀先生有道：

省書義篤而情摯，温伯雪子，如見其人。賤貧羈旅，蕉悴之身，爲世所屏棄久矣。如先生者，素未相見，而以一書之達，即殷勤而尉藉之至於如此。雖君子之過情，而吾之懷益不能一日以釋矣。自十年以來，宦學四方，所與游者，亦皆一時秀碩，而私心所企慕者，無過三四人。而此三四人者，近且零落殆盡，俯仰身世，輒悄然有獨立之悲。不圖蕭寥寂漠之中，又得交吾仲儀也。相知恨晚，又相隔數百里，會合不可以期。每中夜念及，顧景徘徊，涕笑間作，妻孥怪詫，莫知其然。然則區區之心，非吾仲儀，又誰可告語哉！

大集及《篋中詞》俱奉到，珍荷珍荷。其時適值歲晚，塵務叢雜，未暇卒業也。及過人日，乃得屏廢百事，委心其間。古今體詩及樂府，較昔所見者尤卓絶，風騷之旨，金石之聲，在古人中亦不多遘。文則淵懿淳茂，直追漢京，蓋董、劉之亞匹矣。由道咸以來，論文者多主張桐城，自一二巨子爲之倡，海内學者靡然從之，其宗法之正，選詞之嚴，誠無可議。然學者囿於其中，知其正而不知其變，其弊也多失之弱。而矯其弊者，肆其鴻博藻艷之才，以爲無所不有，而駁雜之弊又生。其於文章之大本大原，則皆概乎未有聞也。獨先生以澹雅之才，明通之識，剗刮俗學，振起其衰，雖單文片辭，莫不持之有故，言之成理。簡文云：『斯文未墜，必有英絶。』而領袖之者，非先生誰與任此哉！

濂少時亦嘗有志於此，自更憂患，斯業廢然。每思抱經窮山，稍温舊學，而衣食奔走，不遂所懷。日月悠悠，身將老矣，奈何！先生政事文章，皆卓然可自表見，而循誦來教，猶多鬱行，如濂生平，更無論矣。又讀賜詞，綢繆婉篤，百誦不厭。亦奉和一解，凄戾之音，不足諷也。并承許爲亡婦作傳，感尤不可言。逝者在時亦酷嗜文事，今得資於椽筆，附以千秋，幸矣。倘已削稿，即求賜寄。

委題《填詞圖》，稼軒此闋，濂亦平生所喜。每至幽憂無聊，輒誦之以自遣。今依其韵得一解，奉呈左右。倚聲之學，自皋聞、止庵之論出而其體始尊，然兩家之詞，或猶未饜人之意。惟復堂詞沉鬱柔厚，冠絶古今，非徒色飛魂絶而已。《詞録》一書，盍先刊行，遺餉學子？濂於此事致力頗久，日來稍暇，正擬整理舊作，上奉清娛。而薛觀察言先生不日將有皖行，云得之袁堯年之口，不知果確否？因先復此箋，拙稿俟録成再寄，先生幸必爲我序之。《憶雲詞》殘本，卷帙無多，可否付之鈔胥，寄我一讀。莊中白久耳其名，恨未得見，遺書零落，故人收之。其《周易通義》聞有傳本，能分惠一册否？許邁孫才氣豪邁，曩客秦澹叟處，即知其人，今以先生之言，作書通問，幸轉致之。山川修阻，合拜何期。拉雜作此，聊報無恙。佇聞還驛，以尉相思。伏惟起居萬福。鄧濂叩頭。

足下皖行如取道滬上，幸先期寄知，并示住址，届時當附輪前來，一圖良覿耳。以後通書，由何處遞寄，亦望示及。

四

仲修先生有道：

春間獲奉惠書，發函伸紙，歡喜無量。叔耘豸使一函，早代達矣。附及。邁孫司馬是否仍客糧儲幕中，便祈示知爲荷。蠡管之見，何當閎雅，遽乃蒙心許，有如目成。雖君山之於班嗣，子休之於惠施，何以過此。三復十過，愧感交深。藉承先生謝病邱園，頤情圖史，蟬蜕塵表，去住灑然。翹首元亭，彌殷眷慕。濂講院栖屑，拓落無狀，重以秋試伊邇，帖括堆案，手倦朱墨，目迷丹黄。體復畏暑，疴恙間作。比長卿之消渴，甚子雲之顛眩。以此蕉悴，遂益荒落。如何如何！項子雅詞，莊生《易義》，承允惠我，先睹爲快。甬上新刻《寶綸堂集》，尚不甚劣，兹以一部奉呈清賞。林居休夏，新吟定多，何當郵示，尉其渴慕。榆園報書，幸爲轉交。古詩一章，聊博一哂。蚊雷四起，不能多書。即願珍宜，無任馳戀。濂白。十一日燈下三鼓。

五

復堂先生左右：

秋間奉書，藉承動定。慰慰。賜寄各集，俱拜登。《易義》驪難索解，而文筆淵懿，雅近匡、劉。古樂府洵爲奇作，其論詩宗旨，固與吾復堂大略相同，然功力之深淳，神味之雋永，則不如吾復堂遠甚。長短句亦然。在今世已不可多覯。逸才之目，固不愧也。承示將纂《後篋衍集》，甚盛。我朝選家林立，若錢之《吾炙》、陳之《國雅》、施之《藏山》、葉之《獨賞》，惜皆不傳；傳者惟《感舊》《篋衍》二集，而王選似勝於陳。厥後沈之《别裁》，王之《詩傳》，近人之《正雅》，俱窠臼太重，無足觀者。先生揚抑百代，有正法眼藏，此選告成，必當度越曩哲矣。拙稿無可觀采，既承盛意，稍緩當録副奉呈教削耳。尊選《篋中詞》爲詞選中最善之本，續能戢舂重出爲佳。特網羅别集，殊非易易。暇當爲君物色之，如有所得，即寄奉也。鄙意刊後當精校一過，如沈遹駿《玉樓春》一闋，早烏啼起銀蟾落。後又刻作閨閣金莊詞，此必誤刊，幸校正之。《憶雲》殘編如得寫人，尚求惠寄一讀。許君當常晤面，《榆園十種》已否竣工？頗盼念也。見時望代致拳拳。允寄《堇浦文集》，感感。

甬上每以杭氏盗竊謝山傳爲口實，且謂戴氏《水經》皆取諸全氏，於志乘中大書特書，此亦一大疑案。而吾意頗不謂然，敢以質諸大雅。近薛觀察謀刻全氏七校《水經》，年内可以成書，緩當寄奉。其自著《庸庵文編》云已寄贈左右矣。濂於鄉先正秦澹如都轉有知己之感，近謀集資刻其遺書，秦公子謀刻未成，故亟爲圖之。日内即可告竣。其集曾經大雅校定，似不可無一言志之，弁首之文，敬俟椽筆，并求於年内寄下，俾付手工。若楊制軍一序，鄙意不欲刻入也。今日如有新撰著，亦求寫示一二，盼切盼切。朔風漸厲，掩關凄然。時時思先生不置，拉雜書此，聊當一夕譚。天寒，伏維自愛。濂叩頭上。廿七日。

六

復堂先生有道：

久不見顔色，積思成痗。前由希洛處奉到教墨，並《篋中詞》四册，敬聆壹是。先生削迹家衖，縱情墳素，名山之業，蔚然可觀。聞服之餘，委心無量。濂伏處蓬累，日益支離，雙耳失聾，鬚髮亦有八九白者，頽廢如此，豈復有進取之志。秋試爲群少俊牽率以去，五十老寡女，忽復懷香握澤，與小兒女争妍，可耻亦可笑矣。得失誠不足道，然當此秋暮，木落風凄，瑟居寂寥，忽覺百感交集，亦不自知其所以然也。所幸者關使師推襟送懷，契愛逾恒，文字之間，尤極神契，以此自慰，差勝羈孤。倘不以朽鈍棄之，固願依師門終老矣。月内尚須回里門，爲兒子授室女宅，即諸十一兄處。米糧益貴，食指益繁，來日大難，殊可慮也。叔問、語石時相過從，每與清話，輒念先生不置。濂於大著《復堂類集》無一字不細讀，胝沫者已數四，尤神往於《詞録》一書，何不早付削氏？前在語石處見先生詩集、日記，俱有續刻者，如有零種，乞惠我一二册。《詞録》有清本，頗思爲先生刻之，未知能償此願否？兹乘便驛，聊布胸心。敬請道安，伏希亮察。孱庵弟鄧瀌頓首。

七

賤體畏暑殊甚，重以病足，不利走趨，咫尺天涯，徒自恨耳。昨得一詩，聊答盛意。倘有新著，幸賜讀一二，俾得稍祛煩鬱。蒲孫枉過，尚未往答，意殊歉然。兹有一律代柬，乞轉致之。幸甚幸甚。稍凉再當趨譚一切。此上復堂先生函席。瀌叩頭。

八

行行江上折芳馨，流水無心合楚萍。同是倦游還作客，未忘結習且譚經。蒼茫萬事催頭白，商略千秋托汗青。此亦山川奇絶處，卜鄰願傍子雲亭。

小詩奉酬復堂先生，即求郢政。鄧瀌呈稿。

九

復堂先生有道：

鄂渚爲别，屢易暄凄，翹首玄亭，靡時不眷。前者知錦帆過吴，亟出金閶門奉訪，而繞岸窮矚，罔測青蛉舟者，烟水迷茫，悵然而返。朱明直序，起居何如？伏想神明益茂，著述益富。甚休甚休！秋初當可錦旋，屆時能迂道吴門爲平原十日之飲否？盼甚盼甚！濂橐筆吴楚，所遇多窮，息交絶游，誓不復出。蟄景書局，行將十年，短簫久喑，長嘯誰和？前年平原師督儲來吴，招之入幕，師弟之誼，未容固辭。傭直十金，藉資賃廡。近歷落莫，不堪爲先生告也。瘦碧、語石時相過從，譚宴之餘，輒不禁神往左右。瘦碧續刊樂府，境地益高，不佞曾爲作序，借彼杯酒，澆我塊壘，可一笑也。年來大著詩文、日記、《篋中詞》聞皆有續刻者，亟欲一讀，幸即惠寄數册。陶子縝詩集聞已刻於鄂中，當尚易得，亦求覓寄一册。盼禱盼禱。頃在昆山訪諸十一，連日談藝頗樂，披襟相對，清風灑然。同念先生不置。翦燈作此，略抒所懷。敬頌起居曼福。鄧濂叩頭。

惠書請寄蘇儲署中，或徑寄蘇城包衙前敝寓亦妥。

一〇

燕公何年，塵幕翠冷，巢痕寂寞都换。鏡裏人非，花前夢斷，那記芳時早晚。只有如眉月，尚照畫眉西畔。被掩文鴛，香銷睡鴨，柱凄銀雁。　細數前塵都是恨，况幽病、怎生消遣。逝水年華，飛蓬身世，却爲誰留戀。自東風吹泪去，蓬萊水、而今又滿。并作天涯雨瀟瀟，珠簾暮卷。

《氐州第一》奉和復堂詞長原韵，即請拍之。孯庵鄧濂倚聲。

一一

摸魚兒·用稼軒均

聽聲聲、鷓鴣啼雨，斑騅江上休去。緑陰换盡天涯樹，忍把華年重數。君且住。看門蛾眉好，翻使外關山，何處非歧路。紅襟寄語，奈説盡飄零，春風不管，身世逐飛絮。

容易嬋娟耽誤。東鄰莫更相妒。金徽本是無情物，一點琴心誰訴。翹袖舞，怕瓊佩珊珊，淹塵土。相思最苦。便結就同心，西陵松柏，也是可憐處。

右題《復堂填詞圖》，即請仲儀詞長拍正。孱庵鄧濂初稿。

沈鎔經（一通）

懷人江上正秋高，寄我吟箋擘薛濤。雙鬢近來漸衰老，一肩何日息塵勞。地非繁劇官成懶，人到中年酒不豪。西北杞憂方未艾，虱臣下界首頻搔。

懷人一律奉和仲修仁兄同年大人見贈元韵。鎔經呈稿。

瞿廷韶（一通）

仲儀先生經席：

昨承教爲快。今奉手簡並賜擬各題，賅博精核，即題可知，遑及撰著。欽佩且感。策問尤徵淵雅。炎歊溽暑中清風入座矣，又披襟以當之，感荷莫能舉似。七八脩羊已諭庫預支，明日准可奉呈，便當詣談，以聆清誨。手泐先復，祇頌著安，不備。教弟瞿廷韶頓首。十八日。

莊蘊寬（一通）

仲修老伯大人尊鑒：

蘊寬髫丱隨侍閩中，側聞先子與周丈季况時時縱譚，儕輩問學，輒推長者，以爲曠世罕儔，寬心識之不敢忘。比覯閔旋里，竊檢先人遺篋，得手翰累牘，因備悉兩世交契，謹手裝成帙，以志景仰。迨戊子冬游浙，於楊表叔遁阿許聞長者已謝官歸，因亟造謁，幸承辟咡，誨言諄摯。蘇君流涕之感，劉公泫然之矜，藐爾諸孤，不圖遇盛誼於此日。自恨學術弇陋，逡巡終座，勿敢妄有陳説，而私心嚮往，至今如一日也。瀕行蒙貺大集，奉爲枕秘，時復展誦，如侍謦欬。涴彼塵袍，濬其靈襟，私淑所存，無間親炙。客歲省闈報罷，以粤中戚故之約，航海南渡，客韶州之樂昌，歲且一周。讀昌黎瀧吏之詩，諷曲江感遇之作，箋記溷雜，學殖益荒。初夏得二兄函，敬審長者主講漢上，薰陶楚材，道履冲和，述造淵懿。二兄以鄂渚寄食，常近德儀。寬獨遠阻重溟，奮飛靡自，雲天在望，悠悠以思。伏承長者惓懷故人，軫念孤子，撰次先府君行誼，附名集中。風義之高，感且不朽，并以蘊寬之名游揚朋輩，爲謀仁粟，俾以奉親。寬違侍三年，自愧塵狀，恒用悚昃，箋敬久疏，顧於千里之外，重辱齒牙餘論，非特孺子之幸，且以慰九京之心。輒思肅啓馳謝，藉叩興居，乃頻削赫蹄，卒瑟縮而未敢上，曾於家書中乞二兄珥悃，不審嘗塵清聽否？

端守張君於十月到官，旋即折簡相招，適寬昌山居停，瓜代已届，遂於冬至節後俶裝適館，以正平初涉藝文之歲，膺孔公逾分獎假之言。幸得授餐，足紓勤注。維寬自成童而孤，即負笈於外，章句之讀，且未能悉，既復困於郡縣試者五年，一意講求時藝，凡當讀之書、宜究之學，懵如焉。比獲長沙王師激賞，許其不俗，始幡然有慕古之志。乃歸敝廬，檢手澤之存者，比而葺之。竊痛先子覃精掇拾三十年，僅貽楹書，而子不能讀，知讀矣，又迫於凍餒，皇皇爲甘旨之謀，終歲抗塵，蓬梗靡定。益以慈侍睽隔，晨昏縈懷，雖壓綫餘閑，堪伏几案，而每一馳念，魂與雲飛。樹背思萱，眷焉難釋。坐是擾其志慮，不獲寸進，間嘗求一二同志共證賞析，亦復斐然思奮，徘徊中宵，卒之躐等是求，適滋瞀眩，知無裨已。伏念長者與先世論交垂四十載，吾祖丁亂離而損壽，吾父以刻苦而傷年，迹其立身，不間時論，寧致不肖等而斬其澤耶？教而植之，提而挈之，是不能無望於長者矣。寬秋賦三黜，雖齒未及壯，然科目之争已澹於懷，嘗疑居今之學與稽古之學，其道猶庭徑也。依違兩端，必鮮一當。矧窮達有命，糊名易書之事，似無藉隨世俗争佔畢、帖括之功。顧如寬之咫見淺聞，大言不慚，將益爲時輩所冷齒。長者巋然負海内經師、人師之望，倘以故舊之誼，愍其羈孤，示之準繩，端此趨向，幸甚幸甚。

大集攜置行篋，同好索觀者實繁，咸再四屬寬轉一帙，如荷垂許，可否請子鍾兄稍檢數部，郵交舍間，或亦啓迪之心所不吝。敢即援長者『天下無私書』之説爲請。同里吴君翊寅朴學邃古，尤服膺大著，嘆爲絶詣。舊冬共來嶺表，館於廣雅書局，以暇日輯録鄉先哲駢製二十餘卷，屠孝廉寄賡續附益，校勘已竟，嗣當郵塵閡覽。叙文一首，屬求點定。吴君詩學樊榭，詞學頻伽。寬以其欽挹素深，勸付鈔胥，彙寫就正，而吴君再辭，以爲宗匠之門，未可造次。長者夙般宏獎，知必有以誘之矣。臨楮懸悚，符采勿彰。肅請道安，更頌杖福。世小侄莊藴寬謹上。嘉平初九。

子鍾世兄同候，飫聞庭誥，當勝寬等十倍矣。

錢恂（二通）

一

仲修年伯大人鈞座：

辭別崇暉，倏逾二月，下忱馳仰，積日愈深。祗惟杖履延和，潭第納福，至以爲頌。侄自九月十二日辭家就道，硤下、禾中、浦濱，處處勾留，十月初吉復履甬上、吴門，曾連馳禀而未得復諭，至念至盼，未知丈處有無函至也。竹篔師允爲馳書域外，然計洪星使未必允招，即招矣，又代慮孤客無舌人遠行之苦，即去矣，又代慮洪使受代後無人奏留，則前功盡棄。師之爲弟謀者周矣。又鑒侄有難言之隱，允明春爲先容於合肥，不合則再干小侯，冀預若農學士東行之介。作樵野先生替人。師意真摯，感激無已。而侄自揣才學不足以動人，又運屯莫遇，度必不成，而甬上又安能鬱鬱耶？長者之前，不知其詞之率爾，尚求鑒恕。前撰《表序》，兹又大加改易，并遵指并合數表。繕呈鈞誨。諸表已付手民寫樣，待序而成，意欲求長者俯賜指摘，俾不大謬，而又私冀得於數日之内，是則欲言而未敢者也。此表之刊，自知太驟，然寫官難遇，又值昂，姑爲此以代繕，計值將及百千。因字多之故。居停欣然助資十洋，亦可感也。薛年丈或亦可望慨助，無資爲此，長者能無責其冒昧否？客自天津來者，言伯相十月初忽類風病，口斜頭眩，不能理事，暫由姑大人代治一切，豐潤動輒握大權如此，北管勝任乏人，亦用隱慮耳。專肅，上叩福安。乞恕不莊。子鍾、子劉哥均念。年家子錢恂謹上。初九日。

二

仲修年伯大人座下：

開歲以來，未將箋敬，引詹德曜，曷罄馳忱。臘杪曾上一緘，嗣晤杭友，敬聞新移府第，未知局遞參差否？侄於臘杪正初又兩得粵電促行，並言聞令尊不願談洋務，即延校經史，諒可見允云云。侄思此事必不克成，亦未禀知堂上。許竹篔師上月赴粵，侄期於申浦一謁，師出容齋函見示，以爲日無多，恐後人未必允留，於侄無益爲謝，師於他處，亦言恐無把握，惟以不能南行爲惜耳！侄送師登輪即回吴省親，數日勾留，仍即回甬，二月中旬隨薛叔耘丈入都，妄圖機會。名應北闈，實志馳西域也。知關廑注，用敢上陳。《綜核類要》刊板已成，謹呈樣本二部。伏求垂覽，續當再呈數册也。日内如有賜函，仍發甬署爲感。甬館庖代有人，北行剌漫，仍可伏處，亦一退步，長者以爲何如？專肅，布叩崇安。伏祈賜鑒，不宣。年愚侄錢恂謹上。初六日。

汪知非（一通）

夫子大人尊座：

久不通音問，殊深孺慕，敬維杖履納福，潭第迎祥，以欣以慰。非今夏又遭家大人見背，祖老弟幼，孤苦零丁，難以筆達。嗚呼！世人欲殺，何地堪容。人不憐才，有天莫訴，命誠如此，夫復何言。前月高子韶表叔來舍，談及夫子右臂不良，想已全痊。特奉上詩賦十紙，伏惟賜鑒。有餘杭章枚叔表叔名炳麟，素慕夫子重名，願列門墻，不敢昧然自薦。囑非先容，想來者必不拒也。附上古文四篇，乞垂鑒。

近日校杭堇浦先生《三國志補注》，内有引《洛陽宫殿簿》曰：『凌雲臺方四丈，高五尺。』查原本亦然，豈有闊四丈之臺而僅高五尺者，况漢尺至今尺七寸，故不敢信。又引《吴地記》曰：『華亭通元寺吴大帝孫權、吴夫人舍宅置。』查《吴志》，并無吴夫人，豈另有所本耶？又《諸葛亮傳》引《説寶》曰：『《説寶》，並無是書，或是干寶之誤。』然書中皆稱書名，未有單稱人姓名者，當如何校正？又《唐書》牛、李二傳：『悉怛謀以維州來降。』司馬光以牛爲善。夫牛僧孺爲懦夫也，以和字横於胸中，畏吐蕃如虎，烏敢犯之。司馬光斤斤於以往事爲則，不知權變。夫當時吐蕃之勢已衰，所以比來修好，約罷兵戎。况維州吐蕃之咽喉，德宗時韋臯屢攻不克，吐蕃以悉怛謀守之，則悉怛謀必吐蕃大將可知，是悉怛謀來降，正天啓唐之疆宇也。苟能用李德裕之謀，定可直擣腹心，一洗數年之耻，何必據小信而敗大事也。竊謂胡寅之説，見解頗正，敢以質之。肅此，敬請金安。受業制汪知非叩上。九月十四日。

章炳麟（一通）

夫子大人函丈：

滬濱拜别，神氣惘然。抵鄂後，未奉手札，想履道貞吉，吐言爲經，定符私頌。麟自與梁、麥諸子相遇，論及學派，輒如冰炭。仲華亦假館滬上，每有論議，常與康學抵牾。惜其才氣太弱，學識未富，失據敗績，時亦有之。卓如門人梁作霖者，至斥以陋儒，詆以狗曲，面斥之云狗狗。麟雖未遭謑詢，亦不遠于轅固之遇黄生。康黨諸大賢，以長素爲教皇，又目爲南海聖人，謂不及十年，當有符命。其人目光炯炯如岩下電，此病狂語，不值一笑。而好之者乃如蛣蜣轉丸，則不得不大聲疾呼，直攻其妄。

嘗謂鄧析、少正卯、盧杞、吕惠卿輩咄此康瓠，皆未能爲之奴隸。若鍾伯敬、李卓吾，狂悖恣肆，造言不經，乃榛真似之。私議及此，屬垣漏言，康黨銜次骨矣。會譚復笙來自江南，以卓如文比賈生，以麟文比相如，未稱麥君，麥忮忌甚。三月十三日，康黨麇至，攘臂大哄。梁作霖復欲往毆仲華，昌言于衆曰：昔在粵中，有某孝廉詆諆康氏，于廣座毆之。今復毆彼二人者，足以自信其學矣。噫嘻！長素有是數子，其果如仲尼得由，惡言不入于耳耶？遂與仲華先後歸杭州，避蠱毒也。

《新學僞經考》，前已有駁議數十條，近杜門謝客，將次第續成之。《墨子閒詁》，新義紛綸，仍能平實，實近世奇作。麟頃已購一通，前携至鄂中者，望將書價逕寄報館可也。每部二圓二角。浙中風氣未開，學堂雖設，人以兒戲視之。老孺嚄唶，少年佻達，溺于雕蟲，不可振起，前邪後許，實鮮其人。鄂中地大物博，求友稍易，有可寄寓，俯求引導爲幸。握管煩懣，中心成痗。肅此，恭請道安，即祈玄鑒。受業制章炳麟叩上。三月十九。

三　多（十三通）

一

二十八日譚仲修、高白東兩先生招同楊丈雪漁、俞丈小甫、楊丈古醞暨王夢薇師集豁廬看牡丹即席賦謝

豁廬主人明道行，風月佳時開宴常。復堂仲修先生所居堂名。先生百世士，清興忽發同啓觴。風流不落南湖後，要領春光牡丹芳。劈錦箋争招少長，鯫生欣忝列游揚。竹間水際開雅會，吟裾拂拂沾天香。一花一種具一色，不數魏紫兼姚黄。緑者花翻緑蝴蝶，紅者蕊綻紅玉房。黑有昆侖白晶毬，花花葉葉皆相當。一翁忽撫花枝笑，清平調擬追楚狂。謂小甫丈。一翁花裏忽起舞，艷歌欲續白侍郎。謂古醞丈。一翁臨花探彩筆，欲寄朝雲書幾

行。謂雪漁丈。一翁對花調燕支，想爲花傳八寶妝。謂夢薇師。可憐四絶萃花下，更看酬唱長吟長。愧我苦呻不成句，徒勞搜索躬枯腸。倘畀朱欄零落片，酥煎飽啖當春糧。俾得洞胸儲錦綉，或堪高和瓊瑶章。

録呈仲修先生大詞宗誨政。晚學三多初稿。

二

夫子大人函丈：

古愚往返相左，令題《吏隱圖》，已脱稿，先塵誨政。因名作如林，不敢率爾，佛頭著糞也。恭叩頤安，伏乞慈鑒。受業三多謹狀。

三

念奴嬌·題《吏隱著書圖》

功名富貴，算稱心而得，無如文字。大隱湖山佳麗處，笑逐風塵懷刺。松菊田園，梅花世界，展卷當前是。衙齋人静，中興聞見頻記。先生所居曰『記中興事堂』。消盡燭影幢幢，鑪香裊裊，憑暖烏皮几。不把風流追小宋，却做窮愁虞子。餘事裁紅，閑情刻翠，一樣腰肢細。鶴徵何日，填詞同奉恩旨。多有《粉雲庵填詞圖》。録呈夫子大人誨正。受業三多求定稿。

四

夫子大人函丈：

日前顧滌香大令聞已來見，想會晤過也。兹有京旗同鄉楊芷晴，漢軍人，由翰林改官到杭，在湖北即仰我師大名，欲得一見顏色爲快，願我師進而教之。恭叩壽安，并頌潭祉。受業三多頓首。

五

重游法相寺

游山如理書，一度一回熟。捷徑快先登，不忘曾過目。歲時令去來，朋侶樵釣牧。放浪永餘歡，幽閑真至富。洗愁泉挾腸，滯步磴迂足。寺見山忽窮，山樓寺相伏。僧寮參芋禪，客座襲檀馥。富貴春風花，清貞今日鞠。冷紅瑩古楓，奇翠溜喬木。好景因時移，雄心隨處縮。長吁低夕陽，高唱應空谷。此地可誅茅，結鄰欲辟穀。况嘗水宜茶，尚愧容食肉。歸去拂素塵，陰符且再讀。

喜廖應蘭先生重至，即次感事韵

時局那堪問，登壇且説詩。别君三載闊，出我一頭遲。欲訪赤松子，忽逢黄石師。莫牙休鑄錯，留斷醞心枝。

天下忽多故，描愁述杜詩。兵戎疲國久，富貴逼臣遲。北望猶屯馬，征西又撫師。起揮鐵如意，螳雀墜跳枝。

楊古醞丈雪後登吴山以詩來和韵

凍雲升笠屐，縱目暢詩翁。濁世愁爲水，袪塵不讓風。中原今日净，大塊夕陽紅。歸馬真如風，吟鞭且劈空。

恭録近詩，遥呈夫子大人誨正。受業三多。

六

夫子大人主講鄂州書院，行有日矣，賦此敬送，并求誨政

杏花春雨候，夫子轉離鄉。一笑幾千里，高吟三百章。江山迎杖履，桃李復門墻。我反勞翹首，文星炳武昌。久抜詞壇幟，翁肩拍紫霞。錢塘新卜宅，師新遷居。鄂渚又浮查。鎮侍傳經席，須驅問字車。迢遥從得否？隨看郢都花。

受業三多拜稿。

七

摸魚兒·題中可《純飛館填詞圖》

老徐公，吟羅懺綺，少年誰出其右。添些惜玉憐香習，腸也本來如綉。濃羡久。道或則、身兒是那伽陵後。飛揚竟又。會調衍青蓮，聲偷白石，説甚夢窗叟。　風流彀，檀板金尊兼有。月圓花好時候。春魂一縷哥邊繞，真個不曾銷否？猜不透。恁刻骨、相思宛侶栽紅豆。鸚嗔燕咒。教看取詩紳，許多垂地，腰爲什麽平瘦。

洞仙歌·書懷

封侯渴望，撒拏雲雙手。聊向花前捻紅豆。换豪懷，命也運也時耶，都休問，得作訇人亦彀。　不争姜石帚。不替蘇辛，不學黄七與秦九。獨立妙鬘天，玉悦珠娱，只一笛、隨身消瘦。請試看、風月好歡場，有幾個情儂、者般成就。

踏莎行・闌干

雪藕輕憑，春葱細搵，覓詩敲比紅牙脆。周遮不住，是姮娥、瞞人先占前宵位。

湘林簾邊，海棠花裏。回文界、得之同碎。綺懷恩遍，總輸它、一生暖受酥胸尉。

敬呈夫子大人鈞誨。受業三多求正稿。

八

咨送京師大學堂肄業，敬呈夫子大人鈞誨

角智争雄五大州，自强各爲至尊謀。官閑久愧餐高禄，母健何妨事壯游。保教情殷

甘作士，報恩心重薄封侯。滔滔洪水安能濟，終勝觀天切杞憂。

十年輪鐵杳京華，舊識公侯半種瓜。仁勇我師楊萬里，治安誰是賈長沙。讀書無用

都爲福，學劍雖成未足誇。散髮歸來堪理釣，一湖風月萬株花。

受業三多。

九

壽散之先生七十

公本神仙尉，吟眸老漸方。逸情仍賣畫，豪氣競飛觴。春夢青蓮幕，雲帆黑水洋。期頤須一世，大好見垂裳。

不抱遲生恨，趨風近十年。黄華娱晚節，白髮照明泉。秋雪洞庭棹，春波湘水船。老懷須自適，莫共杞憂先。

敬呈夫子大人鈞誨。門生三多求正稿。

一〇

復堂先生謬選拙詩，擬彙刻同人集中，謹以鳴謝

多也狂如白，曾經願識荆。早銜知己感，深念此翁情。善誘期千古，憐才冠一城。落

豪今更慎，爲有可傳名。

晚學三多求政稿。

一一

録舊作，敬呈夫子大人誨正。

酬高子衡茂才

記停花港棹，曾訪竹林賢。獨仰白眉者，同邀青眼憐。復堂師甚器君。新詩清似水，奇想別開天。轉瞬秋光好，蟾宫步必先。

奉懷復堂師鄂州

龍門桃李殫舒花，朽木經春愧不華。玉局少游辜獨許，昌黎長吉浪相誇。圯橋授秘如黄石，寰海知音拜紫霞。怊悵文星燋朗遠，雲亭翹首立俟芭。

壽許邁孫先生七十

壽星原是地行仙，大雅堂開祝嘏筵。嶺上梅枝春八一，池西桃獻歲三千。管弦絲竹舊安石，詩酒琴書今樂天。清福較量今亦少，古稀不獨享高年。

人間甲子數從頭，介壽重添海屋籌。誕讓放翁先半月，詞追永叔競千秋。園栽榆樹椿同大，門滿花枝竹比修。吾浙倘開真率會，耆英社裏首名留。

受業三多初稿。

一二

登吴山觀感花岩蘇東坡別牡丹詩、吴東升歲寒松竹、米元章弟一峰諸摩崖題紀

躡山纔數步，一步一殊觀。湖海澆胸酒，峰巒换骨丹。古吟靈鬼泣，奇字蟄龍蟠。那得凌雲筆，狂題劍畫磐。

敬呈夫子大人鈞誨。受業三多拜稿。

一三

鵲橋仙·月

一輪孤白，萬家同朗，景事分明還記。初三下九匿珠簾，愛嬌小、圓姿堪替。浸愁不淡，碾魂欲碎，幽恨滿琴慵理。隔花依樣照無眠，却虧那、擁簫雙髻。

近作敬呈夫子大人鈞誨。受業三多求正稿。

徐珂（一通）

弟子徐珂謹上書於夫子大人函丈：

夫飛龍上翔，鱗介必宗其大；附驥致遠，蠅蚋自忘其微。良以門墻在望，非千仞之高峙；河海翕受，實衆流之所歸。至若珂者，儔瞀無知，萎腇不振，且蒙吾師假以顔色，拂其羽毛。蛇珠見珍，謬承標鑒之獎；牛衣賜坐，屢邀咳唾之恩。何哉？意將度木運斤，免輇材之棄；渡津授筏，導彼岸之登也。所惜春明被放，有負銓品，夏屋久違，罕陪都講。昧燕石之藏守，類棗膏之昏蒙，爲可愧耳。惟自南旋以來，視膳多暇，趨庭退休，輒欲咀英藻區，菲古芬苑。縱橫青簡，劬於舌耕；凌雜丹鉛，徽彼耳學。或蟲聲之相和，幾馬足之不知。而乃性既健忘，心實懈散。雅好書色，劣三商而已疲；願淬智光，即半解而難索。其將奈之何哉？矧復離群瑟居，顧景誰語。對古人於芸帙，匪可晤言；求碩交於苔岑，孰爲合臭。皇皇乎，倀倀乎，無磋磨之助，有孑蹐之憂者矣。近頗肄習儷文，流連往製，未諳句逗，待叩金鐘。猶幸師承，早奉爲玉臬，發篋稍遲，搦管不遑。恃誰昔之愛憐，盼明公之拂拭。謹録新作八首，奉塵大席，望垂筆削。雕娸畫醜，慕赤白之爲章；陰偶陽奇，冀砭針之有術。本末探驪而握要，安能倚馬以成篇。夫子盍亦憫其儒輸而加之訓迪乎？瑶華倘賁，恍親炙於春風；枯荄不滋，當深沛夫時雨。伏惟鑒察，不勝征營。珂再拜。

再禀者：客秋曾蒙借校《駢體文鈔》，屬以匆匆歲暮，人事填委，未竟丹黄。伏居姚州，今頗暇矣。敢申前請，乞將全册惠假。排日加功，計一月當可蕆事。辱在愛末，度不見却。干瀆尊嚴，主臣何似。附呈家花農兄《玉可詞》，伏希鑒存。敬請崇安。珂又禀。十月望。

江雲龍（一通）

仲儀夫子大人座右：

自睽道範，閱六餘年，中間人事之變遷，世途之險易，不堪縷指。前歲游粵東，獲交陶心雲、屠静山兩孝廉，道夫子之踪迹甚悉，亟欲作一札候起居。繼聞夫子杖履或楚或浙，迄無定躅，提筆作書，每每中止。弟子連年南馳北突，刻無寧晷，不足爲外人道。有必不可不爲夫子言者，謹叙梗概，陳之左右。

弟子初無問世具，隨緣度日，得過且過，住京三年，仍此志也。繼同鄉諸公謂已通籍在朝，宜作久居計，百方策畫，始於今春挈眷來京，亦謂貧賤夫妻，甘苦共之。豈料中年多故，事與心違。眷自入京來，即發舊恙，百方挽救，醫藥兩窮，綿延兩閱月，竟以不起。一場苦夫妻，如此收手，痛也何如！兒子十六歲，女兒剛十三耳。哀哀五夜，痛徹心肝。五衷碎矣，夫復何言。撰一聯挽之云：『做一場苦夫妻，忍凍忍饑，卿亦有言，但能顯君子令名，妾縱早死幸矣；留兩個小兒女，未婚未嫁，我復何辭，惟不慣婦人細事，汝宜默相成之。』可以悲矣。弟子生而孤，育於兩兄之手。長兄半路棄予而死，仲兄寥寥，又懸隔數千里外，未能團聚，盡一日心，不孝不弟，罪蹈莫逭。僅一窮糟糠，猶不能相守以終，人生更何樂趣耶？舍此更求志趣，唯朋友一途。弟子落落，素鮮交游，可與論心者，唯一張子開耳。子開家道較弟子小阜，可以常相守，盡父子夫婦兄弟之歡。自舉於鄉，兩試不第，而家道中落，近亦橐筆走四方矣。科舉之誤人，一至於此。弟子數年來不能盡情於家庭，而使妻子死有餘憾者，亦科舉誤之也。人生顛倒，不能自主，非大勇之人，烏能决擇哉！

夫子晚年樂道，勘破此關，風神志趣，宛可想見，然風采當更老矣。及此年時，弟子能從夫子杖履，山巔水涯，完師第一場公案，亦是樂事。然人事如風燈，今日不能知明日，徒存志願，以聽造物而已。人事烏足憑哉！烏足憑哉！南方溽暑，伏乞師體爲道珍懾，千萬千萬。世兄輩得大進境否？念念。受業江雲龍頓首謹啓。五月廿五日。

李恩綬(一通)

仲儀先生侍右:

兩捧瑶箋,缺然久未報,既由嵇懶,實恃鮑知也。叔向忘畯蔑之惡,以一言而投;張敏識阿惠之路,豈以千里隔哉?宣南寓寮,僅容十笏。得三次大著,排比鱗次,幾欲充棟,廠估詢鷄次之價,鄉友效劉叉之攫婁矣。交游光寵,莫過於斯。尊刻日記,多談藝之言,閎達已極,大致近深寧、季昭二家,次則陸祁孫《合肥官舍札記》,可與儷肩。似此立言,足以振興來者。綬間有筆拾,未付寫人,它日擬乞砭證也。拙作刻於長安詩窟,自謂才短於綫,膽粗如升,幸三四巨公,不無過情之譽,差免詅痴之誚。而先生復加之肸飾,榮逾華衮,能再跋數行否?綬散樗已久,省槐强踏,僂指矮屋卑栖,較執事昔年僂數九十九日,相去無幾。顛毛種種,而鶩於浮榮,謂之何哉?屬以兒子丙榮於去秋補校官弟子,頗思觀場,趣予返里,因此北轍暫改南旋,猶夫伏櫪之驥,敲慕縶纓,號寒之蟲,妄儕籥籥,可哂良可憐耳。唯先生政聲遠姚,遺榮希逸,著歸來之賦，補有用之書，章邵絶學，定分一席。六橋三竺間，青鞋布襪，容君襄羊，此樂三公何易耶！甚羡甚羡。世兄朏月颺風，必能繼紹。謹奉《校補鞭影》四本，此菟園册子，不值大雅一噱。尚乞鑒納。記在浉上承命叙《白香詞譜箋》。如曾補入，希印一通見視，尤愜鄙私也。客春聞王司馬來，止領函件，竟成空谷足音。始則菉陔舍人渴慕縹緗，旋亦雪澮，不然，得劉公一紙書，豈不賢於十部從事耶？伏希諒及。率復，敬承興居祓戬。溽暑炎風，惟慎夏自愛。教晚李恩綬頓首。小兒丙榮侍筆叩安。天貺節泐。

高駿烈（一通）

弟子高駿烈再拜謹上夫子大人函丈：

日月易得，疏稟候者，忽有四旬，愧罪愧罪！夏日滔滔，伏惟興居曼福。《董子春秋》卓乎屬辭比事之教，視何氏《公羊解詁》，异同可微辨也。國朝經生孔𦙍軒氏信之而未昌其緒，劉申受氏善之而未會其要，張皋聞能言之而天不假年，凌曉樓繼錢廬而爲注，又多承訛率臆，未能醇會董意。前書論之。夫子審正錯誤、校定篇章，誠千秋繼業也。駿烈幸侍門墻，獲奉傳授，不揣檮昧，有志箋釋。秋初赴試，當趋承面命也。頃得宜都楊氏校刻《古文苑》中有董子《雨雹對》《詣丞相公孫弘書》《悲士不遇賦》，皆今《繁露》書所無者。按《隋志》：《董仲舒集》一卷，《古文苑》有蔡邕《董仲舒集叙》，《漢志》、本傳不著録，當是東漢人所選録者也。竊欲合《高園殿災對》《賢良策對》説武帝二篇爲董子集，已入《繁露》書者不與，抑或分入《春秋説》儒家董仲舒，其餘逸文仿裴松之注《三國志》例，附入注中。是否？伏乞教示，以祛蒙惑焉。

宗氏主人甚見優洽，諸生亦殷勤向學，然此間僻遠，魚雁稀逢。昨舍間書來，謂離家四月，未見一字，不知何故。堂上懸念十分。駿烈春間曾兩寄家言，方日盼回書，忽聞此信，懊恨無已。舊冬宿信不得達德，今年德信不得達宿，所幸敝親潤之金陵家書云及駿烈已抵安州，重慈藉以少慰，不然，八十有六年祖母，更不知憂慮何狀矣。此中曲折，未敢冒昧左右，略具惕庵柬中，夫子或召而垂問之。前聞惕庵于役荆州，自是春風嘘拂，同深感謝。閲《申報》，張子密明府已赴𨚗城任，菱沼行踪，當有書上師門。夏暑恒暘，伏惟珍衛。弟子駿烈再拜。五月廿三日燈下。

子鎦世大兄文祺。

王秋舫（一通）

仲修先生大人升安：

見字，昨日戲園一見以後，就無同局。今日請到我處有要緊言語拜托，如得閑，急請過來一叙，可否？譚老爺升安。秋舫頓首。

郭傳璞（一通）

矮榻褥浪，疏簾櫛烟，適展仲修詩卷。胎息靈均，紉蘭爲佩；咳唾太白，呼月作盤。清越其音，綿惙其思。贊嘆未闋而翰藻忽臨，信乎文章之有神也。足下幼挺淳至，壯飲香名，士衡之音吐難古今，平子之制作侔造化。臺閣前輩，詫豐城之劍光；儒林丈人，眩荆山之璧彩。宜矣。至如僕者，局影方隅，抱質庸固。偶攻雜賦，乃壯夫所不爲；間效小文，爲大雅所竊笑。歲庚申，會丹陽張文貞師視學吾郡，萬流仰鏡，一字拔人。誤鵕鸃爲鳳凰，而弋人施罻；私樗櫟爲楠梗，而匠氏中規。晚節獨完，涵思靡涘。而泰興少宰不棄敝帚，尤寶康瓠。荀淑之接黄生，日晡未去；徐勉之待虞子，月午還留。纇句審其推敲，僻典慎其甄擇。匪薄技之紆餘卓犖，有當於師韓；實大賢之宏奬裁成，不倦於説項耳。

覆誦手告，謬承品題。羅浮兩峰，卓哉并峙；灘涣二水，逖矣同源。望應劉之騁轡建安，擬李杜之掉鞅天寶。君其庶幾，僕何敢哉！然而影者形之著，名者實之賓，即影定形，夷光襲貌於嫫母；鶩名違實，老子同傳於韓非。是故冰炭不言，而暵濕之性自辨；笙磬殊器，而雅南之樂均諧。吾願仲修遺落浮榮，擠排俗喙。陳射洪一百軸，不必粥采於群兒；劉東莞五十篇，不必丐知於時貴。書中所擬先正云云，孟晋追群勉之而已。僂指月杪，戒裝遠游，熱謝因人，拙甘藏我。自科進止，當如王芥子、翟晴江爲允。材有優絀，道無窳隆。訊我仲修，以爲奚若？恃知惠子，弗貢膚辭。暑候蘊隆，倍萬珍攝。古鄞郭傳僕頓首頓首謹上。

大梅師插架十萬卷，其家人已四分之，境頗清瘠，恐長恩不能牢守矣。所著成書，兵後散逸，幸麻沙無恙，將來重印，當以各種持贈耳。敝郡同年前月啓程，僕與廉始俟伊確耗方去，浙西諸友行止奚似？裁示爲感。五月三十日。

俞祖壽(二通)

一

仲儀尊兄左右：

辱惠書，所以教誨之者甚殷，且至奉誦至再，感與慚并。文章之事，何自道之深也。壽束髮受經，自四子書至五經、《周禮》《儀禮》《孝經》，皆出庭訓，至今猶背誦無訛。三傳、《爾雅》未能背誦全帙，又未嘗爲專經訓詁之學。《國語》《國策》《史記》《漢書》《文選》諸書，亦皆未能卒讀。其他子史諸籍，隨時涉獵，爲舉業助耳。幼嘗學爲詩賦，大率應制之體居多。戊午以後，輒輟不爲，始有志學古文詞，而又牽於世俗之學，好之而不爲，爲之而不專，以至於今昧昧也。前年戴子高來，幸不爲所棄，相與討論，獲益良多。而於吾仲儀爲會日淺，悵然於懷。别後致書，屢教以所不及，壽深感仲儀之情而深恐仲儀屬望之非人也。欲出一言就正，又自慚所學淺陋，而不足爲仲儀道也。然古之君子教人所不足而矜人所不能，子貢曰：『良醫之門多疾人，砥礪之旁多頑鈍。』以良醫之能愈疾，砥礪之能化質也。《易》曰：『同氣相求。』又曰：『君子以朋友講習。』壽將不出一言以就正耶？恐自暴自棄而終不得與問道也。因特舉平昔所肄業者，略陳其鄙謬之見，惟仲儀教之。

壽獨居深念，以爲天地民物之故，備於伊周孔孟，伊周孔孟之道備於六經，而散見於子史百家之文，修辭之事，入德之基也。孔孟而外，荀子爲大儒，性惡一言，爲宋儒詬病，不知荀、孟之旨殊途同歸。孟子恐人之憚於學也，告以性善，而曰大人者不失其赤子之心者也。人莫不重大人而輕赤子，以其所重，導以所輕，則不至於憚勞而止，繼見其心之已如赤子而未足爲大人也。必將返而求之於學。荀卿見任性而行者之流爲凶狡也，創爲性惡之説，使知自古聖賢無不由學而成者。首以《勸學》名篇，蓋有以也。論性之言，董子爲允，曰：『善如米，性如禾，禾雖出米，而未可謂米性，雖出善而未可謂善。』即孔子相近之説也。曰：『聖人之性不可以名，斗筲之性不可以名。』即孔子上智下愚之説也。《春秋繁露》一編，洵能闡發聖人之藴。惟論逢丑父一言，未敢信以爲然。昌黎《原道》一編，極有關係，不得以《平淮西碑》《送董邵南》

《鄭尚書》《竇從事》諸序較勝五《原》，遂并《原道》而淺視也。子厚但以文論，則《封建論》一篇，渾淪磅礴，卓絶古今，其他亦多浸淫經子之作，游山紀諸編，非其至者，望溪稱之，不可解也。永叔叙事實法子長，議論之文，筆力雖弱，而《本論》《原弊》諸篇，委婉盡情，所謂仁義之人，其言藹如也。蘇氏爲策士之文，反復詳盡，未能過之。明允《六經論》，文字超絶，惜於經旨有乖，《審勢》一編，或以爲策之絶，殆信然乎？東坡《表忠觀碑》略近兩漢文，《上皇帝書》文，以在徐州所作爲勝，而言則所上之書爲尤切。《代張方平言兵事》一書，本之蘇子説齊閔王，而議論太似，頗近剽竊。子固諸目録序，膾炙人口，其他亦有似西漢文者，但學之不善，恐流爲方板耳。荆公《上仁宗皇帝書》，切中時弊，而新法之害，流毒無窮，信乎人君聽言之難也。唐孫可之之文瑋麗絶倫，不善學者，恐爲劉幾。質諸大雅，以爲然否？

至於詩，則蘇李而下，曹、劉并稱，而公幹非子建敵也。陶、郭并重，而元亮非景純敵也。唐時作者，群推李、杜，而樂府之失，自少陵始也。壽久業時文，凡諸所列，皆出其餘力而觀之，紕繆之譏，知所不免，望仲儀有以教之。弱冠以來，日益加促，百年之間，疾如昏旦，學業不就，爲可慮耳。研經之事，曩曾略聞緒論，有未及備聞者，將繼此而請益也。昨見致潘少梅先生書，知來歲將就試北闈。壽亦擬作此行，天假之緣，使得在京師相見，親聆教誨，則幸甚幸甚。

溽暑如蒸，諸惟珍重。祖壽再拜。五月三十日。

二

仲儀學長兄師事：

去歲涂月既望，裁書寫心，中有求教數則，並附拙作《吴門行》一章，未見還以一書，用示褒貶，是否不付洪喬。伏維道祺篤祜，潭祉筵釐，定符頌禱。壽今歲始有志問學，前書允以啓發愚蒙，兹有疑義數條，折衷經席。

《春秋》莊二十七年冬，杞伯姬來。《公羊傳》言直來。何注以爲無事而來。諸侯夫人尊重，既嫁，非有大故，不得反；唯大夫妻，雖無事，歲一歸宗。竊以女子適人，無論王后、諸侯夫人。夫夫妻字必繫姓，明不與父兄爲异族。歸寧之禮，不得以體尊而缺，特禮制自上以下，隆殺以兩。大夫妻果歲一歸宗，諸侯夫人或三歲亦不得一歸宗也。毛氏傳《詩》言后妃父母在，故得歸；衛國父母不在，故不得歸。則趙匡以伯姬之來爲譏，無父母而來，殊亦有據。紹公羊言直來或亦譏父母不在而直來，紹公無乃誤與？《毛傳·葛覃》詩傳言：女子之適人者，有省父母之禮也。

《泉水》《蝃蝀》《竹竿》傳言：女子適人者不得復省其父母兄弟也。一爲父母在，餘皆爲父母終。惠周惕以爲二者牴牾。未知何見？

孟子曰：『《詩》亡然後《春秋》作。』若謂風、雅、頌俱亡，而魯史氏作《春秋》，則變風終於陳靈時，《春秋》始於隱公元年，不始宣公十二年，謂《黍離》降爲國風而雅亡。豈十五國之風，孟子不謂之詩？竊意孟子所謂『作』，指孔子而言，與『好辨』章同意。其事其文尚指魯史，至引孔子言二句，始繳足『《春秋》作』之意。蓋《詩》亡於宣公之世，越四十七年而孔子生；爲襄二十二年。又七十一年西狩獲麟，爲哀十四年。孔子作《春秋》，凡百十八年。『然後《春秋》作』，孟子祇渾言之。魯史氏《春秋》，豈待《詩》亡而始作？且必不始於隱。始於隱者，孔子作也。杜預曰：『平王東周之始王，隱公讓國之賢君。』平王能祈天永命，紹開中興；隱公能宏宣祖業，光啓王室，則西周之美，可尋文武周之意。臆見如此，未知然否？

文王受命年數，班固、劉歆、賈逵、馬融、王肅、韋昭、皇甫謐、僞孔以爲受命九年而崩，司馬遷以爲七年而崩。子長親問故安國，當較諸儒爲確。故《周本紀》曰：『九年，武王上祭於畢。東觀兵，至于盟津，爲文王木主，載以車，中軍。』《逸周書·文傳解》殆不足信。惟受命爲後人稱頌之辭，改元殊非奉正朔之意，與《論語》『三分有二以服事殷』者异，而近世諸儒頗持其說，何也？

《詩·周頌》叙似止以『於皇武王』一章爲《武》，而《春秋》宣十二年左氏傳楚子引《周頌》有『《桓》三《賚》六』之説。杜預曰：『與今《詩·頌》篇不同，蓋楚歌次第。』《正義》言：『今頌篇次，《桓》八《賚》九。』近世全謝山推仲達之意，謂取《周頌》中合數告武王，詩次第之以爲《大武》。《昊天有成命》第一，《時邁》第二，《執競》第三，《有瞽》第四，《載見》第五，《武》第六，《酌》第七，《桓》第八，《賚》第九。信如謝山所言，仲達殊誤。楚子先引《時邁》詩辭，繼之曰『又作《武》』，明不以《時邁》爲《武》矣。八九之説，恐未可信。惟解卒章爲終章之句自當，若從陳長發作一章一句解，恐無此篇法。至楚子引《詩》言其卒章，其三、其六皆承作《武》言，則似以《桓》《賚》亦爲《武》，與叙又不合，此何以故？三六之説，謝山以爲當闕疑，冀得足下剖析之。

近讀《雝》詩，作一條辯。以爲《禮記·大傳》：『王者禘其祖之所自出，以其祖配之。』祭法，周人禘嚳而郊稷，祖文王而宗武王。合觀禮意，知《雝》詩禘嚳而文王配之矣。王肅謂合群廟之主，則混禘于祫。趙匡謂后稷配嚳，則《雝》不歌稷。朱子改武王祭文王之詩，則禘不得獨缺，于頌文王廟中何得斥言昌後，惟禘嚳而文王配，故兩言皇考、烈考。《禮記·曲禮篇》

『廟中不諱』，鄭注言：『有事于高祖，則不諱曾祖以下。』故禘嚳時文王配享而《詩》言昌後。或言禘嚳何以頌文不頌嚳，曰：末二章頌之矣。宣哲四句亦當指嚳。綏眉寿，介繁祉，當以爲右自帝嚳。右，古訓助。《雝》詩二右字，與《大雅·假樂》『保右命之』『我將惟天其右之』二『右』字同義。右其孫子，必從右考母意推而及之。綏者如此，介者如此，則亦既右烈考，亦右文母矣。惠周惕解爲左右之右，謂文位右，太姒衝文之位而右，則與『綏我』二句文義不貫。且禘嚳但配以文王，決無文王、太姒並配之理。陳長發以此詩爲四海歌頌之聲，本非廟中之事，故其詞不爲廟諱。禘祭樂章，制自朝廷，豈有取閭巷歌謠之詞爲之者。又以烈考爲武王，雖本《毛傳》，而子母並稱，且先子而後母，褻越甚矣。況詩曰『文母』，斷屬武王稱太姒之詞。此條臆見太多，與箋、傳俱不合，未知可否？承示《易》有今古文，想即費、孟之分，虞、鄭得之而師承各异者，姚信、陸績號得虞旨，集解中所見似乎敷淺，殆存於今者非其至與？有明一代詩繼軌李唐，而文誰爲巨擘，北地、信陽、吴中、歷下四家優劣，願得一言以定準繩。

子高詩二卷聞已付梓，其集中可傳者，當在《長相思》《吴貞女行》《寓意八首》，餘尚純駁互見。大著《復堂詩》，粹然風人之遺，秀水、新城，瞠乎其後矣。前致鳳洲書，處横流之日，爲追原之論，學術、治術，兼綜條貫，心折奚如。壽與吾兄爲會日淺，屢承垂注殷拳，賜書教督，感激之私，無由自致。异日相見，當賦《隰桑》之卒章焉。今年將有長安之行，西笑出門，當在端陽前後。浙中信息又復不佳，吾黨二三子亟于其間，未知彼蒼作何位置。來書云：『時變亦所以成材，稽古必歸于有用。』孔明、仲淹，由此其選矣。服膺久之。情長楮短，未罄所懷。專此，敬頌起居，伏惟珍重。小弟俞祖壽拜上。如月初五日。

孫葆田（四通）

一

仲修仁兄同年先生左右：

別來遂已兩月，相距不過三百里，而無由一奉教言，豈勝悵也。曩見閻大司農謂作官爲天下極俗之事，弟今而深知其味矣。承示尹君節前且不接篆，我兄得免益增賠累否？弟公私租適，惟拙於催科，上忙徵銀，至今不及百分之四五。地方民情雖刁，亦頗知感恩守法，不如諸公所言之甚也。弟遇事以敬、信、勤、敏出之，百姓亦自能悦服。近日中外事續有確聞否？二三材俊爲時出，議論紛紛，天下事亦大可慮也。我輩吏隱下僚，正自不能不切杞人之憂耳。考費等事，當照章奉行，但有官書往來，無不如命。薇珊現已進省，晤時自必詳叙。弟懶於作字，啓候闊疏，幸乞鑒原一切。肅此，敬請著安。弟孫葆田頓首。

二

仲修老哥同年大人閣下：

闊别日久，豈勝思念。去臘復書，有過江代兄之謔，不圖今日遂成讖語。執事善政在民，上游倚重，而以弟謬承接其後，懼不免隕越貽羞耳。宿松人望君甚於望歲，弟爲地方築口事，經費不敷，晋省面禀，幸邀允准補發銀兩。回署後便可交卸。築口委員乃吴司馬道灼。弟此行又爲老哥省許多筆墨。聞合肥縣試在三月初旬，然否？弟到彼當在中旬，一切公務仍望斟酌得宜爲幸。以我輩道義相許，交替之際，萬不至學世俗仕宦情態也。芝憲亦弟癸卯科世叔，覲旋後必須叩見，計都中當有書問也。手肅，敬叩近喜，恭請大安。年小弟孫葆田頓首。二月十六日。

三

仲修仁兄先生同年座右：

纍月有疏啓候，近想興居佳勝。曩得八月四日書，知到合州後毅然以官須自爲，可謂卓立不群，甚盛甚盛。弟碌碌如恒，地方年穀雖豐收，而催科政拙，懼不免考膺下下，奈何？承論李、姚二家文録，具徵卓見。竹柏山房撰著，勤而無師法，所見與鄙意正同。近得馮夢華書，茲所撰成先生志銘，乃頗見此君爲學宗旨，惜聚晤時不及暢叙也。夢華甚以我兄爲念。前所需删存《玉函山房輯佚書目》，今録寄。此曩時偶然校定，覆閲，尚多不合，望即指正爲幸。湘南近刻有袖珍本，頗便舟車携帶，見否？張奉常果又改外，不出先生所料。茲敬懇者，弟有一同堂兄名葆均，係江蘇候補，從九，能俗隸，兼工繪事，曾在大通鹽局當差三年，爲劉觀察所倚信。最善緝私，近因補缺無期，意欲謀一長差，爲仰事俯畜之資。見來宿松，言及此次舟過大通，叩謁當途諸公，有舊日同事王太守，頗思援引。弟深知我兄與子通觀察交好，用敢冒昧瀆陳，可否賜一薦函，寄至弟處，由家兄持往面求提調，則此事可期有成。弟等感荷盛德，亦靡有涯量。

手此，敬頌政祉，惟照不宣。年小弟孫葆田頓首。十月二十一日。

四

仲修老哥同年有道座右：

弟以疏懶，久未啓候。得臘初三日書，遠承厪注，豈勝赧也。過江之行，以弟代兄，雖得士較多，而私累益增，如何如何！此間風氣頑弊，殆難爲治。迂儒罔識時務，輒思以經術飾吏事，倡名古學，僅托空言，非能如貴治文教，蒸蒸日隆也。不審近日有何撰述？廣州樵公銜命遠征，折衝樽俎，寧不使書生愧死。昔日懷寧縣齋同飲諸君，周素人、胡稚楓相繼徂喪，可爲悼惜。弟近來都無暇讀書，舊業漸荒，歸田無計，求如先生仕學兼優，豈易得哉！天寒，伏祈爲道保重。手此布臆，敬頌著綏。餘惟鑒照，不宣。年小弟孫葆田頓首。

陳鍾英（一通）

復堂文稿序

或问於余曰：文何爲而分今古也？余曰：蓋亦運會爲之也。然則，遂無復古之士歟？曰：雖有，其人達而在上，如登高振響，應之者衆；窮而在下，蘭生空谷之中，則搴香同臭者寡矣。何謂運會爲之？曰：唐虞夏商之文渾質肅括，成周之文典雅精奥，戰國之文縱横馳驟，秦益之以雄悍，漢承秦之後，其文淵懿醇厚，間有沉博峭刻之風；東漢漸排儷而雄直之氣猶存，大儒代出，節義如林，文至兩漢，盛矣。孟德、文舉，才如河海，氣如虹霓；孔璋檄詞，遒建鋒鍔，一激頹波，遂劃疆界。魏變爲寬緩繁縟，晋代因之，時有作者，欲復古而未振。宋極鋪張揚厲之致，而乏風骨；逮於梁陳，專趨綺麗。風會遞嬗，氣格日下。春夏秋冬，四時代謝；江淮河漢，萬古同流。然不得之，非古文也。蓋嘗取而譬之：唐虞三代，文之帝王也；戰國、先秦，文之五霸也；兩漢，文之良將相也；魏，文之貴公子也；晉宋，文之賢有司也；齊梁陳隋，文之美女淑姬也。後世則皆有之，而皆非其至者矣。若屈原、宋玉、荀卿、莊、列、老、韓之倫，龍驤乎周季；賈生、司馬遷、相如、枚皋、劉向、揚雄、孟堅、伯喈之屬，虎步乎漢京。其著書立説有簡練精核、汪洋恣肆之殊；其摛辭掞藻，有幽愁憂思、麗則麗淫、典册書檄之辨；其攄情論事，原本經術，曉暢時務，則又有法家策士、文苑儒林之别。之數十公，達者誰耶？其他固有達者，或運際其盛，無待於復者也。否則，立德立功，不必以文自見者也。或曰：公孫宏、匡衡、王安石皆位宰相，而韓退之爲侍郎，歐陽永叔參知政事，不可謂非達也。余曰：公孫刑名，近似黄老；稚圭説詩解頤，長於諷諭，以視賈、劉、遷、固爲何如矣。

東坡稱昌黎『文起八代之衰』，若曰文自東晉而下衰於漢，又八代自有盛衰，昌黎起其衰而反之盛耳。不知昌黎舉古文之醇深樸茂者，悉化爲烟雲繚繞，騁筆力，窮氣勢，遂開格局間架之門，故文體至昌黎而一大變。然則，昌黎乃變八代之舊，非起八代之衰也。惟張、許祠堂記及貶所上表諸作，古意鬱然，或其文生於情而爲之歟？盧陵學子長而稍得其氣韵，其知貢舉也，值割裂餖飣、艱澀晦蒙之時，亦可以少收廓清之效。半山孤峰峭削，一家之言，非磨世厲鈍之具，皆不可謂之復古也。明人才高意廣，祖述周秦，憲章漢魏，率皆蚤歲登科，據要津、執牛耳，鍛煉未純，町畦未化，至有優孟衣冠之譏，斯亦達之爲累也。或曰：子以格局間架爲非古文，何也？余曰：盈天地間，雲變霞蒸，洲渟山峙，日月之暉麗，草木之芬華，何一非自然成文者耶？必也本乎學問，發乎性情，君國民物之心，哀感頑艷之才，鬱積滂沛於其中，流於不自知而動乎其所不容已。苟有所觸，傾胸臆、吐肝膈而出之，如水流成渠，如風起爲波瀾，如華嚴樓閣，彈指即現。夫故是情詞悱惻，深切著明，而沉鬱頓挫，堅若金石，信若蓍蔡，驚風雨，泣鬼神。《易》曰：『修辭立誠。』蓋言之有物，無意爲文而自工，是則所謂古文也。若夫標一格之奧衍，襲一調之新奇，矜情作氣，真意不存，此其文爲何如？必有能辨之者。於是問者默然而退。

竊欲持是説質之大雅，而未有以發之。會譚君仲修出示所著《復堂文》屬爲序之。作而曰：意在斯乎！意在斯乎！往余嘗讀譚君之詩，五言由齊梁上溯風騷，得嗣宗志隱味深之旨；七言步趨七子而入盛唐之室，沉雄綿麗，時見風格。猶復矜莊其度，淵然其神。不多作，非其至者必削。今讀其文，考據詳而精，論議核而當，氣味純乎魏，而文生於情；言皆有物，無無所爲而爲者，則且陵跨建安而進於漢京。蓋譚君於藝苑之源流得失，究極貫串，咸有折衷。博乎其學，粹乎其養。言皆通達治體，而可見諸施行，非獨文人之文也。其以『復堂』名集，亦可謂篤信自得者矣。吾鄉有王子壬秋，擷六朝之腴，扱兩漢之髓，神明變化，遠紹先士盛軌於千數百年之前。君固心儀久之。异日班荆論文，而以鄙説從乎其後，吾知其必有得意忘言、相視而笑者。庶幾古文之旨晦而復明，而吾子復古之功，其亦有所考證也。同治十二年五月既望，衡山陳鍾英謹序。

潘曾綬（一通）

藻珠樓閣層層掩，緑紗窗外冰蟾斂。香冷翠衾單，東風惻惻寒。紫露衫子薄，雙手褰紅箔。親折小花枝，熏香獨坐時。而今飄泊同鸞鳳，香風吹散仙源夢。扶醉折垂楊，逢人寄玉郎。芳春憐已去，人面今非故。綉帕織秋雲，瓊丹裹贈頻。憾憾病酒慵朝起，碧天如洗庭如水。傷别又傷春，春光易惱人。玉階蝴蝶上，夜雨瀟瀟響。薄霧徑金迷，花驄門外嘶。一襟紅泪愁難訴，游絲飛絮渾無數。千里寄書回，尋芳人不來。畫屏圍曲曲，鏡裏人如玉。重到紫雲堂，好花依舊香。

調寄《菩薩蠻》，奉和仲修仁兄元韵即政。紱庭弟潘曾綬。

汪鳴鑾（一通）

征途百里阻琴堂，輿誦傳來喜欲狂。治譜好從耆宿問，謂薛慰農先生。詩情豈與簿書妨。如君著述千秋業，小試弦歌一色光。我輩相期惟遠大，漫隨行路説甘棠。

己卯七月既望，道出定遠，距全椒百餘里。聞仲修仁兄同年大人宰是邑，賦此寄懷，即呈教正。郎亭弟汪鳴鑾未定草。

秦因延（一通）

作客經滄海，看山返故鄉。斯游真磊落，我輩任行藏。待躡丹梯步，先探桂窟香。居鄰江浙地，萍水未殊方。

喜結還鄉伴，依人計本差。傾談知抱負，斂氣入才華。辛苦勞行役，平安預報家。歸囊都不俗，隨路載烟霞。

時事今如此，人才有幾何。雲鵬前路遠，風鶴异鄉多。吴市行沽酒，燕臺夜放歌。平生饒閱歷，意氣詎銷磨。

世亂成名易，家貧力學難。萬言看對策，五斗悔求官。矮屋縈塵夢，新交訂歲寒。西湖歸正好，秋月最團圞。

己未新秋自閩旋里，適仲修仁兄大人回浙應試，得與偕行。風郵雨驛，時共談論，藉慰寂寥。書此以志良晤，即乞詞壇正之。錫山弟秦因延待定草。

沈庚藻（一通）

復堂年譜伯大人尊右：

日前寄上蕪函，諒已早登記室，行述謝帖，封函時失附，粗莽之至，祈勿責是幸。昨申天大雷雨一刻時，水漲三寸，田苗勃然。省中未知得雨否？雪漁年伯自斷其髮，胸中之怫鬱可知。務祈長者示知爲荷。手肅，敬請崇安。沈庚藻稽首。六月初八日。

程頌萬（一通）

復堂先生經席：

客夏道出武昌，獲親杖履，關河瑣尾，傾跂爲勞。迄今未一奉箋，不勝歉仄。時從越友藉叩起居，伏承邱壑清娛，素顔豐勝。開後學之津逮，偉儒林之丈人。湖上靈光，駢映千里。緬懷棨教，曷任欽遲。頌萬横覽以來，舊學蕪廢，自去秋罷京兆試，遂爾南轅，佐粤東學使校士之任。江山文字，一載於兹，枯質不雕，鉛刀莫假。重以積萃，罕知所裁。乃嚮者荷隆施於下交，增聲華於盼睞。焦桐入座，自叶宫商，木偶飾觀，被之綺綉。此則感頻年之結墻，而應九秋之豐鐘者耳。舊承委題《填詞圖》幅，書就轉交陳君伯嚴，後知此幅爲其從者遺失，不勝心咎，兹以圖恉告如皋顧君，乞其重繪一幀。謹題拙詞，由徐仲可孝廉轉呈執事，藉以自贖，不知有當尊意否？外附呈近刻先户部兄行狀一册、拙作《十鞬詞》一册，伏乞不遺葑菲，示以準繩。賓鴻在林，德音遐逮，毋任捐脰企仰之至。肅上，恭叩道安，伏維亮察。後學期程頌萬頓首。

朱寶善（一通）

感懷用子美《同谷七歌》體，録呈仲修詞伯仁兄大人誨政。

男兒墮地何所爲，親恩高比山崔巍。畢生涓滴迄未報，七尺無乃真行尸。中夜念之忽起立，心孔叢集刀與錐。嗚呼一歌兮歌方始，烏不反哺烏可死。

我昔髫年父授讀，五經箋注悉手録。翻瓶瀉水親顔歡，笑給棗梨輒盈掬。萬卷讀破一無成，三十猶復困場屋。嗚呼二歌兮歌搶咽，他日九原難覿面。

男啼女哭增煩憂，棄之遠作閩南游。三百荔支啖未飽，樹杪妖鳥來啾啾。麻鞋出入刀山裏，黄茅黑箐雨澆頭。嗚呼三歌兮歌更哀，置身鋒鏑爲誰來。癸丑會匪陷漳郡，予避亂至鰲浦。

水田歲收租税薄，珠粒況遭河伯攫。我未出門恒苦飢，出門門户更誰托。瘦妻帶病强支持，醫愁無處竊靈藥。嗚呼四歌兮歌聲高，失群哀雁空嗷嗷。

生男維六死者五，德薄未應做人父。存者最小當孫看，么豚暮鷄究奚補。登高後顧殊茫茫，安得旦夕成龍虎。嗚呼五歌兮歌向天，牽衣索笑娱目前。

廿年竭蹷牛馬走，慣忍飢腸聽雷吼。負重長驅那敢辭，但期芻秣主恩厚。而今側卧蓬蒿地，翻身躑躅蒙塵垢。嗚呼六歌兮歌酸辛，悲鳴仰首望何人。

此心托地方寸間，百憂煎灼血斑斕。生天成佛亦常事，我獨無從叩九關。中塗騎虎不得下，空將冷泪洗愁顔。嗚呼七歌兮歌欲斷，青燈如豆何時旦。

庚辰秋，櫻船弟朱寶善初稿。

姚鵬翕（一通）

此碑係得之平陽土人，耕地石出，土人不知愛惜。洪洞董雲舫太守，名麟，己酉拔貢，由刑部正郎分發江南，以知府用，現已歸道山矣。聞而購取，選匠拓印以送諸相好。弟家居時分得一紙，帶至皖中，爲寅侄所賞鑒，因函寄家鄉，多索數紙，分送二知交，庶片光吉羽，久而大顯也。此呈仲翁首公仁兄大人，即祈鑒納是荷，并希愛照，不宣。愚弟姚鵬翕頓首。

午前駭病，節弟已面稟前途矣。知注又及。

方宗誠（一通）

仲翁老父臺大人左右：

前承召飲園亭，飫聞大教。醉酒飽德，何日忘之。拙文不足觀，前在直隸，小兒以彭宫保刻拙經論筆記之餘資，陸續刻成。長洲大令金臚青送紙來印，至江蘇書局。金君貴同鄉，與弟同被解至直者也。弟示一部送上，祈斧政，以便刊改，是所切禱。

誠老友鄧受之，石谷先生子也。石谷，完白先生之字，後改爲名。石谷先生四世單傳，人丁孤弱。懷寧名人無逾於完白先生者。受之與曾文正、左中堂皆至交，年八十，卒於安慶通志局。無子，僅遺孤孫一丁，年幼，能自成，頗通《説文》、小學、時文、詩賦，小楷、大楷亦佳。祁學使拔入縣學，其才大可造就。名藝孫，字挹侯。念其孤苦，又名德之後，故人之孫，常與學師唐子瑜先生教養之。家有祖母，年逾八旬；一節母。藝孫年二十餘，尚無子息，性極忠厚温雅。家僅敷粗衣糲食而已，乃人心風俗薄惡异常。伊有本家名德斌者，出外數世，家中并無業産，亦曾不歸里。完白先生、受之父子亦家貧無産，幕游爲生。受之老年，曾、左兩公爲多薦館地，稍稍置房屋田産。見德斌漂流在外，常令之歸，飲食之，又爲薦事，在外毫無异言。乃受之既没後，其家有文匯者，常唆其訛藝孫。藝孫祖母年八十外，懼藝孫孤弱，受族人之害，懇族人借洋蚨與之三數次矣，已數百元矣。今年藝孫祖母卒，完白子婦。文匯又寄信令德斌帶一婦人歸鬧喪，乘其顛沛之危，脅其孤室之弱。其族長罰跪，而文匯護之。德斌本無小室在外，措一婦人冒稱其妻，肆行凶惡，族長無如之何。見在完白先生孫婦疏氏，少年守節，被其欺凌，逃入城中。藝孫亦閉居城寓，慮受其害。而家中少婦、小女俱難爲生。

誠不敢妄有所言，因唐子瑜先生及邑正士孝廉方正王志聲告弟，聞之實爲嘆息。伏念老父公大人培養善類，保全名德之家，除惡安良，抑强扶弱。或飭諭該族長，逐其外婦，或嚴懲文匯，具結力保無虞，實爲德便。率泐，敬請升安。出位之罪，伏請原恕。治下方宗誠頓首。

方守彝（一通）

仲修老伯大人座右：

五月廿八日，宗屏丈人轉致書函，伏承揭揚絶學，撰次先大夫生平，成金石文字一首，俾不孝孤等刊之墓道，昭示後來。稽首句讀，感切涕零。

老伯大人博聞通德，久負南州文章之望。前者宰官皖中，先大夫輟耕定交，生前投誼，引重逾常，不幸即世。守彝等至愚不肖，仰蒙矜念故人子弟，顧不屏絶，且時賜存問，益使得遂其先人身後不朽之求。盛德所加，匪言詞所能報也。金壇强先生汝詢、榮城孫先生葆田與宗屏丈人，皆深知先大夫者，强先生、宗屏丈人各爲傳，孫先生則爲銘幽之文，諸公皆昌黎、廬陵文體。至老伯大人則中郎撰有道之碑，彌爲近古，海内久不見此手筆矣。中間叙列在官振教扶倫，嚴祀事，訪遺書，當官之政，不束文法。與中歲出游，舟車萬里，再登泰山；告歸後游匡廬，上潛嶽，輒有詩文，托意高遠，爲所學之見端；篤於師友，輯最先哲經訓文辭，至老不倦。凡此犖犖，大皆諸公所未及。作者纂要勾元，獨見精采，千百世下讀斯文者，猶得於語言文字間想像先人志量意度，低徊不置，此文家上乘禪也。著録書目，紀於石陰，《諸葛傳》故有此例。然宗屏丈人言，仍如函内所云『撮叙大者，入於篇尾』。要之，文章足貴，金石何嘗有足例耶？寄到寫本，題曰『墓志銘』，守彝竊思孫先生既已志墓，老伯之作，即仿中郎陳太邱、郭有道二文之例，題曰『墓碑』，體高而例尤古，非大文不足以當之，意老伯宜亦爲然也。

撰杖秋間果可再過皖上，置酒高會，一慰故縣士民之思，守彝等迎拜稽首，願執鞭也。不然，亦擬兄弟往江漢之間，登講堂，拜公床下也。日昨始自先人厝所回城。肅謝，久稽惶恐，敬問起居曼福，伏希鑒察。世愚侄方守彝、同弟獻彝頓首百拜。六月廿四。

羊復禮（一通）

仲修我兄同年大人如晤：

前日仲容同年携到手書，敬悉起居萬福，爲慰爲頌。弟自正月初十患水瘡，至今才愈，病榻蕭然，清况繚戾，辰六勉可支持入闈，聊以告慰。上歲九月間接誦惠書時，函丈以業已信致方伯，屬爲稍緩。旋於十一月間寄奉一函，内有函丈致書，言及桑根師並吾兄事，尚屬切實。何至正初尚未收到，殊爲詫异。今將信票寄上，乞飭查爲荷。

弟以病體孱弱，仲容亦未見過，琴西師尚在内城，亦不往拜。刻日又届闈期，函丈定於三月視科試，須四月初旬回寓。順屬許可發雜。子虞、峴師、遲菊、子珍諸君均到。同年中來者亦少，刻日尚不滿五十人。南閣聞已署牛章同知缺，尚頗可。舜雲不會試，已分發廣東，明日啓行。藍洲近有信來，干雲已帶差回杭，止潛、伯循已搬小寓用功，爽秋得保定制書局，餘亦如舊。鳳洲偕子清北行，尚未到。雪漁已到。都中去年無雪，今春有雪無雨，北地頗有荒象。政府外似精勤，實無裨益，洋事交涉，一味順從，殊爲杞憂。今上出使，又爲總憲所糾，楹語甚屬可笑。岑毓英出乎其類，拔乎其萃，不容於堯舜之世。郭□□未能事人，焉能事鬼，何必去父母之邦。已得聞否？鈞堂改官知縣，尚未得選。日來忙迫，不及多縷，拉雜作此。敬頌升安。嫂夫人、如嫂夫人閫福，世兄聰祉。年小弟禮頓首。二月廿九日沖於沙土元寓。

蔡子鼎(四通)

一

復堂我兄左右:

十八日肅布一緘,奉詢近狀,並乞賜寄闈墨,計已早達簽室。至今未接還示,深爲繫念。邇想起居邕遂、潭第綏安,如祝爲慰。江南榜發,據聞搜羅名宿不少,不止拔十得五,豈文章果有價耶?前所説收得吾兄手斠《董子春秋》,云費君亦在中,其人名念慈,號君直,又號西蠡,武進人,寓居吴門,如老兄欲托人往取,以便探聽也。《董子》係孝拱書面,似不可不取回。弟到善後,連日爲書院卷所困,至今尚未打發清楚,居停至二十始回。日來不免又有壓綫生活,是以書畫債堆積滿案,皆未能還。老兄《填詞圖》,少暇即動手也。此請著安,諸希朗照。風便尚望復我數行爲盼。小弟鼎頓首。廿七燈下泐。

二

仲儀我兄如手：

三月中旬由湖郡歸杭，得誦賜翰，聆悉種切，藉審旅祺曼福爲慰。薇垣一席，總是極好機緣，不過討好即不易擺脱耳。然今秋必遇分房，借此當可轉動也。弟苕上之局，真同嚼蠟，緣居停竟是氣悶慳嗇一路，初非所料，是以署中亦無一人稍稍超脱者。雖公事甚稀，而悶不可解，加以起居飲食無一而可，是以此番回來，擬即不去。雖自知我輩疲氣不好，然亦實在難受也。刻間湖屬開考縣試，昨有函來相促，囑爲襄校，看阿堵面上，仍只能一行，再混幾時。五月底定必辭歸，仍住臯園，過夏再抱佛脚也。時世如此，恐即如願而償，亦有不及之勢。蓋日已將夕，程途尚遥，如弟者并未起身，何能趕進城門也。言之愁人。吾兄數輩，現已著鞭，或可趕進，然須努力向前，極早加意爲要耳。去歲一年及今年一春，各路行商坐賈以及各項手藝，無不折實，非價殘也，直無人買賣，大半虧於較用耳。民窮財盡，已可概見，如人病虧症，雖飲食起居如常，而中已空空，一經脱去，恐疾雷不及掩耳也。處此光景，不必明眼人已知早作退步，無如我輩，雖深知之而赤手空拳，猶必將身混嘴，真不知作何了結也。皋園之事，大約已有所聞，現在風波雖已定，總覺得無味耳。

囑轉托伯滔畫扇刻寄塵，乞檢收。《等慈寺碑》刻有來者，拓手甚好，惜皆無額，是以未取。弟以爲今年來者必多，姑待以求全璧也。且李昌瑞者，據云夏秋自要至皖一行，彼時定當介赴尊處。三闕極有精者，惟《開母》總有失拓之處，爲可恨耳。太室闕外尚有一横，係界直行，小篆字隱約可辨者五十餘字，内有『潁川太守』及『孔子大聖』與『中嶽』等字，皆連屬可認。此闕係是何名？吾兄必經考明，便時望示我爲荷。石刻近出者竟已寥寥，去年党子謙曾有二件售與許鐵山者，一爲《麃孝禹闕》，約高四尺餘，闊二尺餘，係河平間物，旁有小字注云：『同治八年出土。』現在石已不知藏於何處。此拓不知吾兄已得否？再有一件，係一横石，約四尺餘，高二尺光景，前半畫一鹿，是正面者，頭角嶄然，生氣勃勃，迥非所見各漢畫像可比。沈闕上面金烏亦然，惜往往失拓。竟大有筆氣。後題隸書云『漢廿八將苗東藩李夫人靈第之門』等字，完好如新云。此刻在蘭山瀕海墓隴中，須海潮退後，入洞，方可拓得。且云拓時見异氣冲出，是以不敢往拓。此件亦未知吾兄有否？皖中有無講究此道者，曾有所得否？甚盼念。弟明日黎明動身赴苕，後如賜函，仍交在舍間可也。草此，書不盡意，即請著安。諸希珍攝，不具。小弟鼎叩。浴佛前一日燈下。

三

中儀老哥青及：

四月下旬接手書，誦悉壹是，藉譒起居佳勝、公私順適爲慰。三月中奉布寸椷，附竹報寄塵，諒已早達簽閣。麃孝禹石闕，是同治八年出土，竟是西漢之物，聞見藏汜水某氏，已屬李碑客設法往拓，不知能來否？前信所説廿八將苗東藩琴亭侯李夫人墓門畫象題字，係在平邑見方小東跋語，然遍檢輿地書，北地并無此縣名，大約其墓在山東瀕海之地，緣跋語中有海濤退後始可進穴模拓，因墓中有异氣沖出，遂不敢再拓云云。拓本横長四尺光景，有尺半高，畫象之妙，可與沈闕上方所刻朱鳥同一路數，非僅一味古拙也。此二拓本去年党子謙搜來，售於許鐵山明府，價在十元光景，此外未之見也。今年所來龍門下四種造象，已經用木板翻刻，即牛橛、北海兩種，亦有可疑者。美人董氏志亦有翻者，殊乏精采，看光景，原石均將毁壞矣，此後無復廬山面目也。等慈寺拓本甚精，有未盡佳處，碑額得來甚不易，刻潢治奉寄，乞檢入爲荷。

閣下在皖省有無新得之品，虢盤拓本如尚容易椎拓，望貽我一二張爲盼。秋闈分校之役，想必定借重。聞瀛春即於是時移往金陵，俟闈後同赴皖中，此舉甚善。弟苕上之館，至今尚未辭斷，現在已托同事庖代，於月初回杭，緣其地住屋萬不能過夏也。高陽氏局面太小，且不過以尋常師命相待，故大不願意，大約闈後不復去云。分居多佛脚，今年竟未一抱，八股一事，已不啻在九霄雲外矣。總是同歸於盡，故不願先吃此苦也。恒農回家後亦未見過，前聞其行事日拙，恐亦未必能用功也。四月間滎陽往赴北闈，由旱道入都，邀與同行，且許一路代應川資。弟素有此志，而今歲尤是機會，衹以弟自己腰無一文，又不願依傍此君，是以不果，殊悒悵也。子因改官一事，身已入都而教官根子須弄清楚，是以至今未能上兑。現在代爲在本籍呈請開缺，須俟憑繳到部，方可報捐。此事早在我輩意料之中，良由伊不早聽我們言耳。松溪之事，當已有所聞，朋友與家人通同舞弊，江夏、琅邪二公，且聞有河陽君在内，未知果否？從來未有之事，或者江右風氣向來如此。少梅從未通問，朋友一中進士，就從此鈎銷矣。

弟家中用度日增，現在尚有兩局，且漸不可支，將來正不知作何光景也。皋園向住各友，均不往住，今年換了一批，如許子祥、董子恩、戴六先生之類，皆移住局中。大約因去年擬留之故，真可笑也。常花五月歸去，尚未來杭。孫棣翁聞亦竭蹶。弟即回杭州，亦是索居寡歡，談藝老人，大無生趣。人到中年，便覺事事乏味耳。槐花將黄，不免又要逐對作傀儡，勞民散財，莫此爲甚，又須作一虧空也。菰城陸成齋處聞藏書及金石拓本之富，幾爲兩浙之冠。近日宋本書搜羅甚多，居室一切，均極講究，而年未五十，已是優游鄉里間，真不知是何福氣也。惜未見過其人，緣弟在湖不久，且不與人往還故耳。草此，敬請升安，諸希朗照，不具。小弟鼎頓首。六月十七日。

四

仲儀仁兄大人閣下：

昨接手教，極荷注存，感何如之。弟自九月初旋南，即欲修書奉達一切，緣一無生色之事，恐滿紙牢騷，殊厭人聽聞，故提筆而復止者數矣。今夏長安之行，本是奇想天開，無中生有，因彼人兩番力邀，去歲瀕行不果，今年事事與之斷倒，方摒擋起程。原想借彼一力，别開生面，而且另弄得兩處北地退步，係北頭生意場中許爲通挪，是以方敢前去。不料出門上路，逐看光景，同行者已言行不符，彼時已有悔心，然猶有自己之路可恃。及至都後，適值鬼事大翻，人心惶惶，生意停而不做，都折本虧空，兩處都黄，是以窘迫，不得稍爲動宕。而於彼人，又萬不能分開，只得委曲遷就。不知究竟，非我族類事事酸，而且土彼所爲闊者，不過溫而已矣。勉强敷衍四月，聲色不敢少露，總算難爲我含忍，然事事被其拘牽掣肘，不能筆述，思之都堪泪下。是以決計出場即走，於八月廿五出都，由輪船於九月初五日抵杭，幸往返平安，差托天幸而已。彼人至今尚留都中，近聞已花去二千金，捐得吏部司務矣。弟此番之行，真正空回白轉，且事事都未領略，殊可笑也。然未嘗不算受人之惠，心上總是一筆帳，冤哉！

廠肆始而并不敢晃，緣腰間欠硬故也。且談金石者亦竟無人，後始得一孫竟江，然亦是半瓶醋，不過尚是同道。積習難忘，偶爾走走。至七月間始獲得《李夫人墓門》及高湛、劉懿兩志，餘外弟所未有各零件而已。《李夫人》前年許鐵山向党子謙買，係洋六元，云已不復再有。及至京師，富華有而價昂，弟所得係十五吊。其時剛銀一兩。餘外要尋一二紙尚有，實因無錢。而且彼人亦要冒爲賞鑒，動多拘牽，即買亦須瞞他，甚爲不便。《高湛》近時始復出，甚精好，弟以爲《高湛》挺秀如十三行，司馬元興似王僧虔，惜是翻刻。竟如南朝子敬洛神路數，真正奇絕。弟買係八吊，然別人有四五吊買者，似尚容易。但弟出京後彼人竟出三十吊買之，諸如此類，難乎不難。《劉懿》去年党子謙賣與鐵山，係洋五元。後子謙到上海翻刻一紙，甚劣，《李富娘志》亦翻刻。以至贗本充塞南北。京城買者亦是此種。弟見許處者亦係新拓本，不知何以續不得來。聞石在山西太谷。弟京中所得係舊拓，裝本頗精，然去歲已三十吊矣。此種真者頗不易，然書法終不如李超、刁遵、高湛諸石。與他爲類者尚有《李憲志》，南邊亦尚易得，如兄尚無，當代留心，有即寄去。石較大，字大小相勒，亦精好，亦是去年新出來，值賤不多。弟去年向子謙買，係洋一元，現在可以半元矣。不知吾兄處已有否？此外去夏陵縣新出之《王偃志》，亦屬東魏，字亦相類，南北收藏家皆有矣。兄已得否？《王僧志》各肆皆無，《麃孝禹》在都中曾見二紙，大約總須二兩光景。弟看了總覺可疑，是以未買，緣此種剥蝕路數，如沈、馮、高諸闕，均有翻本也。香濤先生差旋川中，諸刻當必精拓者，吾兄何不作函相索。弟出來後妄想托人代購，都無人可托，惟有孫竟江，神氣大有做販子光景，弟不欲托他者，因彼人見寓伊宅中，我一要買，彼必先奪買去矣。如吾兄要買，大可托他。伊仍寓山西街，現在此興甚濃，托他必定把結，然必須先帶銀去，公車友人之便，大可寄也。他如《李夫人》《麃孝禹》《高湛》，富華與聚古堂、尊漢閣三處尚可覓，其價竟説弟在京同他同買過，想不至於過貴也。弟未鑿本曹，真已得再得。有《隋河東郡首山舍利塔碑》，楷法甚挺整，是舊拓，惜墨色太淡，僅有影而已，苟有濃墨精拓，則妙不可階矣。又得姜行本《紀功碑》三紙舊拓，甚破損，上下不大全，價亦不昂。初見甚爲狂喜，且筆法古拙异常，氣韵佳極。彼時未及細看，到杭即付潢治裱好，細校文詞，竟有不成字者，子細一看，方知全碑描過，描的功夫極大，當時想必賣巨價的。三張一樣，即舛誤處皆同。空地邊角描到無微不至。因悟到此碑與裴岑皆在巴里坤哈密地方，裴碑前人曾有描失者，方是真本之説，此碑亦然，想是彼處習氣。但紙本之舊，總是當時出塞諸大老帶歸，故擱在一處，煤默損闕都同也。吾兄不知有此種否？如未備，弟尚有一紙，一紙已送遐伯矣。已托好可以寄贈。雖經描失，整幅裱了挂起，氣韵甚古也。再在京時，曾聞富華主人云，山東聞新出一漢殘碑，彼亦未見過。及至回杭，帖客竟以此拓來，係陽嘉二年所刻者，價洋一元，得之。惜僅一副，伊亦不知所來。刻將原文録呈，能爲考訂最妙。後日如再有看見，當代爲買一付寄上也。弟現處杭州，不獨無一可談之人，即要借書查看，連史書都無處借，真正孤陋極矣。在京新購《無極山碑》，漫漶异常，此碑惟《隸釋》載有全文，務乞吾兄飭隸代録陽陰兩面全文賜寄，急欲一校讀也。幸勿我却，千禱千禱。

皋園殘局，昨見天官，知明年尚得苟延一年，此真萬想不到之事，大約天可憐如弟者而故有此也。差可以告慰愛注。然弟更有貪念，吾兄前既爲弟在關西處提過，明年又是會場，書局中公車不少，弟甚想此一席。或者説明兼辦，不支薪水，弟亦可借此看書，且可爲將來地，或能僥倖得兩更妙。近年此中公事實在不成事體，大半外教一切，笑話甚多，即有一二稍内行者，又不肯任勞任怨。可惜吾兄從前一番苦心，想髯翁亦未必關心到此也。吾兄能爲我將公事説項，謬加保舉，或者可以撞得到手也。弟連年東撞西磕，總由家累日重一日，僅有皋園，實在不能敷衍下去，每年總要虧空，運氣固實在不好，路頭亦實在没有。吾兄苟能爲我著力，務望留心爲禱。北場風氣，去秋今春，皆稍結實，頗有轉機，所以弟作此妄想。不料運氣不好的人，真所謂高來磕頭角、低來磕卵袋。偏偏今年遇著這種主司，這種題目，而場規之寬，與近科浙江差不多。今科北墨真未免笑話矣。弟是局中人，原不應説，然明眼人當爲我嘆命窮也。子因官已勉强成功，與弟同出京，出京時已不名一錢，到津就病，是以爲伊耽閣四日，及至上海，弟先回杭，伊一病幾死，今才好。重轉蕭山，聞明日動身到江西省，然一事無成，且損項尚欠人三百金也。碶秋亦一同出京，窮到萬分，因不得詞林，頹到比不中進士還利害。上海分手後，聞前月方還全椒，把勢殊不好，人已棱廓全無，時文小楷，連駢文都已全改面目。如不是他自己把我看，竟不知是他手筆，真正可怕，實在了不得。弟從此不復再逐槐忙，命中想是無分矣。不過一無出路，將來必要活不成功，奈何？玉珊聞得於前月中旬由滬赴江右，尋劉仲良中丞設法弄知縣出來。恒農回杭後僅見過一次，佛云：『不可説，不可説。』子曰：『如之何，如之何。』雜拉亂書，聊以代面，容再續陳。即請升安，並頌閤潭均吉。愚小弟鼎叩。初三日燈下。

署事之説無論無此力量，而且近來一年中不過數缺，并且無非處州而已。

此信切弗與外人見，因有全幅言語，恐傳説也。弟非知己如閣下，别人前從未一提過。

汪康年（一通）

早見藍丈，知先生所患大瘥，甚爲忻慰。未審日内能出門否？頃欲得讀雪山房所選古詩一種，乞擲下。明後日即奉繳。十七得實甫台電，云台南餉竭，有内變。台北更無可挽回。廿二又得台電，云台中大捷。劉帥欲彼爲副璽，彼已電却，將以籌款回鄂云。附聞。敬上復堂仁丈。康年頓首。

沈善登（二通）

一

復堂尊兄我師有道：

前月中接手教，具讅言旋言歸，而不知其期；誠欣誠慰，轉益悵想。末後又有去來無常云云，及《農用集傳》又擬在鄂寫校云云，則不知台從行踪何處。發信到今，又閱四旬，能否家食？冬初再作遠游，繫念靡已。自遷寓後侘傺無聊，天公相厄，得無太甚。或謂屋運使然，相宅古有其術，未可撥置。近復卜鄰何所？抑仍舊耶？子長弟一無所能，惟楷書尚入格，吾兄憐而教之使巧，從事鈔胥，且在志局可以日親賢士大夫，何幸如之。感紉曷既。并蒙先容於函丈，度開局後不至虛望。

前聞妹婿李橘農編修説，曾於廠肆得《宋會要》寫本，其紙邊魚尾刊《全唐文》，蓋寫者殊自矜秘，而書賈遂真以爲《全唐文》之殘本底稿也。橘農狂喜，携歸置案頭，爲繆筱翁攫去，追之不及。後知以奉函丈。其時尚在粤東，謂即欲刊播，則轉爲慰幸。繼聞携之鄂任。前年鬱攸之警，亦幸得免。不識此時書在誰手，果即付梓否？如尚遲延，乞詢之筱翁。即煩從者亮人代鈔一部，筆貲、紙張，并即示繳。切盼切盼。去歲友人携到江氏《事實類苑》舊鈔本，甚多闕文，價復奇昂，不能辨。昨同門查翼甫孝廉歸自東海，携有南宋刻本，一字不闕，妙極。其擬重訪鈔本，悉索以購之。借刻本補足，誠大快事。《農用》一書，尊意本欲單行，今寄上叢刻《感應篇》贅言作樣，此編頗不腐俗，而傳本多异，今校正。乞照此板式寫刊。如此，取其可合可分。其貲於杭則請就近向恕仲世兄撥取，鄂則示知寄奉。年來病甚，無旬日不呻吟偃卧者，是用乞代校讎，并賜題跋，萬勿見拒。《説文校議議》以無填篆好手，亦無精力、財力應付之，尚未上板。倘可賜校，當以寫本寄上，刻貲同上辦理，何如？《崇禎遺録》，新近付刻未竣，餘皆束閣。《師訓記》三册，想早覽竟，便求先寄下。渴望。久無尊復，敬承著安，不一。年小弟期登頓首。八月廿六日。

筱丈七十壽，初未聞知，得信往探，知在首春，并無舉動也。

二

復堂仁兄同年我師：

前得手復，悉一一。連日東風凄厲，想亦有聞，時局不堪問，亦不卜何處爲樂土。黃岩事能即了否？此間尚安静。敝處有上海新設書塾見招，擬姑往，藉以就醫避喧。魏氏遺著，值此時勢，度尊處亦未必有此清暇，或先將稿寄上海北市泥城橋許宅内張子簡代收轉交，或留存鄴架亦可。因登擬即赴滬，原屋未能預定也。嚴氏《説文》，昨得覲士滬上來信，附到其兄家信，督取原稿，詞多不平。此實登遷延之咎。昨已復以即自帶還。敝處寫樣幸存，而篆皆空闕，既無原稿，亦難懸擬填寫。以其中多分析點畫言之，而篆亦結體間有别致也。鄂行諒必從緩。吾儕衰頽至此，猶聞風動，誰實爲之。龔定庵解《蝃蝀》末章有會西乾竊世之説，殆信然歟？萬一不盡，即請著安。願學年小弟期登頓首。十月十八日。

前書詢諸兒名字，今寫陳。長子承祜，字儆修，號厚夫，壬子生。早卒。媳鈕氏，遺孫女一人，丙子生，尚未許字。次子承宗，出嗣久臣母弟。字開侯，號士本。庚辰生。聘湖州管氏。三子承寬，字威伯，號裕君。癸未生。聘諸氏遲菊同年之女。四子承憲，出嗣榆春庶弟。字成子，號鑒卿。丙戌生，聘蘇州蔣氏。五子承宷，出嗣孟檢堂弟。字穀男，號罍孫，先五叔號季罍，故取以爲字。又號職思。己丑生。聘德清戚氏。六女小名鳳，壬辰生，未許字。文郎及嫒亦望詳示。

□□熙（一通）

仲修老哥同年大人如晤：

頃由黄質翁函中接讀廿九日手翰，祇悉一切，并知前奉一椷已達。質翁處祈轉致，恕不另復。來書已收清，下班如不及寄，當俟節後，弟來省面繳。鍔翁已來，甚好，祈致意。久不見，極思一晤，諒節内當不作歸計。子虞同年聞節前有笠澤之游，恐弟到省不及握晤爲歉。方之六月十七到安定，廿五發信與陳思翁，所述甚詳。弟今節其大略奉覽。

五月廿五搭餉車起程，每驛換車。廿八至邠州，其地多窑洞。廿九至長武，自長至停口鎮上高坡，至涇州始下坡，中間高原一百三十里，是爲涇原，爲秦隴門户。是夜因餉需緊急，夜行八十餘里。三十日至涇州，天雨不行。初一過回中山，渡水。回中即古瑶池，有西王母宫，山麓有碑，曰『古瑶池降王母處』。涇、汭二水繞其麓。初二日至平凉，未至平凉三里，車又覆。是日幸與張都司同車，車偶側，不以爲意，張遽拉同下車，甫及地，即翻入深坑中。車上銀鞘幾千觔，車上面圓木俱打斷。此時若不下車，身早糜爛矣。銀車至平凉當换牲口，官騾不准駝私物。初四日雇騾四頭騎行，是夜宿蒿房鎮窑洞中，燒馬糞作火炕以禦寒。自涇州以西，南北皆山，中間一道，時寬時狹，溪流其中，常礙馬足。平凉以西水益駛，一綫奔流，響徹林表。其南山爲崆峒，黄帝問道於廣成子處。人行其麓，惟聞水聲潺潺而已。崆峒深處有筓頭山，涇水所出也。有三潭，其深無底。蒿店西五里瓦亭峽，山勢益合，石氣陰森，幾疑無路。至則兩壁如門，僅容一軌，急流奔突而來，似與人争道者。或履草橋、踏累石以跨之，或陟峻坂、摩岩坡以避之。備諸艱險，不寒而栗。又十里爲清水溝，洪波汩汩，自左而來，即涇河頭也。又十里瓦亭鎮，即瓦亭關。隗囂使牛邯守瓦亭，唐肅宗牧馬於瓦亭，宋吴玠與金兵戰於瓦亭，皆此地。十五里六盤山。六盤爲隴山最高處，盤折而上，路極險巇。是日預戒僕人到山須下騎，庶免傾跌。望山上白雲瀰漫。馬夫謂六盤多雨，今日恐不易過也。至麓，大雨如注，無屋舍可避，山上泥沙挾水而下，欲下騎，苦無駐足處。馬夫謂急上山，否則四山水合，人馬每有漂没之患。不得已，策馬上山。至山半，雨漸小，遥望岩樹，鮮翠欲滴，奇花燦爛，瓔珞岩腹，而雲環山腰，如束素帶。人馬銜雲而過，尋丈外不見人。至山巔下望，一白無際，如浮大海中。下山路益陡，手勒繮、口不絶呼，以警馬，使不失足也。上下三十里始至山麓，下山如蒙更生，然心膽俱碎矣。又十里爲隆德縣。未至城三四里，天又大雨，冒雨進城。隆德縣遭難最重，城内外無居人。克復後，大帥募民開客房以頓行旅，是時房已住滿。至城西，得一破屋，有土炕，主僕蹲踞其上。炕邊即縶馬。飢寒交迫，無所覓食，篋中掬炒米吞之。衣被盡濕，夜不能寐。明日，天又雨，不能行。屋漏下水如敗醬，炕上亦成爛泥。馬夫亦住炕上。炕邊人糞、馬糞堆擁，臭蟲、蚤虱跳擲有聲，此亦宦海中一小地獄也。初七日天晴，路稍平坦，策馬疾馳，九十里至静寧州，日尚未中。靧面洗足，稍復人形。静寧向未失守，街市尚鬧熱，糧局、軍裝、轉運各局均駐此。休息數日，會同鄉、同寅，居然有宴會之樂也。二日搭軍裝車起程，車甚重，每日止行四五十里。出静寧即山行，或坡或峽，登降不時。重車上坡，必以後車之馬駕前車，五六馬并力而上，更互相助。其下坡必用關木將輪挾住，使不得快。人不欲坐車上，必步行，道旁多深坑，下臨千尺。步行者又不欲當道，恐車壓下不及避也。蓋甘肅之路大都如此。（以下連數日所經山路皆極高極險。）十七日發自西鞏驛，凡過高嶺十一，始至安定。其山名青嵐山，山上多小洞，即鳥鼠同穴也。十八日稟見爵帥，垂問浙江情形甚悉，并論陝甘今昔情形。移時歸。十九繳憑，派入摺奏處。二十搬入城外大營摺奏處營帳中。爵帥亦住營帳。帳甚寬敞，雨亦不漏。每日三飯皆大米乾飯，茶水亦不甚苦。爵帥准於七月望間進駐省城，須隨節至蘭。甘省回巢以金積堡、河州兩處爲最險固，金積於九年冬攻復，河州於今喜收復。渠魁馬化龍已誅，餘或誅或撫，撫者已分爲安插妥當。現西寧已就撫，惟肅州賊尚負隅，甘涼山險處尚有零賊，肅州一下，關内可報肅清矣。爵帥受命西征，陝甘兩省十九糜爛。爵帥且勦且撫，步步爲營。去年静寧、會寧一路山險處尚多賊巢，現已無犬吠之警。招集流亡，發給牛□。其爲小民謀衣食者，無微不至。憐恤運糧騾夫，尤爲周到。民間有百姓大爺、騾夫二爺、左家三爺之語。年六十一而鬚髮無一莖白者，精神矍鑠，謂軍事能連數日不寐，真是天生偉人，爲邊民留姓名者。其地極寒，大伏中夜須棉被，雨季早起綿襩、皮馬褂，中午夾衫、夾馬褂。要買一皮袄不可得。一切物皆極貴。到蘭後或能履新。惟憲意期許過大，一時恐不得離營云云。

弟向謂方老身子尚嫌文弱，不謂如此磨難，竟若無所苦。思翁以其手書見示，覺自浦口發來，共見三次，一次精整一次，他日真未可量耶！子長老哥四月後尚未有信，想路益遠故耳。一處極寒，一處極熱，不知兩人地位果何如耶？拉雜當面談，餘俟續寄。蘭翁及諸與方老知己者，即以此示之。或則中丞已有信矣。草草，即請撰安，閤第均福。年小弟熙頓首。八月初八日。

趙熙文（一通）

仲公先生道長執事：

十七日奉初八日惠書，敬承政履攸宜，慰頌慰頌。前所貢物，殊不出色，乃齒及之，增其愧作。假以時日，當再續有所白耳。鄜州、景龍優劣，誠如公言。鄙意景龍苦於肥腫，不獨發露；鄜州妙在清挺，亦兼渾秀。二鍾能裝一合幀最可觀，緣一開歐、虞之先，一是北碑之殿，其前其後，兩無此體。而鄜州先景龍百年，尤見交互升降之機也。鄙人瑟縮望秋光，雲溪水乾涸，收類絶少。丹邱赴鄉養疴，無過從者，日以摩挲書帖爲事，惜先生不得來此一觀米老袖中石耳。此間骨董破損者多，成副者少，若銅錫則當問之楚南北，磁器當問之婺源，近景德鎮。市間所陳，遠不及省垣，無可探辨，承詢附及。

吾公當政，必得民心，可以操券。若褒貶二字，則細人挾其長上之術，不可問之，且亦斷無人敢向鄙人興謗者，以吾二人至熟也。下人在麾部必能守法，鄙人夙患此疾，無如之何。前所言之陶君，係敝世丈，是范嘉老中表，無官親及名士氣。其人貧而有守，弟不便於月薪之外多加，以友人甚多之故。倘承設法一四五千文之乾脩，幸甚幸甚。附上名條一紙，祈勿得泛視之。黄山長以手生未作，容半月内奉上。草草，敬請大安，不一一。熙文頓首。廿一日。

府城與此鎮日有便人，似較驛遞爲速。

□□□（一通）

題曲園《告西士》詩後

五洲競奇巧，混沌日凋斫。先生閔世迆，志欲返真樸。辯哉滑稽語，足褫九嬰魄。方今病膠柱，新法起參錯。所任或非材，成器亦瓠落。中原有本務，安用縱横略。异書槖載來，勝算在農學。大利勿外求，强鄰行就約。聖漢複中天，顓蒙一湔濯。峨峨康熙事，垂裕固不薄。

方濬頤（一通）

濡筆南檐，終日杜門，塵念消磨已盡。欻至戲離場，夢魂催醒。兀自倚聲按拍，趁日出，幾忘薑芽冷。不圖貺我，瓊瑶麗製，這般新警。

縛緊。漸臨境。迓東粵星軺，謂小泉同年。烏皂飛迴。悵一面緣慳，倚欄思省。君初至，即欲過訪，問君出城，遂爾興阻。猶喜齋中春客，鬥絢爛，參差雲霞影。頻寄語，風雅詞人，勒住小春寒信。

《無悶》奉和仲修仁兄同年賦雪均，即乞正拍。濬頤初草。

□□□（一通）

天氣未寒，弋㲮不多，命數家銖銖積積，得二斤，價千七百八十，加吉貝花五斤，連裝彈功價一千，共二千七百八十，已代付，乞即檢收。此上復老先生。寄拜上。廿七日。

㲮毴作褥更佳，還須代辦否？